JN117149

少年法、融合分野としての

服部 朗 著

Hattori, Akira

Understanding Juvenile Justice
A Multidisciplinary Approach

成文堂

は　し　が　き

融合分野としての少年法

六法で少年法を開く。刑事法のグループの後ろのほうに少年法はある。

少年法には，①刑法および刑事訴訟法の特別法という性格がある。しかし，②少年法は，刑事法の垣根を越え，福祉法（児童福祉法など）や教育法（教育基本法など）と関連の深い法分野でもある。さらには，③法律学の垣根を越え，**人間関係諸科学**（医学，心理学，教育学，社会学，社会福祉学など）との関連も大切にしながら学ぶ必要のある分野である。

なぜか。少年法1条をみてみよう。本条は，少年法の目的が少年の健全育成にあることを唱っている。では，少年の健全育成とは何か。この問いには，法的論理の優劣では答えられない。これに迫るには，①子どもの発達がどのようなプロセスをたどるのか，②子ども期にはどのような危機が潜んでいるのか，③その危機が現実化したとき，それをどのようにして克服したらよいのかについて，人間関係諸科学の知見を活用して考える必要がある。このように，少年法，そして少年問題には，法律学だけでは解決できない問題が多数ある。そこで，少年法を法律学の一分野として狭く捉えるのではなく，人間関係諸科学との関連も大切にしながら，幅広い視野のもとで学ぶ必要がある。

本書では，これを**融合分野としての少年法**と呼ぶことにする。ここには，いくつかの学問分野，専門機関，そして地域の人々が協働し，それぞれ得意なところは生かし，不得手なところは補いあいながら，共通のテーマに接近するという意味が込められている。本書の目標は，このような融合分野としての少年法の姿を描き，かつ，その課題にチャレンジすることにある。

本書で心掛けたこと

本書では，次の3つのことを心掛けた。すなわち，①刑法・刑事訴訟法と少年法との違いを押さえたうえで，少年法の特色を説明すること，②重大な

非行の取扱いも重要だが，「軽微」な非行の取扱いにも十分目を向けること，③見えにくいものを捉えようとする姿勢を大切にすること，である。

　①　少年法だけを解説しても，その特色はわかりにくい。例えば，少年法は全件送致主義を採っている（少41条・42条1項）。これは，いかに軽微な事件であっても，犯罪少年の事件はすべて家庭裁判所に送致する仕組みのことをいう。これに対し，成人の軽微な事件は，微罪処分（刑訴246条但し書）や起訴猶予処分（刑訴248条）により，その多くが裁判所に来る前の段階で処理されている。少年法が全件送致主義を採っている理由を知るには，成人の場合と対比しながら，少年法の目的や家庭裁判所の役割について考える必要がある。

　②　メディアが取り上げるのは，殺人などの重大な少年事件である。重大事件の取扱いについて学ぶことは，もちろん大切である。しかし，重大な非行も，もとは軽微な非行や前駆的な行動から始まっている（家庭裁判所調査官研修所監修『重大少年事件の実証的研究』2001年）。軽微な非行を軽微なまま終わらせることで，少年の成長発達が保障され，もって地域の安全が確保される。軽微な非行への対応は，少年法の生命線である。

　③　ある少年事件が起きる。それが大きく報道される。少年は何をしたのか，どんな少年なのかに世間の関心が集まる。しかし，少年への有効な処遇や非行の防止を考えるには，外にあらわれた現象だけでなく，事件の背景に目を向ける必要がある。非行は，さまざまなことが複雑にからみ合って起きている。その背景は見えにくい。また，わたしたちは，ふだん，物事の背景を考えることにあまり慣れていない。しかし，その見えにくいものを捉え，何故その少年は非行をしたのかを考え，今後は同じことが繰り返されないためにどのような働きかけが必要かを考えることが重要である。現象面に目を奪われ，本質的な問題を見逃してしまっては，有効な対策はたたない。

　本書の構成
　本書は，少年法の教科書としては，やや異色な構成をとっている。すなわち，①保護主義，適正手続の保障のほかに，科学主義，参加と協働，問題解決型司法，対話型司法などを少年法の主要な原理や特徴としていること（第

1章第1節），②非行の動向の社会学的分析や，非行原因論に関する節を置いていること（第1章第2節・第3節），③捜査の項では，司法面接やディスコミュニケーションなど法と心理学の知見も応用していること（第4章），④家庭裁判所調査官による社会調査および少年鑑別所における鑑別について詳しく解説していること（第6章），⑤保護処分について多くのページ数を充て，保護観察や少年院処遇における（少年の社会参加に向けた）他機関との協働の可能性も模索していること（第11章），⑥裁判員裁判における情状鑑定の意義に言及していること（第12章），などである。なお，⑤について補足すると，少年法における重要な概念のひとつに要保護性があるが，これを正確に把握するには保護処分の現状についての理解が不可欠である。例えば，児童自立支援施設の現場を知らなければ，当該少年に対し児童自立支援施設送致が有効な働きかけになるか否かは判断できないからである。

　上記①～⑥は，本書が融合分野としての少年法を追求しているためである。しかし，制度や手続の仕組みそのものを解説する箇所については，本書の特色を出せていないところもある。この点は今後の課題である。

刊行にあたって
　本書の執筆過程において，多くの方々から資料の提供，質問への回答，草稿の検討等のご助力をいただいた。また，成文堂編集部の篠崎雄彦氏に大変お手数をいただいた。心から感謝申し上げたい。

　本書の原稿を書き終えた2020年10月，澤登俊雄先生の訃報に接した。一昨年は加藤幸雄先生，昨年は山口幸男先生，守屋克彦先生，津田玄児先生，今年は所一彦先生，荒木伸怡先生が他界された。少年法研究に多大な貢献をされた先生方への追悼の思いを，本書のはしがきにではあるが記したい。

2020年　秋

服　部　　朗

凡　　例

1　法令名等略語

・本文中，「法」は少年法を，「規則」は少年審判規則を指す。

・少年法（昭和23年 7 月15日法律第168号）は，制定時のものを指す場合，「1948年法」と表記する。

・少年法改正については次のように表記する。

第一次改正法　　少年法等の一部を改正する法律（平成12年12月 6 日法律第142号）

第二次改正法　　少年法等の一部を改正する法律（平成19年 6 月 1 日法律第68号）

第三次改正法　　少年法の一部を改正する法律（平成20年 6 月18日法律第71号）

第四次改正法　　少年法の一部を改正する法律（平成26年 4 月18日法律第23号）

　また，各改正を，第一次改正，第二次改正，第三次改正，第四次改正と表記するほか，必要に応じ，第一次（2000年）改正，第二次（2007年）改正，第三次（2008年）改正，第四次（2014年）改正とも表記する。

　・法令名は，原則として「有斐閣六法全書」の略語および通称による。主なものは次のとおりである。

　［現行法令］

少	少年法
少審規	少年審判規則
少鑑	少年鑑別所法
少鑑施規	少年鑑別所法施行規則
少院	少年院法
少院施規	少年院法施行規則
児福	児童福祉法
更生	更生保護法
刑	刑法
刑訴	刑事訴訟法
裁	裁判所法
裁判員	裁判員の参加する刑事裁判に関する法律
少警規	少年警察活動規則

vi　凡　例

[廃止法令]
旧少　　　　少年法（大正11年4月17日法律第42号）〈大正少年法〉
旧少院　　　少年院法（昭和23年7月15日法律第169号）

[国際準則]
子ども　　　　子どもの権利条約（Convention on the Rights of the Child）
北京ルールズ　少年司法運営に関する国連最低基準規則（United Nations Standard Minimum Rules for the Administration of Juvenile Justice（Beijing Rules））

2　判例集・判例雑誌等略語
裁判例の表記は以下の例による。
最決昭58・9・5刑集37巻7号901頁
　＝最高裁判所昭和58年9月5日判決，最高裁判所刑事判例集37巻7号901頁
名古屋家決平22・7・15家月63巻3号140頁
　＝名古屋家庭裁判所平成22年7月15日決定，家庭裁判月報63巻3号140頁

刑集　　　　最高裁判所刑事判例集
集刑　　　　最高裁判所裁判集刑事
下刑集　　　下級裁判所刑事裁判例集
高刑集　　　高等裁判所刑事判例集
東高時報　　東京高等裁判所判決時報
家月　　　　家庭裁判月報
判時　　　　判例時報
判タ　　　　判例タイムズ
家庭の法　　家庭の法と裁判

3　文献略語
[体系書・概説書]
植村　　　　植村立郎『骨太少年法講義』（2015年）
柏木　　　　柏木千秋『新少年法概説』（1949年）
川出　　　　川出敏裕『少年法』（2015年）
河原　　　　河原俊也『ケースから読み解く　少年事件―実務の技』（2017年）
河村　　　　河村博編『少年法―その動向と実務〔第3版〕』（2014年）
菊田　　　　菊田幸一『概説少年法』（2013年）

澤登	澤登俊雄『少年法入門〔第6版〕』(2015年)
澤登ほか・展望	澤登俊雄＝谷誠＝兼頭吉市＝中原尚一＝関力『展望少年法』(1968年)
関	関哲夫『入門少年法』(2013年)
武内	武内謙治『少年法講義』(2015年)
服部＝佐々木	服部朗＝佐々木光明『ハンドブック少年法』(2000年)
平場	平場安治『少年法〔新版〕』(1987年)
平場〔旧版〕	平場安治『少年法』(1963年)
廣瀬	廣瀬健二『子どもの法律入門〔第3版〕─臨床実務家のための少年法手引き』(2017年)
丸山	丸山雅夫『少年法講義〔第3版〕』(2017年)
守山＝後藤	守山正＝後藤弘子編著『ビギナーズ少年法〔第3版〕』(2017年)
実務講義案	裁判所職員総合研修所監修『少年法実務講義案〔三訂補訂版〕』(2018年)
矯正研修所・少年矯正法	法務省矯正研修所『研修教材少年矯正法』(2016年)
法務総合研究所・更生保護	法務総合研究所『研修教材平成30年版更生保護』(2018年)

[註釈書]

田宮＝廣瀬	田宮裕＝廣瀬健二編『注釈少年法〔第4版〕』(2017年)
田宮・解説	田宮裕編『少年法（条文解説）』(1986年)
団藤＝森田	団藤重光＝森田宗一『新版 少年法〔第二版〕』(1984年)
団藤＝森田〔旧版〕	団藤重光＝森田宗一『新版 少年法』(1968年)
団藤ほか	団藤重光＝内藤文質＝森田宗一＝四ツ谷巌『少年法』(1956年)
廣瀬・裁判例	廣瀬健二編『裁判例コンメンタール少年法』(2011年)
守屋＝斉藤・コンメンタール	守屋克彦＝斉藤豊治編『コンメンタール少年法』(2012年)
佐藤＝桑原	佐藤進＝桑原洋子監修『実務注釈 児童福祉法〈実務注釈社会福祉法体系4〉』(1998年)
磯谷＝町野＝水野	磯谷文明＝町野朔＝水野紀子編集代表『実務コンメンタール児童福祉法・児童虐待防止法』(2020年)
丸山（直）・少年警察活動規則	丸山直紀『注解少年警察活動規則』(2008年)

[改正法解説書]

甲斐ほか	甲斐行夫＝入江猛＝飯島泰＝加藤俊治「少年法等の一部を改正する法律の解説」『少年法等の一部を改正する法律及び少年審判規則等の一部を改正

<table>
<tr><td></td><td>する規則の解説』（2002年）</td></tr>
<tr><td>岡ほか</td><td>岡健太郎＝岡田伸太＝古田孝夫＝本田能久＝安永健次「少年審判規則等の一部を改正する規則の解説」『少年法等の一部を改正する法律及び少年審判規則等の一部を改正する規則の解説』（2002年）</td></tr>
<tr><td>久木元ほか</td><td>久木元伸＝飯島泰＝親家和仁＝川淵武彦＝岡﨑忠之「少年法等の一部を改正する法律の解説」『少年法等の一部を改正する法律及び少年審判規則等の一部を改正する規則の解説』（2011年）</td></tr>
<tr><td>小田ほか</td><td>小田正二＝浅香竜太＝川淵健司＝宇田川公輔「少年審判規則等の一部を改正する規則の解説」『少年法等の一部を改正する法律及び少年審判規則等の一部を改正する規則の解説』（2011年）</td></tr>
<tr><td>中村＝櫟</td><td>中村功一＝櫟清隆「少年法の一部を改正する法律について」法曹時報66巻8号（2014年）39-94頁</td></tr>
</table>

矯正局・新少年院法／鑑別所法　　法務省矯正局『新しい少年院法と少年鑑別所法』（2014年）

[研究書・論文集等]

<table>
<tr><td>朝倉・矯正法</td><td>朝倉京一『矯正法講話』（1963年）</td></tr>
<tr><td>安倍＝西岡・法律と実務</td><td>安倍嘉人＝西岡清一郎監修『子どものための法律と実務―裁判・行政・社会の協働と子どもの未来』（2013年）</td></tr>
<tr><td>鮎川・逸脱行動論</td><td>鮎川潤編著『新訂版 逸脱行動論』（2006年）</td></tr>
<tr><td>伊藤・司法福祉</td><td>伊藤冨士江編著『司法福祉入門〔第2版増補〕―非行・犯罪への対応と被害者支援』（2015年）</td></tr>
<tr><td>猪瀬＝森田＝佐伯・展開</td><td>猪瀬愼一郎＝森田明＝佐伯仁志編『少年法のあらたな展開―理論・手続・処遇』（2001年）</td></tr>
<tr><td>今福＝小長井・保護観察</td><td>今福章二＝小長井賀與著『保護観察とは何か―実務の視点からとらえる』（2016年）</td></tr>
<tr><td>岩井古稀</td><td>町野朔ほか編『岩井宜子先生古稀祝賀論文集 刑法・刑事政策と福祉』（2011年）</td></tr>
<tr><td>上野＝兼頭＝庭山・情状鑑定</td><td>上野正吉＝兼頭吉市＝庭山英雄編『刑事鑑定の理論と実務―情状鑑定の科学化をめざして』（1977年）</td></tr>
<tr><td>植村・実務と法理</td><td>植村立郎『少年事件の実務と法理―実務「現代」刑事法』（2010年）</td></tr>
<tr><td>植村退官</td><td>『植村立郎判事退官記念論文集 現代刑事法の諸問題〔第1巻 第1編 理論編・少年法編〕』（2011年）</td></tr>
<tr><td>宇田川・家裁の窓</td><td>宇田川潤四郎『家裁の窓から』（1969年）</td></tr>
</table>

内田ほか・弁護と支援	内田扶喜子＝谷村慎介＝原田和明＝水藤昌彦『罪を犯した知的障がいのある人の弁護と支援―司法と福祉の協働実践』（2011年）
大江・関係的権利	大江洋『関係的権利論―子どもの権利から権利の再構成へ』（2004年）
大澤・対話	大澤恒夫『法的対話論―「法と対話の専門家」をめざして』（2004年）
岡田・科学主義	岡田行雄『少年司法における科学主義』（2012年）
岡邊・犯罪非行社会学	岡邊健編『犯罪・非行の社会学〔補訂版〕―常識をとらえなおす視座』（2020年）
岡本＝松原・岡邊・犯罪学	岡本英生＝松原英世＝岡邊健「犯罪学リテラシー」（2017年）
片山・被害者支援	片山徒有『犯罪被害者支援は何をめざすのか―被害者から支援者，地域社会への架け橋』（2003年）
加藤＝野田＝赤羽・司法福祉	加藤幸雄＝野田正人＝赤羽忠之編著『司法福祉の焦点―少年司法分野を中心として』（1994年）
加藤・非行臨床	加藤幸雄『非行臨床と司法福祉』（2003年）
吉川古稀	『吉川経夫先生古稀祝賀論文集 刑事法学の歴史と課題』（1994年）
京・供述の自由	京明『要支援被疑者（vulnerable suspects）の供述の自由』（2013年）
葛野・再構築	葛野尋之『少年司法の再構築』（2003年）
葛野・改正少年法	葛野尋之編『「改正」少年法を検証する―事件とケースから読み解く』（2004年）
葛野・検証と展望	葛野尋之編『少年司法改革の検証と展望』（2006年）
葛野・参加と修復	葛野尋之編『少年司法における参加と修復』（2009年）
更生保護50年史	更生保護50年史編集委員会編『更生保護50年史〔第1編〕―地域と共に歩む更生保護』（2000年）
小林・行動科学	小林寿一編著『少年非行の行動科学―学際的アプローチと実践への応用』（2008年）
最高裁家庭局・諸問題	最高裁判所事務総局家庭局編『家庭裁判所の諸問題〔下巻〕』（1970年）
斉藤・研究1	斉藤豊治『少年法研究1―適正手続と誤判救済』（1997年）
斉藤・研究2	斉藤豊治『少年法研究2―少年法改正の検討』（2006年）

斉藤 = 守屋・課題と展望〔第 1 巻〕	斉藤豊治 = 守屋克彦編著『少年法の課題と展望〔第 1 巻〕』（2005年）
斉藤 = 守屋・課題と展望〔第 2 巻〕	斉藤豊治 = 守屋克彦編著『少年法の課題と展望〔第 2 巻〕』（2006年）
佐藤・シリーズ刑事司法〔第 2 巻〕	佐藤博史編『シリーズ刑事司法を考える〔第 2 巻〕―捜査と弁護』（2017年）
澤登古稀	新倉修 = 横山実編『澤登俊雄先生古稀祝賀論文集 少年法の展望』（2000年）
澤登 = 高内・理念	澤登俊雄 = 高内寿夫編著『少年法の理念』（2010年）
澤登・処遇制度論	澤登俊雄『犯罪者処遇制度論〔上〕』（1975年）
澤登 = 斉藤・適正手続	澤登俊雄 = 斉藤豊治編著『少年司法と適正手続』（1998年）
澤登ほか・国際準則	澤登俊雄 = 比較少年法研究会編著『少年司法と国際準則―非行と子どもの人権』（1991年）
城下・量刑理論	城下裕二『量刑理論の現代的課題〔増補版〕』（2009年）
末永ほか・少年鑑別所50年	末永清ほか編『少年鑑別所発足50周年記念出版 少年鑑別所50年の歩み』（1999年）
鈴木古稀	『鈴木茂嗣先生古稀祝賀論文集〔下巻〕』（2007年）
須藤ほか・人間行動科学	須藤明 = 岡本吉生 = 村尾泰弘 = 丸山泰弘編著『刑事裁判における人間行動科学の寄与―情状鑑定と判決前調査』（2018年）
全児協・児童自立支援施設運営ハンドブック	全国児童自立支援施設協議会編『新訂版 児童自立支援施設（旧教護院）運営ハンドブック―非行克服と児童自立の理念・実践』（1999年）
武・児童自立支援施設	武千晴『児童自立支援施設の歴史と実践―子育ち・子育てを志向する共生理念』（2018年）
武内・保護の構造	武内謙治『少年司法における保護の構造―適正手続・成長発達権保障と少年司法改革の展望』（2014年）
武内・裁判員裁判	武内謙治編著『少年事件の裁判員裁判』（2014年）
武内訳・ドイツ少年刑法改革	ドイツ少年裁判所・少年審判補助者連合（DVJJ）著，武内謙治訳『ドイツ少年刑法改革のための諸提案』（2005年）
髙井 = 番 = 山本・被害者保護法制	髙井康行 = 番敦子 = 山本剛『犯罪被害者保護法制解説〔第 2 版〕』（2008年）

津富＝河野訳・犯罪からの離脱	シャッド・マルナ著，津富宏＝河野荘子監訳『犯罪からの離脱と「人生のやり直し」―元犯罪者のナラティブから学ぶ』（2013年）
土井・若者の気分	土井隆義『若者の気分　少年犯罪〈減少〉のパラドクス』（2012年）
仲訳・子どもの面接法	M. アルドリッジ＝J. ウッド著，仲真紀子編訳『子どもの面接法―司法手続きにおける子どものケア・ガイド』（2004年）
仲＝田中訳・子どもの司法面接	英国内務省・英国保健省編，仲真紀子・田中周子訳『子どもの司法面接―ビデオ録画面接のためのガイドライン』（2007年）
仲・子どもへの司法面接	仲真紀子編著『子どもへの司法面接―考え方・進め方とトレーニング』（2016年）
中川・事実認定	中川孝博『刑事裁判・少年審判における事実認定―証拠評価をめぐるコミュニケーションの適正化』（2008年）
中野還暦	『中野次雄判事還暦祝賀　刑事裁判の課題』（1972年）
中山退官	『中山善房判事退官記念　刑事裁判の理論と実務』（1998年）
西村古稀	所一彦ほか編『西村春夫先生古稀祝賀　犯罪の被害とその修復』（2002年）
日弁連・子どもの人権	日本弁護士連合会子どもの権利委員会編『少年警察活動と子どもの人権〔新版〕―子どもの健全な成長を願って』（1998年）
橋本・非行臨床	橋本和明『非行臨床の技術―実践としての面接・ケース理解・報告』（2011年）
橋本・犯罪心理鑑定	橋本和明編著『犯罪心理鑑定の技術』（2016年）
八田・教育と処遇	八田次郎『非行少年の教育と処遇―法務教官の実践』（2005年）
服部・司法福祉	服部朗『少年法における司法福祉の展開』（2006年）
服部・アメリカ少年法	服部朗『アメリカ少年法の動態』（2014年）
浜井ほか・実務上の諸問題	浜井一夫＝廣瀬健二＝波床昌則＝河原俊也『少年事件の実務上の処理に関する諸問題―否認事件を中心として』（1997年）
浜井＝村井・発達障害と司法	浜井浩一＝村井敏邦編著『発達障害と司法―非行少年の処遇を中心に』（2010年）

浜田・シリーズ刑事司法〔第1巻〕	浜田寿美男編『シリーズ刑事司法を考える〔第1巻〕―供述をめぐる問題』（2017年）
判タ家裁実務	野田愛子＝三宅弘人編『家庭裁判所家事・少年実務の現状と課題』判例タイムズ996号（1999年）
判タ少年法	『少年法―その実務と裁判例の研究』別冊判例タイムズ6号（1979年）
平川・基礎	平川宗信『刑事法の基礎』（2008年）
廣井・司法臨床	廣井亮一『司法臨床入門〔第2版〕家裁調査官のアプローチ』（2012年）
平野・講座〔第1巻／第2巻〕	平野龍一編『講座「少年保護」〔第1巻／第2巻〕』（1982年）
福岡県弁護士会・全件付添人	福岡県弁護士会子どもの権利委員会編『少年審判制度が変わる―全件付添人制度の実証的研究』（2006年）
福岡県弁護士会・付添人マニュアル	福岡県弁護士会子どもの権利委員会編『少年事件付添人マニュアル〔第3版〕』（2013年）
本庄・刑事処分	本庄武『少年に対する刑事処分』（2014年）
前野古稀	『前野育三先生古稀祝賀論文集　刑事政策学の体系』（2008年）
松本・更生保護	松本勝編著『更生保護入門〔第5版〕』（2019年）
村井古稀	『村井敏邦先生古稀記念論文集　人権の刑事法学』（2011年）
森田・歴史的展開	森田明『少年法の歴史的展開―〈鬼面仏心〉の法構造』（2005年）
森・更生保護	森長秀編『更生保護制度〔第3版〕―司法福祉』（2017年）
守屋・非行と教育	守屋克彦『少年の非行と教育』（1977年）
守屋・非行と少年審判	守屋克彦『現代の非行と少年審判』（1998年）
矢島＝丸＝山本・犯罪社会学	矢島正見＝丸秀康＝山本功編著『改訂版よくわかる犯罪社会学入門』（2009年）
山口・司法福祉論	山口幸男『司法福祉論〔増補版〕』（2005年）
山口・国際人権	山口直也『少年司法と国際人権』（2013年）
山本＝高木・ディスコミュニケーション	山本登志哉＝高木光太郎編『ディスコミュニケーションの心理学―ズレを生きる私たち』（2011年）
渡邊・刑事責任	渡邊一弘『少年の刑事責任―年齢と刑事責任能力の視点から』（2006年）

4　雑誌略語

家月	家庭裁判月報
家庭の法	家庭の法と裁判
刑弁	季刊刑事弁護
矯医	矯正医学
矯会	矯正医学会誌
矯研	矯正研究所紀要
警論	警察学論集
刑ジ	刑事法ジャーナル
ケ研	ケース研究
刑政	刑政
刑法	刑法雑誌
更保	更生保護
児心	児童心理
司福	司法福祉学研究
自正	自由と正義
ジュリ	ジュリスト
青問	青少年問題
調研	調研紀要
犯社	犯罪社会学研究
犯非	犯罪と非行
判時	判例時報
判タ	判例タイムズ
非問	非行問題
法セミ	法学セミナー
曹時	法曹時報
法心	法と心理
法精	法と精神医療
法時	法律時報
ひろば	法律のひろば

目　　次

はしがき（*i*）

凡　　例（*v*）

第1章　少年法の基礎

第1節　少年法の原理………………………………………………………*1*

　1　少年法の目的（*1*）

　2　少年法の原理（*2*）

　　1　保護主義（*2*）　　2　科学主義（*3*）　　3　適正手続の保障（*4*）

　　4　迅速性の要請（*5*）　　5　参加と協働（*6*）

　3　少年手続の特徴（*9*）

　　1　司法機能と福祉機能との統合（*9*）　　2　司法福祉，問題解決型司法（*10*）

　　3　対話型司法（*11*）

第2節　非行の動向………………………………………………………*14*

　1　はじめに（*14*）

　2　凶悪化言説（*15*）

　3　なぜ少年非行は減少しているのか？（*18*）

　4　少年たちのいま（*18*）

第3節　非行の背景………………………………………………………*20*

　1　はじめに（*20*）

　2　実証的な原因研究の始まり（*21*）

　3　生物学的アプローチ（*22*）

　4　心理学的アプローチ（*22*）

　5　社会学的アプローチ（*24*）

　　1　社会解体論（*24*）　　2　緊張理論（*24*）　　3　学習理論（*25*）

　　4　漂流理論（*27*）　　5　社会的絆の理論（*28*）　　6　ラベリング論（*29*）

　　　　7　環境犯罪学（30）　　8　ライフコース論（30）

第2章　少年法の対象　非行のある少年

　1　はじめに（33）

　2　少年法の対象年齢（33）

　3　非行のある少年（35）

　　　1　非行少年の定義（35）　　2　犯罪少年と触法少年との違い（36）

　　　3　犯罪少年に責任能力は必要か（38）

　4　虞犯少年を少年法の対象とすべきか（39）

　　　1　虞犯の構成要件（39）　　2　存置論 vs. 廃止論（40）

　　　3　虞犯少年の実態（40）　　4　小　括（44）

　　　5　新たな課題―発達障がいとの関係（45）

　5　まとめ（46）

第3章　少年保護手続の流れ（概観）

　1　家庭裁判所における事件の受理と選別（50）

　　　1　事件の受理（50）　　2　事件の選別（51）

　2　観護措置（52）

　3　調査官による社会調査（53）

　4　「非行なし」の発見（55）

　5　被害者のための制度（56）

　6　審　判（57）

　　　1　審判の方式（57）　　2　審判の出席者（58）　　3　試験観察（58）

　　　4　終局決定（60）

　7　抗　告（62）

第4章　少年保護手続（1）　非行のある少年の発見と事件の捜査

　1　はじめに（65）

　2　発見活動（65）

　3　少年事件の捜査（69）

　　　1　少年事件にふさわしい捜査（69）　　2　少年の身体拘束（69）

　　3　少年に対する取調べ（71）

　2　触法少年に対する調査（76）

　　1　第二次改正―触法調査関連（76）　　2　触法調査の進行（77）

　　3　第二次改正の問題点（78）

　5　虞犯少年に対する調査（78）

　6　少年の冤罪（79）

　　1　冤罪の原因（79）　　2　ディスコミュニケーション（79）

　　3　障がいのある人との面接から示唆されること（81）

　　4　子どもと言葉（83）　　5　司法面接（84）

　7　正確に事実を聴き取るために（85）

　　1　どのような取組みが必要か（85）　　2　少年に対する面接上の配慮（87）

第5章　少年保護手続（2）　事件の送致と受理

　1　はじめに（91）

　2　少年事件送致の特徴―全件送致主義（92）

　　1　成人事件の扱いとの違い（92）

　　2　なぜ少年法は全件送致主義を採っているか（94）

　　3　司法警察員の送致（直送事件）と検察官の送致（96）

　3　簡易送致（96）

　　1　簡易送致とは（96）　　2　簡易送致の対象事件（97）

　　3　簡易送致の手続（98）　　4　簡易送致率の推移（98）

　　5　理念と現実的要請の両立（99）

　4　国際準則との関連（100）

　5　事件受理後の手続（102）

　　1　家庭裁判所調査官による事件の選別（インテイク）（102）

　　2　観護措置の要否の決定（103）

第6章　少年保護手続（3）　調　　査

第1節　家庭裁判所調査官による社会調査……………………………107

　1　はじめに（107）

　2　調査の開始（108）

　　3　家庭裁判所調査官（*108*）

　　4　社会調査の目的（*109*）

　　5　社会調査の対象（*111*）

　　6　要保護性について（*111*）

　　7　社会調査に対する制約（*114*）

　　　1　調査と適正手続（*114*）　　2　調査の目的関連性（*114*）

　　　3　調査と迅速性の要請（*115*）

　　8　社会調査の進め方（*115*）

第2節　少年鑑別所における鑑別 ………………………………………… *119*

　　1　はじめに（*119*）

　　2　少年鑑別所（*119*）

　　3　鑑　　別（*121*）

　　　1　鑑別の意義（*121*）　　2　鑑別の種類（*122*）

　　　3　社会調査との違い（*122*）

　　4　収容審判鑑別の進め方（*124*）

　　5　少年鑑別所法の制定（*125*）

　　　1　制定の経緯（*125*）　　2　少年鑑別所法の概要（*126*）

　　6　観護処遇について（*128*）

　　　1　観護処遇の復興（*128*）　　2　少年鑑別所における「処遇」の沿革（*129*）

　　　3　鑑別と観護処遇との関係（*134*）

第7章　付添人

　　1　はじめに（*135*）

　　2　付添人の選任（*136*）

　　　1　少年および保護者の選任による付添人（*136*）　　2　国選付添人（*137*）

　　3　付添人の役割（*138*）

　　　1　二面性論（*138*）　　2　パートナー論（*139*）

　　4　付添人の権限（*140*）

　　5　国選付添人制度の創設と対象拡大（*141*）

　　6　付添人選任率（*145*）

　　7　今後の課題（*146*）

　　1　国選付添人対象事件からの虞犯等の排除（*146*）

　　2　弁護士付添人と市民付添人との協働（*146*）

第8章　被害者への支援

1　はじめに（*147*）

2　周囲の人々の理解と配慮（*147*）

3　犯罪被害者等に対する法的支援制度の発足と拡大（*148*）

4　警察による被害者支援（*150*）

5　検察による被害者支援（*152*）

　　1　被害者等通知制度（*152*）　　2　被害者支援員制度（*153*）

　　3　被害者ホットラインの設置（*153*）　　4　弁護士会との連携（*153*）

6　少年審判において被害者への配慮を充実させるための制度の創設（*153*）

　　1　記録の閲覧・謄写制度（*154*）　　2　意見の聴取制度（*156*）

　　3　審判結果等の通知制度（*157*）　　4　少年審判の傍聴制度（*157*）

　　5　審判状況の説明制度（*158*）

7　少年院における被害者等施策（*159*）

　　1　被害者等通知制度（*159*）

　　2　少年院における被害者の視点を取り入れた教育（*159*）

8　更生保護における被害者等施策（*160*）

　　1　意見等聴取制度（*160*）　　2　心情等伝達制度（*161*）

　　3　被害者等通知制度（*161*）　　4　相談・支援（*162*）

9　今後の課題（*162*）

第9章　少年保護手続（4）　審　　判

第1節　審判の原則 ……………………………………………………… *165*

1　審判開始の決定（*165*）

2　審判の原則（*166*）

　　1　少年審判における適正手続（*166*）　　2　職権主義（*166*）

　　3　審判の教育的機能（*166*）　　4　非公開（*167*）　　5　非方式性（*167*）

　　6　個別審理（*167*）　　7　併合審理（*168*）

3　審判が職権主義を採る理由とその課題（*168*）

　　　　4　審判の対象（*170*）

　第2節　審判の進行……………………………………………………………*170*

　　1　審判の場所（*170*）

　　2　審判廷の構造（*170*）

　　3　審判の出席者（*171*）

　　　　1　少　年（*171*）　　2　保護者（*171*）　　3　裁判官（*172*）

　　　　4　書記官（*174*）　　5　家庭裁判所調査官（*174*）　　6　付添人（*174*）

　　　　7　検察官（*175*）　　8　その他の出席者（*176*）

　　4　審判の進行（*176*）

　　　　1　少年・保護者等の人定質問（*177*）

　　　　2　供述を強いられないことの説明（黙秘権の告知）（*177*）

　　　　3　非行事実（送致事実）の説明，少年および付添人からの意見の聴取（*178*）

　　　　4　非行事実の審理（*179*）　　5　要保護性の審理（*180*）

　　　　6　調査官および付添人からの処遇意見の聴取（*180*）　　7　決定の告知（*181*）

　　　　8　（必要な場合には）抗告権の告知（*181*）

　　5　被害者等による審判の傍聴（*181*）

　第3節　事実の認定……………………………………………………………*182*

　　1　はじめに（*182*）

　　2　証拠調べ・証拠法則等（*182*）

　　　　1　自白の証拠能力・補強法則（*182*）　　2　違法収集証拠排除法則（*183*）

　　　　3　伝聞法則（*183*）　　4　証拠調べ請求権（*183*）　　5　証人尋問権（*184*）

　　　　6　社会記録の利用（*186*）　　7　心証の程度（*187*）

　　　　8　補充捜査の可否（*188*）　　9　非行事実の認定替え（*190*）

　　　　10　要保護性に関する事実の審理（*191*）　　11　余罪考慮の可否（*192*）

　第4節　試験観察……………………………………………………………*193*

　　1　試験観察の意義（*193*）

　　2　試験観察の要件，期間，実施形態等（*194*）

　　　　1　試験観察の要件（*194*）　　2　試験観察の期間（*194*）

　　　　3　試験観察とあわせてとりうる措置（*195*）

　　　　4　試験観察の実施形態（*195*）　　5　試験観察の取消し・変更（*196*）

　　3　試験観察の運用状況（*196*）

第5節　終局決定 ･･･ *198*

　　1　はじめに（*198*）

　　2　終局決定の種類（*199*）

　　　　1　審判不開始（*199*）　　2　都道府県知事または児童相談所長送致（*200*）

　　　　3　検察官送致（*200*）　　4　不処分（*201*）　　5　保護処分（*202*）

第6節　一事不再理 ･･･ *203*

　　1　はじめに（*203*）

　　2　遮断効の根拠・性格（*204*）

　　3　審判不開始・不処分決定の一事不再理効（*204*）

　　4　第一次改正（*206*）

　　5　検　　討（*207*）

　　6　触法少年・虞犯少年への準用（*209*）

第10章　抗告，保護処分の取消し

第1節　抗　　告 ･･･ *211*

　　1　はじめに（*211*）

　　2　抗告権者，抗告の対象，理由，期間等（*212*）

　　　　1　抗告権者（*212*）　　2　抗告の対象（*212*）　　3　抗告の理由（*214*）

　　　　4　抗告の期間・方法・効果（*215*）

　　3　抗告審における審理（*216*）

　　　　1　調査の範囲（*216*）　　2　事実の取調べ（*216*）　　3　抗告審の判断（*216*）

　　4　受差戻審の審理（*217*）

　　5　不利益変更禁止の原則（*217*）

　　6　検察官による抗告受理の申立て（*221*）

　　7　再抗告（*222*）

第2節　保護処分の取消し ･･･ *224*

　　1　はじめに（*224*）

　　2　競合する処分の調整（*224*）

　　　　1　保護処分と刑罰との競合（*225*）　　2　保護処分どうしの競合（*225*）

　　3　違法な保護処分の取消し（*226*）

　　　　1　年齢誤認による取消し（*226*）　　2　非行事実の不存在による取消し（*227*）

　　4　取消しの効果（*231*）

　　　　1　遡及効（*231*）　　2　一事不再理効（*232*）

　　5　残された課題（*233*）

第11章　保　護　処　分

第1節　保護観察 ·· *235*

　　1　はじめに（*235*）

　　2　更生保護（*236*）

　　3　保護観察の概説（*239*）

　　　　1　保護観察の意義（*239*）　　2　保護観察の担い手（*239*）

　　　　3　保護観察の種類（*240*）

　　4　保護観察の実施方法（*242*）

　　　　1　指導監督・補導援護（*242*）　　2　遵守事項（*243*）

　　　　3　生活行動指針（*246*）　　4　応急の救護（*246*）　　5　就労支援（*247*）

　　　　6　保護者に対する措置（*248*）　　7　良好措置・不良措置（*249*）

　　5　保護観察の大まかな流れ（1号観察の場合）（*250*）

　　6　保護観察実施上の諸施策（*252*）

　　　　1　段階別処遇（*252*）　　2　類型別処遇（*253*）　　3　直接処遇（*253*）

　　　　4　専門的処遇プログラム（*253*）

　　7　保護司（*254*）

　　　　1　保護司の歴史（*254*）　　2　保護司の役割（*254*）

　　　　3　保護司の選任（*255*）　　4　保護司の現状（*256*）

　　　　5　課題への対応（*256*）

　　8　BBS 運動（*258*）

　　　　1　BBS 運動のはじまり（*258*）　　2　わが国における BBS 運動（*259*）

　　　　3　ともだち活動（*260*）

第2節　児童自立支援施設 ·· *261*

　　1　はじめに（*261*）

　　2　自立について（*262*）

　　3　児童自立支援施設の歴史（*263*）

　　4　児童自立支援施設と少年院との違い（265）

　　5　児童自立支援施設の教育（266）

　　6　勤務体制と寮舎形態（268）

　　　1　勤務体制（269）　　2　寮舎形態（270）

　　7　児童自立支援施設の子どもたち（272）

　　8　児童自立支援施設への入所経路（273）

　　9　児童福祉法の改正（274）

　　　1　1997年改正（274）　　2　2004年改正　（275）

　　10　少年司法と児童福祉との関係（275）

第3節　少　年　院 ………………………………………………………280

　　1　はじめに（280）

　　2　新少年院法の制定（281）

　　　1　新法制定の経緯（281）　　2　新法の概要（282）

　　3　少年院の種類（283）

　　　1　少年院の種類（283）　　2　送致される少年院の指定（284）

　　4　少年院における処遇の基本（284）

　　　1　処遇の原則（284）　　2　処遇の段階（285）　　3　保護者（286）

　　　4　他機関との協働（286）

　　5　少年院における矯正教育（286）

　　　1　矯正とは何か（286）　　2　矯正教育の目的（288）

　　　3　矯正教育の方法（288）　　4　矯正教育の内容（288）

　　　5　矯正教育の計画（290）　　6　個々の少年院における取組み（294）

　　6　仮退院・退院―少年院から社会へ（294）

　　　1　収容期間についての考え方（294）　　2　仮退院・退院（295）

　　　3　収容継続・戻し収容（296）　　4　更生を支える人々（297）

第12章　刑事処分

第1節　少年法20条の法的性格 ………………………………………302

　　1　法20条の改正（302）

　　2　20条1項の法的性格（304）

　　　1　20条1項の判断過程（304）　　2　保護不能説と保護不適説（305）

　　3　20条 2 項の法的性格（306）

　　4　調査官および社会調査の役割（312）

　　　1　20条 2 項対象事件における調査の変化（312）

　　　2　包括調査の必要性（314）

　　5　小　括（316）

第 2 節　逆送後の手続……………………………………………319

　　1　起訴強制（319）

　　2　観護措置の扱い（320）

　　3　起訴後の勾留場所（321）

第 3 節　少年事件の裁判員裁判………………………………322

　　1　社会記録の取扱い（322）

　　2　情状鑑定の活用（326）

　　3　市民参加の課題（329）

第 4 節　刑事処分に関する特則………………………………332

　　1　死刑と無期刑の緩和（333）

　　2　不定期刑（334）

　　　1　不定期刑制度の改正（334）　　2　責任主義との関係（335）

　　　3　年齢の基準時（336）　　4　執行猶予との関係（337）

　　3　換刑処分の禁止（337）

　　4　懲役・禁錮の執行場所（338）

　　　1　少年刑務所（338）　　2　少年院における刑の執行（338）

　　5　仮釈放の特則（339）

　　6　仮釈放期間の早期終了（341）

　　7　不定期刑受刑者に対する仮釈放の運用状況（342）

　　8　人の資格に関する法令の適用（344）

索　　引…………………………………………………………345

第1章　少年法の基礎

第1節　少年法の原理

1　少年法の目的

　少年法の目的は，少年の健全育成にある（少1条）。この目的は，児童福祉法や教育基本法の目的と共通のものである。

　健全育成とは，少年一人ひとりの成長発達の可能性やそのペースを尊重しながら，少年に働きかけたり，時には待ったりしながら，その成長発達を見守ることである。成長発達は，もともと少年自身に備わっている力であり，他から与えられるものではない。しかし，時には，周囲から好ましくない影響をうけたり，必要な支援が与えられていないため，伸びようとする力が押さえつけられたり，歪められてしまっていることがある。そのようなときは，無理やりどちらかの方向へ引っ張るのではなく，適切な「関係」のなかに少年を置いてやることである。そうすれば，少年は自分でその力を開花させていくことができる。成長発達は，子ども自身の力であり，子どもの尊厳である。

　発達心理学の知見によれば，周囲の人々や社会と適切な関係を結んでいくことは青年期の重要な課題であり，そこにはまた危機もある。非行も，子どもが，少年期，青年期を経て，大人になっていくプロセスの途上にあらわれる現象のひとつであり，したがって，非行という形であらわれた問題を，その人の成長発達にむけて解決していくという姿勢が重要である。

2　少年法の原理

　本書では，保護主義，科学主義，適正手続の保障，迅速性の要請，参加と協働の5つを少年法の原理に据えている。

1　保護主義

　少年法の教科書では，少年保護事件，少年保護手続，要保護性，保護処分など，「保護」の語が多用されている。「保護」は，少年法のキーワードのひとつであるが，多義的かつ難解で，過保護や甘やかしと混同されやすい語でもある。

　保護のメカニズムは，抑止のそれと対比すると，わかりやすい。**抑止のメカニズム**とは，犯罪をおかした人に対し，刑罰という形式で非難をくわえることによって，その意思決定に影響をあたえ，犯罪の反復を控えさせること（特別抑止），および，広く社会の人々に対し，もしも犯罪をおかせば刑罰という不利益が科されることを示すことによって，人々の意思決定に影響をあたえ，犯罪を控えさせることをいう（一般抑止）。

　歴史的には，この抑止のメカニズムが少年に対してはうまく機能しないばかりか弊害さえあることに気づき，少年固有の処遇（例えば，少年専用施設や裁判所の創設）が考案されたところに，保護の起源がある。

　保護のメカニズムとは，端的にいえば，少年の成長発達を進めることで，その結果として再非行を防止し，さらにその結果として地域の安全を確保することである。保護の直接の目的が地域の安全にあるのではなく，その直接の目的は少年の成長発達の促進，すなわち健全育成にあるのであって，その結果として再非行防止が，さらにその結果として地域の安全が確保されるという順序に注意が必要である。すなわち，保護も抑止も最終的な目的は同じだが，それを達成するためのアプローチが異なるのである。

　一方，少年法における保護の性格を明らかにするうえでは，学校教育や家庭教育（便宜上これを一般教育と呼ぶ）との違いも押さえておかねばならない。保護も一般教育も，子どもや青少年の育成という共通の目的を持つ。しか

し，少年院送致などの保護処分は，保護の名は付されているが，少年本人からみれば，自由の拘束を受ける点では不利益な処分にほかならない。保護のこうした性格を考慮すると，目的が正当だからといって，どのような場合にも積極的に行えばよいものではなく，そこには保護を行うにあたっての謙抑性が求められる。保護の対象範囲，方法の妥当性・有効性，少年の主体性の尊重，手続の適正さ等について不断に検証がくわえられる必要があるのである。ここに，少年法における保護と一般教育との違いがある。

2 科学主義

　法9条は，「前条の調査（家庭裁判所調査官による調査—*引用者註*）は，なるべく，少年，保護者又は関係人の行状，経歴，素質，環境等について，医学，心理学，教育学，社会学その他の専門的智識特に少年鑑別所の結果を活用して，これを行うように努めなければならない」として，調査の科学主義を宣明している。少年鑑別所法16条1項も，「鑑別対象者の鑑別においては，医学，心理学，教育学，社会学その他の専門的知識及び技術に基づき，鑑別対象者について，その非行又は犯罪に影響を及ぼした資質上及び環境上問題となる事情を明らかにした上，その事情の改善に寄与するため，その者の処遇に資する適切な指針を示すものとする」として，同様の規定を置いている。

　保護は，非行の背景を正確に理解したうえで行われる必要がある。表面的なものに目を奪われたり，勘に頼ったりするのでは，非行の背景の正確な理解はできず，有効な対策はたたない。そこで，少年法は，科学的調査（少9条）に代表される科学主義を指針としている。

　科学主義にいう「科学」とは，自然科学のような厳密な法則性を求めるものではない。人間の思考や行動には一定の法則性があるとしても，それはおおまかな傾向にとどまる。人間関係諸科学（行動科学）は近年大きな進歩を遂げたが，しかし，人間を対象とする以上，自ずと限界はある。科学主義は尊重されねばならないが，その「科学」には限界があることもまた尊重されねばならない。法9条が「なるべく」という文言を用いていることから，本条は任意規定であるとする裁判例[1]もある。しかし，「なるべく」とは，上記の意味における，科学の内在的制約を示すものと捉えるべきである。

　少年法における科学主義とは，端的にいえば，よく目をこすって非行の背景を捉え，成長発達のための有効な方法を見出そうとする姿勢を示すものといえよう。このような姿勢は，家庭裁判所調査官や少年鑑別所の法務技官（心理）だけでなく，手続のなかで少年にかかわるすべての者が共有すべきものである。科学主義は，保護が有効に機能するために不可欠な基礎であり，少年法全体を貫く原理である。

　科学主義については，岡田・科学主義を参照。

3　適正手続の保障

　保護処分は健全育成のための処分であるが，それは国家が個人の自由を制限する処分である。適正手続の要請，少なくともその趣旨は，少年手続にも及ぶと考えねばならない。では，刑事手続における適正手続をそのまま少年手続にあてはめればよいかというと，そうではない。刑事手続におけるそれを参考としながらも，少年法の目的や少年の特性を踏まえた適正手続のあり方が考究される必要がある。

　黙秘権の保障（憲38条1項）を例に考えてみよう。少年に対し，成人と同様の方法で黙秘権を告知したとしたらどうだろう。一般に，少年は言葉の能力が低く，経験も浅いため，その内容を正確に理解するのは難しい。少年に対しては，わかりやすい黙秘権の説明が必要である。この「わかりやすさ」とは，「言葉としてのわかりやすさ（平易さ）」だけでなく，少年がどのような状況に置かれ，どのような手続で扱われようとしているかについてのわかりやすさ，すなわち「文脈としてのわかりやすさ」の両方を意味する。また，少年に対しては，防御の権利を与えておけば十分かというとそうではなく，「聴く」という姿勢が同時に求められる。少年が明瞭に意見を述べることは期待できず，そのたどたどしい言葉にも十分耳を傾ける姿勢が大切である。すなわち，少年に対する適正手続の要点は，適正手続のエッセンスである「告知と聴聞」を発展させた「わかりやすい説明と少年の言い分をよく聴くこと」にあり，これによって少年が手続に参加できるようにすることにある

1　最判昭24・12・8刑集3巻12号1918頁。

といえよう[2]。

　このように，少年司法における適正手続の保障は，刑事司法におけるそれの模倣ではなく，少年の特性および少年手続の特徴を十分踏まえたものでなければならない。これには，およそ3つの方向があると思われる。すなわち，①憲法上の適正手続条項の少年手続への直接適用，②憲法上の適正手続条項の少年手続への修正適用，③少年手続固有の適正手続の創造である。とくに③については，少年の意見表明権（子ども12条）と手続参加権（北京ルールズ14.2）の保障が要になる。

4　迅速性の要請

　迅速性の要請は，伝統的には「早期発見・早期処遇」という標語であらわされてきた。この標語は，治療モデルを念頭に，非行も病気と同様，早期に発見し，必要な処遇（治療）を早期に施すことによって重症化を防ぎ，早期の回復を図る必要性を示したものである。

　国際準則に目を向けると，子どもの権利条約40条2項(b)は，「法的に違犯したとして申し立てられ，または罪を問われた子どもは，少なくとも次の保障をうける」としたうえで，そのひとつの保障として，「権限ある独立の，かつ公平な機関または司法機関により，法律に基づく公平な審理において，法的または他の適当な援助者の立会いの下で，および，とくに子どもの年齢または状況を考慮し，子どもの最善の利益にならないと判断される場合を除き，親または法定保護者の立会いの下で遅滞なく決定を受けること」をあげている。また，少年司法運営に関する国連最低基準規則（北京ルールズ）20.1は，「各事件は，当初から不必要な遅滞なしに迅速に処理されなければならない」として，手続の迅速性を要請している（いずれも傍点は引用者）。この迅速性の要請は，「少年の成長発達権を侵害する個人的，環境的問題を，可及的早期に発見，把握しその解決策を提示すること，および，少年を長期間不安定な法的地位に留めない」という点に求められている[3]。

　迅速性は刑事裁判について要請されているが（憲37条1項），少年手続につ

2　服部・司法福祉150頁。

いては，少年の可塑性ゆえに，かつ，成長発達保障のために，その必要性は一層高い[4]。少年は良い方向へも悪い方向へも影響をうけやすい。悪い影響は可及的早期に除き，良い影響は可及的早期に与え，成長発達に悪影響や遅滞を生じさせないようにすることが肝要である。

　非行のない少年が手続に取り込まれたときは，その少年を一刻も早く手続から解放しなければならない。この点でも迅速性が要請される。

　また，とくに少年については，身体拘束や長期間不安定な法的地位に置かれることが心身に与える影響は大きい。法43条3項が勾留を例外的なものとしていること，法44条3項が勾留に代わる観護措置の期間を10日に限定していること，法17条3項・4項本文が，少年鑑別所の収容期間の単位を2週間とし，更新は原則1回に限っていることは，この例である。法に明文はないが，捜査の遅延は，この点からも問題が大きい。

　しかし，早ければよいわけではない。迅速と拙速とは違う。ときには待つことも必要である。試験観察（少25条）は，その良い例である。試験観察とは，最終的な決定を留保し，相当の期間，少年に働きかけを行い，その変化をみながら，最終的な決定を行うもので，少年法特有の制度のひとつである（詳しくは☞第9章第4節）。直ちに結論を出せば，その時点ではそのほうが早いのは当然だが，しかし，待つことが少年の成長発達を促し，再非行の防止につながるのであれば，結果的には時間の短縮になる。成長発達のために待つべきときと，そうでないときとがあることになる。その見極めは，ケース理解によることになる。

5　参加と協働

　団藤＝森田・少年法は，「少年法の法理……の中心をなすものは，処遇並びに手続の個別化と社会化を内容とするもの，いわゆる『個別化され社会化された司法』である」[5]と説いている。また，初代最高裁判所事務総局家庭局長の宇田川潤四郎は，家庭裁判所創設当時の指導理念として，家庭裁判所の

3　澤登ほか・国際準則123頁。
4　ドイツ少年刑法改革のための諸提案のひとつに「迅速性の原則」があげられている（武内訳・ドイツ少年刑法改革29頁）。

独立的性格，民主的性格，科学的性格，教育的性格，社会的性格の5つをあげ，このうち民主的性格について，それを「家庭裁判所の最も著しい特徴」としたうえで，次のように述べている。

　　家事審判の手続が民間から選ばれた参与員および調停委員の関与の下に行われ，少年審判が民間の嘱託少年保護司，児童委員をはじめ，公私の団体，学校，病院等の援助協力によって行われることや，家庭裁判所自体の運営に民間の有識者を中心とする家庭裁判所委員会が関与することなどは，いずれも家庭裁判所の民主的性格を構成する大きな要素となっているのであります。従来から裁判所といえば，とかく冷厳な役所という感じを一般に与えていることは否定し得ないのでありますが，少くとも，家庭裁判所については，このような観念は，絶対にこれを取り除き，名実ともに，真に親しみのある国民の裁判所としての実体を国民の前に表示することが必要であり，これがためには，家庭裁判所の審判手続の民主的運用は勿論のこと，家庭裁判所自体の民主的運営についてもいやが上にも慎重な考慮が要請せられる次第であります[6]。

　また，宇田川は，家庭裁判所の社会的性格について，次のように記している。

　　家庭裁判所は，たとえそれがいか程理想的に構成せられましても，それのみの力によっては，到底所期の成果を収め得ないことは勿論であります。家事審判の面におきましては，市区長村役場，警察官署，各種の厚生施設等と密接な連絡を保つことが必要であり，また少年審判の面においても，検察庁，警察官署をはじめ，都道府県知事，児童相談所，各種の養護施設等と常に緊密な連繋を保持することが絶対的に必要なのであります。従って家庭裁判所は機会ある毎に，これらの諸機関と接触して意志の疎通を図ると同時に，社会的な諸会合には積極的に職員を列席させて，各種社会的活動に協力の誠をいたし，併せて家庭裁判所の啓蒙宣伝に資するよう格段の御配慮をわずらわしたいと存ずる次第であります[7]。

　宇田川のいう，家庭裁判所の民主的性格は，他の専門機関や社会の人々と

5　団藤＝森田5-6頁。
6　宇田川・家裁の窓126-127頁。

の協働，および人々の参加の必要性を，また，社会的性格は，他の専門機関との協働の必要性を指摘したものといえよう。

　これに対し，少年法は，「地域社会外にしか存在しないごく一部の専門家に全面的に依存する家庭裁判所・児童相談所中心主義」に陥っているとの指摘[8]，つまり，少年法は専門（家）主義に偏っており，社会的基盤を欠く，との指摘もある。しかし，少年法は，もともとは，他機関や地域の人々との協働を大切にしている法律である。例えば，法6条1項は，事件が家庭裁判所に係属する経路として，公的機関による報告や送致に先立ち，通告の制度を設けている。通告の主体に制限はなく，市民も含まれる。同条が市民にも通告義務を課している趣旨は，「少年の健全育成は社会の連帯責任であるとの考えに根ざすもの」[9]，あるいは，「少年の健全な育成を期し，法の目的を達成するために，保護者はもちろん一般人の義務と責任をも明らかにし，社会の連帯責任を喚起したもの」[10]と解されている。つまり，本条は，家庭裁判所と地域の人々とが協働して少年の健全育成に取り組むことの必要性・重要性を間接的ながら示した規定といえよう。また，法16条1項は，「家庭裁判所は，調査及び観察のため，警察官，保護観察官，保護司，児童福祉司又は児童委員に対して，必要な援助をさせることができる」とし，同条2項は，「家庭裁判所は，その職務を行うについて，公務所，公私の団体，学校，病院その他に対して，必要な協力を求めることができる」として，他機関や人々との協働について規定している。

　しかし，現在，少年法と社会の人々との関係は，厳罰化の世論に象徴されるように，むしろ対立的なものとしてあらわれている。数次の少年法改正において問われ，また，現在も問われ続けている少年法に対する人々の信頼という問題も，要は少年法と社会の人々との関係の問題である。本来，少年の健全育成は，ひとつの専門機関やひとりの専門家で達成できるものではなく，他機関や地域の人々の協力が不可欠である。少年のニーズが，医療，福

7　宇田川・前掲134-135頁。
8　四方光「コミュニティ・ガバナンスの観点から見る少年法の課題」澤登＝高内・理念258頁。
9　平場113頁。
10　団藤＝森田67頁。

社，教育など，他機関・他分野にまたがる複合的なものである場合には，一層その必要性が高い。また，少年が生活するのは地域にほかならず，少年院に入っても，いずれ少年は地域に戻ってくる。社会そして社会の人々との関係を度外視して，少年法の目的をよりよく達成することはできない。本書が参加と協働を少年法の基本原理に据えているのは，このためである。

3　少年手続の特徴

上にあげた5つの原理，とくに保護主義および適正手続の保障に関連し，少年手続の特徴として，以下の3つをあげておきたい。

1　司法機能と福祉機能との統合

司法機能と福祉機能との結合は，少年法の大きな特徴といわれている[11]。司法機能の内容については「a. 適正手続保障を中心とした人権保障機能（消極的な司法機能）」と「b. 社会防衛機能（積極的な司法機能）」との対立が，また，福祉機能の内容については「c. 少年を発達の権利主体として位置づけた教育的機能」と「d. 社会組込みとしての犯罪的危険性の除去」との対立があり，これらの組合せによって幾通りかの少年法の姿が描き分けられることになる[12]。学説の多くは，基本的にはaとcとの組合せで両機能の統合を考える立場にたっている。これに対し，わが国の家庭裁判所の実務においては，bの機能を否定する伝統が形成されるかに見えたが，最近では，bの機能を認めるのが一般的になっており，この見解はdの見解と親和性を持つ，と指摘されている[13]。

本書は，少年の成長発達が再非行を防止し，ひいては地域の安全にもつながるとの理解に立脚したうえで，aを司法機能，cを福祉機能と捉え，両者の統合を考える立場にたつ[14]。

11　団藤＝森田5-6頁。
12　守屋・非行と教育331頁。
13　澤登43頁。

2　司法福祉，問題解決型司法

（1）司法福祉

　司法の役割を，たんに具体的争訟に決着を付けるだけでなく，現代にあっては，ある種の紛争ないし問題に対しては，裁判自体がその規範的解決と同時に問題の実体的解決ないし緩和をはかる機能をあわせて持たざるを得なくなってきているとの認識のもと，司法と福祉との統合を提唱するものに**司法福祉論**がある。

　司法福祉論は山口幸男が提唱したもので[15]，その意義を理解するには**規範的解決**と**実体的解決**という2つのキーワードに注目するのがよい。山口は，扶養事件を例に，次のように説明する。

　　　個人間の紛争としての扶養事件において，裁判所がかりに一親族に対して他親族の「扶養」を決定したとしても，かりにその決定によってなにがしかの金銭が支払われたとしても，それだけでは，この親族間に人間同士の「扶養関係」が成立し，事件が解決されたとは呼べないであろう。人が真に求めていたものは，他親族からの物的援助に象徴される親族の愛情・絆の再確認であったかもしれない。この場合扶養決定が出され，命令どおりの扶養が実施されれば「規範的解決」が行われたことになるが，そのような「解決」が，そこに問題提起せざるをえなかった関係者の真のニードを解読し，豊かな内実ある親族関係を構築する援助と一体となって事態の解決・緩和をすすめるものでなければ，問題は未解決だと言ってよい。つまり，「実体的解決」は果たされていないということである。「実体的解決」がないかぎり，問題は姿を変えて次々と顕在化し，「規範的解決」自体を損なうことにもなるであろう。国民の権利としての「問題解決」への援助とは，「規範的」および「実体的」解決を別個なこととしてでなく，統一して実現できる援助でなければな

14　平川・基礎291頁は，「健全育成の理念は，少年の人間としての尊厳を認め，個人として尊重し，成長発達権の主体として位置付けることを前提としている。少年手続の中でこの前提が守られなければ，少年の健全育成は期しがたく，少年手続の福祉機能も果たされない。少年手続においてこの前提を守るためには少年を手続的権利の主体として承認し，少年を個人として尊重するのに必要な手続的権利を認め，客観的事実に基づいて手続を行なうことが必要であろう。そのようにして初めて，少年は審判に納得し，自分の問題性を直視して解決・克服することが可能になると思われる。これが，少年手続における適正手続であるべきである」と述べる。このように考えれば，司法機能と福祉機能との間に対立はなく，むしろ両者の統合は必然的なものになる。
15　山口・司法福祉論。

らない[16]。

　非行問題でいえば，何らかの司法的決着（それが不処分であれ少年院送致であれ）がつけられたとしても，それだけでは不十分なのであって，同時に，非行という形で表出したその少年の，あるいは，その少年の家庭などの問題（実体的問題）が解決・緩和されていなければ真の解決にはならない。この解決がなければ，再非行という形で問題が再び現れ，かつての司法的決定の意味も損なわれてしまうからである。

（2）問題解決型司法

　司法福祉は，「問題解決型司法」の提案とも関連が深い。問題解決型アプローチとは，木畑聡子によると，「法律違反行為だけをみるのではなく，その根本にある問題（薬物依存や暴力性向，人間関係等）に目を向けて大きな解決を図ることにより，個々の犯罪者や被害者，さらに地域全体の状況を目指すもので，司法と治療や社会サービスの統合，裁判所による継続的な監督及び介入，政府諸機関や民間団体との協働による多方面的対応を特徴とする[17]」。石塚伸一らの提案する「ドラッグ・コート[18]」（drug court）や，指宿信らの提案する「治療的司法[19]」（therapeutic justice）も，問題解決型司法のひとつの形態といえよう。ただし，「治療的司法」にいう 'therapeutic' の語意は，治療というよりも関係の調整ないし回復にあることを確認しておきたい。

3　対話型司法

　少年司法では，家庭裁判所調査官の面接，付添人の面接，少年審判など，少年と対話を重ねながら手続を進めていく場面が多い。
　大澤恒夫は，司法過程を念頭に，「対話」の意義を次のように捉えている。

16　山口幸男「司法福祉の発展」加藤＝野田＝赤羽・司法福祉 4 頁。

17　木畑聡子「地域密着型・問題解決型司法」判タ1266号（2008年）116頁。

18　石塚伸一編著『日本版ドラッグ・コート―処罰から治療へ』（2007年），小沼杏坪監訳『ドラッグ・コート―アメリカ刑事司法の再編』（2006年）。

19　指宿信監修，治療的司法研究会編著『治療的司法の実践―更生を見据えた刑事弁護のために』（2018年），指宿信「治療的司法とは何か」法精34号（2019年）43頁。

　「対話」とは，人と人とが，問題・課題から逃げずに正面から向かい合い，お互いに相手を自分とは異なる一個の人間として尊重し合い，自分の思い（認識，主張，疑問，怒り，不安，利害，価値観など）を投げかけるとともに，相手の思いの投げかけに耳を傾け，それを受け止め咀嚼した上で，自分の思いを相手に投げ返す，キャッチボールのようなやり取りの連鎖を通じて，相互の思いのすり合わせを真摯に行うプロセスであり，そのプロセスを通じて感じ取るところにより自身の思いが変容する可能性に常に開かれた気持ちをもって行う，自覚的な対応でなくてはならない[20]。

　大澤は，対話の価値について，「『対話』は，『自律性』と『正当性』とが交錯する『納得』の世界を広げる」ものであるとしたうえで[21]，対話の憲法上の位置付けについて，「『対話』は憲法の要請する『個人の尊重』に基づく自己決定の相互的な尊重に立脚した社会運営にとって不可欠のプロセスであり」，「『対話』のアプローチ」は，「憲法13条に基礎を有する『私的自治の原則』に立脚」するとし，また，「告知聴聞の機会の保障を要請する憲法31条の適正手続きの規定は，人が公権力により不利益な拘束を課されようとする場合には，その個人との『対話』のプロセスが必ず行われなければならないことを要請するものである」として，対話は憲法31条の要請でもあるとしている[22]。

　また，適正手続保障と対話との関係について，葛野尋之は，少年手続のなかでも「裁判官と少年のコミュニケーションこそが，少年の手続参加を保障するための鍵となる」として，対話と手続参加との関連に言及し，これまで対話は「審判手続の教育機能と関連づけられてきた」が，「むしろ第一次的には，適正手続の保障の問題として捉えられるべきである」とする。そして，葛野は，手続参加が少年の適正手続の本質として要請されることの法的根拠として，少年司法運営に関する国連最低基準規則（北京ルールズ）14.2，子どもの権利条約6条および少年法22条1項をあげ，「ここにいう手続参加とは，少年が審判手続について理解し，自己の意見を自由に表明することが

20　大澤・対話126頁。
21　大澤・前掲10，45頁。
22　大澤・前掲25-29頁。

でき，裁判官がそれを真摯に受け止めながら，両者のあいだに効果的なコミュニケーションが成立する関係を意味する。このような関係自体が，審判手続における適正手続の本質的要請とされる」と指摘する[23]。

　少年司法における対話は，子どもの権利条約12条の求める少年の意見表明権とも関係が深い。意見表明権は最も特徴的な子どもの権利のひとつであり，関係的権利として捉えられている[24]。すなわち，意見表明権は，言論の自由とは異なり，それは，子どもが意見を述べ，大人が意見を聴くという相互の関係として性格づけられるもので，対話に通じる内容を持つ。

　以上に対し，審判で少年には席を立つ自由すらないなかで，はたして対話は可能かとの疑問が出されよう。たしかに，審判は，大澤のいうような「相互の思いのすり合わせを行うプロセス」ではない。しかしながら，対話という「関係性」に着目すれば，審判にせよ，付添人の面接にせよ，それは互いに向き合い，相手の言葉を聴き合うプロセスという性格を持っており，この点では「対話」の契機を多分に含んでいる。「対話」というもののエッセンスを，このように，相手をひとりの人間として尊重し，その人と向かい合う関係に立とうとするものとして理解するなら，裁判官と少年との間にも対話の契機はあるし，逆に，席を立つ自由があっても対話は成立しないこともある。

　少年手続には，捜査段階における取調べ，家庭裁判所調査官や付添人と少年との面接，審判における裁判官と少年とのコミュニケーション，被害者と加害者との対話の可能性，少年院などで行われているサイコドラマや役割書簡法など，対話の場面ないしは対話のあり方が問題になる場面が多い。対話は，少年手続の特徴のひとつであると同時に課題でもある[25]。

23　葛野尋之「少年司法における対話」法時78巻12号（2006年）44-45頁。

24　大江・関係的権利。

25　服部朗「少年司法における対話」前野古稀133頁。

第2節　非行の動向

1　はじめに

　クイズを出してみよう。図1-2-1のA〜Eのグラフのうち，過去20年間における少年非行の推移を示すのはどれだろう。ある教室で聞いたところ，DとEをあげる人が多かった。

　正解は，どのようにして確かめればよいだろう。その有効な方法のひとつは，犯罪統計をみることである。図1-2-2は，令和元年版犯罪白書の「少年による刑法犯等検挙人員・人口比[26]の推移」である。これによると，正解はAである（ただし，暗数[27]は毎年同じであると仮定する）。多くの人が少年非行は増加していると感じているが，実際には，2003（平15）年から減少の一途をたどり，現在，戦後最も低い水準にある。人口比でも少年非行は減少している。

　問題は，増加していると感じている人が，なぜ多いかである。その理由としては，①厳罰化を求める昨今の風潮のなかでは，少年非行は増加している

図1-2-1　過去20年間における少年非行の推移

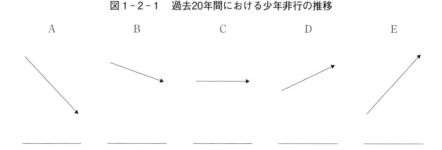

A　　　　　B　　　　　C　　　　　D　　　　　E

26　検挙とは，被疑者を特定し，送致・送付等に必要な捜査を遂げることをいう。触法少年の補導人員を含む。少年人口比は，少年10万人当たりの刑法犯検挙（補導）人員である。
27　暗数とは，警察等の公的機関が認知している犯罪の件数と実際に起きている犯罪の件数との差である。

図1-2-2 少年による刑法犯等検挙人員・人口比の推移

（昭和21年〜平成30年）

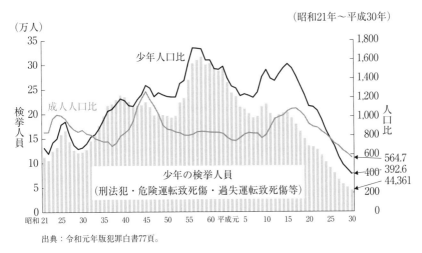

出典：令和元年版犯罪白書77頁。

と考えるほうが親和的であること，②少年非行は減少しているとの情報に接
していないこと（非行が増加したときは，メディアは関心を寄せるが，減少したとき
は関心を寄せない），③世間を騒がすような少年事件が起き，大量の報道が行
われると，人々は，同種の事件があちこちで起きているような感覚を持って
しまうこと（事件の一般化）が考えられる。

2 凶悪化言説

もう一度，図1-2-2をご覧いただきたい。戦後から現在までの少年非行
の推移をみると，3つの山があることに気づく。第1の山は1951（昭26）年
を，第2の山は1964（昭39）年を，第3の山は1983（昭58）年を，それぞれ
ピークとするもので，第3の山が一番大きい。

1997（平9）年12月，新聞にこんな記事が載った。

　　少年非行戦後第4のピーク
　　覚せい剤使用は過去最悪に

> 1月〜11月　凶悪事件で補導2000人超す
>
> 警察庁は……今年1月から11月末までの「犯罪情勢」などをまとめた。殺人，強盗などの凶悪事件で補導された少年が16年ぶりに2千人台に乗り，覚せい剤使用者も急増するなど，少年非行は戦後の「第4次ピーク」を迎えたとしている。
>
> 少年補導14万人に迫る
>
> 補導された少年は13万9867人で，前年同期に比べ14.5％増えた。うち凶悪事件で摘発されたのは2085人で，過去20年間で最も多い。

　この記事には，ふたつの問題がある。ひとつは，一部だけをみて，ものをいう危うさである。たしかに，1996（平8）年と97（平9）年とを比べると，凶悪犯をおかした犯罪少年の検挙人員は1496人から2263人へ急増している（表1-2-1）。しかし，2003（平15）年以降，その人員は，ほぼ一貫して減少し，2019（令元）年には457人になっている。上の記事は，世界地図の1か所だけをみて，世界は……と語るようなものである。

　もうひとつは「凶悪犯」の定義に関連する問題である。犯罪統計上，凶悪犯とは，殺人・強盗・放火・強制性交（強姦）の4つを指す（未遂，殺人予備，強姦予備等を含む）。人々は「凶悪事件が増加している」などと聞くと，凶悪犯全体が増加していると受け取りがちである。しかし，罪種別にその変化をみてみると，当時，増加したのは強盗だけで，強姦（強制性交）は減少し，殺人・放火も緩やかに減少していることがわかる（図1-2-3）。正確には，「凶悪犯の増加」ではなく，「強盗の増加」と報道すべきだったのである（2003（平15）年以降は，強盗も減少している）。

　では，当時，なぜ強盗が増加したのだろう。ここでこの問いに踏み込むことはしないが，「非行の実態の変化（少年側の変化）」によるのか，それとも「強盗の認定の仕方の変化（捜査機関側の変化）」によるのかを考えてみるとよい。参考文献として，河合幹雄『安全神話崩壊のパラドックス―治安の法社会学』（2004年）60-71頁をあげておく。

表1-2-1 年次別 罪種別 検挙人員

	1995	1996	1997	1998	1999	2000	2001	2002	2003	2004年
刑法犯総数[1]	126,249	133,581	152,825	157,385	141,721	132,336	138,654	141,775	144,404	134,847
凶悪犯	1,291	1,496	2,263	2,197	2,237	2,120	2,127	1,986	2,212	1,584
殺 人	78	96	74	115	110	105	99	80	93	57
強 盗	856	1,068	1,675	1,538	1,611	1,638	1,670	1,586	1,771	1,273
放 火	93	111	113	89	90	81	103	90	106	103
強 姦	264	221	401	455	426	296	255	230	242	151
粗暴犯	15,449	15,568	17,981	17,321	15,930	19,691	18,416	15,954	14,356	11,439
凶器準備集合	349	248	356	160	138	126	408	250	340	239
暴 行	1,710	1,699	2,095	1,650	1,418	2,009	1,915	1,794	1,714	1,608
傷 害	7,675	7,869	9,092	9,306	8,596	10,687	10,102	9,140	8,110	6,408
脅 迫	57	40	77	78	68	157	149	154	127	111
恐 喝	5,658	5,712	6,361	6,127	5,710	6,712	5,842	4,616	4,065	3,073

出典：警察庁「犯罪統計書 平成16年の犯罪」
1) 交通業過を除く。

図1-2-3 少年による凶悪犯検挙人員（罪種別）の推移

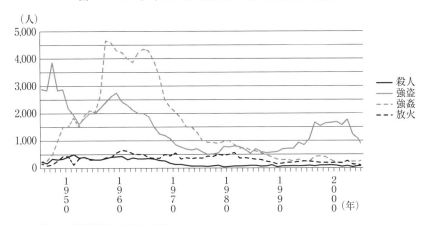

警察庁「犯罪統計書」をもとに作成。

3　なぜ少年非行は減少しているのか？

　では，なぜ少年非行は減少しているのだろう。

　犯罪社会学者の土井隆義は，「統制側の摘発態度の変化の可能性については留保し，少年側の心性の変化の可能性から説明を試みる」との前提のもと，R・マートンのアノミー論に代表される社会緊張理論，および，A・コーエンやE・サザランドらに代表される文化学習理論に依り，分析を行っている。緊張理論，学習理論については ☞ 本章第3節5

　その要点は，少年たちを犯罪へと押し出す「プッシュ要因」と，犯罪へと引き込む「プル要因」の両方が小さくなったからだ，というものである。現在，少年たちは，相対的貧困率の上昇など客観的には厳しい時代を生きているが，高度成長期を生きた世代とは違い，欲望（出世したい，富を得たい等）を煽られることはなく，目標が実現できないときの不満は低く，生活満足度は高い[28]（期待値の逓減，反抗期のない子どもの増加）。そのため，目標と手段との乖離は生じにくく，犯罪へと押し出すプッシュ要因は小さい。また，高度成長期，安定成長期，低成長期へと時代が変化するなかで，親と子の世代間ギャップは小幅なものになり，親や学校との衝突は生じにくく（ただし，携帯電話の使い方を除く），対抗文化や対抗集団は消え（例えば，暴走族の減少），逸脱文化の学習機会も消えた。こうして，犯罪へと引き込まれるプル要因も小さくなった，と[29]。

4　少年たちのいま

　たしかに，少年非行は減少している。しかし，このことは，少年非行は深

28　NHK放送文化研究所編『NHKBOOKS 現代日本人の意識構造〔第9版〕』（2020年）171頁の「図Ⅳ-5」によると，「あなたは今の生活に，全体としてどの程度満足していますか」との質問に「満足している」と回答した者の比率は，1973年には21％であったが，2018年には39％にまで上昇している。

29　土井・若者の気分，土井隆義「後期近代の黎明期における少年犯罪の減少—社会緊張理論と文化学習理論の視点から」犯社38号（2013年）78頁。

刻な状況にないことを意味しない。むしろ，現代の非行を契機に問われるべき問題は山積している。現代の非行問題は，数の増減を指標として捉えられるような問題ではない。また，非行は，子どもたちをめぐる問題のあらわれ方のひとつにすぎない。他に指標を求めれば，生きにくさをかかえている少年たちの姿が浮かび上がってくる。

（1）自　殺

20歳代の若者の死因の約半数は自殺である[30]。

（2）自傷行為

中高生の一割に自傷行為がある[31]。

（3）児童虐待

全国の児童相談所における児童虐待に関する相談件数は，発見者に通告義務が課されたこと等による影響もあるが，児童虐待防止法施行前の1999（平11）年度に比べ，2018（平30）年度には約14倍に増加している[32]。

（4）ひきこもり

15〜39歳の広義のひきこもり（「ふだんは家にいるが，自分の趣味に関する用事の時だけ外出する」，「ふだんは家にいるが，近所のコンビニなどには出かける」，「自室からは出るが，家からは出ない，または自室からほとんど出ない」に該当する者）の推計数は，2018（平30）年の調査では61.3万人に及ぶ[33]。

（5）家　出

全国の警察署に出される10代・20代の若者の行方不明届は年間3万人を超え，居場所確認までの期間は，約7割は1週間以内だが，約2割は1か月たっても行方がわからない。NHKが16〜25歳の5000人にLINEアンケートを行ったところ，「裏アカウント」（裏アカ）を持っていると答えた人は34.5％，SNSで知らない人とやりとりをしたことがある人は56.7％，このうち，SNSで知り合った人と実際に会ったことがある人は35.0％にのぼる。

30　令和元年版子供・若者白書157頁。
31　松本俊彦講演抄録「目に見えない"心の傷"をどう理解するか」不登校新聞514号（2019年）。
32　厚生労働省「平成30年度福祉行政報告例の概況」8頁によると，児童虐待に関する相談件数は，1999年度には1万1631件であったが，2018年度には15万9838件に増加している（身体的虐待4万238件，保護の怠慢・拒否（ネグレクト）2万9479件，心理的虐待8万8391件，性的虐待1730件）。
33　令和元年版子供・若者白書35頁。

SNS 上に「裏アカ」をいくつも持ち，親や友達さえも知らない匿名で「本当の自分」をさらけ出し，見ず知らずの人間と簡単に接点を持っていく，新たな失踪空間も広がっている[34]。

　子どもの生きにくさは，時代により形を変えてあらわれている。現在，その生きにくさは，非行となって外にあらわれるよりも，自傷行為など自分の内へと向かっている。また，行動化する場合にも内面圧力は高まっている，と考える必要がある。

　かつて，戦争で親を失い，路上で生きることを余儀なくされた「浮浪児」「駅の子」と呼ばれる子どもたちへの対策を考えたときは，彼らの非行の背景や意味が大人の目に見えていた。しかし，現代の非行の背景や意味は見えにくいものになっている。いま一度，目をこすって，少年たちの真の姿を捉えようとすることが，少年法および少年問題を考える第一歩である。

第3節　非行の背景

1　はじめに

　「はしがき」でも述べたように，少年法を学ぶうえで，非行の背景を考える姿勢を大切にしたい。非行という行為は非難されるべきものであるが，その行為の背景を探っていくと，幼少期における傷つきの体験，家庭・学校等における関係の不調，思春期における自己形成の課題などがあり，成長に向けて苦悩している少年の姿が見えてくることが多い。少年の立直りを図るには，このような非行の背景にも目を向け，少年を理解しながら非行の意味を考えていくことが大切である。外にあらわれた断片的な事実のつなぎ合わせでは，少年についての，また非行の原因についての誤った理解を招きかねな

34　NHK スペシャル「#失踪 若者行方不明3万人」（2018年4月7日放送）。

い。

　非行の背景を知るのに有効な方法は，少年から話をよく聴くことである。個々の出来事（エピソード）や，その時々の少年の思いを丁寧に聴いていけば，自ずと非行の背景は浮き上がってくる（いかに精神医学や心理学の専門知識が豊富にあっても，少年から話を聴く姿勢がなければ，非行の背景は明らかにならないともいえる）。もっとも，事実を聴くうえで，また聴き取った事実の意味を理解するうえで，理論が必要なことはいうまでもない。それは，向けるべき視点を示唆したり，聴き取った事実の意味を理解する役割を果たしてくれる。

　本節では，このような問題意識を持ちつつ，犯罪・非行の原因研究を概観し，次章以下で少年法の仕組みについて学ぶ下準備をしたい。

2　実証的な原因研究の始まり

　犯罪・非行の原因を知ろうという人間の試みは古く，その起源はギリシア時代にまでさかのぼるといわれているが，実証的方法（系統的にデータを集めそれを分析して法則を発見しようという方法）で犯罪・非行の原因解明が試みられるようになったのは比較的最近のことであり，1876年にイタリアのロンブローゾ（C. Lombroso）が『犯罪人』という本を出したのが始まりだといわれている。彼は，監獄内の受刑者の身体的特徴を調べた結果，①犯罪者は生まれながらにして特異なタイプである，②犯罪者は，顔が左右不対照である，耳が大きい，鼻が平たい，ひげがまばらであるなど，進化論的に原始的な身体的特徴を持つ，③これらの身体的特徴を5つ以上持つ者は衝動のコントロールに乏しく犯罪をおかしやすいなどとして，「生来性犯罪人説」を唱えた。彼の主張は，今日では通用しないばかりか滑稽でさえあるが，ともかく実証的方法で犯罪原因の解明を試みた点では画期的であった。そこで，ロンブローゾは「犯罪学の父」といわれている。

　ロンブローゾ以降，犯罪・非行の原因に関する数多くの実証研究が積み重ねられている。その研究の系譜をいかに整理するかがひとつの研究テーマであるが，本書では，（1）生物学的アプローチ，（2）心理学的アプローチ，（3）社会学的アプローチの分類法にならい，研究の系譜を概観することに

したい。

3　生物学的アプローチ

生物学的アプローチとしては，ロンブローゾのほかに，（1）クレッチマーの体型と気質の研究，（2）ランゲの双生児の研究などがある。

（1）クレッチマー（E. Kretchmer, 1921. 以下（　）内は主要著書ないし論文の発行年を指す）は，人間の体型を細長型，闘士型，肥満型，発育異常型，混合型に分け，これらの体型と気質，犯罪との関連を論じた。

　また，グリュック夫妻（S. and E. Gluecks, 1950）は，体型，気質と社会文化的要因（たとえば，家庭環境，学校，地域社会との関係）との結びつきを研究した（多元因子論）。

（2）ランゲ（J. Lange, 1929）は，双生児の両方が犯罪をおかす割合（一致率という）を調べ，一卵性双生児では13組のうち10組が両方とも犯罪をおかしたが（77％），二卵性双生児では17組のうち2組だけが両方とも犯罪をおかしただけであった（12％）として，遺伝は犯罪性に決定的な影響を持つ，と説いた。

4　心理学的アプローチ

心理学的アプローチとしては，（1）フロイトの精神分析理論，（2）シュナイダーの精神病質理論，（3）ヒーリーの情動障害理論などがある。

（1）フロイト（S. Freud, 1915-17）は，イド（原始的欲求・衝動），自我（現実的調整），超自我（道徳心）の3要素がそれぞれ異なる目的を持ち，これらの相互作用によってパーソナリティが構成される，と説いた。フロイトは，犯罪に関する記述はほとんどしていないが，そのパーソナリティに関する理論は多くの犯罪学者を刺激した。

（2）シュナイダー（K. Schneider, 1923）は，精神病質を10の類型に分けた（発揚情性型，抑うつ型，自己顕示型，気分易変型，爆発型，情性欠如型，意志欠如型，狂信

型，自己不確実型，無力型）。その精神病質の概念は，犯罪者の人格を考えるうえで後世に大きな影響を与えた。

（3）ヒーリー（W. Healy, 1936）は，133の家族を対象とし，そのなかの153人の非行少年と145人の非行のない少年とを比較し，非行は，主として幼少期の，多くは家族のなかでの満たされない人間関係から生じる情動障害にもとづくものであり，それは自己表現の一変形である，と説く。

　　W・ヒーリー著，樋口幸吉訳『少年非行』（1956年）12頁

　　満たされない人間関係は，社会的に受け容れられる活動の水路の中における正常な衝動，欲求，願望の流れに対して妨害物を形作っている。自我または愛情の充足における不満，喪失または妨害されているという感情の歪められた流れは，代償的満足を求める衝動に強く向きを変える。

　　この妨害となる人間関係は，主として家族グループに属する人々であって，そこでは両親その他の人々の態度や行動が，彼等自身の個人的不満によって影響されている。

　　犯罪の観念は交友，特別の誘惑の目撃，読書等から得られる。この観念の根源は環境的圧力を構成する。このような観念を受け容れることによって，感情と活動の逸らされた潮流は，非行となって現れるのである。

図1-3-1　非行行動発達図式
感情と活動の一般的生命の流れ

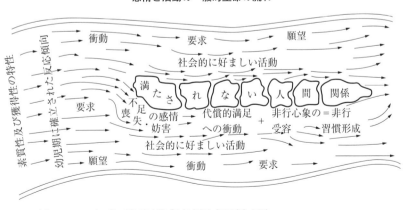

出典：W・ヒーリー著，樋口幸吉訳『少年非行』（1956年）12頁。

　　すべてこれらの根底をなすものは，社会性の欠けた個人主義の観念とその
実践である当今の態度，信条，地方的ならびに集団的イデオロギーである。
これらは順次社会条件及び実業，法律，政治，官吏界において容易に観察さ
れる利得活動，不正または不正直によって刺激される。

5　社会学的アプローチ

　社会学的アプローチは，20世紀，アメリカを中心に発展してきたものであ
る。したがって，各理論は，その理論が生み出された当時のアメリカの社
会・文化状況を背景として組み立てられていることに注意が必要である。そ
の分類の仕方は様々であるが，主なものをあげると以下のとおりである。

1　社会解体論

　社会解体論は，急激に進む産業化や都市化にともなって特定の地域に貧困
が生じるなどし，犯罪に対する社会的統制が弱体化した結果，犯罪多発地区
が生まれるとする。

　ショウとマッケイ（C. R. Shaw, H. D. McKay, 1942）は，シカゴにおける非行
発生の生態学的研究を行った。その結果，シカゴの都市中心部（Loop）に近
づくほど，非行の発生率が高くなることが知られた（図1-3-2）。

2　緊張理論

　アノミー（anomie）という言葉を社会学にとり入れたのはフランスのデュ
ルケームであった。彼は，社会的な条件，とくに経済的な条件が変わったた
めにでてくる一種の無秩序の状況をアノミーと呼び，このような状況から自
殺などが起きるとした。

　マートン（R. K. Merton, 1938）は，文化的に規定された目標，例えば，財産
を得る，出世するという目標と，それを達成するための手段との間に生じる
緊張状態をアノミーと呼び，この状態から逸脱が起きるとした。

　コーエン（A. K. Cohen, 1955）は，葛藤の多い下層階級に非行副次文化（delin-

図 1 - 3 - 2　　シカゴの地域別男子少年の非行率（1927〜33年）

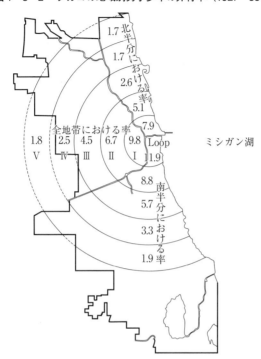

出典：C. R. Shaw & H. D. McKay, *Juvenile Delinquency and Urban Areas : A Study of Rates of Delinquents in Relation to Differential Characteristics of Local Communities in American Cities*, 2006（1942）, p. 65.

quent subculture）が生まれ，これらの階級の非行少年たちは，富の獲得ではなく，非行集団内部の規範に同調・順応することで非行をするとした（非行副次文化理論）。

3　学習理論

　サザランド（E. H. Sutherland, 1939）は，犯罪は分化した社会組織のなかで犯罪的な文化に接触，参加することによって学習されるとした（分化的接触理論）。

　グレイザー（D. Glaser, 1965）は，このほかに同一化（identification），すなわ

ち，ある人の見地を選択し，その人の見地から自分をながめることの効果を重視した（分化的同一化理論）。

　クロワードとオーリン（R. A. Cloward, L. E. Ohlin, 1960）は，逸脱行動へ押しやる社会構造的圧力に下位文化への同調がくわわり，功利的・合理的行動として逸脱をすると考えた（分化的機会構造理論）。

サザランドの「9つの命題」

　E・H・サザランド＝D・R・クレッシー著，高沢幸子＝所一彦訳『新版・犯罪の原因〈犯罪学Ⅰ〉』（1974年）64-66頁（抄）

　1　犯罪行動は習得（学習）される。逆にいえば，犯罪行動は，それ自体としては遺伝されないことを意味する。

　2　犯罪行動は，コミュニケーションの過程における他の人々との相互作用のなかで学ばれる。

　3　犯罪行動習得の主な部分は親密な私的集団のなかで行われる。

　4　犯罪行動が習得されるばあい，その内容は，（a）犯罪遂行の技術—それはときには極めて複雑であることもあれば，極めて単純であることもある。(b) 動機，衝動，合理化，態度等の特定の方向づけである。

　5　動機および衝動に関する方向づけは法規範の肯定的または否定的意義づけから習得される。

　6　人は，法違反の否定的意義づけがその肯定的意義づけを超過するときに犯罪者となる。これがデイフェレンシャル・アソシエーションの原理である。……個人が犯罪者になるとき，かれは犯罪的な行動型と接触したために犯罪者になるのであり，また非犯罪的な行動型から隔絶していたためになるのである。誰でも他の行動型が衝突してこないかぎり，周囲の文化と必然的に同化する。

　7　デイフェレンシャル・アソシエーションは，頻度，期間，順位，強度においてさまざまである。

　8　犯罪的行動型および非犯罪的行動型との接触による犯罪行動習得の過程は，諸他のあらゆる習得に含まれる仕組のすべてを含んでいる。裏返していえば，犯罪行動の習得は模倣過程に限られるのではない。

　9　犯罪行動は一般的な欲求および価値の表現であるが，非犯罪行動もまた同じ欲求および価値の表現であるから，それらの一般的な欲求および価値に

よっては説明することができない。

　……犯罪率の説明は個人の犯罪行動の説明と一貫しなければならない。な
ぜなら犯罪率は，集団のなかでの犯罪を犯す者の数と，かれらが犯罪を犯す
頻度との概数とを出すものだからである。この観点からする犯罪率の最良の
説明は，高い犯罪率は社会組織の解体（social disorganization）によるとする
ものである。この「社会組織の解体」という言葉は十分満足なものではな
く，むしろ「デイフェレンシャル・ソーシャル・オーガニゼーション（社会
組織の分裂）」という用語に変えた方が適当であると思われる。名前はともか
くとして，この理論の基礎になっている仮説は，犯罪は社会組織に根ざすも
のであり，またその社会組織の表現である，ということである。

4　漂流理論

　マッツア（D. Matza, 1964）は，非行少年は，悪に染まって非行を行うので
はなく，順法的価値の世界と非行とのあいだを漂流しているのだ，とみる。
そして，マッツアとサイクス（D. Matza, G. M. Sykes, 1957）は，非行少年も世
間と変わらない伝統的な規範意識や価値観を自分の内面に持っているのに非
行をするのは，その規範意識や価値観を「中和」する（別の言葉でいえば，正
当化する，麻庫させる）からであり，その中和の方法には，①責任の否定（自分
のせいではない），②実害の否定（実害はない），③被害者の否定（報いをうけたの
だ），④非難者への非難（お前こそ偽善者だ），⑤より高い忠誠への訴え（自分の
ためにしたのではない）の5つがある，と説く。

　*D・マッツア著，非行理論研究会（上芝・榎本・辻本・西村・村井・吉田）
訳『漂流する少年―現代の少年非行論』（1986年）39-40頁*

　非行者は，気紛れに，間欠的にまた一時的に違法行為を行う。人に非行を
行わせるのは，それによって威信や満足を引き出すことになるだけで十分で
あるが，それは「他の行動によってもおおかれすくなかれ得ることができる」
という程度のものであるに過ぎない。事実，非行者は，非行によって，最も
利益が得られるという時でさえ，多くの合法的で社会的に認められた方法で
利益を得ているのである。非行者はいずれをとることもできるだけでなく，
違法な行動に深入りしている瞬間でさえ，実際には，他の多様な合法的な活

動を行っているのである。もし，専念していることがあったとしても，現在はそうだというだけで，将来，他の行動をとったときにはそうではなくなる。かくして，非行者は決定されているわけではない。彼は，非行者または順法的な人間のいずれか一方に深入りしているわけではない。彼の考え方を支えている原理やパーソナリティの成り立ちによって，そのいずれかにもなりうるのである。

　漂流とは，自由と統制の中間に位置づけられる。その基盤は，社会構造自体が違法行為を統制する力を弱めてきたことに求めるべきであるが，一方では，自律的で，それ自体で犯罪を抑制する機能をもつ青年の下位文化を築きあげようとする目論見が失敗したこととも深く関連している。非行者は，合法世界と犯罪との間のたまり場に一時的な座を占め，順次それらの要求するところに従いながら，ある時は犯罪に，ある時は合法世界に手を出すが，一方への深入りをそのことで控えたり，意思決定を回避したりする。こうして，彼は，犯罪行為と順法的な行動とのあいだを漂流するのである。

5　社会的絆の理論

　ハーシ（T. Hirschi, 1969）が説いた理論である。その特徴は，（1）なぜ非行をするのかではなく，なぜ非行をしないのかに着目したことと，（2）統制（control）の捉え方にある。彼は，社会が上からの作用として個人に対して働きかける社会統制のあり方に対し，個人が下からの作用として社会に対して結びついていく過程を「統制」（control）と捉えたうえで，非行の原因を社会と個人とを結び付けている「社会的な絆」（social bond）の強弱によって説明する。つまり，個人と社会とのつながりの糸の束が太ければ，それだけ非行に走る可能性が低く，逆に細かったり切れていれば非行に走る可能性が高い，とする。また，ハーシは，社会的な絆を構成している要素，つまり，つながりの糸として，①愛着（attachment），②投資（commitment），③巻き込み（involvement），④規範観念（belief）の4つをあげる（T・ハーシ著，森田洋司＝清水新二監訳『非行の原因—家庭・学校・社会へのつながりを求めて〔新装版〕』（2010年）29-40頁）。

Travis Hirschi, Causes of Delinquency, 1969, p. 200.

　非行は，他者，とくに両親との結びつきの無さ，または弱さを根本としている。両親と愛情でつながっている者は，法に従った行いをすれば，彼が尊敬する人々から認めてもらったり良い評価を受けたりすることで褒美をもらう。しかし，こうしたつながりのない者は，正しい行いをしても褒美はなく，非行をしたときに弱い罰が与えられるだけである。両親など人々の反応を気にかけない者は，一般に社会組織の人々の反応を気にかけない。両親の愛情や承認を必要としない子どもは，他の大人の愛情や承認も必要としない傾向にあり，彼らが課そうとする規範的な様式を拒もうとする。このような状況下で生じる，あるいは採択される規範観念は，愛着のつながりのない立場を反映し，ある意味ではそれを合理化しようとする。すなわち，ルールに従う唯一の理由は罰を受けたくないから，ということになる。

6　ラベリング論

　「非行」のレッテルを貼ることが非行をつくり出すのだ，とする考え。特徴のひとつは，「逸脱」（非行）の定義の仕方にある。すなわち，逸脱を行為に内在する特性によって定義するのではなく，その行為に対し他者から与えられた特性として把握する。また，レマート（E. M. Lemert, 1951）は，逸脱を第一次的逸脱と第二次的逸脱とに分け，一次的逸脱（初回の非行）が発覚し，彼に対し「非行少年」のラベルが貼られることによって，彼は「非行少年」としての自己概念を持つにいたり，ラベルを貼った社会の期待に応えるように行動し，この結果，二次的逸脱（再非行）が起こり，非行少年が生まれる，と説く。

　　ハワード・S・ベッカー著，村上直之訳『完訳 アウトサイダーズ─ラベリング理論再考』（2011年）7-8頁
　　以上に検討した社会学的見地によれば，逸脱とはなんらかの合意にもとづく規則に対する違反であると定義される。そして，だれが規則を破ったかが問題とされ，その違反に説明を与えるために，彼の性格および生活状況の諸要因が追求されることになる。この見地にあっては，ある規則を破った人びととはある同質のカテゴリーに属する，と仮定されている。なぜなら彼らは同一の逸脱行為をおかしたのだから。

　　こうした仮定は，逸脱に関する中心的事実，すなわち逸脱は社会によって
生みだされるという事実を無視しているといえよう。私はこのことを，一般
に理解されているように，逸脱の諸原因は逸脱者の社会的状況にあるとか，
逸脱行為を彼にそそのかした「社会的要因」にあるとかの意味でいっている
のではない。むしろ，次のような意味でいっているのだ。社会集団は，これ
を犯せば逸脱となるような規則をもうけ，それを特定の人びとに適用し，彼
らにアウトサイダーのラベルを貼ることによって，逸脱を生みだすのであ
る。この観点からすれば，逸脱とは人間の行為の性質ではなくして，むし
ろ，他者によってこの規則と制裁とが「違反者」に適用された結果なのであ
る。逸脱者とは首尾よくこのラベルを貼られた人間のことであり，また，逸
脱行動とは人びとによってこのラベルを貼られた行動のことである。

7　環境犯罪学

　環境犯罪学は，犯罪をする人間にではなく，犯罪が行われる場所および機
会に着目する。この考え方は，ニューマン（O. Newman, 1972）の「防犯空間」
およびジェフェリー（C. R. Jeffery, 1977）の「環境デザインを通じた犯罪予防」
を起源にしている。

　コーエンとフェルソン（L. E. Cohen, M. Felson, 1980）は日常活動理論（routine
activity theory）を提唱し，犯罪が発生するには，①動機を持った犯罪者（moti-
vated offender），②ちょうどいい標的（suitable target），③役に立つ監視者の不
在（absence of a capable guardian），の3つの条件が必要である，とする。裏返
していえば，犯罪を防ぐには，②または③の条件をコントロールすればよい
ことになる。

8　ライフコース論

　1980年代後半以降，個々人の犯罪への関与を，時間的経過に沿った「犯罪
経歴」として捉え，犯罪の開始・反復・終息などのプロセスがどのように生
じているかを分析する研究が進展した。このうち，各人の社会生活上の経験
や出来事の推移から，犯罪経歴を説明しようとする理論をライフコース論と
呼ぶ。

　サンプソンとラウブ（R. J. Sampson, J. H. Laub, 1993）は，少年期に犯罪を重ねたとしても，誰もが常習犯罪者になるわけではなく，仕事と結婚という出来事が犯罪からの離脱にとって重要な転機になる，とする。

　犯罪・非行の原因論に関する文献には，凡例に掲げた鮎川・逸脱行動論，岡邊・犯罪非行社会学，岡本＝松原＝岡邊・犯罪学，矢島＝丸＝山本・犯罪社会学のほかに，以下のものがある。

　瀬川晃『犯罪学』（1998年）

　J・ロバート・リリー＝フランシス・T・カレン＝リチャード・A・ボール著，影山任佐監訳『犯罪学〔第5版〕―理論的背景と帰結』（2013年）

　日本犯罪心理学会編『犯罪心理学事典』（2016年）

　アンソニー・ウォルシュ著，松浦直己訳『犯罪学ハンドブック』（2017年）

　守山正＝小林寿一編著『ビギナーズ犯罪学〔第2版〕』（2020年）

　矢島正見『社会学としての犯罪社会学―犯罪・非行・逸脱・病理研究の裏街道をゆく』（2020年）

第2章　少年法の対象
非行のある少年

1　はじめに

　法3条1項は，家庭裁判所の審判に付する少年として，①犯罪少年，②触法少年，③虞犯少年を掲げている。これらが少年法の対象となる少年，すなわち「非行のある少年」（少1条）ということになる（「非行のある少年」と「非行少年」とでは意味が異なるが，以下では便宜上「非行少年」の語を用いることにする）。

　犯罪少年と触法少年との違いは，行為時に14歳以上か未満かにある。ただし，年齢の差に伴い，心身の発達，社会性の発達，言葉の能力等の重要な違いがあることも押さえておく必要がある。

　虞犯少年は，犯罪をするおそれのある段階（まだ犯罪をしていない段階）で国の介入・干渉を認めるもので，刑法にはない少年法特有のものである。虞犯少年を少年法の対象とすることには積極・消極の両論がある。これについて考えることは，少年法の基本的性格や家庭裁判所の役割をどのように捉えるかの根本問題につながる。

2　少年法の対象年齢

　少年法上，「少年」とは20歳未満の者をいう（少2条1項）。なお，①2007年5月に日本国憲法の改正手続に関する法律が成立し，国民投票の投票権を有する年齢が18歳以上とされたこと，②2015年6月に公職選挙法が改正され，選挙権年齢が20歳以上から18歳以上に引き下げられたこと，③2018年6月に民法の成年年齢を20歳から18歳に引き下げる改正が行われ，2022年4月から施行されることから，少年法の対象年齢もこれに揃えるべきか否かが問題となり，法制審議会少年法・刑事法（少年年齢・犯罪者処遇関連）部会において少

年法の対象年齢引下げの是非等が審議された[1]。

　年齢については，選挙権年齢，民法上の成年年齢，少年法の対象年齢等をすべて揃えるべきであるとする考え（厳格統一論）と，法律の目的により法律ごとに決めるべきであるとする考え（目的優先論）とが表明されている。わたしは，内容的にみて不可分の関係にあれば揃えるべきであり，不可分の関係になければ揃える必要はないとするのが（実質的統一論），国法上の統一および個々の法律の目的の尊重の双方にかなうと考えている。

　この点，とくに検討が必要なのは，民法の（未）成年年齢と少年法の対象年齢との関係である。少年法による保護的介入の正当化根拠として，**パレンス・パトリエ（国親思想）**があげられることがある。これは，子どもが親から保護を受けられないときは，国が親に代わって，その子どもに保護を授けるべきとするものである（これを旧パターナリズムと呼ぶことにする）。旧パターナリズムは，歴史的には，少年法の制定とその運用に大きな影響を与えてきたが，しかし，その後，子どもの主体性を尊重しなければ少年法による保護もうまく機能しないことが次第に気づかれ，少年法による保護の意義について抜本的な検討がくわえられた結果，現在では，それは，子どもを発達可能態（成長発達の主体）と捉えたうえで，成長発達が阻害されている子どもや，成長発達の危機にある子どもに対し，国は成長発達に必要な支援を行う立場にたつものと理解されるようになっている（これを修正されたパターナリズムと呼ぶことにする）。

　少年法による介入の正当化根拠を旧パターナリズムに求めるなら，その保護は，親の保護のもとにある子どもが親から保護を受けられないときに発動されるものであるから，民法の成年年齢の引下げにより親権から離脱した18・19歳に対しては，少年法による保護は妥当しないことになる。しかし，

1　2020年9月9日，同部会は，年齢の扱いに関し，「18歳及び19歳の者は，選挙権及び憲法改正の国民投票権を付与され，民法上も成年として位置付けられるに至った一方で，類型的に未だ十分に成熟しておらず，成長発達途上にあって可塑性を有する存在であることからすると，刑事司法制度において，18歳未満の者とも20歳以上の者とも異なる取扱いをすべきである。そこで，罪を犯した18歳及び19歳の者について，別添1の『要綱（骨子）』（ネット上で閲覧可能―引用者註）に従って法整備を行うべきである。その上で，18歳及び19歳の者の位置付けやその呼称については，国民意識や社会通念等を踏まえたものとすることが求められることに鑑み，今後の立法プロセスにおける検討に委ねるのが相当である」との最終意見を取りまとめた。

修正されたパターナリズムの考えにたてば，国は，少年が主体的に非行から離脱していくにあたり，その者の成長発達を促すことでその離脱（立直り）を助けるという立場にたつから，少年法による保護は，その対象者が，民法上，親の保護のもとにあるか否かには拘束されない。

　民法の成年年齢引下げの趣旨は，18・19歳を契約主体とすることで社会参加を促進することにもあり，18・19歳に完全な自律性を認めたからではない[2]。選挙権年齢の引下げも，次世代を担う18・19歳に政治への参加を促す趣旨のものである。少年法は，非行を成長発達の途上にあらわれるものと捉えたうえで，少年の成長発達を促すことで再非行を防止することを目的としている。非行は，少年とその周囲の人々との「関係」の不調を原因として起きていることが少なくない。この「関係」とは，直接的には少年の身近にいる人（例えば，親，兄弟，友人，教員，雇用主等）とのそれを指すが，間接的には，これらの重要な他者との関係を介した「社会的関係」を意味する。かかる意味での「関係の形成」という発達課題の達成年齢は，年代を追って引き延ばされてきている。もちろん，18歳未満であっても，この発達課題を達成できる人もいよう。しかし，何らかの事情により，その発達課題が未達成な状態にあり，この意味において少年期・青年期を生きている人に対し，身近な人々との関係の修復あるいは新たな関係の形成を通じて，その者の社会的関係の形成を図ることは，その者の社会参加を進めることにほかならない。民法の成年年齢を18歳以上にすることと，少年法の対象年齢を20歳未満にすることとは，社会参加の促進という点において矛盾しないどころか，むしろ整合する。

3　非行のある少年

1　非行少年の定義

（1）少年法上の非行少年

　法3条1項は，「次に掲げる少年は，これを家庭裁判所の審判に付する」

2　例えば，「【座談会】成年年齢の引下げをめぐる諸問題」における平田厚弁護士の発言（ジュリ 1392号（2010年）143頁）を参照。

として，3類型の少年をあげている（「審判に付する」とは，家庭裁判所が審判権を持つという意味であり，必ず審判に付さなければならないという意味ではない。調査の結果，審判不開始を決定する場合もある）。そこで，以下の少年が，審判の対象になりうる少年，すなわち，少年法上の非行少年ということになる。

①　罪を犯した少年（**犯罪少年**）

②　14歳に満たないで刑罰法令に触れる行為をした少年（**触法少年**）

③　次に掲げる事由があって，その性格または環境に照らして，将来，罪を犯し，または刑罰法令に触れる行為をする虞のある少年（**虞犯少年**）

イ　保護者の正当な監督に服しない性癖のあること。

ロ　正当の理由がなく家庭に寄り附かないこと。

ハ　犯罪性のある人もしくは不道徳な人と交際し，またはいかがわしい場所に出入すること。

ニ　自己または他人の徳性を害する行為をする性癖のあること。

（2）不良行為少年

以上とは別に，街頭補導などの少年警察活動の対象となる**不良行為少年**がある。これは，少年法上の非行少年には該当しないが，飲酒，喫煙，深夜はいかいその他自己または他人の徳性を害する行為（不良行為）をしている少年をいう（少警規2条6号）。

2　犯罪少年と触法少年との違い

犯罪少年と触法少年との違いは14歳以上か未満かにあるが，この年齢は，どのような意味を持っているのだろう。

ひとつの説明は，責任能力の有無によるものである。刑法上，14歳未満の者は責任能力を欠くとされていることから（刑41条），行為時14歳未満の触法少年については「罪を犯した」とはいえないため（犯罪成立要件のひとつを欠く），上記②のように定義されることになる。

もうひとつの説明は，少年司法と児童福祉との関係の歴史によるものである。法3条2項は，家庭裁判所は，触法少年および14歳未満の虞犯少年については，都道府県知事または児童相談所長から送致を受けたときに限り，これを審判に付することができるとして，**児童福祉機関先議主義**を採用してい

る。この規定の淵源は，大正少年法の制定時にまで遡る。

　大正少年法の制定をめぐっては内務省と司法省との確執があったが，最終的には，少年法案28条 2 項に「十四歳ニ満タサル者ハ地方長官ヨリ送致ヲ受ケタル場合ヲ除クノ外少年審判所ノ審判ニ付セス」という一か条を挿入することで両者の妥協が成立し，1922（大12）年に大正少年法が制定された[3]。以来，14歳を境界として，児童福祉分野における非行問題への取組みと少年法におけるそれとの棲み分けがなされてきたのである（当時，なぜ14歳が境界とされたかは不明である）。戦後，新憲法のもとで少年法も改正され，また，少年教護法などの非行関連法令は，新たに制定された児童福祉法のなかに統合されたため，児童福祉分野における非行問題への取組みと少年法との境界の調整が再び問題となった。そこで，1949（昭24）年 1 月 1 日の少年法の施行にあわせ，1948（昭23）年12月28日付けで「改正少年法と児童福祉法との関係について」（厚生省児発第897号）が発せられ，いったんは「罪を犯した少年及び14歳に満たないで刑罰法令に触れる行為をした少年は，家庭裁判所の審判に付せられ，児童相談所においてはこれを取り扱わない」こととされたが，法施行後間もない翌1949（昭24）年の第 5 回国会において「少年法の一部を改正する法律」が成立し，法 3 条は，現在のようなかたちに改められた。この改正をうけ，同年 6 月15日付けで「児童福祉法と少年法の関係について」（厚生省発児第72号）が発せられ，①触法少年を発見した者は，家庭裁判所ではなく児童相談所に通告しなければならないこと，②14歳以上18歳未満の虞犯少年については家庭裁判所にも児童相談所にも通告することができることが確認された。その後，2007年の第二次少年法改正では法 6 条の 7 が創設され，児童福祉機関先議主義を維持しつつも，重大触法少年事件については，都道府県知事または児童相談所長は，原則として，これを家庭裁判所に送致しなければならないこととされた（法 6 条の 7 第 1 項本文）。

　このように，14歳という年齢は，刑事責任年齢のみならず，児童福祉と少年司法との関係の歴史，さらには後述 3 のように犯罪少年における責任能力の要否とも絡む，複雑かつ難解なテーマのひとつである。

3　大正少年法制定過程における内務省と司法省との確執につき，森田・歴史的展開59頁以下参照。

3　犯罪少年に責任能力は必要か

　犯罪少年と触法少年との違いに関連する理論的問題のひとつに，犯罪少年における責任能力の要否がある。**責任能力必要説**は，①「罪を犯した」との文言は責任を含む犯罪成立要件を要求していると解されること，②保護処分も少年の自由の制限，不名誉性などの不利益性を持つから，その正当化根拠として非難可能性が要求されること，③有責な行為でなければ少年の人格を十分表しているとはいえない場合があること，④責任のない者には審判において内省・納得を得ることも困難であること，などを理由としている。**責任能力不要説**は，①保護処分は少年の要保護性に基づく保護・教育的な処分であって非行に対する非難，制裁ではないこと，②触法少年，14歳未満の虞犯少年に保護処分を許容する以上，犯罪少年についてのみ保護処分の不利益性を強調して責任を要件とするのは一貫性に欠けること，③第3種少年院（医療少年院）は「心身に著しい故障のある」者を収容対象として責任能力のない場合も想定していること，などを理由としている[4]。

　法3条1項1号の「罪を犯した」の文理からすれば必要説に分がある。しかし，触法少年および虞犯少年も少年法および保護処分の対象になっており，犯罪少年についてだけ責任能力を要求するのは整合的ではない。また，必要説にたつと，（行為時に）心神喪失の状態にあったと認められる少年は少年法の対象から除外されてしまうが，このような少年に対しても第3種少年院における医療的処遇が有効なケースはありうる。不要説が妥当である[5]。

　少年司法と精神医療との関係については他にも検討すべき課題がある。1968年に最高裁判所事務総局家庭局が「現行法の解釈としては犯罪少年と認めるのに責任能力など責任要件を具備することが必要である」との見解を示したことから[6]，現在の実務は，基本的には必要説にたって運用されている。そのため，捜査段階または家庭裁判所において心神喪失と認められた少年については，審判不開始ないし不処分とされた後，「精神保健及び精神障

4　田宮＝廣瀬74-75頁。
5　丸山雅夫「少年法と刑事責任能力」青問657号（2015年）10頁。
6　最高裁判所事務総局家庭局「昭和43年3月開催少年係裁判官会同協議概要」家月20巻11号（1968年）81頁。

害者福祉に関する法律」（精神保健福祉法）にもとづく精神医療の対象とされ
ている。また，2003年に制定された「心神喪失等の状態で重大な他害行為を
行った者の医療及び観察等に関する法律」（医療観察法）との関係について，
同法の対象から少年は排除されていないものの，同法の対象となるのは，家
庭裁判所から逆送され，刑事裁判の結果，心神喪失により無罪となった場
合，または心神耗弱により刑を減軽され執行猶予が付された場合に限定され
ている（同法2条2項）。しかし，医療観察法に基づく多職種チームによる治
療・支援が少年の回復に有効なケースもあろう。処分の多様化の観点から
も，家庭裁判所において，正確な要保護性の診断に基づき，最適な処遇（第
3種少年院，精神保健福祉法における任意入院・措置入院・医療保護入院，医療観察法に
おける医療観察処分等）を選択できることが望ましい。立法および現行法の解
釈の両面から，少年司法と精神医療との協働をいかにつくっていくか，検討
の必要があろう[7]。

4 虞犯少年を少年法の対象とすべきか

1 虞犯の構成要件

　成人の場合は，犯罪の嫌疑（被疑事実）がない限り，国は個人に介入・干
渉できない。これに対し，少年の場合は，国は，虞犯の段階，すなわち，犯
罪をするおそれのある段階から介入・干渉することが認められている。
　もっとも，犯罪をするおそれのある段階への介入・干渉が無限定に許され
ているわけではなく，法3条1項3号は**虞犯事由**と**虞犯性**の両方を要件とし
ている。すなわち，①同号に掲げるイ，ロ，ハ，ニのいずれかの虞犯事由，
および，②その性格または環境に照らして，将来，罪を犯し，または刑罰法
令に触れる行為をする虞（虞犯性）の両方が必要であり，いずれかを欠けば
虞犯少年ではない。ちなみに，旧少年法にも虞犯規定が置かれていたが，虞
犯性のみが要件とされ，虞犯事由は要件とされていなかった（旧少4条1
項）。虞犯事由を要件にくわえたのは，現行少年法が適正手続に配意したひ

7　岩瀬徹「少年と医療観察法」岩井古稀142-147頁。

とつのあらわれである。

　なお，虞犯事由として掲げられている行為（ロ・ハ），および性癖（イ・ニ）の判断資料となる行為は，ある程度の要保護性の大きさを想定したものであるから，1回だけのものではなく，行状（累行性）と捉えるべきである。例えば，1回の家出が直ちにロに該当するのではなく，家出がある程度の期間に及ぶこと，あるいは，家出が繰り返されている状態を指すと解すべきであろう。

2　存置論 vs. 廃止論

　虞犯少年を少年法の対象とすべきかについては，積極・消極の両論がある。

　虞犯規定存置論[8]は，①少年法の目的は少年の成長発達の保障にあること，②少年法の理念に照らせば虞犯こそが非行概念の中核に位置すること，③虞犯性は緊急保護性と同義であり，これを放置するのは少年の権利保障にならないこと，④虞犯概念は曖昧ではあるが，運用によりカヴァーできることなどを理由としている。一方，**虞犯規定廃止論**[9]は，①虞犯概念は曖昧であり，適正手続の保障に反すること，②将来の行動予測は困難なこと，③まだ犯罪をしていない少年に対し，自由剥奪処分としての保護処分（とくに少年院送致）を課すのは行き過ぎであること，④虞犯少年への対応は福祉法の領域で行うべきことなどを理由としている。

3　虞犯少年の実態

　虞犯規定の存廃を考えるにあたり，まず虞犯の実態をおさえておく必要があろう。

　（1）警察庁の統計からは以下のことがわかる。

　①　虞犯少年について送致・通告の記録が残る1951（昭26）年以降の虞犯少年の補導人員は，昭和40年代中盤まで1万人台で推移していたが，1993（平5）年には1000人台まで減少し，2011（平23）年以降は，ほぼ横ばいで推

8　澤登俊雄「虞犯と少年法の基本的性格―非行における虞犯の地位」吉川古稀535頁など。
9　前野育三「保護処分における非行事実と処分の重さ」法と政治43巻4号（1992年）215頁など。

移していること（図 2 - 1 ）。

　②　2019（令元）年における虞犯少年の補導人員は1068人で，うち女子が43％（454人）を占めること[10]。

（ 2 ）司法統計年報からは以下のことがわかる。

　③　全家庭裁判所における虞犯終局人員は，1965（昭40）年には9000人を超えていたが，その後減少し，昭和50年代後半と平成10年代前半に一時増加の時期もあったが，全体的には減少してきており，2018年には182人になっていること[11]。

　④　虞犯に占める女子比は，最近やや低くなったものの，40％台にあるこ

図 2 - 1 　虞犯少年の補導人員の推移（1951～2019年）

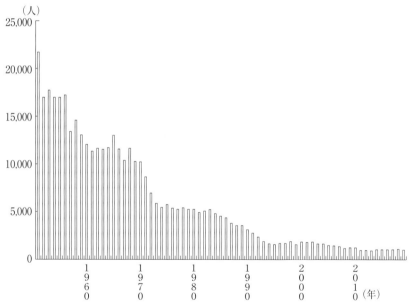

出典：警察庁生活安全局少年課「令和元年中における少年の補導及び保護の概況」36頁。

10　警察庁生活安全局少年課「令和元年中における少年の補導及び保護の概況」37頁「 1 - 2 -
　　3 - 2 表　ぐ犯少年の補導人員の推移」参照。
11　平成年間における虞犯の終局処理人員の推移につき，令和元年版犯罪白書92頁「 2 - 2 - 3 - 1
　　図」参照。

表2-1　虞犯の態様

男女合計

	総数	持出し	怠学	怠勤	不純異性交遊	凶器携帯	家出	不良交友	盛り場はいかい	飲酒	喫煙	浪費	不健全娯楽	けんか	夜遊び	浮浪	その他
2014年	280	3	2		18		42	5							4	6		200
15	224	4			12		22	4					1	1	3		177
16	219	4	1		13		40	9				1		1	2	2	146
17	183	3	1		9	1	24	6				1	1				137
18	182	3			17		19	9	1	1						1	131
計	1,088	17	4		69	1	147	33	1	1		2	2	6	11	3	791

男　子

	総数	持出し	怠学	怠勤	不純異性交遊	凶器携帯	家出	不良交友	盛り場はいかい	飲酒	喫煙	浪費	不健全娯楽	けんか	夜遊び	浮浪	その他
2014年	149	3	1		1		16	3							4	4		117
15	120	2			1		5	3					1	1	2		105
16	121	4	1		2		14	4				1		1	2	2	90
17	107	3	1		2	1	16	3				1					80
18	106	2			2		8	7									86
計	603	14	3		8	1	59	20				2	1	6	8	2	478

女　子

	総数	持出し	怠学	怠勤	不純異性交遊	凶器携帯	家出	不良交友	盛り場はいかい	飲酒	喫煙	浪費	不健全娯楽	けんか	夜遊び	浮浪	その他
2014年	131		1		17		26	2							2		83
15	104	2			11		17	1							1		72
16	98				11		26	5									56
17	76				7		8	3					1				57
18	76	1			15		11	2	1	1						1	45
計	485	3	1		61		88	13	1	1			1		3	1	313

平成26〜30年版司法統計年報少年編をもとに作成。

と。ちなみに，犯罪少年による刑法犯検挙人員中，女子の占める割合は14%である（2018年）。

⑤　全家庭裁判所における過去5年間（2014〜2018年）の虞犯終局人員を虞犯態様別にみると，「その他」が異様に多いこと（73%），女子の「不純異性交遊」および「家出」の占める割合が男子と比べかなり高いこと（31%＞11%）。（表2-1）

（3）古い統計であるが，東京家庭裁判所編「東京の非行少年〔昭和56年版〕」には，非行類型別の問題行動を示す興味深い統計が載っている（表

表2-2　非行類型別に見た問題行動

	窃　盗	粗暴犯	凶悪犯	その他	虞　犯
家出	6 %	7%	18%	7%	77%
徒遊	5	14	25	12	38
頻回転職	4	12	24	11	15
不純異性交遊	2	4	26	5	52
同棲	1	2	5	3	16
怠学職	22	51	68	40	86
無断外泊	2	3	9	4	49
シンナー等吸引	9	29	38	44	56
薬品乱用	0	1	4	4	12
交通非行	16	27	24	23	15
不良交友	31	82	88	64	93
暴力団との交際	0	3	5	2	18
暴力団加入	0	2	3	1	3
暴走族加入	4	33	36	18	22

出典：東京家庭裁判所編「東京の非行少年〔昭和56年版〕」46頁。

2-2）。これによると，

⑥　虞犯は，凶悪犯と比べても，家出，不純異性交遊，シンナー等吸引，不良交友など，いくつかの問題行動を重ねている少年だということがわかる。

上記①～⑥から以下のことがわかる。すなわち，

ⅰ　虞犯少年の数は減少していること。ただし，実態として虞犯少年が減少したのではなく，虞犯廃止論が有力に主張されていることもあり，慎重な運用が行われきた結果だと思われる。

ⅱ　女子少年の占める比率が高いこと。これは，女子少年は被侵害性（vulnerability）が高いこととも関係していよう。

ⅲ　統計上「その他」が異様に多いのは，いずれかひとつの態様に分類し

がたい，多重的な虞犯の実態があるからだと思われる。

　iv　虞犯少年とは，一つひとつは犯罪ではないが，さまざまな問題行動を重ねており，それを放置すれば，経験則上，犯罪をおかし，少年自身も自損性を深めるおそれの高い少年であること。

　v　予防には，①一次的予防（一般予防），②二次的予防（危機介入），③三次的予防（特別予防）があるが[12]，虞犯は②二次的予防（危機介入）が問われる場面であること。

　刑法の説明によれば，犯罪の遂行過程は，陰謀→予備→実行の着手→既遂・未遂という過程をたどる。しかし，「犯罪行為の前段階」（例えば，窃盗罪でいえば予備・陰謀の段階）が虞犯なのではなく，**多方向型問題行動群**とでも呼ぶべき独立の類型として虞犯を理解する必要がある。したがって，虞犯少年は，犯罪はしていないが，要保護性は大きな少年ということができる。虞犯少年に対する保護処分率が高いこと[13]，女子少年の少年院入所理由のうち虞犯の占める割合が高いのはそのためである[14]。

　なお，「犯罪行為の前段階」の意味で虞犯を理解するなら，あらゆる犯罪について虞犯段階が存在することになる。かかる理解のもとで，虞犯を国家的統制のもとに置くことは治安を目的とするものになる。虞犯少年に対し国の介入・干渉が認められるのは，危機にある少年の保護のためであることが確認されねばならない。

4　小　括

　虞犯少年を少年法の対象とすべきか否かは，以上のような虞犯の実態を踏まえ，児童福祉分野における非行問題への取組みの現状にも目を向けなが

12　Neil Gilbert, *Policy Issues in Primary Prevention*, Social Work, vol. 27, no. 4, July 1982, pp. 293-297.
13　平成30年版司法統計年報少年編28-29頁「第15表」によると，一般保護事件における保護処分率は39%（保護観察30%，児童自立支援施設または児童養護施設送致0.7%，少年院送致9%）であるのに対し，虞犯少年保護事件における保護処分率は65%（それぞれ28%，14%，23%）である。
14　令和元年版犯罪白書223頁「3-2-4-3図」によると，少年院入所者（女子）のうち虞犯によるものが13%を占めている。

ら，検討をくわえるべき問題である。

　たしかに，廃止論が説くように，虞犯は福祉法の領域で対応するのが望ましい。さらにいえば，法的な対応よりも，地域のなかでのインフォーマルな対応のほうがもっと望ましい。しかし，現実には，児童相談所における非行問題への取組みは，全国的にみれば充実しているとは言い難い。また，虞犯的な状況にある少年たちへの地域の眼差しは一般に厳しい。このような現実を踏まえれば，少年法が次善の策として虞犯少年をその対象に含め，成長発達を支援していく必要性は高い（少年法から虞犯規定を削除すれば，その受け皿がなくなってしまう）。もっとも，廃止論の説くところは，運用に生かされるべきである。例えば，虞犯少年の施設収容は，なるべく回避すべきである。外国の立法には，虞犯少年に対しては矯正施設送致を処分の選択肢から除外しているものもある（例えば，米国ウィスコンシン州（旧）子ども法典 s. 48.345）。虞犯少年に対しては，家庭を基盤として，必要に応じ，司法，医療，福祉，教育などの協働をつくりだすことで，その成長発達を支援していくことが望ましい。やむなく家庭から分離するとしても，里親委託，シェルター，自立援助ホームなど，できるだけ家庭的な環境に置いて，地域のなかでその成長発達を支えていくことが望ましい。また，虞犯性は将来予測的な概念であるから，いきなり処分を課すのではなく，試験観察を行い，少年の状況を見極めるとともに，少年と対話を重ね，納得を得ながら最終的な結論を見出していく姿勢が必要である（☞ 適正手続の保障，対話型少年司法）。

5　新たな課題―発達障がいとの関係

　最近，虞犯に関し新たな課題が浮上しているように思われる。それは，発達障がいと虞犯との関係である。まず確認しておくべきは，発達障がいは非行の一次的原因ではないことである。しかし，周囲の人が発達障がいについて正しい理解をしていないため，関係の不調を来し，それが非行の原因（二次的原因）になることはある[15]。このような場合，軽微な逸脱行動を理由として，あるいは，行為の意味の誤解がもとで，少年を排除しようとする動きが

15　小栗正幸「非行と発達障害の関係―事例研究を通じて」浜井＝村井・発達障害と司法60頁。

生じ，それが虞犯として扱われる可能性もある。

　このような事態を招かないためには，①発達障がいについての正しい理解が広まる必要のあること，②発達障がい等の診断は排除のためではなく支援のためにあること，③司法的対応以前に，地域のなかで，少年およびその家族に対し，医療，福祉，教育等の協働によるケアプランを立て，少年の成長発達と家族の安定を図ることが有効であること，を指摘しておきたい[16]。

5　まとめ

　以上のまとめとして，表2-3を掲げておきたい。

　少年非行を捉えるとき，ふたつの目を持つ必要がある。ひとつは，非行事実を正確に捉える目である。これが重要なのはいうまでもないが，これと同時に，少年の要保護性を捉える目を持つ必要がある。要保護性については
☞ 第6章第1節6

　非行事実と要保護性のふたつの軸により4通りの非行の型が区別される。

表2-3　少年非行を捉える2つの視点

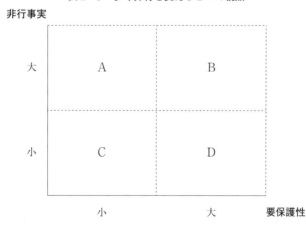

16　メンタルヘルスと非行問題とが重なる領域については「ラップアラウンド」（wraparound）の理念と実践が参考になる（服部・アメリカ少年法201頁以下）。

C 型は非行事実も要保護性も小さい「一過性の非行」である。逆に，非行事実も要保護性も大きい B 型の非行もある。これに対し，非行事実は大きいけれども要保護性は小さい A 型の非行もある。逆に，行為・結果は小さいけれども要保護性は大きい D 型の非行もある。本章で扱った虞犯は，ここに入る。非行事実の大きさと要保護性の大きさとは一般的に比例するといわれているが，A 型・D 型の非行もあることに注意が必要である。

第3章 少年保護手続の流れ（概観）

　非行のある少年を対象とする法の手続は、非行のある少年の発見から処遇の終了までの過程から成る。最広義には、逆送後の刑事手続や、児童福祉法の手続も含まれるが、このうち、①警察等による発見過程、②家庭裁判所（以下、家裁ともいう）による調査・審判過程、③少年院等による処分執行過程の3つを、**少年保護手続**と呼ぶのが一般的である[1]。

　保護手続という呼称は、手続自体が保護（成長発達に向けた働きかけ）の過程でもあることを意味している点でも、重要である。しかし、「保護」は、多義的で、とくに初学者にとっては難解な語である。そこで、少年保護手続という語を使用するにあたっては、これを相当慎重に定義しておく必要がある。本書では、少年保護手続を、「少年法第2章『少年の保護事件』の諸規定にしたがい、非行なしの発見にも必要な注意を払いながら、非行のある少年に対しては、保護処分優先主義のもと、その成長発達のための働きかけのあり方（それが必要ない場合も含め）について検討し、保護処分が決定された場合にはそれを執行し、終了するまでの全過程」、と定義することとする。また、少年保護手続のうち、家庭裁判所における手続を、本書では**家裁手続**と呼ぶことにする。

　次章（第4章）からは、少年保護手続の一つひとつの場面、すなわち、非行のある少年の発見、事件の送致と受理、家庭裁判所調査官（以下、調査官ともいう）による社会調査、少年鑑別所における鑑別、審判、保護処分について解説していくが、それに先立ち、本章では、少年保護手続、なかでも家裁手続を中心に、手続全体の流れを概観しておくことにする。少年保護手続全体を「森」にたとえるなら、その森の1本1本の木々の話をする前に森全体を鳥瞰しておくのが本章のねらいである。

1　澤登41頁。

なお，適宜，図3-1を，また，説明の途中には架空の事例を配置しているので，参照いただきたい。

1　家庭裁判所における事件の受理と選別

1　事件の受理

　家裁手続は，事件の受理から始まる。事件受理の経路には，①捜査機関（司法警察員[2]または検察官）からの送致（少41条，42条1項），②都道府県知事または児童相談所長からの送致（少3条2項，児福27条1項4号，27条の3），③調査官からの報告（少7条1項），④保護観察所長からの通告（更生68条1項），⑤一般人からの通告（少6条1項）がある。これらのうち，①捜査機関からの送致が最も多く，家裁の新受人員（家裁が新たに受理した事件を少年の人数でカウントしたもの）の大部分を占めている。

　成人事件には微罪処分[3]（刑訴246条但し書）や起訴猶予処分[4]（刑訴248条）の

図3-1　少年保護手続の流れ

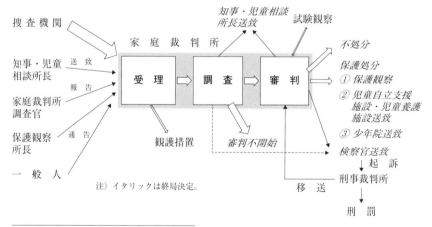

注）イタリックは終局決定。

2　司法警察員とは，刑事訴訟法において捜査の権限を与えられている司法警察職員のうち，巡査部長以上のものをいう。ただし，特に必要がある場合には，巡査および巡査長を司法警察員に指定することができる。（刑事訴訟法第189条第1項および第199条第2項の規定に基づく司法警察員等の指定に関する規則1条）

適用があり，一定の軽微な事件は捜査段階で処理を終える[5]。これに対し，少年法では**全件送致主義**が採られている（少41条・42条1項）。これは，いかに「軽微」な事件であっても，少年の被疑事件について犯罪の嫌疑があるものは全て家裁に送致する仕組みのことをいう（少年事件にも交通反則通告制度[6]の適用はある）。

ただし，実務上，最高裁判所，最高検察庁および警察庁の取決めにより**簡易送致**が行われている。簡易送致とは，一定の「軽微」な事件については，警察は，被疑少年ごとに少年事件簡易送致書および捜査報告書を作成し，これに身上調査表その他の関係書類を添付し，一月ごとに一括して検察官または（直送事件の場合は）家裁に送致し（犯捜規214条1項），このような方式により事件を受理した家裁は，原則として審判不開始を決定して処理を終えるものである。

2　事件の選別

家裁は，事件を受理すると，事件の選別（ふるい分け）を行う。この選別の過程を**インテイク**（intake）という。アメリカでは，少年裁判所が事件を正式に受理する前に，警察から受け取った事件をふるいにかけて，審判の申立ての要否を決めるインテイクの段階がある[7]。これに対し，わが国では全件送致主義が採られているため，家裁が事件を受理した後にインテイクが行われ

3　検察官があらかじめ指定した軽微な事件については，警察官は事件を検察官に送致しないで，事件を終了させることができる。この軽微な事件に関する不送致処分を微罪処分という。犯捜規198～200条参照。

4　起訴猶予処分とは，犯罪の嫌疑と証拠があり，訴訟条件を具備する場合であっても，検察官の裁量により，起訴を見合わせる処分である。

5　刑事手続のいずれかの段階で事件を公式手続の外へ移し，（公式手続外部の処遇ないしサーヴィスを受けさせることによって）手続を終了させることをディヴァージョン（diversion）という。ディヴァージョンは，アメリカにおいて，大統領諮問委員会（The President's Commission of Law Enforcement and Administration of Justice, 1967）の提案を契機として，1960年代末から70年代にかけて普及した概念である。

6　交通反則通告制度は，1967年に，比較的軽微な道交法違反を司法前処理するために設けられた制度で，道交法第9章（125条以下）に規定されている。違反者は，反則切符を切られ，指示された金額の反則金を所定の期限内に納付すれば，当該違反について起訴されたり，家裁の審判に付されたりすることはなくなる（道交128条2項）。

7　服部・アメリカ少年法129頁。

る。

　各地の家裁では，最高裁判所事務総局家庭局の策定した「少年事件処理要
領モデル試案骨子」(1985年) にもとづき処理要領が作成されている。同モデ
ル試案によれば，軽微事件は，主任調査官等により，①記録調査事件，②書
面照会事件，③簡易面接事件に選別される。①は，法律記録（捜査記録）お
よび証拠物のみで要保護性を判断し，書面照会や面接を必要としない事件，
②は，少年・保護者への書面照会による調査で足りる事件，③は，短時間の
面接による調査で足りる事件である。

　すなわち，捜査機関から家裁への事件送致には，（1）通常送致と（2）簡易
送致とがあり，（1）通常送致された事件は，インテイクの結果，①記録調査
事件，②書面照会事件，③簡易面接事件，④通常調査事件に分けられること
になる。

2　観護措置

　審判を行うため，少年の身柄を保全する必要のある場合がある。そのため
に設けられているのが**観護措置**である。観護措置には，**家庭裁判所調査官によ
る観護**と**少年鑑別所送致**とがある（少17条1項）。前者は在宅観護，後者は収容
観護である。調査官による観護は，実務上ほとんど行われていない。そのた
め，観護措置といえば，通例，少年鑑別所送致を指す。家裁は，捜査機関か
ら身柄付きで（少年が逮捕または勾留により身体を拘束された状態で）事件の送致を
受けたときは，24時間以内に観護措置をとるか否かを決定しなければならな
い（少17条2項）。家裁が受理した少年保護事件[8]のうち観護措置（収容観護）が
とられるのは約1割である。

　少年鑑別所は，①家裁等の求めに応じ，鑑別対象者の鑑別を行うこと，②
観護措置がとられて少年鑑別所に収容される者等に対し，必要な観護処遇を
行うこと，③地域社会における非行および犯罪の防止に関する援助を行うこ

8　統計上，「少年保護事件」とは，「一般保護事件（簡易送致事件ならびに過失運転致傷事件等を
　除く）」，および「道路交通保護事件（道路交通法違反事件（交通反則通告制度適用外のもの）な
　らびに自動車の保管場所の確保等に関する法律違反事件）」のことをいう。

とを業務とする法務省所管の施設である。**鑑別**とは,「医学, 心理学, 教育学, 社会学その他の専門的知識及び技術に基づき, 鑑別対象者について, その非行又は犯罪に影響を及ぼした資質上及び環境上問題となる事情を明らかにした上, その事情の改善に寄与するため, その者の処遇に資する適切な指針を示す」ことである (少鑑16条1項)。

少年鑑別所への収容期間は2週間以内であるが, 1回更新が可能なので最長4週間である (少17条3項・4項本文)。特別な場合には, さらに2回更新が可能である (少17条4項但し書。特別更新)。

鑑別の結果は**鑑別結果通知書**にまとめられ, 家裁に送られ審判の資料になる。

3　調査官による社会調査

家裁は, 審判の前に事件について調査しなければならない (少8条1項)。これを**調査前置主義**という。調査には, 非行事実の存否に関する**法的調査**と, 要保護性の有無・内容に関する**社会調査**とがある。前者は裁判官が, 後者は家庭裁判所調査官が担当する。

要保護性は, 少年法のキーワードのひとつである。当面, 要保護性とは, 再非行の可能性の有無・程度に関する判断と, 再非行の可能性がある場合にはどのような処分や働きかけが有効かに関する判断から成るものと理解しておいていただきたい。詳しくは ☞ 第6章第1節6

少年法は,「家庭裁判所は, 家庭裁判所調査官に命じて, 少年, 保護者又は参考人の取調その他の必要な調査を行わせることができる」(少8条2項) と規定している。調査官による調査が行われない場合があるかのようにも読めるが, 社会調査に関する限り, 調査官に調査させるのが原則というべきであり, 実務上もそのように扱われている。これを**全件調査主義**という。

社会調査の目的のひとつは, 少年の要保護性の有無・内容を明らかにすることにある。例えば, 同じ万引きでも, 遊びの感覚で, 友達に誘われて, ストレスのはけ口, 家族への不満, 経済的困窮など, その背景や原因はさまざまである。一過性の非行のこともあれば, 根の深い非行のこともある。そこ

で，非行の背景を明らかにするために，社会調査は，なるべく，少年，保護者または関係人の行状，経歴，素質，環境等について，医学，心理学，教育学，社会学その他の専門的知識等を活用して行うように努めなければならないとして，科学的調査が指針とされている（少9条）。科学主義については☞第1章第1節2-2

　社会調査のもうひとつの目的は，調査の過程を通じて，少年や保護者に働きかけを行うことにある。少年がなぜ非行をしたのか，今後はどうしたらよいかについて調査官が少年や保護者と考え合うプロセスは，同時に，非行克服に向けた少年と保護者に対する働きかけのプロセスでもある。このような調査および審判の過程で少年や保護者に対し事実上行われる働きかけを**教育的措置**（保護的措置）という。

　調査の結果，①非行事実の不存在等の理由から「審判に付することができない」場合，または，②審判を行うまでの要保護性がない等の理由から「審判に付するのが相当でない」場合には，審判を開始しない決定が行われる（少19条1項）。これを**審判不開始決定**という。

教育的措置の事例

　少年A（15歳，高校1年）は，他校のB，C（16歳，高校2年）と共に，B，Cの同級生であるD（16歳，高校2年）から3万円を脅し取り，5000円を分け前として受け取り，これをゲームセンターなどで使った。A，BおよびCは，恐喝の被疑事実で警察に逮捕され，取調べを受けた後，在宅のまま家裁に送致された。Aには中学3年のとき夜遊びの補導歴が1回あった。Aに対する警察の処遇意見は保護観察であった。

　Aには弁護士の付添人が付いた。付添人は，捜査記録を精査するとともにAとその両親と面会し，Aの行為はB，Cからの誘いを断れずに行った従属的なものであったこと，Aは今後B，Cとの交際を断つつもりであることなどを家裁に報告した。

　調査官は，少年と保護者を家裁に呼び，面接をした。付添人もこれに同席した。Aは，調査官の前で，今回の事件を深く反省していること，現在は学校のクラブ活動に励んでいることを話した。クラブの顧問が，今回の事件のことを心配してAの自宅を訪ね，クラブ活動を続けるよう声をかけてくれた

のがきっかけである。母親は，付添人を通じて被害者に慰謝料を含め1万円を支払ったこと，そのお金はAが夏休みにアルバイトをして親に返済することを説明した。母親は，調査官との対話を通し，いつもAを2歳年上の兄と比較し，Aに対し過干渉になっていたことに気づかされた。

　2か月後，審判が開かれた。裁判官は，非行事実を確認した後，Aに対し，事件のことをどう思っているか，被害者はどんな思いをしたか，と問いかけた。Aは，自分なりの表現ではあったが，Dに大変怖い思いをさせ，お金を脅し取ったことを深く反省していると話した。Aの父母は，Aを2歳年上の兄と比べて評価してきたこと，今後はもっとAと話をする時間を作るようにしたいことを裁判官に話した。調査官は，父母の気づきを支持する言葉を添えた。付添人は，今後も必要があれば相談に乗りたいとAに伝えた。

　審判の最後に，裁判官は，少年の行為は非難しつつも，Aは事件のことを真摯に反省していること，Aはクラブ活動に汗を流すなど現在の生活は安定していると思われること，調査および審判の過程を通じて少年とその父母に対し事実上の働きかけがなされたことを理由に，Aに対し不処分の決定を言い渡した。

4　「非行なし」の発見

　少年法には，刑事裁判の無罪にあたる「非行なし」という独立の決定は存在しない。しかし，冤罪は成人事件に限ったものではない。むしろ，少年だからこそ起きやすい冤罪があることの認識が必要である。

　冤罪を生まないためには，成人事件にも必要な捜査の基本を守り，かつ，被暗示性が高いなど少年の特性に配慮した捜査が行われる必要がある。このような注意と配慮は，捜査に限られるものではなく，少年保護手続全体にわたり，少年にかかわるすべての人に要請される。

　少年司法における適正手続の要点は，「わかりやすい説明と少年の言い分をよく聴くこと」にある（☞第1章第1節2-3）。また，少年保護手続においては，少年との対話が重要な意味を持つ（☞対話型司法）。少年の声を聴く姿勢を持たずに，こちらの思い込みで話を進めてしまうと，事実をゆがめたり，間違った事実を聞き取ってしまうことになる。少年の話したくない気持

ちを尊重しながら，たとえたどたどしい言葉であっても耳と心を傾けること
が必要である。

　さらに，法的な証明を尽くせば事実は明らかになるかといえば，必ずしも
そうではないことに留意しなければならない。少年の置かれている状況や少
年の認知の特徴等をも考慮しながら，少年の生活全体を捉えようとする視点
が必要であり，この両者が噛み合ってこそ非行事実の存否も意味も明らかに
なる。

5　被害者のための制度

　第一次（2000年）および第三次（2008年）改正により，被害者等への配慮に
関する以下の制度が少年法に導入された。以下の①，②および⑤は第一次改
正で，③および④は第三次改正で導入された。また，①については，第三次
改正で閲覧・謄写の許可要件の緩和，および閲覧・謄写の対象となる記録の
範囲の拡大がなされ，②については，第三次改正で意見聴取の対象者の拡大
がなされている。

　①　記録の閲覧・謄写（少5条の2）。被害者等が，事件の記録を見たり，
コピーをしたりすること。

　②　意見の聴取（少9条の2）。被害者からの申出を受け，家裁の裁判官や
調査官が被害者等の気持ちや事件についての意見を聴くこと。

　③　審判の傍聴（少22条の4）。一定の重大事件に限定されるが，被害者等
が審判の傍聴をすること。

　④　審判状況の説明（少22条の6）。被害者等が，審判期日における審判の
状況について説明を受けること。

　⑤　審判結果等の通知（少31条の2）。被害者等が，少年に対する処分結果
等の通知を受けること。

　いずれも対象となる事件には一定の制限があり，家裁の判断により許可な
いし実施されることになる。

6　審　　判

1　審判の方式

　少年法は，審判の方式に関し，法22条を置くのみである。これは，少年保護手続が少年の健全育成を目的とし，手続過程自体も福祉・教育的な性格を持つことから，少年の個別的な性格・問題状況等に即して柔軟に対応できるように，訴訟手続のような要式性・厳格性を排し，裁判官の裁量に委ねることが相当とされたためである[9]。ただし，非行事実の認定に関する証拠調べの範囲，限度，方法の決定は，家庭裁判所の完全な自由裁量ではなく，その合理的な裁量によらなければならない[10]。

　審判は非公開で行われる（少22条2項）。その理由は，①少年審判は，発達途上にある少年の立直りを目指して行われるので，少年を曝し者にせず，その情操を保護し，社会復帰を妨げないために，少年が非行をしたこと自体が秘密とされなければならないこと，②少年の抱えている問題点を明らかにし，その改善方法を明らかにするためには少年の性格，全生活史のみならず，その家族のプライバシーに関わる事項も詳細に明らかにする必要があり，このような事項を調査・審判において少年や保護者に率直に述べてもらうとともに，関係者の協力を得ること，にある[11]。

　審判の対象は，非行事実と要保護性である。これに対応して，審判は，非行事実に関する審理と要保護性に関する審理から成る。ただし，わが国の場合，このふたつの審理は厳格には区別されておらず，おおむね以下のような順序で審理が進められている。まず，非行事実の存否について審理が行われる。非行事実が認められない場合には，（非行なし）**不処分**の決定が行われる（少23条2項）。非行事実が認められる場合には，要保護性の有無・内容について審理が行われ，要保護性に応じた適切な決定が言い渡されることになる。

9　田宮＝廣瀬247頁。
10　最決昭58・10・26刑集37巻8号1260頁。
11　田宮＝廣瀬251頁。

2　審判の出席者

　審判の出席者は，少年，保護者，裁判官，書記官，調査官，付添人などである。少年，裁判官，書記官は，審判を開くのに必須のメンバーである（少審規28条1項・3項）。付添人とは，少年もしくは保護者，または一定の場合には家裁により選任された少年の援助者である（詳しくは☞第7章）。このほか，少年の親族，教員，雇用主，保護観察中の事件であれば保護司等が出席することもある（少審規29条）。例外的に検察官が審判に関与することもある（少22条の2）。

　審判の出席者については，2000年以降の少年法等の改正により，以下のような変更がくわえられている。

　①　少年審判は通常1人の裁判官で行われる。ただし，2000年の裁判所法改正により，家裁は，合議体で審判をする旨の決定を合議体でした事件については，合議体（3人の裁判官）で審判を行うことができることになった（裁31条の4第2項。**裁定合議制**）。

　②　第一次改正により，一定の事件について，家裁が，非行事実を認定するため必要があると認めるときは，審判に検察官を出席させることができることになり，第四次改正により，検察官審判関与の対象事件の範囲が拡大された（少22条の2第1項，**検察官審判関与制度**）。

　③　第一次改正により，検察官審判関与との関係で限定的な範囲で国選付添人制度が創設され，第二次・第三次・第四次改正により，その対象事件の範囲が拡大されている。必要的に付添人が付されるのは，検察官審判関与決定がなされた場合に，少年に弁護士である付添人がいない場合（少22条の3第1項）などである（**必要的国選付添人制度**）。また，家裁の裁量により付添人が付されるのは，一定の事件について，少年鑑別所送致の観護措置がとられており，かつ，少年に弁護士である付添人がいない場合（同第2項）などである（**裁量的国選付添人制度**）。

3　試験観察

　家裁は，最終的な決定を留保して，調査官に命じて，相当の期間，少年や保護者に働きかけを行いつつその状況や変化を観察させ，その過程で得られ

た資料も含めて，最終的な決定（終局決定）を判断することができる（少25条1項）。これを**試験観察**という。家裁は，試験観察とあわせて，①遵守事項の履行，②条件付き保護者への引渡し，③**補導委託**の措置をとることができる（同2項）。補導委託には，補導のみの委託と**身柄付き補導委託**とがある。前者は，少年を家庭に置いたまま学校長や保護司等に補導を委託するものであり，後者は，**補導委託先**（家裁と契約を結んで身柄付き補導委託を行う主に民間の個人や団体）に少年をあずけ，少年に働きかけながら観察を行うものである。

試験観察の事例

少年A（16歳）は高校に進学したが，1年生の夏休み明けから登校しなくなった。夏休み中，Aは，中学の同級生で高校進学しなかった者や1学期中に高校を中途退学した者と夜遊びするようになった。両親がうるさく登校を迫るので，Aは家出し，遊び友達で中学生のころから非行を繰り返しているBの家に居候した。2人は遊ぶ金に困り，Bの「かつあげしよう」という誘いに乗り，中学生2人を脅して金を取った。それに味をしめ，2人は同じことを繰り返した。ある日，脅した中学生が従わなかったので，Bは腹を立てて殴ってしまった。相手が反撃してきたためAは加勢せざるを得ず，2人の暴力で中学生の足や腕に打撲傷を負わせてしまった。AとBは逮捕され，家裁送致の後，観護措置により少年鑑別所に送致された。保護観察中のBは，審判の結果，少年院送致となった。

調査官は，Aについては，非行が初発であること，少年鑑別所で反省を深めたこと，両親がAの更生に力を注ぐことを約束したことから，交友関係の調整や進路選択の見極めのため試験観察が適当であると考えた。裁判官も調査官の意見をとり入れ，審判で試験観察決定が行われた。Aは，審判で，高校に再入学する準備を始めると言い，外泊や夜遊びをしないことを約束した。調査官はAに，毎日生活日誌を付けること，2週間に1度親と一緒に日誌を持参して家裁に来ることを指示した。審判後，Aは両親と共に自宅に戻った。

審判後，Aは，2週間は自宅生活を続け，ときどきは高校再受験に備えてドリル学習をしていた。しかし，夏休みに遊んでいた仲間から誘いがあったことから夜遊びが始まった。日誌の記載量は減り，文字も荒くなっていった。面接に同伴する母はAの生活ぶりを赤裸々に話すことをためらっていた

が，ある日，Ａは家裁に来ず，ひとりで来た母がＡの生活が元に戻り，また悪いことをしているかもしれないと訴えた。

　調査官は，Ａについて虞犯で報告立件するという選択肢のあることも念頭に，母にＡを家裁に連れて来るよう指示した。Ａは，調査官に「友達の誘いがどうしても断れない。自分でもよくないとは思う。どうしたらいいかわからない」と述べた。調査官が「少し離れた所に行って，住み込んで働いてみる気はないか（補導委託）」と提案したところ，Ａは「そういうところがあるなら，行ってみたい」と答えた。母は，初めのうちは高校再入学のための準備にこだわっていたが，調査官が補導委託は数か月間であり，その体験を通して進路をあらためて考えることが現実的ではないかと助言したところ，これに同意した。

　Ａは，再度の審判により「補導委託の上，試験観察」の決定を受けた。そして，その日から，自宅から60キロほど離れた山村の特別養護老人ホーム「○○荘」に住み込んだ。Ａの仕事はホームの建物周囲の清掃，建物内の床磨き・窓ふきなどであったが，ホームで生活する高齢者から「ありがとう」「よくやってくれるね」と声を掛けてもらえるのを励みに頑張った。調査官は，3日に1度施設に電話を入れ，3週間に1度施設を訪問した。Ａは生活のリズムを取り戻し，ホームでの仕事に張り合いも感じ，自分の進路について考えるようになっていった。

　予定の補導委託期間3か月が経過し，最終の審判を行った。審判には，Ａと両親のほか，補導委託先でＡを指導した施設職員も出席した。その職員はＡを「気持ちのいい働きぶりだった」と褒めた。ちょうど受験する高校を選択する時期であったところ，Ａは裁判官に将来は福祉の仕事をしたいという抱負を語った。来月には高校受験を控えている。裁判官は，Ａに対し保護観察の決定を行った。

4　終局決定

　審判は，非行事実の存否，および要保護性の有無・内容について審理を行う場である。と同時に，審判は，少年および保護者への働きかけの場でもある（教育的措置）。審判の体験は，少年が内省を深める重要な契機となりうる。また，少年と共に審判に臨む保護者にとっても，審判の体験は大きな意味を持つ。

　審判において非行事実の正確な認定が行われ，かつ，審判の体験が少年や保護者にとり感銘的なものになるには，審判出席者，とくに裁判官と少年との間で「対話」（効果的なコミュニケーション）が成立する必要がある。☞ 対話型司法

　審判の結果行われる終局決定には，①不処分（少23条2項），②保護処分（保護観察，児童自立支援施設または児童養護施設送致，および少年院送致。少24条1項），③都道府県知事または児童相談所長送致（少18条1項），④検察官送致（少20条1項・2項，少23条3項）の各決定がある。

　家裁は，保護観察または少年院送致の保護処分の決定をした場合には，保護観察所長をして，家庭その他の環境調整に関する措置を行わせることができる（少24条2項，少審規39条）。

少年院送致の事例

　少年A（19歳，無職）は，高校中退後繰り返した非行で保護観察を受けていた。保護観察の約束は，再非行をしないこと，家庭で落ち着いた生活を送ること，仕事を根気強く続けることであった。保護観察になって非行はしていないが，同じ仕事を3か月以上続けたことがない。Aは，塗装，建設，土木，飲食店，製造業，運転助手など種々の仕事を経験した。一番短い職場は1日で，長く続きそうと思った職場では給料を予定どおり支払ってもらえず2か月でやめた。

　そんなある日，他県で働いていた昔の友だちBが地元に戻り，Aに仕事を手伝ってくれと言った。Aは，少々うさん臭い気がしたが，ちょうど仕事がなかったときであり，気軽に誘いに乗った。深夜迎えに来たBの車には，もう1人の見知らぬ男Cが乗っていた。車の中での2人の話から，これから行くのはCの知っている事務所であり，そこに忍び込んで金を盗もうとしていることがわかった。その日，3人は3か所から数十万円を盗んだ。BとCは侵入する所をあらかじめ決めていたようで，手早く，やり方も手慣れていた。AはBに指示されるまま，建物の外で待機したり，車を回したりした。その後，Aは，B・Cと共に侵入窃盗を何度か繰り返した。

　事務所荒らしから1か月ほど経った日，B・Cが逮捕され，やがてAも逮捕・勾留され，家裁送致の後，少年鑑別所に入った。調査官による社会調査，少年鑑別所における鑑別により，次のようなことがわかった。

　Aは中学生のときスポーツが得意で陸上競技のある種目で地域の記録を作った。その後，Aは，高校に進学し，部活動をがんばっていたが，足の故障から練習を中断せざるをえなくなり，挫折感のなかで不良交遊，夜遊びを始めた。知的能力は普通以上であり，手先も器用で，やる気にさえなれば専門的な職業能力を身に付けることは十分可能だと思われる。Aの短所としては，見栄っ張りで，誰にでもいい顔をしたがる性格であること，職場で少し厳しいことを言われると耐えられない，友だちの誘いを断れないことがあげられる。

　両親は，一時期，Aに失望し，親の期待に応える兄と比較するような言動を繰り返していたが，少年鑑別所入所を契機にAを立ち直らせることに全力を尽くすと言った。また，両親は，Aと共に被害弁償に真摯に取り組みたいとの意向を示している。

　審判で裁判官は，Aが間もなく20歳になること，保護観察中であったこと，被害額も大きいことから，刑事処分（刑罰の賦課）を相当として事件を検察官に逆送することも検討したが，少年調査票の所見欄にある「知的能力は普通以上であり，手先も器用で，やる気にさえなれば専門的な職業能力を身に付けることは十分可能である」との記載を重視し，最終的にはAを職業訓練が受けられる第1種少年院に送致する決定を行った。

　少年院では，少年鑑別所の示した処遇指針や調査官の作成した少年調査票をもとに，個人別矯正教育計画が立てられた。少年院では，その計画に従い，建設機械運転の職業訓練を柱にしながら，少年の短所を直すためにカウンセリング，グループ討議，ロールプレー，日記指導などを行っている。

7　抗　　告

　保護処分の決定に対しては，決定に影響を及ぼす法令の違反，重大な事実の誤認または処分の著しい不当を理由とするときに限り，少年，その法定代理人または付添人から，2週間以内に，高等裁判所に対し，**抗告**（決定に対する不服の申立て）をすることができる（少32条）。

　さらに，抗告を棄却する決定に対しては，憲法に違反し，もしくは憲法の解釈に誤りがあること，または最高裁判所もしくは高等裁判所の判例と相反する判断をしたことを理由とする場合に限り，少年，その法定代理人または

付添人から，最高裁判所に対し，2週間以内に，**再抗告**をすることができる（少35条1項）。

　また，第一次改正により，検察官は，検察官審判関与の決定がなされた場合においては，不処分または保護処分の決定に対し，非行事実の認定に関し，決定に影響を及ぼす法令の違反または重大な事実の誤認があることを理由とするときに限り，高等裁判所に対し，2週間以内に，**抗告受理の申立て**を行うことができることとなった（少32条の4第1項）。

第4章　少年保護手続（1）
非行のある少年の発見と事件の捜査

1　はじめに

　発見過程とは，非行少年の存在が認知され，その事件ないしは事実が家庭裁判所に送られるまでの過程をいう。

　発見過程は少年保護手続の起点である。いかなるシステムであれ，その対象者がシステムとどのように出会うか（initial contact）により，その後の手続の進行や，そのシステムが対象者に与える効果等に大きな違いが生じる。発見過程は，少年にとっても少年司法関係者にとっても，きわめて重要な手続段階である。

　健全育成は，非行少年に対する処遇の全過程を貫く目的であるから，発見活動も，保護主義の理念に基づいて展開されなければならない。つまり，発見活動の目的は，保護主義に基づく処遇の流れを作り出すこと，すなわち，少年を保護手続に乗せるための端緒を開くことである[1]。

2　発見活動

　成人の事件は，検察官の起訴により裁判所に係属する。これに対し，少年の事件が初めて家庭裁判所に係属するルートには，（1）捜査機関による送致（少41条，42条1項），（2）都道府県知事または児童相談所長による送致（少3条2項，児福27条1項4号，27条の3），（3）家庭裁判所調査官による報告（少7条1項），（4）保護観察所長による通告（更保68条1項），（5）一般人による通告（少6条1項），の複数のルートがある。これは，非行少年の早期発見・

1　澤登62頁。柏木34頁は，捜査段階は形式的には刑事事件であり，実質的には原則として保護事件である，とする。

早期処遇に役立てるためである。

（1）捜査機関

　警察官および検察官は発見過程の中心的な担い手である。

　多くの場合，警察官は，少年が少年保護手続のなかで最初に出会う人であり，少年の今後および非行事実の認定に大きな影響を与えるキーパーソンのひとりである。犯罪捜査規範（国家公安委員会規則）203条は，「少年事件の捜査については，家庭裁判所における審判その他の処理に資することを念頭に置き，少年の健全な育成を期する精神をもって，これに当たらなければならない」として，少年事件捜査の基本原則を示している。

　少年事件の捜査にあたる警察官は，少年および少年事件の特性を十分に理解している必要がある。少年警察活動規則（国家公安委員会規則）12条は，「警察本部長又は警察署長は，犯罪少年に係る事件の捜査又は触法少年に係る事件の調査若しくはぐ犯少年に係る事件の調査を少年警察部門に属する警察官に行わせるもの」とし，他の部門に属する警察官に行わせる場合にも，「少年の特性に配慮した捜査又は調査が行われるよう，少年警察部門に属する警察官に捜査又は調査の経過について常に把握させ，捜査又は調査を行う警察官に対する必要な支援を行わせるものとする」と規定している。

　少年事件を扱う検察官にも専門性が求められる。例えば，ドイツでは，少年裁判所の管轄に属する手続のために少年係検察官（Jugendstaatsanwalt）が任命され（ドイツ少年裁判所法36条），少年係検察官は，少年裁判所における裁判官と同様に，教育的能力があり，かつ，少年の教育について経験を持つべきものとされている（同法37条）。また，①少年係検察官の選任にあたっては，特に適性および資質が考慮されるべきものとされ，②原則として，長い期間が経過するうちに初めて獲得される特別な経験が必要とされるため，少年係検察官の頻繁な交替は可能な限り避けられなければならず，③少年係検察官の活動に関しては，教育学，少年心理学，少年精神医学，犯罪学および社会学の諸分野の知識が特に有用であり，それにふさわしい専門教育を行うことができるようにすべきものとされ，④少年係検察官は，少年援助に役立つ団体および施設と接触を保つことが望ましい，とされている（ドイツ少年裁判所法に関する準則「第37条に関する準則」）[2]。少年係検察官のこのような専門性

は，審判手続への関与のみならず少年事件の捜査にあたっても要請されているようである。

捜査機関から家庭裁判所への事件送致の方式については ☞ 次章（第5章）2

（2）都道府県知事または児童相談所長

中心になるのは**児童相談所**である。児童相談所は，児童[3]とその家庭の福祉に関わる幅広い業務を行う行政機関であり，設置義務のある都道府県（児福12条1項）ならびに指定都市，および中核市ならびに児童相談所設置市（特別区を含む）に設置されている[4]（児福59条の4第1項）。児童相談所には，所長，児童福祉司スーパーバイザー，児童福祉司，相談員，精神科医（嘱託も可），小児科医（嘱託も可）または保健師，児童心理司スーパーバイザー，児童心理司，心理療法担当職員，弁護士などの専門スタッフが配置されている（児童相談所運営指針第2章第3節「職員構成」）。

触法少年および14歳未満の虞犯少年については**児童福祉機関先議主義**が採られているので（少3条2項），警察官は，これらの少年を発見したときは，当該少年を**要保護児童**として児童相談所に通告する[5]（児福25条1項）。児童相談所では，児童や保護者等の状況等を知り，児童や保護者等にどのような援助が必要かを判断するために必要な調査[6]を行ったうえで，児童福祉法上の措置（児童福祉司による指導等）をとるか（児福26条1項2〜8号），家庭裁判所の審判に付するのが適当であると認め，都道府県知事を介して児童を家庭裁判所に a）送致するか（児福27条1項4号），を判断する。なお，第二次改正によ

---

2 武内訳・ドイツ少年刑法改革161・196頁。

3 児童福祉法上，「児童」は18歳未満の者をいう（児福4条1項）。

4 平成28年児童福祉法改正法附則3条は，「政府は，この法律の施行後5年を目途として，地方自治法（昭和22年法律第67号）第252条の22第1項の中核市及び特別区が児童相談所を設置することができるよう，その設置に係る支援その他の必要な措置を講ずるものとする」としている。

5 警察が当該少年を要保護児童と認めないときは署限りの扱いとなる。しかし，低年齢の少年ほど児童相談所や家庭裁判所の専門機関が関与し，少年の要保護性やニーズを明らかにする必要性は高いと思われる。全件送致主義（少41条，42条1項）の理念は，触法少年および14歳未満の虞犯少年にも波及されるべきで，児童相談所のマンパワーを強化しつつ全件通告制度を置くことが検討されてよいと思われる。

6 児童相談所における調査は，後述の触法調査とは異なり，社会調査と類似した性格を持つ。アセスメントと呼ばれることもある。

り，故意による被害者死亡事件を起こした触法少年等については，警察官は児童相談所長に事件を送致し，これを受けた都道府県知事または児童相談所長は，当該事件については，原則として家庭裁判所に b）送致する措置をとらなければならないこととなった（少6条の6第1項，少6条の7第1項）。ただし，調査の結果，その必要がないと認められるときは，家庭裁判所への送致は行われない（少6条の7第1項但し書）。

家庭裁判所は，都道府県知事または児童相談所長から上記 a）または b）の送致を受けたときに限り，触法少年および14歳未満の虞犯少年の事件について管轄権を有することになる（少3条2項）。

（3）家庭裁判所調査官

家庭裁判所調査官は，非行少年を発見したときは，これを裁判官に報告しなければならない（少7条1項）。これは，家庭裁判所調査官が，ある少年について調査を進めていく過程で，他の非行少年を発見した場合等に行われる。

（4）保護観察所

家庭裁判所の決定により保護観察に付された者（少24条1項1号。1号観察。保護観察については ☞ 第11章第1節）について，担当の保護観察官または保護司が新たに虞犯事由を発見したときは，保護観察所長は，これを家庭裁判所に通告することができる（更生68条1項）。この通告は，本人が20歳以上であっても可能である（同2項）。

（5）一般人

法6条1項は，「家庭裁判所の審判に付すべき少年を発見した者は，これを家庭裁判所に通告しなければならない」と規定する。通告の主体に制限はなく，一般人もその主体になりうる。少年法が一般人にも通告義務を課しているのは，少年の健全育成は社会の連帯責任と捉えているからである[7]。
☞ 協働と参加

このように，少年法は，家庭裁判所に事件を送る複数のルートを設け，非行少年の早期発見・早期処遇に役立てようとしている。ただし，実際には，大部分は捜査機関からの送致である。2018年の統計によると，（1）捜査機

7　平場113頁，団藤＝森田67頁。

関による送致99％（司法警察員7％，検察官92％），（2）都道府県知事または児童相談所長による送致0.5％，（3）家庭裁判所調査官による報告0.1％，（4）保護観察所長による通告0.008％，（5）一般人による通告0.01％という状況である[8]。そこで，以下では，捜査機関による犯罪捜査（および触法少年の事件の調査）を中心に述べることにする。

3　少年事件の捜査

1　少年事件にふさわしい捜査

　捜査は，少年保護手続の重要な起点である。しかし，少年法は，勾留に関する若干の特則を置くのみで，これ以外，捜査に関する特則を置いていない。少年法に規定がなければ「一般の例による」ことになるが（少40条），しかし，成人事件に対する捜査の規定や運用を，少年事件にそのまま持ち込むべきではない。もっとも，捜査の原則である①任意捜査の原則（刑訴197条1項，犯捜規99条），②令状主義（憲33条，35条），③強制処分法定主義（刑訴197条1項但し書）等は少年事件の捜査にもあてはまる。しかし，例えば，①に関し，とくに少年事件の場合，任意性を担保するには，呼出しを行う場所，時期，時間，方法等についての十分な配慮が不可欠である。すなわち，捜査の原則は，少年（事件）の特性を踏まえ，より徹底されるとともに，少年（事件）にふさわしい捜査のあり方が独自に検討される必要があるのである。

2　少年の身体拘束

　犯罪少年に対しては逮捕・勾留が可能であるが，身体拘束が少年の心身に与える影響の大きさを考慮し，なるべく身体拘束は避けるべきである。犯罪捜査規範208条は，「少年の被疑者については，なるべく[9]身柄の拘束を避け」ることを，また，「少年警察活動推進上の留意事項について」（警察庁次長通達）第5の5は，「少年の被疑者については，できる限り，逮捕，留置その

8　平成30年版司法統計年報少年編6頁「第3表」による。
9　蜂谷尚久「16歳未満の少年と逮捕」判タ296号（1973年）307頁は，「なるべく」とは，少なくとも年少少年については「原則として」の意味に解すべきである，とする。

他の強制の措置を避ける」ことを定めている。また，いったん身体を拘束した場合にも，遅滞なく，身柄を釈放することが考慮されなければならない（北京ルールズ10.2）。

（1）少年の逮捕

少年法は逮捕に関する特則を置いていない。しかし，少年の逮捕は，成人に対するそれに比して，より厳格かつ慎重な配慮がなされるべきである[10]。

犯罪捜査規範208条は，「やむを得ず，逮捕，連行又は護送する場合には，その時期及び方法について特に慎重な注意をしなければならない」ことを，「少年警察活動推進上の留意事項について」第5の5は，「強制の措置を決定する場合には，少年の年齢，性格，非行歴，犯罪の態様，留置の時刻等から当該少年に及ぼす精神的影響を勘案して判断するとともに，執行の時期，場所，方法等について慎重に配意し，少年の心情を傷つけることのないように配意する」ことを定めている。

（2）少年の勾留

少年法は，勾留に関する特則を置いている。すなわち，①勾留そのものの制限，②勾留の代替措置，③勾留場所に関する特則，④成人との分離である。

①　検察官は，やむを得ない場合でなければ，勾留を請求できず（少43条3項），裁判官も，やむを得ない場合でなければ，勾留状を発することはできない（少48条1項）。

②　検察官は，勾留の請求に代え，観護の措置を請求することができる（少43条1項）。これを**勾留に代わる観護措置**という。この請求は，家庭裁判所の裁判官に対して行う（少43条1項但し書）。観護措置には，家庭裁判所調査官による観護（在宅観護）と少年鑑別所送致（収容観護）の二種類があるが（少17条1項），勾留に代わる観護措置として通常想定されているのは後者である。裁判官が少年鑑別所送致の措置をとるときは，令状（観護状）を発して行う（少44条2項）。この措置の効力は，その請求をした日から10日に限られ，延長は認められない（少44条3項）。

10　蜂谷・前掲307頁。

③　少年を勾留する場合であっても，裁判所は，刑事施設ではなく少年鑑別所に少年を置くことができる（少48条2項）。

④　刑事施設，留置施設等においては，少年は成人と分離して収容されなければならない（少49条）。

以上のとおり，法文上は，少年の勾留は例外的なものとされ，代替措置（勾留に代わる観護措置）が設けられ，勾留する場合であっても，その場所を少年専用施設である少年鑑別所とすることができる。しかし，実際の運用をみると，勾留はむしろ原則化している。勾留場所もほとんどが留置施設である[11]。

この理由は，法43条3項および48条1項にいう「やむを得ない場合」が広く解釈されており，①少年鑑別所の収容能力に余力がない場合や少年鑑別所が遠隔地にある場合など施設の物理的・地理的制約のほか，②勾留に代わる観護措置の期間（10日間）では捜査終了見込がないとき，被疑少年につき接見交通権を制限する必要があるとき（刑訴81条），証拠物が多数あり少年鑑別所への持込みが著しく困難なとき，被害者・目撃者その他の関係者との面通し，犯行現場等での検証・実況見分の立会い，引当捜査を必要とするとき，余罪の捜査未了でこの捜査を終えないと当該被疑事実について適切な処分を決定し難いときなど，捜査の必要性も「やむを得ない場合」に入れられているからである[12]。

また，勾留期間も長期化している[13]。

3　少年に対する取調べ

取調べとは，捜査機関が対象者に問いを発し，これに応答する供述を得て，その内容を記録・保全する活動をいう。

少年法は，取調べに関する一般的な特則を置いていない。ただし，第二次改正で設けられた法6条の4第2項は，触法少年への質問にあたっては，強

11　武内188-189頁。
12　田宮＝廣瀬458-459頁。
13　武内189頁「図4　検察庁既済事件の勾留期間」によると，5日を超え10日以内の勾留期間が減り，15日を超え20日以内の勾留期間が増えている。

制にわたることがあってはならないことを規定している。この規定の趣旨は，犯罪少年の取調べにあたっても尊重されるべきである。低年齢の少年に限らず，一般的に少年は，自己弁護能力が低く，被暗示性が高く，迎合的に供述してしまう傾向がある。少年の取調べにあたっては，このような少年の供述特性を十分に理解しておく必要がある。

（1）取調べの対象・範囲

　少年審判の対象は，①非行事実と②要保護性である。しかし，捜査の対象は，基本的には，①非行事実と考えるべきである。犯罪捜査規範205条は，「少年事件の捜査を行うに当たっては，犯罪の原因及び動機並びに当該少年の性格，行状，経歴，教育程度，環境，家庭の状況，交友関係等を詳細に調査しておかなければならない」と定め，犯罪原因等の幅広い事項についての調査を求めている。しかし，本来，②要保護性は，事件が家庭裁判所に送致された後，人間関係諸科学の専門家である家庭裁判所調査官の調査により明らかにされるべきである。少年審判規則8条3項は，検察官，司法警察員，警察官等が事件を家庭裁判所に送致する際に作成する「送致書には，少年の処遇に関して，意見をつけることができる」としており，この処遇意見を付すには，要保護性に関する事項にある程度踏み込んだ調査が必要ともいえる。しかし，同項は「意見をつけることができる」とだけ規定しており，処遇意見を付すことを義務的・必要的なものとまではしていない。非行の背景を考えるという視点は重要ではあるが，個別具体的な要保護性が明らかになっていない捜査段階での処遇意見は不要というべきである。要保護性に踏み込んだ調査を行えば，捜査はその分長期化する。迅速性の要請から，非行事実に関する捜査が終了すれば，捜査機関は，速やかに事件を家庭裁判所に送致し，科学的調査にバトンをつなぐべきである。ただし，虞犯少年については，虞犯性も要件とされているため，要保護性にある程度踏み込んだ調査が必要になる。しかし，警察調査の段階においては，要保護性そのものの判断が求められているのではなく，法3条1項3号に掲げられている虞犯事由（行為状況）およびその関連事実から類型的に推測される虞犯性が調査対象になっていると考えるべきである。

　これと関連して，犯罪少年について責任能力を要求しない立場（責任能力

不要説）にたてば，捜査段階で責任能力の鑑定を行う必要はないから，責任能力に疑問があるケースであっても，構成要件該当性および違法性に関する捜査が終了すれば速やかに事件を家庭裁判所に送致すべきである。

（2）取調べの方法

　少年は，被暗示性が高く，その場の雰囲気に影響されやすく，迎合的に供述してしまう傾向がある。そのため，威圧的，誘導的な取調べが行われると，少年は虚偽の供述をしてしまうおそれが高い。また，後述のように，ディスコミュニケーションにより間違った事実を聴取してしまうおそれも高い。少年の取調べには細心の注意が必要であり，犯罪捜査規範等にはその旨の規定が置かれている。すなわち，

　①　犯罪捜査規範204条は，「少年事件の捜査を行うに当たっては，少年の特性にかんがみ，特に他人の耳目に触れないようにし，取調べの言動に注意する等温情と理解をもって当たり，その心情を傷つけないように努めなければならない」として，少年の特性の考慮と取調べの言動等への注意について規定している。

　②　少年警察活動規則3条は，「少年警察活動を行うに際しては，次の各号に掲げる事項を基本とするものとする」として，そのひとつに，「少年の心理，生理その他の特性に関する深い理解をもって当たること」をあげている（同条2号）。

　③　「少年警察活動推進上の留意事項について」第5の4「取調べ」（1）「基本的な留意事項」は，取調べの場所・時間への配意のほか，「取調べに当たっては，少年の年齢，性別，性格，知能，職業等に応じてふさわしく，かつ，分かりやすい言葉を用いるとともに，少年の話のよい聞き手となり，虚言，反抗等に対しても，一方的にこれを押さえつけようとせず，その原因を理解することに努め，少年の内省を促し，その立直りに資するよう努めるものとする。取調べを終えるに当たっては，少年及び保護者等の懸念の有無を確かめ，必要があるときは，助言その他の措置を講じて，少年及び保護者等の不安を除去し，信頼を得られるように努めるものとする」旨を定めている。

(3) 取調べへの立会い

　少年から正確な事実を聴取するための工夫のひとつに取調べへの立会いがある。

　「少年警察活動推進上の留意事項について」第5の4(2)は，立会いについて次のように規定している。

　　　少年の被疑者の取調べを行う場合においては，やむを得ない場合を除き，少年と同道した保護者その他適切な者を立ち会わせることに留意するものとする。これは，少年に無用の緊張を与えることを避け，真実の解明のための協力や事後の効果的な指導育成の効果を期待するという趣旨に基づくものである。したがって，適切と認められる者であるかどうかは，あくまで少年の保護及び監護の観点から判断されるものであり，少年を保護又は監護する者と通常いえない者は含まれない。適切と認められ得る者の例としては，少年の在学する学校の教員，少年を雇用する雇用主等が挙げられる。保護者その他適切な者の立会いについては，個別の事案に即し，この趣旨に沿って対応すべきものである。

　また，少年警察活動規則20条4項は，触法少年に対する質問について，「少年に質問するに当たっては，当該少年に無用の緊張又は不安を与えることを避け，事案の真相を明らかにし，事後の効果的な指導育成に資するよう，少年の保護者その他の当該少年の保護又は監護の観点から適切と認められる者の立会いについて配慮するものとする」と定めている。この規定の趣旨は，以下のように説明されている。

　　　特に触法少年のように低年齢少年を対象とする質問においては，心身ともに未成熟であることを十分踏まえた上で，その特性に十分配慮しつつ質問を進める必要がある。……適切と認められ得る者の例としては，少年の同居の親族，少年の在学する学校の教員，少年を一時保護中の児童相談所の職員，さらには，平成19年の改正少年法で規定された弁護士である付添人（少年法第6条の3）も対象となり得ることとなる。これらの者が適切と認められるかどうかについては，当該少年の保護又は監護の観点から個別に判断することとなる。その上で，「適切と認められる者」に立会いをさせるかどうかは，低年齢少年の特性に配慮しつつ，「当該少年に無用の緊張又は不安を与えるこ

とを避け，事案の真相を明らかにし，事後の効果的な指導育成に資する」との趣旨に合致するかどうかという観点から，個別の事案に即して判断することとなる[14]。

　さらに，「少年警察活動推進上の留意事項について」第6の7（2）は，「（触法）少年に質問するに当たっては，当該少年に無用の緊張又は不安を与えることを避け，事案の真相を明らかにし，事後の効果的な指導育成に資するよう，少年の保護者その他の当該少年の保護又は監護の観点から適切と認められる者の立会いについて配慮するものとする」とし，「適切と認められる者」の例として，保護者のほか，「少年の同居の親族，少年の在学する学校の教員，少年を一時保護中の児童相談所の職員，弁護士である付添人等」をあげている。

（4）イギリスにおける「適切な大人」制度

　上記（3）と関連して，イギリスの「適切な大人（Appropriate Adult）」制度（以下，AA制度という）に触れておきたい。AA制度とは，少年や知的障がい者等の要支援被疑者（vulnerable suspects）が警察署において権利告知や取調べを受ける際，その援助者として必要的に立ち会うもので，その担い手は，「①親，後見人，又は，少年が地方自治体若しくはボランティア機関の保護下にあるとき若しくは1989年児童法に基づく養護下にあるときは，当該自治体又は当該機関の者，②地方自治体の社会福祉部門のソーシャルワーカー，③そのいずれをも欠くときは，警察官又は警察に雇用されている者を除く18歳以上の責任ある大人」である[15]。

　AAが立会う目的は，少年等の要支援被疑者の供述の信用性を確保することにある。また，取調べにおけるAAの役割は，「取調べを受ける者に助言をし，取調べが適切かつ公正に行われているかを観察し，取調べを受けている者とのコミュニケーションを促進すること」である。なお，ここにいうコミュニケーションとは，捜査官と少年とのそれを指し，AAには，少年が自己の置かれた状況や自己への発問ならびに自己の供述の意味を理解できるよ

14　丸山（直）・少年警察活動規則84-85頁。

15　京・供述の自由98頁。

16　京・前掲103-106頁。

う，徹底して，警察から独立した第三者からの援助，監視，そして介入を行う役割が求められている[16]。イギリスでは，ほとんどの少年にAAがついているようであり，その内訳は，親または後見人約60パーセント，その他の親族約10パーセント，ソーシャルワーカー約20パーセントである。AA制度について詳しくは京・供述の自由を参照。

4　触法少年に対する調査

1　第二次改正―触法調査関連

　14歳未満の者は責任能力を欠くので（刑41条），刑罰法令に触れる行為をしても，犯罪をしたとはいえない。また，捜査は，「犯罪があると思料するとき」行われるから（刑訴189条2項），触法少年の事件（以下，触法事件ともいう）については，捜査はできない。そこで，触法少年の発見活動は，捜査とは区別され「調査」と呼ばれている。ふつう，少年法で「調査」というと，家庭裁判所調査官による社会調査（要保護性の有無・内容に関する調査）を指す。同じ「調査」という言葉が使われているが，両者の目的，性格は異なるので注意を要する。社会調査については ☞ 第6章第1節

　第二次（2007年）改正以前は，触法事件に対する警察の調査（以下，触法調査ともいう）に関する規定は少年法に存在しなかったが，長崎事件（2003年），佐世保事件（2004年）等の触法少年による重大事件（以下，重大触法事件ともいう）を契機として第二次改正が行われ，触法調査に関する以下の規定が少年法に創設された。

　①　触法事件に対する警察の調査権限（少6条の2第1項）
　②　触法調査における少年の情操保護への配慮（少6条の2第2項）
　③　警察官の指示のもとに行われる，少年の心理その他の特性に関する専門的知識を有する警察職員による触法調査（少6条の2第3項，少年法第六条の二第三項の規定に基づく警察職員の職務等に関する規則1条）
　④　触法調査における弁護士付添人の選任（少6条の3）
　⑤　警察官による少年，保護者または参考人の呼び出し，質問，公務所等への照会（少6条の4）

⑥ 警察官による押収，捜索，検証および鑑定嘱託の権限（少6条の5）

⑦ 重大触法事件等の警察官から児童相談所長への送致手続（少6条の6）

⑧ ⑦の送致のあった事件の原則家庭裁判所送致（少6条の7第1項）

また，第二次改正と同時に (旧)少年院法も改正され，少年院（旧：初等および医療少年院。現：第1種および第3種少年院）送致可能年齢の下限が「14歳以上」から「おおむね12歳以上」に引き下げられた。

2 触法調査の進行

触法調査の進行は，おおむね以下のとおりである。

① 警察官は，触法少年を発見したときは，これを要保護児童として児童相談所に通告する（児福25条1項）。通告を受けた児童相談所は，少年や保護者等の状況等を知り，児童や保護者等にどのような援助が必要かを判断するために必要な調査を行ったうえで，児童福祉法上の措置（児福26条1項に掲げられた措置。例えば，児童福祉司による指導）をとるか，家庭裁判所の審判に付すために児童を家庭裁判所に送致するか，を判断する。後者の場合には，都道府県知事から家庭裁判所に児童を送致することになる（児福27条1項4号）。

② 重大触法事件については，警察官は，通告のほかに児童相談所長に事件送致の手続をとる[17]（少6条の6第1項）。送致を受けた児童相談所長は，①の場合と同じく必要な調査を行ったうえで，原則として家庭裁判所に事件を送致しなければならない（少6条の7第1項本文）。ただし，調査の結果，当該少年については児童福祉法上の措置をとるのが相当であると判断したときは，家庭裁判所への送致は行われない（少6条の7第1項但し書）。

①・②の過程において，児童の安全を迅速に確保し適切な保護を図る必要のあるとき，または児童の心身の状況，その置かれている環境その他の状況を把握する必要のあるときは，児童相談所長は，**一時保護**の措置を行い，または適当な者に一時保護を委託することができる（児福33条）。

---

17 通告と送致との関係は，①可及的速やかに児童相談所に通告をしたうえで，書類が整った段階で送致をする，②書類が整った段階で通告と同時に送致をする，③送致のみで通告は行わない，の3パターンがありうるが，警察と児童相談所との協働をつくるには①を原則とすべきである。

3　第二次改正の問題点

　上記のとおり，第二次改正により，触法事件に対する警察の調査権限等の規定が少年法に置かれることになった。しかし，第二次改正には欠落している視点がある。それは，関心が専ら司法か福祉かの二者択一にあり，司法と福祉との協働には目が向けられていないことである。

　たしかに，児童相談所は，警察のような証拠収集等の能力や技法は持っていない。しかし，司法的手法を尽くせば事案の真相は明らかになるかといえば，そうではない。とくに触法少年のような低年齢の少年の事案の真相を解明するためには，少年の生活全体のなかで事実を把握する，いわば**総体的事実の把握**が必要である。もっとも，事案の解明に必要な全てを児童相談所が行うことは無理であるが，必要に応じ，児童相談所と警察とが協働して事実の把握にあたることは可能である。すなわち，触法事実の解明には，少年の生活を総合的に捉える福祉的アプローチを基礎とし，その上に司法的なアプローチを重ね，異なる視点や知識・技法を組み合わせることで，事案の真相を解明することが必要かつ有効である[18]。☞ 司法と福祉の協働

5　虞犯少年に対する調査

　第二次改正案では，虞犯事件に対する警察の調査権限についても少年法に規定を置くことが検討された。しかし，虞犯の段階で調査を行うことができるとなると，調査権限が及ぶ範囲が不明確で，その対象が広汎になりすぎるとの理由から，国会審議の過程で，虞犯事件に関する警察の調査権限に関する規定は削除された。

　なお，第二次改正を受けて制定された少年警察活動規則の第3章第3節には，虞犯調査に関する規定が置かれている（27〜34条）。

18　服部朗「少年司法と児童福祉―職種間協働の可能性」澤登＝高内・理念158頁。

6　少年の冤罪

1　冤罪の原因

　少年事件にも冤罪はある。いや，むしろ少年だからこそ起きやすい冤罪が
ある，と考えねばならない。

　草加事件（1985年），綾瀬母子殺害事件（1988年），調布駅前事件（1995年），
大阪地裁所長襲撃事件（2004年）など，これまでに知られている少年の冤罪
事件には，①予断に満ちた見込み捜査，②留置施設での身柄拘束下における
長時間の取調べ，③自白の強要，威迫と利益誘導，④検察官，裁判官による
チェック機能の不全，⑤杜撰なアリバイ捜査などの共通の要素のあることが
指摘されてきた。これらの事件の分析からは，少年の冤罪は，成人の冤罪に
も共通する「自白偏重捜査」（自白の強要，威迫，誘導）と，「少年の特性」（自
己弁護能力の低さ，被暗示性，迎合性の高さ）とが重なって起きるとの構図が示さ
れ，したがって，冤罪の防止には，自白偏重捜査の是正と，少年の特性に配
慮した取調べの必要性とが説かれてきた。

　しかし，冤罪は，強要や威迫により，いわば外圧で歪められて起きる場合
に限らないのではないか。コミュニケーションの「ズレ」に起因する，それ
ゆえに気づかれにくい冤罪もあるのではないか。そして，この気づかれにく
い冤罪に目を向けることで，従来考えられてきた少年の冤罪を，ひとまわり
大きな構図のなかで捉え直し，その防止策を再考する必要があるのではない
か。以下，この問題をディスコミュニケーションの視点から考えてみたい。

2　ディスコミュニケーション

　ディスコミュニケーションとは，広義には，コミュニケーションに「ズレ」
がある状態をいう[19]。その「ズレ」は当事者間で気づかれていないこともあ
り，ときには，うまくコミュニケーションができていると認識されているこ
とすらある。しかし，客観的には，相互の誤解や，情報の伝達・獲得の失敗

19　ディスコミュニケーションの語を初めて使ったのは鶴見俊輔だといわれている。鶴見俊輔「コ
　ミュニケイション」思想の科學研究會『デューイ研究』（1952年）129頁。

が起きてしまっているような事態が，そこでは考察の対象となる。ただし，ディスコミュニケーションは，コミュニケーションのズレが生成発展する仕組みを理解することで，むしろ当事者間の関係を創造的なものへと組み替える対話的な道を探ることに，より大きな目的があることを確認しておきたい[20]。

村山満明らは，ディスコミュニケーションの多義性・多層性を分析し，その諸相を以下の5つのレベルに整理している[21]。

　　レベルⅠ　言葉の意味の理解におけるディスコミュニケーション：記号としての言葉の公に共有されている意味を正しく理解できない（発話者が相手に理解できる言葉を用いていない）ことによる。

　　レベルⅡ　意図の理解におけるディスコミュニケーション：それまでの話の文脈を聞き手がよく理解できていない（発話者が分かりやすく説明できていない，漠然と話している）ために，発話の前提が聞き手には共有されず，発話（質問）の意図が理解できないことによる。

　　レベルⅢ　社会文化的な文脈によるディスコミュニケーション：聞き手は相手の話を理解できていると思っているが，その前提となる社会文化的な文脈の理解を聞き手が欠いているために，実際はその意味や意図を誤って理解していて，双方に理解のすれ違いが起きている状態。

　　レベルⅣ　視点取りにおけるディスコミュニケーション：相手の視点取り（相手の立場，今相手がおかれている状況に立つこと）の失敗，あるいは自分の考える前提や考えから離れられないことによって，相手の話の意図を正しく理解できないことによる。

　　レベルⅤ　コミュニケーションの原則や目的におけるディスコミュニケーション：そこで行われているコミュニケーションの原則や目的が実際には共有されていないにもかかわらず，少なくともその一方は共有されていると思いこんでいて，表向きはコミュニケーションが継続していく状態。

この整理に従えば，少年の冤罪につながるのは，主にレベルⅣとⅤ，および，これと相乗するレベルⅠ～Ⅲのディスコミュニケーションといえよう。

20　山本＝高木・ディスコミュニケーション3頁。
21　村山満明＝稲葉光行＝山田早紀「心理学からみた法の現場のディスコミュニケーションの諸相」法心15巻1号（2015年）37頁。

3　障がいのある人との面接から示唆されること

　コミュニケーションのズレから誤った事実を聞き取ってしまう危険は，障がいのある人との面接場面についても指摘されてきている。

　内田扶喜子らは，触法障がい者の弁護と支援のあり方について幅広く論じるなかで，知的障がいのある人には以下のようなコミュニケーション特性のあることを指摘している[22]。

① 　細切れで断片的な話し方をする。細切れとは，話がすぐ途切れ，長い会話が続かず，相手の話を聞いて会話を発展させ，ふくらませていくことが困難なことをいう。

② 　相手の質問に合わせた答えをすることが難しい。また，内容が理解できなくても，理解していないことを相手に知られたくないため，「わかった」と答えて話を終わらせてしまうこともある。

③ 　話題が限定的である。

④ 　順序立て，まとまった話をすることが苦手である。

⑤ 　非言語的表現に敏感に反応する。強圧的な態度で接せられると，その相手には殊更，意に沿おうとすることも多い。

　そして，内田らは，これらの障がい特性が，取調室のなかでは冤罪につながる可能性があるとして，次のように述べる。

　　知的障がいのある人は，一般に，自尊心が低い，暗示を受けやすい，衝動性が高いというような特徴がある。このため，ステータスを手に入れたい，帰属したい，関係を築きたい，認められたい，他人の意に沿いたいといった要求が知的障がいのない人に比べて，より先鋭化した形で発現しやすい。こうした属性を持つ人に対して，援助者の善悪の価値判断を示し（非審判的態度をとらず），心理的動揺をおさめるための措置をとらないまま（意図的な感情表出をせず，統制された情緒的関与を行わず），「閉ざされた質問」[23]を連発して追及した場合（まさに捜査機関による取調べはそうなりがちである），どのような結果になるかは，誰の目にも明らかである[24]。

22　内田ほか・弁護と支援52-54頁。
23　「はい，いいえ」または「AかBか」のように択一で答えられる質問を「クローズド質問」または「閉じた質問」という。
24　内田ほか・前掲93頁。

　また，内田らは，このような問題は支援者であるはずの弁護士との間でも起きうるとして，次のように述べる。

　　　知的障がいのある被疑者・被告人は，弁護士から認められたいと思い，弁護士と関係を築きたいと思い，弁護士の意に沿いたいと思う。弁護士から，弁護士の考える客観的に肯定されるべき動機，犯行態様等が示され，「普通はこんな感じだよ」と言われれば，障がいがあると思われたくない（低く見られたくない）被疑者・被告人は，それをあたかも理解したうえでこれに同意したかのような態度を示すのである[25]。

　また，発達障がいのある人との面接でも，コミュニケーションのズレが問題になる。

　仲真紀子によると，発達障がいのある人は以下のような特性を持つ[26]（①〜⑤は記銘と学習の特性，⑥〜⑧はコミュニケーションの特性である）。

　　①　ASD（自閉スペクトラム症）の人は，他とは異なる独特の記憶パターンを示す。

　　②　自閉症においては複雑な（意味的）処理や意味的体制化が困難であり，そのために意味や文脈に基づく効果的な記銘が行われない。

　　③　自閉症児においては何にどれだけ注意を払えば良いのか，文脈のなかのどの刺激が重要なのかといった判断が困難であり，また，情報を体制化するための方略がうまく使えないために，意味に基づく効果的な記銘が行われない可能性がある。

　　④　出来事の記憶においては，時間とともに進行する出来事の要素（いつ，誰が，どこで，何を，どのように，どうした）を適切にサンプリングし，文脈と結びつけ，意味を抽出しながら記銘することが必要だが，自閉症ではこういった効率的な処理が不充分であり，記銘される情報が少ないのかもしれない。

　　⑤　自閉症児においては心の理論の獲得が遅れる（心の理論が獲得されていない状態とは，他者の心の状態を推論できないだけでなく，自己の心の状態も適切に認識できない状態を意味する）。

25　内田ほか・前掲93頁。
26　仲真紀子「発達障害をもつ人の記憶と面接」浜井＝村井・発達障害と司法145-154頁。

⑥　ASD の人にはコミュニケーションの障がいがあり，たとえば文脈にふさわしい発話の産出や発話理解ができない（言葉を字義どおりに取りがちである，意図が理解できない）。

⑦　幼児や児童と同様，ASD の人には気持ち，意図，動機に関する質問が困難で，その時どう思ったか，被害者はどう思っているか，反省はないのか等の質問に対しては，「言うべきことが心に思い浮かばない」事態が生じうる。

⑧　面接場面では，有能でコミュニケーション能力がありそうに見える ASD の人であっても，「応答が曖昧」「話題が変わる」「アイコンタクトがとれない」「字義的な受け答えや誤った応答をする」「機嫌が悪くなる」等の問題がある。

　そして，仲は，とくに ASD の人が被疑者である場合，面接者は有罪を推定しがちである，と指摘している[27]。

4　子どもと言葉

　以上は障がいのある人との面接に関する知見だが，子どもとの面接にも共通することが多いように思われる。若年であることが虚偽自白と結びつきやすいことは，知的障がいの場合のそれと似ているとの指摘もある[28]。

　一般に，子どもは，言葉で自分の体験や物事を説明するのが苦手である。それは，語彙に乏しかったり言語的スキルが低いからだけではなく，子どもは，①自分という感覚が未発達なこと，②情報源がはっきりしていないこと，③メタ認知が下手なこととも関係していよう。

　また，子どもは，聞きたくない言葉を聞かされ続けたり，大人の発する言葉によって傷つけられた体験を重ねてきた結果，言葉への，そして，その言葉を発する大人への不信を募らせていることが少なくない。沈黙が，少年の自己主張そのもののことだってある。

　大人にとって言葉は自分の思考や物事を表現するための重要なツールだが，子どもにとって言葉は自分と世界を隔てる「壁」であったり，自分を傷

27　仲・前掲154頁。
28　村山満明「供述の信用性判断と供述者の心理特性」浜田・シリーズ刑事司法〔第 1 巻〕225頁。

つける「刃物」であったり，負のイメージを帯びていることがある。

　そこで，非行事実の確認や動機の解明など，言葉を媒体として子どもから事実を聴き取らねばならない場面において，どのようにして子どもとのコミュニケーションを開き，正確な事実をより多く聴き取るかが重要な課題となる。

5　司法面接

　これに対し実践的な提言をしているのが司法面接（forensic interviews）である。司法面接とは，法的な判断のために使用することのできる精度の高い情報を，被面接者の心理的負担に配慮しつつ得るための面接法のことである[29]。

　司法面接が開発された背景には，イギリスにおけるクリーヴランド市事件（1986-87年）やアメリカにおけるマクマーチン事件[30]（1983年）などがあり，これらの事案を通して，面接者のバイアス，質問や面接の繰り返し，被疑者に対するネガティヴなステレオタイプ，誘導的な面接技法などの問題が，子どもの暗示にかかりやすい傾向性（被暗示性）を高め，現実とはほど遠い供述を引き出してしまうことが気づかれ，子どもへの適切な面接法を確立することへの動機づけとなった[31]。

　司法面接は，正確な情報をより多く引き出すこと，および，子どもへの精神的負担を最小限にすることを目的とし，そのため，①できるだけ早い時期に，原則として1回だけ面接を行う，②面接を繰り返さないですむよう，録音・録画する，③オープン質問[32]を用いて子どもの自由報告を最大限得ようとする，④自由報告を得るために，面接がゆるやかに構造化されていると

29　仲・子どもへの司法面接2頁。
30　マクマーチン事件については，E・W・バトラーほか原著，黒沢香＝庭山英雄編訳『マクマーチン裁判の深層—全米史上最長の子ども性的虐待事件裁判』（2004年）を参照。
31　仲・前掲15-23頁。
32　5W1Hで尋ね，相手に自由に答えてもらう質問を「オープン質問」または「開いた質問」という。
33　仲・前掲2-7頁。
34　仲・前掲2，95-96頁。なお，被疑者を対象とする面接法として，イスラエルのNICHD被疑者面接プロトコルや，イギリスのPEACEモデルがある。

いった，方法としての特徴を持つ[33]。

　司法面接は子どもの被害者・目撃者を対象に発展してきたが，司法の場で用いる情報収集のための面接法という観点からいえば，被疑少年に対する取調べも司法面接の対象に含まれる[34]。

7　正確に事実を聴き取るために

1　どのような取組みが必要か

　障がいのある人との面接や司法面接からは以下のような提案がされている。

　（1）内田扶喜子らは，①取調べの可視化，②独立した第三者の立会い，③捜査員の障がい特性への理解推進などをあげる[35]。

　（2）辻川圭乃は，障がいのある被疑者・被告人に対する弁護のあり方として，①弁護人がまず目の前の被疑者・被告人に障がいがあることに気づくこと，②取調べの可視化，③捜査機関や，場合によっては留置施設に対し，合理的配慮を求める申入れを行うこと，④表面的に見えている動機ではなく，裏に隠された真の動機を明らかにすること，そのためには，被疑者・被告人と何度も接見を重ね，信頼関係を築くこと，⑤福祉についての専門家や福祉機関との連携をはかることをあげる[36]。①③④はケース臨床上の注意および配慮，②は制度的保障，⑤は両者にまたがるものといえよう。

　（3）氏田照子は，①捜査段階における心理・福祉等の専門家等（被疑者の持つ黙秘権など「刑事手続上の権利」について適切な知識・認識を保持する心理・福祉関係者，教育・医療関係者，友人等支援者）による立会い，②取調べの全行程（特に取調べ初期）の録音録画，③公判段階における適正な手続の確保（適正な手続の確保がなされないままに自白がなされた場合には，証拠として採用されない仕組みや，発達障がいのある人が被告人や証人として質問や尋問を受ける場合には，発達障がいの特性に対応した適切な情報提供やそのために必要な専門家等の支援が受けられるような仕組み

35　内田ほか・前掲201-203頁。
36　辻川圭乃「障害者の事件の特殊性と弁護の在り方」佐藤・シリーズ刑事司法〔第2巻〕313-
　　315頁。

の創設），④司法・警察関係者の発達障がいへの理解の促進（発達障がいの特性，障がいに配慮したコミュニケーション方法，関係の構築や支援の基本などについての理解等を促進する研修の一層の充実，科学的な面接法（司法面接等）の修得と実施，警察関係者に対しては，地域の医療・福祉領域との連携関係の構築，裁判員裁判においては，発達障がいについての正しい理解に基づいた裁判長の訴訟指揮）を提言する[37]。

　（4）司法面接があげる臨床上の配慮は多岐にわたる。司法面接それ自体が，面接の空間，手順，方法等に関する配慮をまとめたパッケージであるともいえる。司法面接の求める制度的保障としては，①面接のビデオ録画，②チェックできる事実情報（checkable facts）の収集[38]，および，③研修の実施，その効果測定ならびに研修プログラムへのフィードバックがあげられよう。

　以上をまとめると，（1）取調べの可視化，（2）立会いの実施，（3）適正な手続の確保（適正な手続の確保がなされないままに自白がなされた場合には，証拠として採用されない仕組みや，発達障がいのある人が被告人や証人として質問や尋問を受ける場合には，発達障がいの特性に対応した適切な情報提供やそのために必要な専門家等の支援が受けられるような仕組みの創設），（4）面接法の研修，が正確な事実聴取のために求められているといえよう。これらのうち，（1）と（4）については，わが国でも，部分的にはすでに実施されており，また，特定の分野または対象者については最近急速に関心が高まり，具体的な実践も始まりつつある。（3）については，2016年の発達障害者支援法の改正により，「国及び地方公共団体は，発達障害者が，刑事事件若しくは少年の保護事件に関する手続……の対象となった場合……において，発達障害者がその権利を円滑に行使できるようにするため，個々の発達障害者の特性に応じた意思疎通の手段の確保のための配慮その他の適切な配慮をするものとする」との規定（12条の2）が新設され，現在，その具体的な手続保障のあり方が問われている[39]。

37　内閣府障害者政策委員会第3小委員会（第3回，2012年10月15日開催）資料・氏田照子委員意見：https://www 8.cao.go.jp/shougai/suishin/seisaku_iinkai/s_3/3/pdf/s 2 - 2.pdf
38　仲・前掲127，242-243頁。
39　大津地判令2・3・31（湖東記念病院事件再審無罪判決，判時2445号3頁）は，軽度の知的障がい・発達障がい・愛着障がいを持つ被告人が取調官に恋愛感情を抱き，その誘導的な取調べに対し迎合的にした供述について，信用性がないのみならず，任意性にも疑いがあると判断していることが注目される。

2 少年に対する面接上の配慮

　以上のように，子どもの被害供述を得る場面や，知的障がいのある人との面接場面については，近年関心が高まり，具体的な施策が検討かつ実施されつつある。しかし，被疑者である少年の取調べについては，現在十分な関心と配慮が払われてはいない。これは，被疑者である少年も自己の体験を言葉で伝えにくいという意味で同じく「供述弱者」であることが十分認識されていないせいであろう。

　前述のとおり，「犯罪捜査規範」「少年警察活動規則」および「少年警察活動推進上の留意事項について」には重要な規定が置かれている。しかし，これらの規定は警察内部の規範にとどまり，法的な拘束力はないため，実際には遵守されていないといわれている[40]。

　従来，少年の冤罪は，成人の冤罪にも共通する「自白偏重捜査」(自白の強要，威迫，誘導)と「少年の特性」(自己弁護能力の低さ，被暗示性，迎合性の高さ)とが重なって起きるとの構図のもとで説明されてきた。しかし，上述のように，ディスコミュニケーションによる冤罪，すなわち，コミュニケーションのズレから誤った事実を聴取したために起きる，それゆえに見えにくい冤罪もある。もちろん，人と人とが言葉を交わす以上，ディスコミュニケーションをなくすことはできない。しかし，誤った事実や行為の意味を，それが誤りであることに(当事者の一方または双方が)気づかないまま聴取してしまうことがあることを司法関係者は認識し，まずは，そのズレに気づき，また，そのズレを最小化するための制度的保障のあり方を考えていく必要がある。これには，上述のとおり，当面，(1)取調べの可視化，(2)立会いの実施，(3)適正な手続の確保，(4)面接法の研修が考えられる。

　しかし，(1)については，ディスコミュニケーションはビデオに映るのか(目に見えるのか)，という疑問がある。ビデオを再生した結果，ふつうにコミュニケーションが行われているように見えることから任意性も信用性もある供述だと，逆にお墨付きを与えてしまい，そのビデオが実質証拠として公判に顕出されれば，冤罪の上塗りをしてしまう事態さえありうる。取調べ

40　日弁連・子どもの人権。

の可視化は必要ではあるが，ディスコミュニケーションによる冤罪の発見および防止に必ずしも有効ではない，と考えねばならない。

　（2）については，少年のことを理解している保護者や知人が取調べに立ち会い，少年の話し方の特徴や，少年の言葉の真意を捜査官に伝えることで，誤った事実の聴取を防ぐことが期待できよう。しかし，イギリスにおいて指摘されているように，親が常に援助的に行動するわけではないし，また，その立会いが必ずしも少年の被暗示性の問題を解決するものでもない[41]。

　イギリスのAA制度等を参考に，わが国でも，一定の法律の知識を有する，子どもの教育・福祉・心理の専門家を取調べに必要的に立ち会わせ，いわば媒介者（intermediary）として，少年には法律家言葉（lawyerese）の意味を，捜査官には少年の言葉の意味をわかりやすく伝え，両者のコミュニケーションを促進するとともに，その間に起きるズレを最小化する制度を創設することは有益である。また，少年の取調べに弁護士を必要的に，あるいは，必要に応じて立ち会わせる制度についても検討を進めるべきである。ただし，制度の具体的な設計にあたっては，わが国とイギリスとの取調べ時間の違いにも目を向ける必要がある[42]。

　（3）については，今後，（2）の立会いの実施を含め，正確な事実聴取のために必要な手続保障のあり方を具体的に詰めていく必要がある[43]。このことは，少年司法における適正手続保障の意味およびその内容を，少年とのコミュニケーションのあり方から幅広く洗い直す契機となろう。☞適正手続の保障，対話型司法

　（4）については，重要であるが，一定の効果を期待するにとどまろう。

　このようにみてくると，ディスコミュニケーションによる少年の冤罪を防ぐ絶対的な手段は存在しないともいえる。しかし，その防止が不可能だとい

41　京・前掲94頁。

42　イギリスの調査によると，少年の取調べは，その71パーセントが15分未満で終了し（平均は14分），しかも取調べが3回以上行われた事例はなく，93%が1回のみで終了しているとのことである（京・前掲120頁）。

43　イギリスにおいては，AAの立会いなしに取調べが行われた場合，または，立会い自体はあったが有効な援助がなされなかった場合には，そこで得られた少年等の供述は証拠から排除される場合があるようである（京・前掲104，153，202-216頁）。

うことではなく，少年との面接場面には絶えず冤罪の危険が伴っていること
を司法関係者が認識すること，そのうえで，臨床上の注意ならびに配慮およ
び（1）（2）（3）（4）等の諸施策を積み重ねていくことが重要であろう。

　結局は，司法関係者一人ひとりが言葉の感覚を研ぎ澄ましていくことが，
迂遠ではあっても有効な防止策につながる確かな道なのではないか。そのた
めには，少年司法の捜査，調査，審判の各場面において，実際に，少年と捜
査官，付添人，調査官，裁判官等との間でコミュニケーションがどのように
行われているか，そこにはディスコミュニケーションをはじめ，どのような
課題があるか，そして，それが事実の認定やケースの理解にどのように影響
しているかの検証を，法律家，心理の専門家，会話分析の専門家等が協働し
て行い，司法の現場から法とコミュニケーションの実践的な理論を立ち上げ
ていくことが望まれよう。

第5章　少年保護手続（2）
事件の送致と受理

1　はじめに

　事件が初めて家庭裁判所に係属するルート（原初的受理経路）には，①捜査機関（司法警察員・検察官）による送致（少41条，42条1項），②都道府県知事または児童相談所長による送致（少3条2項，児福27条1項4号，27条の3），③家庭裁判所調査官による報告（少7条1項），④保護観察所長による通告（更生68条1項），⑤一般人による通告（少6条1項）がある[1]。最も多いのは①で，原初的受理全体の99％を占める。

　送致は，相手方機関に事件を係属させる効力を持つ。したがって，形式要件が具わっていれば，家庭裁判所は事件を受理しなければならない。通告および報告は，相手方機関の職権発動を促す通知行為である。通告または報告を受けた家庭裁判所は，審判に付すべき少年があると判断したときは，立件することになる（少8条1項）。ただし，保護観察所長による通告には送致の規定が準用されるため（少審規8条5項），送致と同等に扱われる。

　旧少年法は，少年審判所が，調査・審判の過程で審判に付すべき少年を発見したときは，自らこれを立件すること（自庁認知）を認めていた（旧少31条）。しかし，現行法では，**不告不理の原則**[2]が適用されるため，事件は，上記のいずれかのルートで送致，報告または通告されない限り，家庭裁判所は受理または立件できない。

1　このほか，他の裁判所に係属している事件を家庭裁判所へ移すルート（承継的受理経路）として，①他の家庭裁判所からの移送（少5条2項・3項），②高等裁判所，地方裁判所または簡易裁判所からの移送（少55条），③抗告裁判所（高等裁判所）からの差戻しまたは移送（少33条2項）がある。さらに，性質に反しない限り少年保護事件の例によるとされている準少年保護事件を受理する場合として，④保護処分の取消し（少27条の2），⑤収容継続申請（少院138条，139条），⑥戻し収容申請（更生71条），⑦保護観察の遵守事項不遵守による収容処分申請（更生67条2項）がある。

　事件が受理されると，事件は少年保護事件として家庭裁判所に係属する。
家庭裁判所は，事件の受理に続き，**インテイク**と呼ばれる事件の選別を行
う。また，身柄付きで（少年が逮捕または勾留により身体を拘束された状態で）送致
された事件を受理したときは，観護措置の要否を判断するため**観護措置決定
手続**を行う。

　本章では，上記①〜⑤のルート（原初的受理経路）の大部分を占める捜査機
関による送致，裁判所からみれば受理の仕組み（いわば両者のバトンの受け渡
し）を，成人事件の場合と対比しながら学ぶ。

2　少年事件送致の特徴——全件送致主義

1　成人事件の扱いとの違い

　図5-1は，成人事件と少年事件のそれぞれについて，事件が裁判所に係
属するまでの経路と事件の処理状況を示すものである。

　この図をみると，成人事件の多くは，裁判所に来る前に手続の外へ振り向
けられていることがわかる。すなわち，警察段階では微罪処分（刑訴246条但
し書）および交通反則通告制度（道交第9章「反則行為に関する処理手続の特例」）
により，また，検察段階では起訴猶予処分（刑訴248条）により，多数の事件
が処理されているのである。また，事件が裁判所に起訴される場合であって
も，そのうち77％は略式命令請求であり（刑訴461条），公判請求されるのは
一部の事件である。

　このように，公式手続のいずれかの段階で事件を手続の外へ振り向け，
（公式手続外部の処遇ないしサーヴィスを受けさせることによって，）手続を終了させ
ることを**ディヴァージョン**（diversion）という。すなわち，成人事件について
は，ディヴァージョンが活発に行われていることになる。ディヴァージョン
には，事件を公式手続の外へ振り向けるだけで処理を終える**単純型ディ**

2　不告不理の原則とは，裁判は，原告の訴えによって開始できるのであって，訴えがない場合に
　裁判官が職権で裁判を開始してはならないとする原則をいう。不告不理の原則は，当事者主義の
　訴訟において採用される原則とされるが，職権主義の少年審判においても，司法機関の受動性・
　中立性・公正性の担保の必要上，適用されると考えられている。

図5-1　事件送致の仕組み

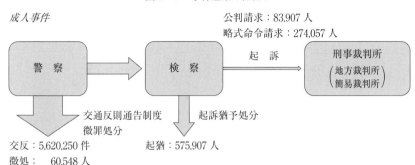

成人事件

公判請求：83,907人
略式命令請求：274,057人

起訴→ 刑事裁判所
（地方裁判所）
（簡易裁判所）

交通反則通告制度
微罪処分

起訴猶予処分

交反：5,620,250件
微処：　　60,548人

起猶：575,907人

少年事件

送致（直送）4,229人

家庭裁判所

送致
54,397人

交通反則通告制度

交反：122,914件

注）統計数値は2018年のもの。

ヴァージョン（simple diversion）と，事件を手続の外に振り向けた後に何らかの処遇ないしサーヴィスにつなぐ**付託型ディヴァージョン**（diversion with services）とがある。微罪処分，交通反則通告制度および起訴猶予処分は，基本的には，単純型ディヴァージョンである。ただし，近年実施されるようになった，高齢または知的障がいのある被疑者を起訴猶予処分としたうえで福祉へつなぐ「入口支援[3]」は付託型ディヴァージョンである。

　これに対し，犯罪少年の被疑事件は，すべて家庭裁判所に送致される仕組みになっている。すなわち，捜査機関は，犯罪の嫌疑があると認めるときは，いかに非行事実が軽微であっても，微罪処分や起訴猶予処分により処理することはできず，すべての事件を家庭裁判所に送致することが義務づけら

3　入口支援については，松友了「入口支援の現状と課題に関する一考察—東京地方検察庁の社会福祉アドバイザーを経験して」司福16号（2016年）68頁等を参照。

れているのである（少41条，42条 2 項）。これを**全件送致主義**という。ただし，交通反則通告制度は，1970年 8 月から少年にも適用されている。

旧少年法（大正少年法）は**検察官先議主義**を採っていた（旧少62条）。すなわち，検察官は，事件を刑事裁判所に起訴するか，保護処分を相当として少年審判所に送致するかの選別を行っていたのである。検察官先議主義を排し全件送致主義（**家庭裁判所先議主義**）を採ったことは，現行少年法の大きな特徴のひとつである。

法41条および42条 1 項の各後段は，「犯罪の嫌疑がない場合でも，家庭裁判所の審判に付すべき事由があると思料するときは，同様である」と規定している。これは，虞犯少年の事件を指すが，14歳以上18歳未満の虞犯少年については，警察官が，事案に応じて，家庭裁判所に送致するか，児童相談所に通告するかを判断する（少 6 条 2 項，少警規33条 1 項）。したがって，家庭裁判所に全件送致されるのは，犯罪少年の事件と18・19歳の虞犯少年の事件ということになる。ただし，犯罪の立証が困難な場合に，これを虞犯事件に切り替えて家庭裁判所に送致することは許されない。また，嫌疑不十分の場合は，家裁不送致処分とすべきであり，起訴猶予処分とするのは，起訴は家庭裁判所の刑事処分担当の判断を経て可能になるのだから，不適切である。

2　なぜ少年法は全件送致主義を採っているか

では，犯罪少年の被疑事件については，なぜ全件送致主義が採られているのだろう。ここで，第 2 章 5 の「表 2 - 3　少年非行を捉える 2 つの視点」をもう一度ご覧いただきたい。

非行事実が軽微な非行には C 型（要保護性も軽微）と D 型（要保護性は重大）とがある。C 型（一過性の非行）であれば，放置しても問題はない（むしろ放置しておくほうがよいともいえる）。しかし，D 型は，これを放置すると，常習のD 型，または B 型へ移行する可能性が高い。そうなれば，社会に被害を与え，少年も自損性を深めることになる。D 型については，適切な働きかけを考える必要がある。

しかし，C 型か D 型かは，科学的調査の結果，わかることである。捜査機関は捜査の専門機関ではあるが，少年の要保護性を明らかにする専門性は

有していない。そこで，捜査機関に事件の選別を行わせるのではなく，科学的調査の機構を備えた家庭裁判所にすべての事件を送致し，要保護性を明らかにしたうえで，C型であれば審判不開始（ないし不処分）で終えるが，D型であれば要保護性に応じた措置ないし処分を検討する必要がある。少年法が全件送致主義を採っているのは，このように要保護性に応じた対応を可能にするためである。

　例えば，コンビニでたばこ１箱を窃取したケースを考えてみよう。このケースの非行事実はきわめて軽微であるので，成人ならば，微罪処分ないし起訴猶予処分により処理を終えることになろう。しかし，少年の場合には，非行の背景に目を向け，もしもそこに重要な要保護性があるときは，それに応じた働きかけのあり方を検討することになる。そのため，たばこ１箱の窃盗であっても，非行事実の軽微性をもって手続を打ち切るのではなく，要保護性を調査したうえで，それに応じた措置ないし処分を（それが必要ない場合も含め）検討することになる。審判例として，非行事実はコンビニでのたばこ１箱（販売価格440円）の窃盗であったが，その背景には，万引きに対する抵抗感の低さ，規範意識の希薄さ，母親に処方された睡眠薬の乱用，知的能力の制約に起因する社会適応力および生活意欲の乏しさや無気力，逸脱行動を助長してきた母子関係をよりどころとする保護環境の問題などがあることを指摘し，少年を第１種少年院に送致した事例がある（東京家決平29・7・14判時2388号130頁／判タ1454号249頁／家庭の法16号125頁）。

　もっとも，非行事実が軽微な場合に収容処分を課すことには謙抑的であるべきである。北京ルールズ17.1(a)は，「選択された処分は，常に，犯罪の状況および重大性のみならず，社会のニーズとともに少年の状況および少年のニーズに比例しなければならない」として，**比例原則**[4]に言及している。ただし，同条は，非行事実の軽重と処分の軽重との単純な比例を求めているのではなく，少年への処分は，「犯罪の状況および重大性」「社会のニーズ」「少年の状況」および「少年のニーズ」をともに考慮しながら選択されるべきことを述べたものと理解すべきである。すなわち，一般に非行事実の軽微性は

4　比例原則については，井田良『講義刑法学・総論〔第2版〕』（2018年）26-29頁を参照。

収容処分を回避する方向へ作用するが，それだけで少年の処分が決定されるのではなく，同時に，科学的調査の結果にもとづき，少年の成長発達のために必要かつ有効な働きかけのあり方を検討し，さらには，少年の納得という適正手続の要請をも踏まえ，これらの緊張関係のなかで，少年への最適な措置や処分を（不処分も含め）選択することを同条は求めていると考えるべきである。

3　司法警察員の送致（直送事件）と検察官の送致

　捜査機関の送致には，①司法警察員が捜査を遂げた結果，家庭裁判所に事件を送致する場合（少41条。この送致に係る事件を**直送事件**という）と，②司法警察員が検察官に事件を送致し（刑訴246条本文），検察官が捜査を遂げた結果，家庭裁判所に事件を送致する場合（少42条1項）とがある。①は被疑事実が罰金以下の刑にあたる場合であり，②は被疑事実が禁錮以上の刑にあたる場合である。実際には，②の送致が9割以上を占めている。

　①の事件（直送事件）を検察官に送致しないのは，逆送の可能性がないからである（少20条1項）と説明されている[5]。このほか，早期処遇の観点からできるだけ早く家庭裁判所に事件を係属させるべきことも考慮されているといえよう[6]。

3　簡易送致

1　簡易送致とは

　ただし，実務上，最高裁判所，最高検察庁および警察庁の取り決めにより，**簡易送致**が行われている。簡易送致とは，一定の「軽微」な事件については，警察は，被疑少年ごとに少年事件簡易送致書および捜査報告書を作成し，これに身上調査表その他の関係書類を添付し，一月ごとに一括して検察官または（直送事件の場合は）家庭裁判所に送致し（犯捜規214条1項），このような方式により事件を受理した家庭裁判所は，原則として審判不開始を決定

5　平場131頁，田宮＝廣瀬444頁，武内199頁。
6　澤登75-76頁。

して処理を終えるものである。簡易送致は，最高裁判所，最高検察庁および国家地方警察本部[7]の協議にもとづき，1950年8月に発せられた通達により始まった。その後，1969年5月には簡易送致の対象事件の拡大を伴う明確化等の改定が，2005年7月には，①簡易送致の対象事件から恐喝および傷害を除外する，②被害額をおおむね5000円未満からおおむね1万円以下へ引き上げる，③簡易送致できない事件に，前件が過去2年以内に簡易送致されたことのある少年の事件をくわえる，④簡易送致の方式として，身上調査表のほか，捜査の状況に応じ，少年の供述調書その他の捜査関係書類を添付する等の改定が行われ，現在に至っている。

2　簡易送致の対象事件

　簡易送致の対象事件は，「犯罪事実が極めて軽微であり，犯罪の原因及び動機，当該少年の性格，行状，家庭の状況及び環境等からみて再犯のおそれがなく，刑事処分又は保護処分を必要としないと明らかに認められる事件であって」，次の要件を充たすもので，あらかじめ家庭裁判所が指定したもの，とされている。すなわち，（1）罪種としては，①窃盗，詐欺，横領および盗品等に関する罪，または，②長期3年以下の懲役もしくは禁錮，罰金，拘留または科料にあたる罪の事件であり，（2）被害等の程度としては，①被害額または盗品等の価額の総額が，おおむね1万円以下のもの，②その他法益侵害の程度が極めて軽微なものである必要があるが，（3）ただし，①銃砲または刃物その他の物を凶器として犯行に使用したもの，②被疑事実がふたつ以上あるもの，③かつて非行（交通法令違反および道路上の交通事故に係る罪を除く）を犯し，過去2年以内に家庭裁判所に送致または通告されたもの，④被疑事実を否認しているもの，⑤告訴または告発に係るもの，⑥被疑者を逮捕したもの，⑦権利者に返還できない証拠物のあるもの，は対象から除外されている。

7　国家地方警察は，旧警察法（昭和22年法律第196号）のもとで国が維持した警察である。国家公安委員会が管理し，事務局として国家地方警察本部が置かれた。

3　簡易送致の手続

　上記の要件を充たす事件については，警察は，「被疑少年ごとに少年事件簡易送致書及び捜査報告書を作成し，これに身上調査表その他の関係書類を添付し，一月ごとに一括して検察官又は家庭裁判所に送致することができ」（犯捜規214条1項），この処理をするにあたっては，微罪処分の際の処置に準じて，警察官が少年に訓戒を与えたり，保護者を呼び出して少年の監督につき注意を与えたりする等の処置をとるものとされている（同2項）。

　簡易送致の方式により事件を受理した家庭裁判所は，簡易送致の基準に適合しているか否かを判断し，適合していれば，調査命令を発することなく審判不開始決定を行う。ただし，家庭裁判所は，必要に応じて，事件を送致した司法警察員または検察官に関係書類や証拠物の追送を求めることができる。また，通常の事件と同様に調査または審判をする必要があると認められる事件については，調査命令を発し，審判開始決定を行うこともできる。しかし，実際には，調査，審判が行われる例はほとんどない。

　このように簡易送致の場合も，形式上は，家庭裁判所に事件が送致されており，その後の調査，審判の余地は残されている。しかし，簡易送致の実態は不送致に近いものになっている[8]。

　なお，審判不開始決定で終局した場合の規則3条4項に規定する決定の告知は，一般の例によるほか，各地の実情により，当該事件を送致した司法警察員に対して処分結果通知書を送付する際に，決定の趣旨を少年に伝達するよう依頼して行うことでもよい，とされている（平17・7・13最家二第730号家庭局長通達）。そのため，少年に審判不開始が知らされないことも少なくない。本来は，家庭裁判所から少年に対し適宜の方法で審判不開始の決定を告知すべきであろう。

4　簡易送致率の推移

　図5-2は，1989年から2018年までの簡易送致率の変化を示すものである。これによると，1990年以降，簡易送致率は上昇し，1997年および98年に

8　服部・司法福祉89頁。

は40パーセントを超える時期もあったが，2006年以降は下降を続け，最近
は，非行の減少に伴い事件の大量処理の要請が緩和されたこともあってか，
20パーセント程度となっている。

5　理念と現実的要請の両立

　問題は，いかにして簡易送致を全件送致主義の理念と矛盾しないものとし
て運用するかにある。とくに重要なのは簡易送致の基準であり，捜査機関は
要保護性のない非行のみを簡易送致する必要がある。理想論としては，今
後，非行予測研究が飛躍的に進み，精度が高く，かつ，実務に用いうる科学
的な簡易送致基準が確立されるのが望ましい。しかし，現在も将来もこのよ
うな基準はありえないであろう。現実に可能かつ必要なのは，家庭裁判所と
捜査機関とが，簡易送致後に（とくに短期間で）再非行をしたケースなどをも
とに，簡易送致の基準および運用を改善するための協議を重ねていくことで
あろう。かくしてこそ，簡易送致は，全件送致主義と矛盾しないものとして
運用されることになる。

図 5-2　簡易送致率の推移（1989〜2018年）

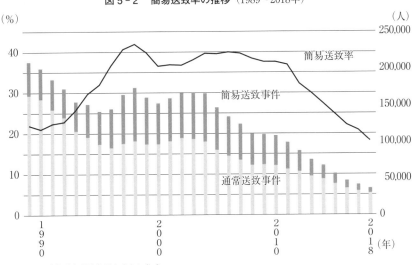

司法統計年報少年編をもとに作成。

4　国際準則との関連

　国際準則は，以下のように規定して，少年事件についてもディヴァージョンの促進を求めている。

　　子どもの権利条約
　　　40条3項(b)　適当かつ望ましい時はつねに，人権および法的保障を十分に尊重することを条件として，このような子どもを司法的手続によらずに取り扱う措置を確立すること。
　　　40条4項　ケア，指導および監督の命令，カウンセリング，保護観察，里親養護，教育および職業訓練のプログラムならびに施設内処遇に替わる他の代替的措置などの多様な処分は，子どもの福祉に適当で，かつ子どもの状況および罪のいずれにも見合う方法によって子どもが取り扱われることを確保するために利用可能なものとする。
　　少年司法運営に関する国連最低基準規則（北京ルールズ）
　　　11.1　適当と認められる場合，……権限を有する機関による正式の裁判によることなしに，少年の行為者を取り扱うことに考慮がはらわれなければならない。
　　　11.2　警察・検察ないし少年事件を取り扱う他の機関は，各国の法制度の目的の下に定められた基準およびその規則に含まれる原則に従って，正式の審理をへることなく，自らの裁量で事件を処理する権限を与えられなければならない。
　　　11.3　コミュニティその他の適当なサーヴィスに委託することを含むすべてのディヴァージョンは，事件を委託する決定に対しては，適用にあたって権限を有する機関の再審理が可能であるとの条件で，少年または親もしくは保護者の同意を必要とする。
　　　11.4　少年事件の裁量による処分を促進するために，一時的なスーパーヴィジョン・指導，被害者に対する賠償や補償などのプログラムを供給するための努力がなされなければならない。

　これらの国際準則の趣旨を，どのように理解したらよいだろう。
　まず確認しておきたいのは，子どもの権利条約40条4項および北京ルール

ズ11.3ならびに11.4から明らかなように，国際準則は，微罪処分や起訴猶予処分のような単純型ディヴァージョンの促進を求めているのではないことである。要保護性が明らかにされた結果，単純型ディヴァージョンが最適の措置であるケースはありうるが，国際準則が促進しようとしているのは，基本的にはコミュニティその他の適当なサーヴィスへつなぐ付託型ディヴァージョンである。

付託型ディヴァージョンの促進には，その前提条件として，少年司法を下支えする社会的基盤が必要である。すなわち，少年司法と協働可能な，福祉・教育・医療等の専門機関，地方自治体の提供する各種サーヴィス，NPO などの民間組織，および地域の人々の諸活動があって，はじめて付託型ディヴァージョンは可能となる。図5-3は，少年司法がどのような社会的基盤の上にあるのか，いわばその立ち姿をあらわしたものである。①尖塔型は，少年司法がわずかな社会的基盤しか持たず，狭い敷地の上に突き立っている姿を，②富士山型は，少年司法が，幅広い社会資源の裾野の上に立ち，それと連動している姿をあらわしている。富士山型であれば，少年司法手続の比較的早期の段階で，個々のケースのニーズに応じ，福祉・教育・医療等の専門機関，市町村の提供する各種サーヴィス，NPO などの民間組織，地域の人々の活動などにケースを付託し，もって公式手続としては処理を終えることが可能であり，また，それは少年の保護および制度の効率的運

図5-3　少年司法の社会的基盤

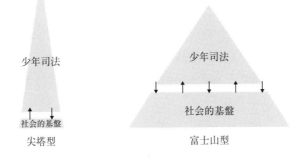

尖塔型　　　　　　　　　　　富士山型

用にとり望ましい。しかし，尖塔型だと，社会資源が乏しいため，付託型ディヴァージョンを行うことは困難であり，強いてこれを推進しようとすれば，警察主導のディヴァージョンになる可能性が高い。

　全件送致主義の理念は，一人ひとりの少年の要保護性に応じた対応を速やかにとれるようにすることにある。国際準則におけるディヴァージョンの促進は，全件送致主義を否定するものではなく，むしろ全件送致主義の理念と合致するものである。わが国でも，今後，全件送致主義の理念を堅持したうえで，付託型ディヴァージョンの可能性を追求していく必要があろう。そのためには，少年司法の運営に必要な社会資源を発掘かつ育成するとともに，少年司法と各種の社会資源との協働により，多様な少年のニーズに応えていくことのできる体制を築いていく必要がある。

5　事件受理後の手続

1　家庭裁判所調査官による事件の選別（インテイク）

　家庭裁判所が「軽微」な事件や交通事件（その大部分は，身柄を伴わずに捜査記録のみが送致される在宅事件）を受理したときは，主任調査官等が，裁判官の調査命令に先立って，事件の選別を行う。その結果，事件は，調査方法の違いにより，以下の4つに分類される。

　① 記録調査事件　法律記録（捜査記録）および証拠物のみで要保護性を判断し，書面照会や面接を必要としない事件。
　② 書面照会事件　少年・保護者への書面照会による調査で足りる事件。
　③ 簡易面接事件　短時間の面接による調査で足りる事件。
　④ 通常調査事件　通常の調査を必要とする事件。

　この選別の基準については，非行事実の重大性の程度，少年の前歴，送致機関の処遇意見等が考慮されるが，あくまで，少年の性格，環境等からみて要保護性に問題が少なく，通常の調査を行うまでの必要性がないといえるかどうかである，と説かれている[9]。しかし，この選別は，通常の社会調査の

9　川出48-49頁。

開始前に捜査記録をもとに行われるのであるから，罪種，被害額等の非行事実の重大性の程度が大きなウェイトを占めることにならざるをえないであろう。事件の選別を正確に行うには，過去の多数のインテイク事例について，短期間に再非行をしたものと，再非行のなかったものとの間に，性格等の個別具体的な要保護性には踏み込めないものの，少年の属性や行為態様等から知られる類型的な要保護性にいかなる差異があるかの検証を行うことにより，インテイクの基準の精度を高めていくことが必要であろう。

2　観護措置の要否の決定
（1）観護措置の意義・種類
　観護措置とは，家庭裁判所が調査・審判を行うため少年の身柄を保全するものである。観護措置には，①家庭裁判所調査官による観護（在宅観護。少17条1項1号）と②少年鑑別所送致（収容観護。同2号）とがある。しかし，①は実務上ほとんど行われていないため，観護措置といえば，通例，②を指す（以下本書でもこの用例に倣う）。

（2）観護措置の要件
　法17条1項は「審判を行うため必要があるとき」とだけ規定している。しかし，観護措置は，少年の意思に反して身体の自由を制限するものであるから，その要件について慎重に考える必要がある。
　観護措置の要件として，一般的には，①審判条件（裁判権，管轄権，年齢，送致・通告・報告の適法性等）が具わっていること，②非行事実の存在について一定程度以上の嫌疑があること，③審判を行う蓋然性があること，④身柄保全の必要性があること，があげられている。
　①については，例外的に，土地管轄が欠けている場合には，観護措置をとったうえで，事件を管轄裁判所に移送することができると解されている[10]。
　②については，一般には，勾留の場合と同程度以上の嫌疑が必要とされている[11]。

10　田宮＝廣瀬185頁。
11　田宮＝廣瀬185頁，川出51頁。

③については，はじめから審判を行う必要のないケースについて観護措置がとれないのは法17条1項の文言上当然である。

④については，ア 住居の不定，逃亡または罪証隠滅のおそれ，イ 鑑別の必要性，ウ 一時的な緊急保護の必要性，のいずれかひとつあればよいとされている。ただし，アについては，現実的かつ具体的な危険のあることが必要であろう。イについては，在宅審判鑑別の方法もあるので，より精密な鑑別を行うために収容審判鑑別の必要性がある場合に限られよう。ウについては，現実の要請はあるが，本来は，児童相談所の一時保護所や民間のシェルターの利用など，観護措置の多様化により解決すべき問題である。

（3）観護措置決定手続

家庭裁判所が，捜査機関から身柄付きで事件の送致を受けたときは（身柄事件受理），裁判官は，捜査記録を精査したうえで，観護措置の要否を判断するため**観護措置決定手続**を行う。

観護措置決定手続では，裁判官は，①供述を強いられることはないこと，および，付添人を選任することができることをわかりやすく説明し，②審判に付すべき事由の要旨を告げ，これについて陳述する機会を与えたうえで（少審規19条の3），観護措置の要否を判断する。

その結果，①非行事実の存在について蓋然的心証（現在までに収集された証拠を精査し，その限度では非行事実の存在を認めるのが合理的であるという心証）が得られ，調査・審判を行うため身柄保全の必要があると判断した場合には，裁判官は，観護措置を決定したうえで，調査官に調査命令を出す。観護措置の決定は，少年が家庭裁判所に到着したときから24時間以内に行わなければならない（少17条2項）。⇒身柄事件として継続

②非行事実の存在について蓋然的心証は得られたが，調査・審判を行うため身柄保全の必要性はないと判断した場合には，裁判官は，少年を自宅等に戻したうえで，調査官に調査命令を出す。⇒在宅事件への切り替え

なお，身柄を伴わずに捜査記録のみが送致された場合（在宅事件）であっても，観護措置が必要と判断された場合，あるいは，社会調査の途中でケースの状況に新たな変化が生じた等の事情により観護措置が必要となった場合には，観護措置がとられることがある。⇒身柄事件への切り替え

（4）観護措置の期間

　観護措置の期間は，原則として2週間であり，とくに継続の必要があるときは1回に限り更新が可能である（少17条3項・4項本文）。実務上は，この更新が原則化されており，観護措置の期間は3週間〜4週間弱のことが多い。

　第一次（2000年）改正により，①犯罪少年に係る，②死刑，懲役または禁錮にあたる罪の事件で，③その非行事実（犯行の動機，態様および結果その他の当該犯罪に密接に関連する重要な事実を含む）の認定に関し証人尋問，鑑定もしくは検証を行うことを決定したもの，または，これを行ったものについて，④少年を収容しなければ審判に著しい支障が生じるおそれがあると認めるに足りる相当の理由がある場合には，さらに2回の更新ができることになった（少17条4項但し書。特別更新）。この場合には，観護措置の期間は最長8週間である。

　上記（3）・（4）に関し ☞ 次章（第6章第2節）図6-2-1

（5）観護措置の単位

　観護措置終了直前に少年の別の事件が追送されてきた場合，観護措置の期間をどのように考えたらよいだろう（便宜上，現在執行中の観護措置に係る事件をA事件，新たに送致された事件をB事件と呼ぶ）。観護措置の個数について，少年を単位に考えれば（人単位説），B事件により新たな観護措置をとることはできず，事件を単位に考えれば（事件単位説〈多数説〉），B事件により新たに観護措置をとることができることになる。上記の場合，B事件が重大であれば事件単位説が妥当であろうが，しかし，最初から複数の事件が送致されている場合には，少年を単位に観護措置期間を考え，複数の事件があることを踏まえ，その要保護性を明らかにしていくことが妥当であり，実務上そのような運用がなされている。基本的には，少年の身体拘束期間の延長には慎重でなければならないが，観護措置の個数については，事件と少年の双方を総合

12　加藤学は，送致事実が複数の場合に，身柄拘束を複数認めるのか，1個しか認めないのかが，事件単位説か人単位説かを分けるメルクマールであるところ，多数説である事件単位説が，この場合に1回の観護措置しか認めないのは，人単位説の考えを取り入れていることになり，矛盾があるとしたうえで，審判の対象は非行事実と要保護性の双方であることから，観護措置においても，事件を含む人を単位に考えることができるとして，「人＝事件単位説」を主張する（守屋＝斉藤・コンメンタール219頁）。

的に考えていく必要があろう[12]。例えば，B事件が重大で少年の要保護性を
見直す必要がある場合には，新たな観護措置を認めるべきであろう。ただ
し，新たな観護措置をとる場合であっても，迅速性の要請から，観護措置の
期間やその更新については一層慎重であるべきである。これに対し，すでに
複数の同種事件が送致されているところに同種の余罪が追加的に送致されて
きたような場合には，要保護性を見直す必要性は低く，審判においてB事
件を余罪として考慮することも可能であるから，新たな観護措置は認められ
ないと考えるべきであろう。

（6）観護措置および更新に対する異議申立て

　少年，その法定代理人，および付添人は，観護措置および更新の決定に対
し，異議申立てを行うことができる（少17条の2第1項）。ただし，付添人
は，選任者である保護者の明示した意思に反して，異議申立てを行うことは
できない（同但し書）。この異議申立ては，家庭裁判所に対して行われる。観
護措置および更新の決定に対する異議申立て制度は，第一次改正で観護措置
の特別更新制度が導入されたことに伴い，創設された。

（7）観護措置の取消し・変更

　観護措置は，これを取り消し，または変更することができる（少17条8
項）。観護措置は，その必要性がなくなったときは，速やかに取り消さなけ
ればならない（少審規21条）。少年が負傷し，または疾病にかかり，少年鑑別
所の外の病院または診療所に通院もしくは入院させる必要があるとき（少鑑
36条），高校受験，身内に不幸があった場合等には，一時的に調査官観護へ
変更して対処することになろう。しかし，本来は，刑訴法95条の勾留の執行
停止に相当する規定を少年法にも設けるべきである。

第6章　少年保護手続（3）
調　査

　本章では，非行の背景を考えることの意義を踏まえたうえで，科学的調査（以下，調査ともいう）の場面として，家庭裁判所調査官による社会調査と，少年鑑別所における鑑別を取り上げる。このほか，家庭裁判所の科学調査室ならびに医務室，および審判段階における試験観察（☞第9章第4節）も調査のために置かれているもの（制度）である。

第1節　家庭裁判所調査官による社会調査

1　はじめに

　非行は，外にあらわれた行為・結果である。その行為・結果（非行事実）を正確に捉えることは，もちろん重要である。しかし，同時に，非行の背景にある問題を捉え，その問題の解決・緩和を図らなければ，問題は再燃してしまう。そこで，非行の背景を解明し，再非行の防止にはどのような働きかけが有効かを判断するために，科学的調査が必要になる。

　科学的調査とは，「非行のある少年について，人間関係諸科学の専門的知識と技術とを活用して，もろもろの人間関係をも含めた家庭・学校・職場・地域社会をはじめ，国家・風俗習慣など，社会的，文化的環境の中に生きている一人の人間としてとらえ，しかも少年本人の性格・知能・行動傾向・生活態度などや，身体的条件などとともにそれらを全体関連性においてとらえて，不適応や非行行動等の問題性を明らかにし，同時に，またそれにもとづきながら，少年の将来の犯罪的危険性を除去して，よりよい適応を得るため

の（健全育成のための）個別的・具体的な処遇はいかにあるべきかを判断し，その具体的な実践にむけてなされる一連の活動[1]」である。

2　調査の開始

家庭裁判所は，審判の前に，事件について調査しなければならない（少8条1項）。これを**調査前置主義**という。

調査には，非行事実の存否に関する**法的調査**と，要保護性の有無・内容に関する**社会調査**とがある。前者は法律家である裁判官が，後者は人間関係諸科学の専門家である家庭裁判所調査官（以下，調査官ともいう）が担当する。

少年が非行事実を否認していたり，非行事実の存在に疑問があるときは，法的調査を先行させなければならない。社会調査は，少年の内面や家族のプライバシーに立ち入るものであるから，非行事実の存在について蓋然的心証が得られていることが前提条件となる。

社会調査は，多くの場合，一人の調査官で行われるが，①社会の関心を集めた重大事件，②共犯者等の関係者が多数である事件，③その他少年の性格，環境等に複雑な問題がうかがわれる事件等については，複数の調査官に調査命令が出されることがある。これを**共同調査**という。

法8条2項は，「家庭裁判所は，家庭裁判所調査官に命じて，少年，保護者又は参考人の取調その他の必要な調査を行わせることができる」とゆるやかに規定しているが，要保護性の把握はすべてのケースに必要であるから，家庭裁判所調査官をして社会調査を行わせるのが原則というべきである[2]。これを**全件調査主義**という。

3　家庭裁判所調査官

家庭裁判所調査官の役割（家事事件を含む）について，裁判所のホームページ[3]には以下のように説明されている。

1　澤登ほか・展望211-212頁。
2　団藤＝森田91頁

　家庭裁判所調査官は，家庭裁判所で取り扱っている家事事件，少年事件などについて，調査を行うのが主な仕事です（裁判所法第61条の2）。

　家事事件では，紛争の当事者や親の紛争のさなかに置かれている子どもに面接をして，問題の原因や背景を調査し，必要に応じ社会福祉や医療などの関係機関との連絡や調整などを行いながら当事者や子にとって最もよいと思われる解決方法を検討し，裁判官に報告します。この報告に基づいて裁判官は事件の適切な解決に向けて審判や調停を進めていきます。

　また，悩み事から気持ちが混乱している当事者に対しては，冷静に話合いができるように，カウンセリングなどの方法を活用して心理的な援助をしたり，調停に立ち会って当事者間の話合いがスムーズに進められるようにすることもあります。

　少年事件では，非行を犯したとされる少年とその保護者に会って事情を聴くなどして，少年が非行に至った動機，原因，生育歴，性格，生活環境などの調査を行います。そして，必要に応じ少年の資質や性格傾向を把握するために心理テストを実施したり，少年鑑別所，保護観察所，児童相談所などの関係機関と連携を図りながら，少年が立ち直るために必要な方策を検討し，裁判官に報告します。この報告に基づいて，裁判官は，少年の更生にとって最も適切な解決に向けて審判を行います。

　また，裁判官が最終処分を決めるため必要があるときに，しばらくの間，少年の様子を見守る「試験観察」という決定をすることがありますが，その場合には，継続的に少年を指導したり，援助しながら少年の行動や生活状況を観察することになります。

4　社会調査の目的

　社会調査の目的のひとつは，少年の要保護性の有無・内容を明らかにすることにある。すなわち，非行の背景を解明したうえで，再非行の可能性の有無・程度を判断し，再非行の可能性がある場合には，どのような措置や処遇が有効かを（その必要がない場合も含め）判断するのである。そのため，社会調査は，なるべく，少年，保護者または関係人の行状，経歴，素質，環境等に

3　http://www.courts.go.jp/saiban/zinbutu/tyosakan/index.html

ついて，医学，心理学，教育学，社会学その他の専門的知識等を活用して行うように努めなければならないとして，科学的調査の指針が示されている（少9条）。

　一般に，わたしたちは，目に見えるものから物事の性質を判断しがちである。しかし，外見と本質とは異なることが，しばしばある。物事の本質を客観的に知ることで，外に現れたものの意味が全く違ってくることも稀ではない。非行も同様であり，社会調査は，非行の背景やその意味を，人間関係諸科学の知見に照らして明らかにしながら，非行克服の方法を見出そうとするものである。家庭裁判所に人間関係諸科学の専門家である調査官を配置しているのはこのためであり，調査官制度は家庭裁判所の最大の特色のひとつである。

　法9条が「なるべく」との文言を用いていることから，同条を任意規定と解する裁判例もあるが[4]，同条にいう「なるべく」とは，科学主義の内在的制約を示すものと理解すべきである（☞第1章第1節2-2）。また，少年法が全件送致・全件調査主義を採ることを承認しながら，法9条を訓示規定と解するのは背理である。

　社会調査のもうひとつの目的は，調査の過程を通じ，少年や保護者に働きかけを行うことにある。なぜ非行をしたのか，今後はどうしたらよいかを調査官が少年や保護者と考え合うプロセスは，非行克服に向けた少年と保護者に対する働きかけのプロセスでもある。このような調査（および審判）の過程において少年や保護者に対し事実上行われている働きかけを**教育的措置**（保護的措置）という。

　調査過程における教育的措置の中心は，調査官による面接それ自体と，面接の過程で行われる少年・保護者に対する指導・助言である。これは**個別面接型教育的措置**と呼べよう。このほか，学校や職場等へ援助・協力を求め，少年の環境調整を図るケースワーク的活動が行われることもある。また，「交通講習」「薬物教室」「思春期講習」「被害を考える講習」などの**集団型教育的措置**[5]，老人ホームや乳児院などの福祉施設での社会奉仕活動，親子関係

4　最判昭24・12・8刑集3巻12号1918頁。

調整のための「親子合宿」への参加などの**社会参加型教育的措置**[6]も行われている。

5　社会調査の対象

　社会調査は,「家庭及び保護者の関係,境遇,経歴,教育の程度及び状況,不良化の経過,性行,事件の関係,心身の状況等審判及び処遇上必要な事項」について行うほか,「家族及び関係人の経歴,教育の程度,性行及び遺伝関係等についても,できる限り,調査を行う」こととされている(少審規11条1項・2項)。このように社会調査の対象は,幅広く,かつ,少年や家庭の内面に及ぶ。

　少年や家族の問題ばかりをみつけるのが調査ではない。少年や家族の持っている「強さ」(strength)を見出すことも調査の重要な役割である。どんなに困難な状況にあっても,その少年や家族の持っている「強さ」が必ずある。マイナス面ばかりでなく,このようなプラス面を見出し,それを基礎に少年や家族のこれからを考えることが重要である。

6　要保護性について

　前述のとおり,社会調査の目的のひとつは,少年の要保護性の有無・内容を明らかにすることにある。

　要保護性の概念については,それがいかなる要素から成るかの理解の仕方によって,いくつかの見解が示されている。すなわち,要保護性は,①犯罪的危険性から成るとする説[7],②犯罪的危険性および矯正可能性から成るとする説[8],③犯罪的危険性,矯正可能性および保護相当性から成るとする説[9]

5　丹治純子＝柳下哲矢「少年審判における家庭裁判所調査官の社会調査の実情について―少年の更生に向けた教育的措置を中心にして」家庭の法7号(2016年)23頁。
6　名古屋家庭裁判所「保護の措置としての社会参加型社会奉仕活動について」家月58巻3号(2006年)165頁,柳下哲矢「京都家庭裁判所における社会参加型教育的措置について」犯非177号(2014年)56頁。
7　今中道信「少年保護事件における不告不理」家月4巻2号(1952年)69頁。

である。③は**三要素説**と呼ばれ，裁判所実務の通説となっている。

　これまでの要保護性に関する議論を振り返ると，以下のような疑問が見出される。すなわち，

　①　要保護性を保護処分選択の要件として狭く捉えているため，保護処分以外の措置・処分を含む処遇選択の全体像が描かれていないこと。要保護性の要素である「犯罪的危険性」と「矯正可能性」は，結局は，再非行防止のためにいかなる働きかけが有効かとの考慮に集約できるから，その働きかけを幅広い選択肢のなかから探すことが，少年法の目的により適うことになるはずである。

　②　他機関との協働という発想が弱いこと。例えば，保護観察が相当な場合であっても，福祉的なニーズがあるケースについては，家族から児童相談所へ相談の申込みをし，これを契機として，児童福祉司が少年や家族に並行してかかわることで，少年や家族の生活の安定を高めることを期待できる場合もある。

　③　民間の諸サーヴィスや社会資源との協働の視点を欠いていること。例えば，保護観察が相当な場合であっても，地域のなかの福祉，教育，医療等のインフォーマルな諸サーヴィスや社会資源へ少年をつなぎ，これと協働して保護観察を進めていくのが有効なケースもある。

　④　不処分（少23条2項）の積極的な意味づけがなされていないこと。これまでの要保護性論では，不処分は保護処分非該当の判断でしかない。しかし，個々のケースのニーズに応じて，福祉，教育，医療等のフォーマルな諸サーヴィスや地域のなかのインフォーマルな社会資源へ少年をつなぎ，あるいは，個別にそれらを組み合わせたプランを作ることで，少年の成長発達を図ることのできる場合も少なくない。

　⑤　要保護性は，調査段階においても（あるいは，調査段階においてこそ）重要なものであること。非行の背景や現在の少年の状況を客観的に把握し，成長発達に向けた有効な働きかけを（それが必要ない場合も含め）見出すのは，少年保護手続全体を貫く課題であり，審判段階に限られるものではない。家庭

8　裾分一立「要保護性試論」家月5巻4号（1953年）31-32頁。
9　平井哲雄「非行と要保護性」家月6巻2号（1954年）18-19頁。

裁判所の終局決定の約4割を占める審判不開始決定の基礎となる要保護性判断が，正確，かつ，必要な場合には適切な働きかけを伴って行われることで，軽微な非行を軽微なまま終わらせることが可能になるからである。

さらに，三要素説については以下のような疑問がある。すなわち，

①　三要素説における「保護相当性」は，「保護処分による保護が最も有効適切な保護手段であると認められること」[10]と説明されているが，ここには保護処分の有効性と適切性という性格の異なるふたつの要素が混在している。保護処分の有効性は実質的に「矯正可能性」と同じであるから，「適切性」が「保護相当性」の内容でなければならない。

②　これは三要素説に限ったことではないが，「矯正可能性」という表現は適切ではない。少年院について，それは妥当するとしても，児童自立支援施設における暮らしの教育は矯正ではない。また，保護観察は，遵守事項と生活行動指針を守って生活しようとする本人の自発性に依拠して，社会のなかで通常の生活を営ませながら処遇を行うもので[11]，矯正とはアプローチが異なる。「矯正可能性」は，当該働きかけ（保護処分だけでなく，他の措置・処分のほか，個々のニーズに応じて社会資源の活用も含めアレンジされるプランも含む少年への働きかけの総称）により，少年の成長発達が図られ，もって再非行が防止される，という意味で，幅広く「当該働きかけの有効性」と捉え直されるべきである。

③　保護処分を課す要件として要保護性を位置づけながら，そのなかに保護相当性をくわえるのではトウトロジーである[12]。

④　「保護相当性」という規範的要素をくわえることの問題である。相当性，すなわち，保護処分の適・不適の判断をくわえることは，再非行防止には保護処分のほうが有効と判断される場合であっても，刑事処分を選択すべき場合があることを意味する。しかし，このような選択は，結局，少年の健全育成，再非行の防止，社会の安全のいずれについても責任を負うことにならない。☞ 第12章第1章2-2

10　平井・前掲19頁。

11　今福章二「保護観察とは」今福＝小長井・保護観察5頁。

12　田宮＝廣瀬48頁。

　以上の理由から，要保護性は「非行反復の可能性（犯罪的危険性）」および「当該働きかけの有効性」のふたつの要素から成ると考えるのが相当である。

7　社会調査に対する制約

1　調査と適正手続

　調査官の面接調査は，少年との信頼関係（ラポール）のもとで進められる。少年の側からこれをみれば，調査官を信頼して話をしていることになる。少年が非行事実を否認している場合に，もしも調査官に話したことが非行事実の認定に利用されることになれば，少年の信頼は損なわれよう。また，少年が非行事実を認めている場合であっても，少年が調査官に心を開いて話したことが重い処分の理由になれば，やはり少年の納得は得られず，その後の処遇に良い影響を与えないであろう。このような事態を避けるためには，第1回調査官の面接の際に，少年に対し，手続の仕組みと調査官の役割をわかりやすく説明したうえで，少年との信頼関係をつくっていくことが必要であろう。

　また，少年や関係者が調査官に話した内容には伝聞情報が多く含まれているから，審判において，裁判官は，非行事実の有無についてはもちろんのこと，少年の要保護性に関する事実についても，証拠に照らし，かつ，少年の言い分に十分耳を傾けながら，一つひとつ丁寧に確認をしていく必要がある。☞ 対話型司法，第9章第3節2-10

2　調査の目的関連性

　調査は，成人事件であれば国家の介入が許されない個人の内面やプライバシーに踏み込むものである。少年について深い調査が許容されるのは，それが少年の健全育成（成長発達の保障）を目的としているからである。換言すれば，深い調査は，少年の健全育成を目的とする限りにおいて許容され，他の目的，例えば，治安目的のためには許容されない。調査のこのような性格を，本書では**調査の目的関連性**と呼ぶことにする。

　これと関連して，調査結果の利用上の制約にも触れておきたい。例えば，

社会記録（☞ 本節8(11)）は，被害者には閲覧が許されていないが，少年院における個別処遇のためには積極的に活用されるべきものとされている。すなわち，調査により収集された個人の情報には，目的という，いわば鍵が掛けられているのであり，その鍵が合えば情報は開示されるが，鍵が合わなければ開示されない，という関係にある。

3　調査と迅速性の要請

　身柄事件の場合は，調査官は，3〜4週間という限られた期間内に，各種照会を行い，少年・保護者と面接を行い，法務技官（心理）や付添人とカンファレンスを行うなどしたうえで，調査の結果を書面にまとめて裁判官に報告しなければならない。迅速性は調査それ自体の要請ではないが，調査は迅速性の要請を受けながら進められる。

　在宅事件についても迅速性は要請される。むしろ，在宅事件こそ，軽微な非行を軽微なまま終わらせるために，一層迅速性が要請されているともいえる。

8　社会調査の進め方

　調査は，ケースごとにふさわしい方法を選んで行われ，あらかじめ方法が決まっているわけではない。以下に示すのは，観護措置がとられている場合（身柄事件）における調査のおおまかな流れである。

　ケースに即した調査の進め方については，蔵慎之介「少年事件における家庭裁判所の役割と家庭裁判所調査官の活動—ある傷害事件を題材に」伊藤・司法福祉39頁以下，楠美絵里「家庭裁判所調査官から見た少年非行—事例を中心に」同69頁以下，橋本・非行臨床215頁以下の「資料 大和ケース 調査経過記録（プロセスレコード）」，廣井・司法臨床69頁以下の「少年非行」を参照いただきたい。以下の説明でも，これらの文献を引照している。

（1）法律記録の精読

　裁判官から調査命令を受けた調査官は，まず法律記録を丹念に読む。**法律記録**とは，少年事件送致書およびその添付書類である供述調書や証拠品の写

真など，司法警察員や警察官が作成した書類を中心とする冊子である。そして，調査官は，いつ，誰（どこ）に対して，どのような調査を行うのかの調査計画を立てる。

（2）照会書の送付

　調査官は，必要に応じて，照会書（保護者照会書，学校照会書，職業照会書）を送付する。**保護者照会**は，保護者へ照会書を送付し，家族の状況，少年のこれまでの生活や家庭内の出来事，少年の現在の生活ぶり等について保護者が回答し，調査呼出しの日に家庭裁判所に持参してもらうものである。**学校照会**は，法16条2項に基づく協力依頼のひとつとして行われるもので，少年の在籍校や出身校に照会書を送付し，少年の学業成績，学校における生活態度等について回答し，家庭裁判所に返送してもらうものである。この際，学校に電話を入れ，担任教員等へ協力要請をすることもある。ただし，学校照会は，学校での行動など少年に関する有益な情報を得られる反面，非行のあったことを学校に知らせることになるため慎重な運用が求められる。**職業照会**は，同じく法16条2項に基づく協力要請のひとつとして行われるもので，少年の雇用主へ照会書を送付し，少年の勤務状況や生活の様子等について回答し，家庭裁判所に返送してもらうものである。

（3）被害者照会書の送付

　一定の事件については，まず，事件を受理した段階で，裁判所書記官が被害者等のための手続（記録の閲覧・謄写，被害者等の申出による意見の聴取，審判結果等の通知，少年審判の状況説明等）に関するパンフレットを被害者に送付する。また，調査官は，社会調査の一環として，被害程度の詳細，被害による心身の影響，示談や謝罪の状況および少年の処分に関する意向等について，照会書，電話や面接による「被害者調査」を行い，少年・保護者に対する調査や審判に反映させることが行われている。被害者等から調査官に直接会って話をしたいとの要望がある場合のほか，とくに重大事案においては，被害者に直接会って話を聞くことが多い。被害者と面接をするにあたっては，被害者が二次被害を受けることがないよう，少年司法手続や被害者調査の目的を丁寧に説明し，被害者の置かれた状況や心情を理解するよう努めながら進める。また，書面による調査であっても，回答の任意性を伝え，書面の記載

内容や表現を工夫するなど，被害者の自主性を十分に尊重するよう工夫する[13]。

（4）少年との面接（複数回）

　観護措置がとられている場合，調査官は少年鑑別所に出向いて少年と面接する。

　調査官の調査方法のなかで，最も重要な位置を占めるのがこの面接である。少年の処遇を検討するための情報を収集することが最終的な目的ではあるが，調査は，一方的に情報を得るだけではなく，少年や保護者に対して事件や今までの生活のことを熟考させたり，調査官から少年や保護者の問題点を指摘したりといった教育的・指導的な働きかけを伴いながら進められる。調査官は，少年や保護者が調査官からの働きかけや問題点の指摘をどのように認識し，どのような反応を示すのか，そして，非行につながった誤った考え方や行動を変えていくことができるのかどうかという点を見極めながら，必要に応じてさらなる働きかけや指導を行っていく。このように，調査面接は，調査官と少年・保護者の間での相互作用を通じて展開していく力動的なものであり，そのなかで調査官は少年にどのような処遇が必要かを探っていく[14]。

（5）家庭裁判所での保護者面接

　保護者の調査期日は，少年に1〜2回面接を行って非行事実や家族関係などについての情報を一通り得た後に設け，その後，保護者から聴取した内容を踏まえてさらに少年の面接を1〜2回実施する。また，調査期日には，家族構成や少年の生活史などの記入を求める保護者照会書のほか，少年の学業成績表，給与明細書や被害弁償に関する書類（例えば，示談書，領収書，謝罪文）などの持参を求め，調査の参考資料とすることもしばしば行われる[15]。

13　蔵慎之介「少年事件における家庭裁判所の役割と家庭裁判所調査官の活動—ある傷害事件を題材に」伊藤・司法福祉46-47頁。

14　蔵・前掲49頁。

15　蔵・前掲45頁。

（6）家庭訪問（必要に応じ）

（7）学校訪問（必要に応じ）

　調査官は，必要に応じ，少年の家庭を訪ね保護者と面接したり，少年の在籍する学校を訪問し担当教諭等と面接したりする。

　学校訪問は，学校関係者から少年の情報を得ることのみならず，少年が実際に日々学んでいる場や学校周辺の地域環境を直接調査官の五感で捉えることができる点に意義がある[16]。少年の生活の場である家庭や職場を訪問する意義も同じである。

　調査官のことを**ケースウォーカー**と呼ぶことがある。調査官は，机の上で仕事をするのではなく，少年や家族が暮らす家や地域を訪ね，そのありのままの姿に触れる必要のあることを述べたものである。現場に身を置いてこそ見えてくることもある。

（8）少年鑑別所の技官とのカンファレンス

　調査官は，調査がある程度進んだ段階で，少年鑑別所の法務技官（心理）とカンファレンス（協議）を行う。異なる機関の間で情報や意見を交換することは，調査および鑑別の精度を高めるために有益である。

（9）付添人とのカンファレンス

　調査官は，付添人ともカンファレンスを行う。付添人については ☞ 第7章

　調査官と付添人との間で情報や意見を交換することは，双方にとりケース理解を深めるうえで有益である。

（10）裁判官・書記官とのカンファレンス

　調査官は，調査結果の報告の前後を問わず，少年の処遇に関し，裁判官に対して意見を述べなければならない（少審規13条3項）。裁判官，書記官，調査官との連絡・協議が十分行われることが必要である。

（11）少年調査票の作成・提出

　調査官は，調査結果を**少年調査票**にまとめ，裁判官に報告する（少審規13条1項）。少年調査票は，調査官が調査を通じて得た情報を整理・分析し，総

16　蔵・前掲50-51頁。

合的な事例理解やそこから導き出される処遇についての意見，その理由や処遇上の留意点などをまとめた報告書である。少年調査票は**少年調査記録（社会記録）**のなかに編綴される[17]。

　少年調査票(A)の記載例については，橋本・非行臨床232頁を参照。

(12)　(試験観察)

　審判の結果，試験観察の決定があったときは，調査官は，相当の期間，少年に働きかけながら，その生活の様子や少年の変化について調査を継続することになる。試験観察については ☞ 第9章第4節

　在宅事件の場合は，基本的には，上記（1）〜（7），（9），(10) の順で調査を進めていく。ただし，（4）は家庭裁判所に少年を呼び出して行うことになる。

第2節　少年鑑別所における鑑別

1　はじめに

　本節では，少年鑑別所における鑑別について学ぶ。鑑別も，前節の社会調査と同様，非行の背景を明らかにし，適切な処遇選択を行うための基礎となる点では同じであるが，以下に述べるような重要な違いがある。

2　少年鑑別所

　少年鑑別所は，①家庭裁判所等の求めに応じ，鑑別対象者の鑑別を行うこと，②観護の措置がとられて少年鑑別所に収容される者等に対し，健全な育

17　少年調査記録に編綴される主な書類は，身上調査表，本籍照会回答書，戸籍謄本等，学校照会回答書，その他の照会回答書，保護観察状況等報告書，鑑別結果通知書，少年調査票，試験観察経過報告書，意見書である。少年調査記録は社会記録とも呼ばれる。

成のための支援を含む観護処遇を行うこと，③地域社会における非行および
犯罪の防止に関する援助（地域援助）を行うことを業務とする法務省所管の
施設である（少鑑3条）。現在は2015年施行の**少年鑑別所法**に基づいて業務を
行っている。2019年4月1日時点で，全国に53庁（支所6庁を含む）が設置さ
れている。

　少年鑑別所は，1949（昭24）年の少年法および少年院法の施行により発足
した。当初は，収容を担う少年観護所と鑑別を担う少年鑑別所とは別個の施
設として定められていたが，1950（昭25）年に両者は少年保護鑑別所として
統合され，1952（昭27）年に少年鑑別所と改称された。

　わが国の少年鑑別所に相当するアメリカの施設（detention facility）は観護
（custody）のみを担当し，鑑別は，必要がある場合に，外部の専門家に依頼
するという仕組みになっており[18]，他の多くの国々でも同様と思われる。こ
の点，わが国の少年鑑別所は，観護と鑑別との融合という，ユニークで，た

図6-2-1　少年鑑別所の手続上の位置

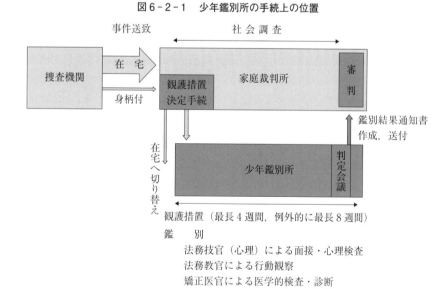

_____

18　服部・アメリカ少年法155頁以下参照。

いへん重要な役割を担っている。

3　鑑　　別

1　鑑別の意義

　鑑別が法令用語として使用されたのは，1933（昭 8 ）年制定の少年教護法
4 条に「少年教護院内ニ少年鑑別機関ヲ設クルコトヲ得」という規定が置か
れたのが初めである。その語源について，中根冬雄は，「もともと『鑑別』
という用語は，診断と同じく医学の領域で使われていたものであり，樋口幸
吉氏によれば，『類似の症状をもつ疾病との異同を識別すること』を意味」
する，と述べている[19]。また，鑑別の語は，「鏡に映し出すようにして真実
の姿を見究めること（＝鑑）」と，「特徴の違いによって分けること（＝別）」
との合成語である，とも説明されている[20]。

　少年鑑別所法上，鑑別は，「医学，心理学，教育学，社会学その他の専門
的知識及び技術に基づき，鑑別対象者について，その非行又は犯罪に影響を
及ぼした資質上及び環境上問題となる事情を明らかにした上，その事情の改
善に寄与するため，その者の処遇に資する適切な指針を示すもの」と定義さ
れている（少鑑16条 1 項）。

　鑑別のための調査事項は，「その者の性格，経歴，心身の状況及び発達の
程度，非行の状況，家庭環境並びに交友関係，在所中の生活及び行動の状
況」等であるが（少鑑16条 2 項），鑑別の種類や目的により，これらの事項を
すべて調査する場合もあれば，特定の事項に絞って調査を行う場合もあり，
また，列挙された事項以外にも鑑別を行うために必要な事項については調査
を行うことになる[21]。

　資質の語は，鑑別の役割や対象を表すのに用いられるが（例えば，資質鑑
別），一般的には「心身の状況」を意味し（旧少年審判規則11条 3 項），環境的・
関係的要因よりも個体的要因に着目するものとみてよいであろう。ただし，

19　中根冬雄「少年鑑別の現実と動向」刑政86巻 1 号（1975年）13頁。
20　安香宏「心身鑑別の理論と技術」平野・講座〔第 2 巻〕180頁。
21　矯正局・新少年院法／鑑別所法227頁。

少年鑑別所法の制定に伴い，鑑別の対象は，「資質の鑑別」（旧少年院法16条）から「非行又は犯罪に影響を及ぼした資質上及び環境上問題となる事情」（少鑑16条1項。傍点は引用者）へと書き改められたことに注意が必要である。

2　鑑別の種類

　鑑別には，以下の種類がある。

（1）**審判鑑別**　家庭裁判所の求めにより，調査・審判を受ける者に対して行う鑑別をいう（少鑑17条1項1号）。このうち，①観護措置がとられて少年鑑別所に収容されている者に対して行う鑑別を**収容審判鑑別**，②それ以外の審判鑑別を**在宅審判鑑別**（少年鑑別所に収容されていない者に対して，家庭裁判所，少年鑑別所等に来所させて行う鑑別）という。

（2）**処遇鑑別**　家庭裁判所以外の関係機関の求めに応じて行う鑑別をいう[22]。地方更生保護委員会，保護観察所の長，児童自立支援施設の長，児童養護施設の長または少年院の長の求めにより，保護処分の執行を受ける者に対して行う鑑別（少鑑17条1項2号）と，刑事施設の長の求めにより，懲役・禁錮の刑を受ける者であって20歳未満のものに対して行う鑑別（同3号）とがある。このうち，少年院在院者を少年鑑別所に収容して行う鑑別（少院36条2項）を，とくに**収容処遇鑑別**という。

（3）**指定鑑別**　少年院送致の決定または戻し収容の決定を受けた者に対し，各少年院について指定された矯正教育課程その他の事情を考慮して，その者を収容すべき少年院を指定するために行う鑑別をいう（少鑑18条）。矯正教育課程については ☞ 第11章第3節5-5

3　社会調査との違い

　鑑別は，以下の3種類の専門職のチームにより進められる。

22　家庭裁判所以外の関係機関の求めによる鑑別は，従来から行われていたが（依頼鑑別），少年鑑別所法では，鑑別を求める機関として，児童自立支援施設の長および児童養護施設の長が明記されたほか，刑事施設の長の求めに応じて行う鑑別において，対象となる者の年齢を16歳未満から20歳未満に引き上げるなど，鑑別を求める機関や鑑別の対象の拡大が図られた。さらに，新たな少年院法では，少年院長の求めに応じて行われる鑑別において，在院者を一時的に少年鑑別所に収容して鑑別を実施することが可能となるなど，鑑別の形態の多様化が図られた。

①　**法務技官（心理）**[23]（心理技官ともいう）による**面接，心理検査**

②　**法務教官**[24]（観護教官ともいう）による**行動観察**

③　**矯正医官**（医師）による医学的検査・診断

　家庭裁判所による社会調査は，調査官の機動性を活かし，情報源を広くとりながら，例えば，調査官が家庭訪問をしたり，親と会って少年の生育史を聴いていくなどして，少年の全体像に迫ることが大きな特徴である。これに対し，鑑別の特徴は，①少年との1日24時間のかかわりがあること，②法務技官（心理）による心理検査だけでなく，法務教官による行動観察，および医師による医学的検査・診察をもとに，これらの複数の専門職が協議しながら進めていくことにある。社会調査は，原則，ひとりの調査官で行うのに対し，鑑別は，多職種によるチームアプローチであるといえる。

23　法務省HPには，法務技官（心理）について次のように紹介されている。
　法務技官（心理）は，法務省専門職員（人間科学）採用試験 心理専門職区分により採用され，少年鑑別所や少年院，刑事施設（刑務所，少年刑務所及び拘置所）などに勤務する専門職員です。
　心理学の専門的な知識・技術等をいかし，科学的で冷静な視点と人間的な温かい視点とを持ちながら，非行や犯罪の原因を分析し，対象者の立ち直りに向けた処遇指針の提示や，刑務所の改善指導プログラムの実施に携わっています。

24　法務省HPには，法務教官について次のように紹介されている。
　法務教官は，少年院や少年鑑別所などに勤務する専門職員です。
　幅広い視野と専門的な知識をもって，少年たちの個性や能力を伸ばし，健全な社会人として社会復帰させるために，きめ細かい指導・教育を行っています。
　また，刑事施設（刑務所，少年刑務所及び拘置所）に勤務し，受刑者の改善指導等に携わる道も開かれており，性犯罪や薬物依存などに関わる問題性に働きかける指導のほか，就労支援指導や教科指導等を行っています。
　少年院に勤務した場合：
　少年院では，健全なものの見方や考え方などを指導する生活指導，基礎学力を付与する教科指導，職業生活に必要な知識・技能を習得させる職業指導などの矯正教育を行うとともに，関係機関との連携の下，出院後の生活環境の調整，修学に向けた支援や就労支援等の円滑な社会復帰につなげるための支援を行います。
　少年鑑別所に勤務した場合：
　少年鑑別所では，少年の心情の安定を図りつつ，面接や行動観察を実施し，法務技官（心理）と協力して，少年の問題性やその改善の可能性を科学的に探り，家庭裁判所の審判や，少年院・保護観察所等における指導に活用される資料を提供します。
　また，少年の健全な育成を考慮して，本人の希望を踏まえた上で，学習の支援，一般的な教養の付与，情操のかん養などの働き掛けを行っています。

4　収容審判鑑別の進め方

収容審判鑑別のおおまかな流れは，以下のとおりである。

（1）入所初日には，法務教官が中心となって，入所時の調査，着替えと荷物の確認，オリエンテーションを行う。また，入所後，できるだけ速やかに，医師が健康診断を行う。

（2）翌日から，法務技官（心理）は初回の鑑別面接（インテイク面接）および集団方式の心理検査（知能検査，性格検査等）を実施する。

（3）鑑別方針を設定し，以降，必要に応じ，これを修正していく。

以降，（4）・（5）・（6）を並行して実施しながら，相互に情報や意見の交換をしていく。

（4）法務技官（心理）は，第2回以降の鑑別面接を行う。また，必要に応

図6-2-2　少年鑑別所における収容審判鑑別の流れ

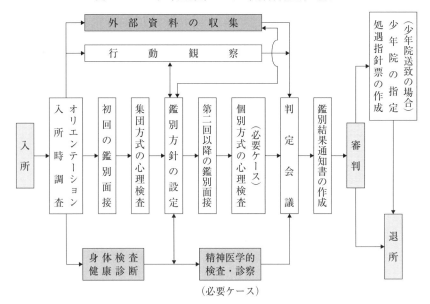

出典：令和元年版犯罪白書215頁。

じて個別方式の心理検査を選択して実施する（ロールシャッハ・テスト，絵画統覚検査（TAT），絵画欲求不満テスト（PFスタディ），バウムテストなど）[25]。

（5）法務教官は，少年の特性および問題点等を把握することを目的とした行動観察を行う。

（6）医師は，必要に応じ，面接・診断を行う。

（7）少年鑑別所長は，必要に応じ，外部資料の収集を行う（少鑑15条）。照会の例として，児童福祉法上の保護を受けていた在所者について，当該措置の実施状況に関する情報を収集するため当該措置をとった児童相談所または児童福祉施設に対して照会をする場合などがある[26]。

（8）法務技官（心理）は，家庭裁判所調査官や付添人とカンファレンスを持ち，情報や意見を交換する。

（9）以上のプロセスにより得られた資料・情報を持ち寄り，**判定会議**を開く。判定会議では，少年の資質上および環境上問題となる事情ならびに非行の傾向に照らした保護の要否について意見の交換を行う。

（10）判定会議の結果をもとに**鑑別結果通知書**を作成し，家庭裁判所に送付する（少鑑17条2項）。鑑別結果通知書は，判定（判定，判定理由），精神状況（知能，性格等，精神障害），身体状況（一般的健康状態，疾病又は障害，その他の特記事項），行動観察，総合所見の各欄から成る。

　家庭裁判所に送付された鑑別結果通知書は少年調査記録に綴られ，審判の資料になる。保護処分の決定がなされたときは，少年院，保護観察所等へ送付され，処遇上の参考資料になる。

5　少年鑑別所法の制定

1　制定の経緯

　少年鑑別所法は，新少年院法とともに，2014年6月に成立し，翌15年6月から施行されている。これ以前は，少年鑑別所処遇規則（昭24・5・31法務庁

25　少年鑑別所で使用される代表的な心理検査については，小林・行動科学171頁「図6-5」〔吉村雅世〕を参照。
26　矯正研修所・少年矯正法240頁。

令第58号）はあったが少年鑑別所固有の法律はなく，旧少年院法のなかに少年鑑別所に関する規定が数か条あるのみで，多くの事項について少年院に関する規定が準用されていた。

　少年鑑別所法の制定は，新少年院法の制定と連動している（新少年院法制定の経緯については ☞ 第11章第3節2-1）。広島少年院における不適正処遇事案の発覚（2009年4月）等を契機に設置された「少年矯正を考える有識者会議」は，2010年12月に「少年矯正を考える有識者会議提言—社会に開かれ，信頼の輪に支えられる少年院・少年鑑別所へ」を公表したが，同提言のなかには，「（少年鑑別所は）少年院とは異なる機能を有する独立した施設であるという性格やその社会的に果たす役割の大きさからすると，少年院に関する法律とは別に，少年鑑別所に関する規定を体系的に取りまとめ，法整備を図る」ことが盛り込まれていた（同提言34頁）。法務省矯正局では，同有識者会議と並行して「少年矯正制度設計検討プロジェクト」が設定されるとともに，専門家会議の提言を踏まえ「少年院法改正要綱素案」が策定されるなど実務的な検討作業が進められ，これらの検討および協議を経て，少年院法案および少年鑑別所法案が策定された。少年鑑別所固有の法律の制定を求める声は1948年の旧少年院法制定当時からあったが[27]，実現したのは約66年後の2014年6月ということになる。

2　少年鑑別所法の概要

　少年鑑別所法は，（1）再非行防止に向けた取組みの充実，（2）適切な処遇の実施，（3）社会に開かれた施設運営の推進の3つを柱としている。その概要は以下のとおりである[28]。

27　例えば，成田勝郎（当時東京少年保護鑑別所長）は「鑑別所の性格づけのために単行法制定を希念して熄まぬ者の一人である」とし（成田勝郎「少年保護鑑別所の在り方」刑政62巻5号（1951年）33頁，高村賢一郎（当時大津少年鑑別所）は，「少年鑑別所の業務をより発展させ，その拡充，強化をはかり，少年鑑別所を本来の姿に戻すためには単独法を制定することが早急に必要で」あるとしている（高村賢一郎「少年鑑別所法の制定に望む」刑政73巻12号（1962年）33頁）。

（1）再非行防止に向けた取組みの充実

〈少年鑑別所の機能の強化〉

・専門的知識・技術に基づいた鑑別の実施

　従前，鑑別は省令・訓令・通達等によっていたが，「医学，心理学，教育学，社会学その他の専門的知識及び技術」に基づいて行うものと規定された（少鑑16条）。

・健全な育成のための支援の実施

　在所者の健全な育成のための支援として，生活態度に関する助言および指導（少鑑28条），学習等の機会の提供等（少鑑29条）を定め，義務教育を終了しない在所者に対しては，学習の機会が与えられるよう特に配慮しなければならないことが明記された（同2項）。

・地域社会における非行および犯罪の防止に関する援助(地域援助)の実施

　少年鑑別所長は，地域社会における非行および犯罪の防止に寄与するため，非行および犯罪に関する各般の問題について，少年，保護者その他の者からの相談のうち，専門的知識および技術を必要とするものに応じ，必要な情報の提供，助言その他の援助を行うとともに，非行および犯罪の防止に関する機関または団体の求めに応じ，技術的助言その他の必要な援助を行うものとされた[29]（少鑑131条）。

（2）適切な処遇の実施

〈少年の権利義務・職員の権限の明確化（外部交通（面会・信書・電話），規律秩序維持の措置（制止等の措置，手錠の使用，保護室への収容等））〉

　在所者の権利義務関係については，おおむね新少年院法と同様の事項について規定が設けられている。ただし，少年鑑別所は異なる法的地位を有する

28　少年鑑別所法の概要については，内藤晋太郎＝橋口英明「少年院法・少年鑑別所法等の概要」ひろば67巻8号（2014年）17-19頁，同「新しい少年院法・少年鑑別所法について」刑ジ41号（2014年）130-131頁，小山定明＝古橋徹也「新少年院法・少年鑑別所法における今後の処遇」ひろば67巻8号（2014年）25-30頁，法務省HP少年院法・少年鑑別所法の概要：http://www.moj.go.jp/content/001146169.pdfを参照。

29　札幌，仙台，さいたま，千葉，東京，東京西，横浜，名古屋，京都，大阪，神戸，広島，高松，福岡の各少年鑑別所には，地域非行防止調整官が置かれている。地域非行防止調整官は，命を受けて，①鑑別に関すること，②観護処遇に関すること（保健，衛生，防疫，医療及び薬剤に関すること等は除く），③非行及び犯罪の防止に関する援助に関することのうち特定事項に係るものを企画し，調整する事務をつかさどる（少年院及び少年鑑別所組織規則22条）。

者を収容し，それぞれの法的地位に応じてその生活および行動に制限をくわえる場合の要件を異にするべき場合もある。かかる観点から，自弁の物品の使用等（少鑑42条），差入物の引取り等（少鑑47～52条），領置金品の他の者への交付（少鑑56～59条），自弁の書籍等および新聞紙の閲覧（少鑑66, 67条），外部交通（少鑑80～106条）においては，在所者の法的地位に応じた規定が設けられた。

〈保健衛生・医療の充実〉

　社会一般の医療水準を確保し，運動の機会を保障するなどの規定が置かれた（少鑑30～40条）

〈不服申立て制度の整備〉

　従前，通達に基づく所長に対する申立て制度はあったが，少年鑑別所法制定により，法務大臣に対する救済の申出，監査官または所長に対する苦情の申出の制度が法定された（少鑑109～122条）。

（3）社会に開かれた施設運営の推進

〈施設運営の透明性の確保（視察委員会の設置，意見聴取，参観）〉

　少年鑑別所を視察し，その運営に関し意見を述べる機関として，少年鑑別所視察委員会が設置された（少鑑7～10条）。

6　観護処遇について

1　観護処遇の復興

　少年鑑別所法は，鑑別の章（第2章）とは区別して「観護処遇」の章（第3章）を置いている。同章は，まず観護処遇の原則として，情操の保護，健全な育成，および，専門的知識・技術の活用をあげたうえで（少鑑20条），少年鑑別所における少年の処遇・生活・便宜にかかわる数多くの規定（入所，観護処遇の態様等，健全な育成のための支援，保健衛生及び医療，物品の貸与等及び自弁，金品の取扱い，書籍等の閲覧等，宗教上の行為等，規律及び秩序の維持，外部交通，救済の申出等，仮収容，退所等）を置いている（少鑑23～130条）。

　旧少年院法の少年鑑別所に関する規定のなかには「観護」および「観護処遇」の語はなく，旧少年鑑別所処遇規則にも「観護」の章（第3章）はあっ

たが「観護処遇」の語はなく，少年鑑別所法が「観護処遇」の語を積極的に使用し，位置づけていることが注目される。

2　少年鑑別所における「処遇」の沿革[30]

「観護処遇」の語は，論文上には早くから登場している[31]。しかし，その意味するところは，処遇の語の多義性もあり，必ずしも明確ではなかったように思われる。「観護処遇」の何たるかを知るには，少年鑑別所における「処遇」概念の変遷をたどり，それとの相対においてその意味や位置づけを捉える必要がある。

（1）「ありのままの姿」の鑑別

東京少年鑑別所の初代所長成田勝郎は，少年の「ありのまま」を捉えることを主張し，刺激遮断処遇を実施した。成田によると，刺激遮断処遇とは，刺激遮断，心的接触の禁止・制限，心的作業の禁止・制限の3つから成る。その要点は，非行少年は家人から叱責されたり取調べを受けるなどして心的エネルギーの大量消費を余儀なくされている。そこで，彼の心的エネルギーが外部から消耗されることを絶つことで，彼の本質の診断ないし治療につなげることにある。具体的には，入所後3日間は単独室に入れ，ベット上に静臥させ，この期間中は部内関係職員以外の何人とも接触を禁止し，その後も，メンタル・ワークと称する線引き，写字，写図，数字かぞえなどの作業を課し，それ以上の働きかけを禁ずる，という方法がとられた[32]。そのため，真空鑑別と呼ばれたりもした。

戦後の混沌とした世相を反映して，少年非行は量的増加と質的悪化の一途をたどり，少年鑑別所は，その対応に追われ，とくに昭和30年代の初頭にかけて，全国的に，破壊，放火等による逃走が相次ぎ，こうした事故を防止するため，少年に対して権威的に臨み，小さな規律違反をも見逃さない保安優先の処遇が強力に実施されていた。これは「権威的処遇」と呼ばれ[33]，事故

30　以下の「ありのままの姿」の鑑別，治療的処遇，探索処遇に関する記述は，法務省矯正局『少年鑑別所執務参考資料　探索処遇に関する研究』（1983年）12-13頁〔進藤眸〕に依っている。

31　1964（昭39）年には，観護処遇の語を用いた論稿として，佐藤望「少年鑑別所における処遇のあり方について―治療処遇を中心として」刑政75巻9号（1964年）30頁があらわれている。

32　成田勝郎「遮断処遇について」矯会4巻特別号・成田勝郎遺稿集（1955年）57頁以下。

防止には役立ったが，少年を委縮させ，あるいは反発させる結果となった。

　また，ありのままの姿を捉えることが一切の働きかけをしてはいけないという意味に曲解され，少年を居室に閉じ込め，ただ遠くから丹念に見ているだけの行動観察があらわれるようになった。

（2）治療的処遇

　昭和30年代に入ると，それまでのテスト偏重を是正しようという動きが現れ，オリエンテーションと称する一種の生活指導が広く導入され，入所から退所までの各段階において実施されるようになった。また，カウンセリングも，心理療法のひとつとして次第に採用され始めた。このように各種の処遇技法が整備される一方で，生活指導を重視しようとする機運が徐々に高まった。行動観察は，治療（処遇）の糸口を見出すための鑑別に資する生活指導と結び付けて実施されるべきであるという考え方が，ようやく受け入れられるようになったからである。

　生活指導を通しての行動観察が重視され始めると，今度は，できる限り多面的な観察場面を準備すること，ありのままの姿を捉えることができる場をつくりあげることなどが要請されるようになった。こうした要請に真っ先に応えたひとりは，徳島少年鑑別所の阿部照雄であった。阿部は，犯罪性矯正の最終目標は「真の自己洞察の喚起にある」と考え，処遇の基本理念として，①正しい鑑別をするためには，まず少年を治療社会的な雰囲気のもとにおき，少年の気持ちを落ち着かせること，②自己洞察をもたせて健全な社会人として再適応を図ること，③ダイナミックな行動の多面的な観察を図って，人間像を理解することなどを掲げ，昼間開放，夜間独居制を大胆に取り入れ，教育的・治療的プログラムを計画的に，かつ組織的に実施した。そして，この治療的開放処遇では，動と静，緊張と弛緩の組合せを常に念頭におき，作図，はり絵，粘土細工，歌唱指導，カウンセリングなどにくわえて動的なレクリエーションが実施された。観護課は，個人別の処遇プログラムを用意し，それに従い教育的治療的働きかけによる生活指導を行い，その過程において得られた行動観察，その他の資料を鑑別課に提供し，パーソナリ

33　大熊佳周の使った用語である。大熊佳周「観護をめぐる諸問題について」刑政76巻10号（1965年）27頁。

ティを力動的に捉える一助として活用してもらうとともに，少年自身にもこうした受容的な生活の営みのなかから自主的・建設的方向に向かって成長していく自覚が得られるようにせしめたのである。すなわち，観護を診断・治療過程と解したところから，教育・治療的処遇が生まれた。

（3）探索処遇

昭和40年代後半に入って，少年矯正の現場では，治療的処遇は鑑別診断のために不可欠なものであることが承認されるようになった。しかし一方で，教育治療的処遇が短期治療少年院を思わせるような治療中心主義に流れないように，一種の防砂堤を築くことが喫緊の課題となった[34]。

1974（昭49）年9月の少年鑑別所長会同で，議長（矯正局長）は，「教育治療的雰囲気づくり，環境づくりという意味での教育治療的処遇ならば全面的に賛成であるが」と前置きし，それが，一歩進んで固有の教育ないし治療あるいは本人自身の改善更生を目的とする処遇として定義づけられると，法律的にも，実際上少年鑑別所がおかれている立場から考えても，疑問があると発言した。この発言が教育・治療的処遇の限界を見直す契機となり，教育・治療的処遇に代わって「探索的処遇」とか「探索処遇」という言葉が使われ始めた。

少年鑑別所が教育や治療そのものを実施することに対しては，法律家の多くは，早くから否定的であった[35]。また，司法的機能の強調および非行事実重視説の広まりに伴い，各種の本格的な処遇技法を駆使して，少年の人格に揺さぶりをかけたりその変容を来すような内容の処遇をすることは許されないという考え方が逐年強くなっていった[36]。

こうした時代的背景のもとで，1975（昭50）年に，安香宏は「探索処遇」という言葉に「改善のための処遇において主眼とすべきところをみつけ出す

---

34 来栖宗孝によると，昭和40年代における公安事犯関係者（主に学生）に対する観護および鑑別をどのように行うべきかの貴重な体験が治療的・教育的処遇についての理論的再構成を促す契機となった（来栖宗孝「少年鑑別所の30年をふりかえって」末永ほか・少年鑑別所50年77頁，初出北海道矯正17号（1979年））。これは，鑑別所における「処遇」概念が，精神医学・心理学の発展だけでなく，少年非行の動向とも呼応して変化していったことを指摘するもので，興味深い。

35 朝倉京一「少年鑑別所の法律的性格」刑政72巻3号（1961年）89頁，澤登ほか・展望194-195頁，団藤＝森田143-144頁，梶村太市「少年の観護措置の要件（基準）を中心として」家月32巻8号（1980年）6-8頁。

ためにさまざまな試行や実験をまじえて実施する処遇」という積極的な定義を与えた[37]。

　また，1976 (昭51) 年に，林勝造は，未決拘禁という制約を踏まえて，ある種の処遇技法を一斉に強制的に実施するのではなく，個々のニーズに応じて便宜（処遇種目）を供与（準備）すべきであるとして，「便宜供与的処遇」を提唱した。その後，泉俊幸は，国際準則を踏まえ，林の考えをさらに発展させ，観護処遇の原則を以下のように定義した。「観護処遇の在り方について考察すれば，まず在所者に非行事実の存在を前提としたその改善更生を目的とする教育的・治療的処遇を，一律に強制的に実施することは許されないといえます。あくまで在所者の成長発達権に基づいた個別的なニーズに対応して，その自発的な意思を契機として健全育成のための処遇が展開されなければなりません。つまり，観護処遇においては，在所者の成長発達に役立つと思われる様々な処遇のメニューを，その個別的な顕在的，潜在的ニーズを踏まえた上であらかじめ幅広く準備し，適切なオリエンテーションをとおして在所者自身の好ましい要求として引き出し，その主体的な意思に基づいて選択された処遇内容を適時に提供し実施することによって，結果として在所者の健全な育成や円滑な社会復帰が促進されていくような，これまでにも便宜供与的処遇として主張されてきた処遇原則が基本とならなければならないといえるでしょう。[38]」

（4）意図的行動観察

　意図的行動観察とほぼ同義の表現は，すでに昭和50年代からみられるが[39]，平成に入り，収容鑑別手続の標準化の作業のもとで，収容鑑別の基準の制定とともに，探索処遇は，意図的行動観察として新たに位置づけられ

36　ただし，阿部照雄の真意は，「少年がほんとうに苦痛とし悩みとしている問題（コンプレックス）を素直に吐き出させるためには，どうしても施設全体が『治療的雰囲気をもつこと』が必要である」（阿部照雄「治療的処遇」矯医18巻3号 (1969年) 217頁）との記述にあらわれているように，人格の介入にではなく治療的雰囲気の醸成にあったといえよう。

37　安香宏「鑑別業務の特質と少年鑑別所の歩むべき道」刑政86巻1号 (1975年) 26頁。

38　泉俊幸「少年鑑別所観護業務入門（第2回）観護処遇の原則」刑政104巻5号 (1993年) 83-84頁。

39　来栖宗孝・前掲73頁には，「鑑別の重要な資料を提供する行動観察を意図的に計画的に行う」という表現がある。

た[40]。これには，処遇の語を用いることへの批判をかわすねらいもあったのではないかと思われる。

　ちなみに，犯罪白書のなかで「意図的行動観察」の語が登場したのは平成4年版であり，「行動観察には，入所，居室内生活，運動，面会等の観察場面（収容中の通常の生活場面）において行動傾向等を観察する通常の行動観察と，課題作文，はり絵，絵画，集団討議その他意図的に一定の条件を設定した観察場面において行動傾向等を観察する意図的行動観察とがある[41]」と説明されている。これ以前は「探索処遇」の語が使われており，平成7年版以降の犯罪白書では「意図的行動観察」の語は姿を消した。

（5）観護処遇の新たな意味付け

　2000年代に入ると，「健全育成を考慮した観護処遇」「育成的処遇」といった語が使用されるようになる。この背景には，①2003年に策定された「青少年育成施策大綱」等を踏まえ，少年鑑別所は，非行少年を収容し，鑑別・処遇を実施する専門機関として，健全育成と非行対策に取り組むことが要請されたこと，②観護措置の特別更新のほか，勾留，鑑定留置などにより，収容期間が長期化する事例も少なくなく，それらに対する処遇上の対策が必要になっていたこと，③新収容人員に年少少年の割合が増加していたこと，④退所少年の多くが社会生活に戻ること等を考慮して，処遇に工夫をくわえることも検討課題として認識され，少年鑑別所においては，一般的・必要的な処遇にくわえて，心身の発達途上にある少年の健やかな成長・発達を促すことに配慮した処遇を実施し，もって健全な育成を期することが，きわめて重要になっていると認識されたという事情がある[42]。

　ここには，少年鑑別所の役割を，家庭裁判所からの求めにより鑑別を行うという受動的なものに止めず，健全育成のための支援を含む能動的なものへと転換ないし拡張しようという意図がうかがわれる。少年鑑別所法における観護処遇は，こうした時代的変化のもと，新たな装いで再登場したもののよ

40　泉俊幸「少年鑑別所観護業務入門（第1回）観護処遇とは何か」刑政104巻4号（1993年）80頁。小田昇治＝渡邉弘太朗「少年鑑別所における観護処遇の在り方に関する研究」矯研14号（1999年）34，37頁。
41　平成4年版犯罪白書216頁。
42　櫻井秀夫「健全育成を考慮した観護処遇に関する一考察」刑政118巻10号（2007年）28頁。

うにみえる。観護措置も法１条の健全育成の目的のもとにあり，また，少年鑑別所退所者のうち地域に戻るものは少なくないのだから[43]，審判前という制約を十分踏まえたうえで，健全育成を考慮した観護処遇を行うことは意義あることといえよう。

3　鑑別と観護処遇との関係

　解説書によれば，少年鑑別所法は，観護処遇に関する章（第3章）を鑑別に関する章（第2章）とは区別して置いていることから，「観護処遇とは，鑑別を除く在所者に対する取扱いの全てを指す[44]」とされている。しかし，法務教官による行動観察は鑑別の重要な方法のひとつであることは明らかであるから[45]，上記の理解に基づけば，観護処遇とは，法務教官の所掌業務から行動観察を除いた部分を指すことになろう。しかし，「処遇しつつ鑑別し，鑑別しつつ処遇する」といわれるように，鑑別と観護処遇とは，本来，瞭然とは区別できないもののように思われる。面会の立会い（少鑑81条）ひとつを例にとっても，それは観護処遇の場面であると同時に重要な行動観察の場面でもある。むしろ，両者が重なり合うところに双方にとり重要な意義があるとみるべきではなかろうか。

43　令和元年版犯罪白書214頁「3-2-3-4図」によれば，退所者の約半数は地域に戻っていると思われる。
44　矯正研修所・前掲255頁。
45　矯正研修所・前掲244-247頁。なお，「家庭裁判所等の求めによる鑑別の実施に関する訓令」（平27・5・27矯少訓9法務大臣訓令）5条も参照。

第7章　付添人

1　はじめに

　付添人は幅広い活動をする。例えば，少年鑑別所での少年との面接，保護者との面接，学校の担任や雇用主との面談，記録の閲覧，被害者との示談や謝罪の伝達，家庭裁判所調査官とのカンファレンス，意見書の作成，審判への出席などである。少年が非行事実を否認しているとき，または非行事実に疑問があるときには，非行事実の存否を明らかにするための活動を行う。終局決定後も，必要に応じ，抗告，再抗告の申立てをするほか，手続上は付添人ではなくなった後も，少年院を訪ねて少年と面接したり，修学，就労等のためにケースワーカー的な活動をすることもある。

　少年司法における適正手続の要点は，適正手続のエッセンスである「告知と聴聞」を発展させた「わかりやすい説明と少年の言い分をよく聴くこと」にあり，これによって少年が手続に参加できるようにすることにある（第1章第1節2-3）。付添人は，このような意味における適正手続を，その名が示すとおり少年に寄り添いながら実現していく担い手である。

　少年司法における専門機関や専門家は，ある限られた手続段階あるいは期間において少年とかかわり，その段階または期間を過ぎると，次の専門機関や専門家へ事件は引き継がれていく。わが国の少年司法は，いわば「バトンリレー方式」で進められており，欧米のソーシャルワーカーやフランスのエデュカトゥール[1]のように手続を横断して少年とかかわる専門家はいない

1　エデュカトゥールとは，青少年司法保護局の監督のもとにある施設ないし公共部門で働く公務員で，手続のすべての過程において少年をフォローする。具体的には，裁判官に教育的解決を提案し，少年が社会復帰する過程に付き添うなどの役割を負う（日本弁護士連合会司法改革推進センター＋東京三弁護士会陪審制度委員会編『少年審判に参審制を―フランス・オーストリアの少年司法調査報告』（2000年）213-215頁）。

（司法手続外にはなるが，児童福祉司は唯一の例外である）。こうした状況のなかで，付添人は，全手続を通して少年にかかわることが可能であり，実際に少年と息の長いかかわりをしている弁護士も少なくない。

2　付添人の選任

1　少年および保護者の選任による付添人

（1）家庭裁判所段階

　少年および保護者は，家庭裁判所の許可を受けて，付添人を選任することができる。ただし，弁護士を付添人に選任するには家庭裁判所の許可を要しない（少10条1項）。保護者は，家庭裁判所の許可を受けて，付添人となることができる（同2項）。

　弁護士以外の市民も家庭裁判所の許可を受けて付添人となることができる。この付添人を，弁護士付添人とは区別して**市民付添人**[2]あるいは**許可付添人**と呼ぶことがある。本来，付添人になる者は，法律的知識，経験のみならず，少年の保護や教育に経験のある者など，少年問題に十分な理解のあることが望ましいが，一般には，その人格，識見，少年との関係，事件の内容等を検討して，付添人選任の許否を決するものとされ，とくに付添人として不適当と認められる場合を除いては，原則として許可するのが妥当であるとされている[3]。

　市民付添人は，少年審判への唯一の市民参加の場面であるが，実際には，付添人のほとんどは弁護士であり，市民付添人は減少している。　☞ 本章7

（2）警察調査段階

　弁護士は，捜査段階においては，弁護人として少年にかかわる。付添人となるのは，家庭裁判所に事件が係属した時以降である。

　ただし，2007年の第二次改正により，少年および保護者は，触法少年事件の警察調査に関し，いつでも弁護士である付添人を選任することができる旨の規定が創設された（少6条の3）。これを**触法調査付添人**と呼ぶことにする。

2　葛野・構築628頁。
3　実務講義案51頁。

触法調査付添人の選任届の提出先は特定されていないが，選任届を受理した者は，当該事件の調査に従事している警察官に，当該選任届を確実に引き継がなければならない（「少年警察活動推進上の留意事項について」（警察庁次長通達）第6の5）。

2　国選付添人

　旧少年法（大正少年法）は，少年審判所の職権により附添人を付す国選附添人制度を置いていた[4]（旧少42条1項）。しかし，1948年法は，国選付添人制度を継承しなかった。1960年代後半から70年代前半の少年法改正論議のなかで国選附添人制度の導入が検討されたこともあったが（1970年6月に法務省が公表した少年法改正要綱には，国選付添人，必要的付添の制度の設置が含まれていた），国選付添人制度が誕生したのは2000年の第一次改正によってである。ただし，それは，検察官審判関与制度とのバランス上，導入されたもので，その対象はごく限られていた。その後，第二次，第三次，第四次改正を経て，現在は，以下の5つの場合に国選付添人が付されることになっている。この間の経緯については ☞ 本章5

（1）必要的国選付添人制度の対象事件

① 検察官審判関与決定をした場合において，少年に弁護士である付添人がいないとき（少22条の3第1項），

② 高等裁判所が検察官の抗告受理申立てを受理する決定をした場合において，少年に弁護士である付添人がいないとき（少32条の5第1項），

③ 被害者等による審判の傍聴を許す場合において，意見を聴くべき弁護士である付添人がいないとき（少22条の5第2項）。ただし，少年および保護者が弁護士である付添人を必要としない旨の意思を明示したときは除かれる（同3項）。

（2）裁量的国選付添人制度の対象事件

① 犯罪少年または触法少年の法22条の2第1項に掲げる罪に係る事件

---

[4] 旧少年法における附添人については，武内謙治「戦前期における附添人論（1）・（2）・（3・完）」法政研究78巻2号（2011年）134頁，78巻4号（2012年）216頁，79巻1・2号（2012年）208頁を参照。

（死刑または無期もしくは長期3年を超える懲役もしくは禁錮にあたる罪）について，少年鑑別所送致の観護措置がとられており，かつ，少年に弁護士である付添人がいない場合において，家庭裁判所が，事案の内容，保護者の有無その他の事情を考慮し，審判の手続に弁護士である付添人が関与する必要があると認めるとき（少22条の3第2項），

②　少年の抗告事件のうち，上記(2)①と同じ範囲の事件について，少年鑑別所送致の観護措置がとられており，かつ，少年に弁護士である付添人がいない場合において，抗告裁判所が，事案の内容，保護者の有無その他の事情を考慮し，抗告審の審理に弁護士である付添人が関与する必要があると認めるとき（少32条の5第2項）。

3　付添人の役割

　付添人の役割については，二面性論，パートナー論などが述べられている[5]。前者は裁判所の見解であり，後者は，弁護士の多田元が，少年事件，教育裁判，不登校，体罰，いじめ，虐待問題など，さまざまな子どもの問題に取り組むなかで生成・発展させてきたもので，弁護士会を中心に幅広い支持を得ている。

1　二面性論

　少年審判手続は，家庭裁判所を中心とする職権主義的審問構造をとっており，刑事訴訟手続のような当事者主義的対審構造をとっていないことから，付添人と弁護人とはその性格を異にしているとされている。すなわち，弁護人は，専ら被告人の正当な利益を守る保護者，後見者であるとされるのに対して，付添人は，次の二つの性格，役割を有しているといわれている。

　①　弁護人的性格

　刑事訴訟手続における弁護人と同様に，少年の権利を擁護し，その代弁者としての役割を有している。すなわち，非行事実や要保護性の基礎となる事

5　武内512頁は，二面性論，パートナー論のほかに，弁護人的役割論，最善の利益擁護者論，新弁護人的役割論をあげる。

実の認定の正確性を確保し，また，非行事実や要保護性に応じた処遇決定が
なされるよう活動する面がある。

　②　協力者的性格

　少年保護事件の目的が適正に実現されるために，少年の国家的保護をゆだ
ねられた家庭裁判所に協力し，援助する役割をも有している。すなわち，少
年，保護者に対して，少年保護事件の手続の趣旨や処遇決定の意味を説明
し，理解させるなどして，少年等が調査，審判において適切な態度，対応が
できるようにすること，例えば，少年が自己に有利な事情を調査，審判にお
いて陳述していない場合に，陳述を促すことが考えられよう。また，家庭裁
判所や調査官と，少年の問題性について協議するなどして，少年のよりよい
処遇を図ることが考えられよう。

　このように，付添人の性格には二つの面があり，①の弁護人的性格を重視
する考え方と，②の協力者的性格を重視する考え方とがあるが，この二つの
性格は，少年審判における司法的機能と福祉的機能とも対応するものであっ
て，本来的には，この二つの性格を調和させる運用と努力が要請されている
ものといえよう[6]。

2　パートナー論

　附添人は，少年自身が選ぶことのできる援助者である。この点において，
調査官や保護観察官または保護司とも異なる。附添人は，少年が自ら選び，
心を開くことのできるパートナーとしての信頼関係を活動の基盤としなけれ
ばならない。

　調査官は少年審判のケースワーク的機能の担い手として少年に対し援助的
活動をも行うものとされているが，しかし，実務の実際では，少年との面接
は，調査官が必要と判断する範囲でなされ，少年の必要に応えるという配慮
はほとんどないと言えよう。また，非行原因についても，調査官の社会調
査，診断は，とかく少年の性格や家庭環境等の個人病理に偏りがちで，地域
や学校等社会病理的背景とその中での「被害者」としての少年の訴えや主張
は軽視ないし見落とされやすいというのが附添人活動の経験に基づく実感で
ある。

　それゆえにこそ，附添人は，少年自身の必要に応えて面接を重ね，誰より

6　実務講義案49-50頁。

も少年の訴えや主張に耳を傾け，これを少年審判に反映させ，真に公平な処遇を求める援助者でなければならない。

　附添人は，冤罪の防止と適正手続による少年の人権保障のための弁護活動をなすべきことは言うまでもない。……少年審判における「無罪推定の原則」や捜査資料に対する徹底した弾劾，チェックは，附添人の援助によってこそ実質的になされうるのである。しかし，その場合にも，少年を単なる「保護の客体」とみるのでなく，たとえば少年自身が主体的に無実を主張して闘えるような援助が必要である。

　そこで，附添人は，少年の「代弁者」である前に，少年自身が主体的に審判に臨むように，自己決定と意思表明等を援助するパートナーでなければならない。

　また，少年は，大人の論理による管理や抑圧に対して反抗や逃避を試みつつ，不信や不安を抱いていることが多い。このような少年にとっては，少年審判の手続過程において，真に納得のいく適切な扱いを受けることの意味は重要である。少年審判では，結論の妥当性とともに，その結論に至る少年とのかかわりの過程が大切にされなければならない。審判自体が「教育の場」とされる所以である。

　そこで，附添人は，少年を「説得」する「家庭裁判所の協力者」であるよりも，不適切な取り扱いによって傷つくことのないよう少年を防御しつつ，少年自身の「理解と納得」を助ける援助者であるべきであろう。

　そのためには，附添人は，少年の訴えに謙虚に耳を傾け，少年と共に考えるという基本的態度が必要である。そして，少年との面接においては，徹底していわゆるインフォームド・コンセントを尽くす必要がある。そのためには，わかりやすい言葉で共感をもって少年と対話する努力が要求される[7]。

4　付添人の権限

付添人は以下の権利を有する。すなわち，記録・証拠物の閲覧権（少審規

7　多田元「少年審判における附添人の役割」加藤＝野田＝赤羽・司法福祉97-98頁。この他，多田元「少年のパートナーとは」福岡県弁護士会・付添人マニュアル1頁，同「附添人活動─子どものパートナーを志して」第20回全国付添人経験交流集会報告集7頁，同「付添人スピリットを学ぶ①『子どものパートナー』として」刑弁増刊「少年事件ビギナーズ ver. 2」（2018年）10頁も参照。

7条2項），少年鑑別所で立会人なしに少年と面会する権利（少鑑81条1項），観護措置決定・更新決定に対する異議申立て権・特別抗告権（少17条の2第1項，17条の3第1項），審判出席権・意見陳述権（少審規28条4項，29条の2，30条），審判で少年に発問する権利（少審規29条の4），証拠調べ手続への立会権・証人や鑑定人への尋問権（少14条，15条，少審規19条），証拠調べ申出権（少審規29条の3），抗告権（少32条）・再抗告権（少35条1項），少年院で抗告事件等に関し立会人なしに面会する権利（少院93条1項），である。

　なお，2016（平28）年の少年審判規則の一部改正により，付添人の記録閲覧に関し，これを一定の要件のもとに一定の範囲で制限する措置等が設けられた（少審規7条3〜8項）。その理由は，改正前，自らの氏名や住居等が少年側に知られることを恐れて，少年保護事件における捜査等への協力を拒む被害者その他の参考人等が存在し，それらの参考人等から情報がもたらされていれば，審判の結果も異なっていた可能性が否定できない事例が生じていたことが指摘されていたことから，参考人等に係る情報を適切に保護し，参考人等が少年審判手続に協力しやすい環境を整え，適正な審判の実現を期するため，と説明されている[8]。しかし，記録閲覧権は，付添人の適正な付添活動，ひいては少年の適正手続保障にとり不可欠なものであるから，その制限は，付添人による審判の準備等に支障を生じないよう（少審規7条3項但し書，4項），あらかじめ付添人の意見を聴いたうえで（同5項），必要最小限にとどめるべきである。また，適正手続保障との関連で，付添人が閲覧できない情報を非行事実の認定や要保護性判断の根拠として用いることは許されないことは当然である。

　取調べへの立会いについては☞第4章3-3（3）

5　国選付添人制度の創設と対象拡大[9]

　国選付添人制度が存在しなかった時代に，弁護士の付添人活動を財政面か

8　和波宏典＝岡部弘「少年審判規則の一部を改正する規則の解説」判タ1431号（2017年）24頁。
9　国選付添人制度の創設および付添人選任拡大に向けた弁護士会の取組みにつき，須納瀬学「全面的国選付添人制度の実現に向けて」自正64巻10号（2013年）34頁以下を参照。

ら支援したものに財団法人**法律扶助協会**[10]の付添扶助制度がある。これは，1972年12月，最高裁判所事務総局家庭局から法律扶助協会に対し，「少年保護事件において，弁護士である付添人を選任するため，法律扶助を与えることが可能か」との照会がなされたことを契機として，1973年度から弁護士の付添人活動が同協会の事業対象にくわえられたものである。しかし，財源は扶助協会の支部で確保することとされたため，当初は東京都支部と愛知県支部で実施されたのみであった。その後，弁護士付添人の必要性が理解されるにしたがい，この事業は他の支部に広がり，1991年には，法律扶助協会が付添扶助1件あたり3万円の援助金を支出することを決定したが，支部の財政状況の違いもあり，支部ごとの実績には大きな差があった。

　1995年5月，日本弁護士連合会は**当番弁護士等緊急財政基金**を設置した。これは，公的援助体制が確立するまでの間，当番弁護士・刑事被疑者弁護援助制度および少年保護事件付添扶助制度の財源維持を目的とするもので，財源は全国の弁護士から徴収する特別会費であった。また，1998年には，付添扶助事件1件あたりの補助金が増額され，各支部での上乗せ財源の負担が軽減され，扶助件数の増加につながった。

　2000年の第一次改正では**国選付添人制度**が導入された。しかし，その対象事件は，①家庭裁判所が検察官審判関与を決定した場合に，少年側に弁護士付添人がいないとき（少22条の3第1項），および，②高等裁判所が検察官の抗告受理申立てを受理する決定をした場合に，少年側に弁護士付添人がいないときに限られていた（少32条の5第1項）。いずれも例外的といってよい場合であったから，2000年から2006年までの6年間における国選付添人選任数は25件のみであった[11]。

　2001年2月には，福岡県弁護士会が，全国に先駆けて**全件付添人制度**をスタートさせた。これは，少年鑑別所送致の観護措置決定を受けた少年に対し，①付添人を選任する権利があること，②希望すれば，すぐに弁護士が1

10　法律扶助協会は，資力の乏しい人に訴訟費用や弁護士費用などを立て替える公的援助を行うため，1952（昭27）年に設立された財団法人である。本部を東京都に置き，その支部を各地方裁判所所在地の弁護士会内に置いて広く活動していた。総合法律支援法による司法支援センター（法テラス）の設置に伴い，2007年3月末をもって解散した。

11　須納瀬・前掲39頁の「別表」を参照。

回は無料で少年鑑別所に面会に来てくれること（**当番付添人制度**），③付添人を選任するか否かは，その当番付添人と相談して決めればよいことを家庭裁判所から説明してもらい，これによって，少年鑑別所送致の観護措置決定を受けた少年で，かつ，付添人の選任を希望する少年全員に弁護士付添人を付けることができるようにするものである[12]。当番付添人制度は，2009年11月までに全国の弁護士会で実施されるようになった。当初は，対応能力や財源の不安等から，対象年齢や対象事件を限定した弁護士会も少なくなかったが，2013年7月には全弁護士会が対象事件を身柄拘束事件全件に拡大した。

　2001年6月には，司法制度改革審議会が「司法制度改革審議会意見書」を公表し，「Ⅱ　国民の期待に応える司法制度，第2　刑事司法制度の改革，2. 被疑者・被告人の公的弁護制度の整備，（2）少年審判手続における公費による少年の付添人制度（公的付添人制度）」の項において，第一次改正により導入された国選付添人制度以外の場合にも，少年事件の特殊性や公的弁護制度の対象に少年の被疑者をも含める場合のバランスなどを考慮すると，公的付添人制度について積極的な検討が必要だと考えられる旨の提言を行った。

　2004年10月には**被疑者国選弁護制度**が導入され（刑訴37条の2），06年10月より実施された。ただし，09年5月までは，対象事件は「死刑又は無期若しくは短期1年以上の懲役若しくは禁錮に当たる罪に係る事件について被疑者に対して勾留状が発せられている場合」に限定された。

　2004年5月には**総合法律支援法**が成立し，06年10月には，同法により設立された**日本司法支援センター**（法テラス）が業務を開始した。日本弁護士連合会は，07年10月から，国選弁護制度ではカヴァーされない刑事被疑者弁護援助，少年保護事件付添援助等の事業を同センターに委託して実施してきている。

　2007年の第二次改正では，検察官が審判に関与しない場合であっても，家庭裁判所の裁量により，国選付添人を付すことができる**裁量的国選付添人制度**が導入された（少22条の3第2項）。しかし，その対象事件は，①犯罪少年ま

12　福岡県弁護士会・全件付添人27, 49頁。

たは触法少年の事件で，②死刑または無期もしくは短期2年以上の懲役もし
くは禁錮にあたる罪で（当時の検察官審判関与対象事件と同じ範囲），③少年鑑別
所送致の観護措置がとられ，④少年に弁護士付添人がいない場合に限られ
た。そのため，その選任数は，（第四次改正直前の）2013年には320人で，少年
鑑別所に収容された少年（9196人）の3.5%に過ぎなかった[13]。また，第二次改
正では，触法調査付添人の制度が導入された（少6条の3）。

　第三次（2008年）改正では，被害者等による審判傍聴制度が導入されたが
（少22条の4），この傍聴を認める場合には，家庭裁判所は，あらかじめ弁護
士付添人の意見を聴かなければならず（少22条の5第1項），この場合に，少
年に弁護士付添人がいないときは，少年および保護者がこれを必要としない
旨の意思表示を明示した場合を除き，弁護士付添人を付さなければならない
こととされた（少22条の5第2項・第3項）。この限度で，必要的国選付添人制
度の対象範囲は拡大された。

　2009年5月には，被疑者国選弁護の対象事件が，「死刑又は無期若しくは
長期3年を超える懲役若しくは禁錮に当たる事件について被疑者に対して勾
留状が発せられている場合」にまで拡大された。この結果，被疑者国選弁護
制度の対象事件よりも国選付添人制度のそれのほうが狭くなり，窃盗，恐
喝，傷害等の事件の場合は，被疑者段階の国選弁護人が家庭裁判所送致後は
国選付添人になれないという事態が生じた。こうした事態は「おきざり」な
どとも呼ばれた。

　当番弁護士等緊急財政基金は2009年5月に期限を迎えたが，日本弁護士連
合会は，同年6月，**少年・刑事財政基金**を設立し，これを財源として**少年保護
事件付添援助事業**を日本司法支援センター（法テラス）に委託して実施するこ
ととした。この制度は，国選付添人制度の対象外の事件，および，対象事件
であっても家庭裁判所が国選付添人を選任しなかった事件について，少年が
希望する場合には，弁護士費用を援助するものである。その財源は，全国の
弁護士から徴収する特別会費である。

　2014年の第四次改正により，裁量的国選付添人制度の対象事件は，被疑者

13　2019年版弁護士白書102頁。

国選弁護制度のそれと同じ範囲にまで拡大された。同時に，検察官審判関与制度の対象事件も，これと同じ範囲にまで拡大された。

　しかし，2018年の刑事訴訟法改正により，被疑者国選弁護制度の対象事件は，罪種による限定が外され，「被疑者に対して勾留状が発せられている場合」にまで拡大された。この結果，再び国選付添人制度の対象事件との間で乖離が生じている。

　こうした状況のなか，少年・刑事財政基金を財源とする少年保護事件付添援助事業の役割はまだ終わっていない。

6　付添人選任率

　上記の法改正の結果および各弁護士会の取組みの成果として，付添人選任率は上昇してきている。

　一般保護事件の終局総人員における「付添人あり」の占める割合は，1.1％（1993年），1.6％（98年），6.1％（2003年），9.0％（08年），20.7％（13年），26.6％（18年）と推移している[14]。

　弁護士が付添人となったもののうち国選が占める割合は，0.0％（2004年），0.1％（05年），0.1％（06年），1.1％（07年），9.7％（08年），8.3％（09年），4.7％（10年），4.7％（11年），3.7％（12年），3.8％（13年），22.0％（14年），45.5％（15年），50.4％（16年），53.2％（17年），59.5％（18年）であり，2016年以降は国選が私選を上回っている[15]。

　私選であっても，少年保護事件付添援助制度を利用している件数が多い。例えば，2018年の私選2304人中1852件は付添援助が利用されている[16]。

　このように付添人の量的拡大は進みつつある。しかし，付添活動の質的充実も伴わねばならない。

14　2019年版弁護士白書99頁「資料2-1-3-1」参照。
15　2019年版弁護士白書100頁「資料2-1-3-2」参照。
16　2019年版弁護士白書101頁「資料2-1-3-5」参照。

7　今後の課題

1　国選付添人対象事件からの虞犯等の排除

　上述のとおり，第一次改正で誕生した国選付添人制度は，第二，第三，第四次改正を経て，その対象事件の範囲を拡大してきた。しかし，それは，検察官審判関与制度や被疑者国選弁護制度との比較や均衡において進められてきたものである。その結果，国選付添人制度の対象事件から，類型的に要保護性の高い虞犯や共同危険行為（道交117条の 3，68条）等が除外されてしまっている。本来，国選付添人制度は，検察官審判関与制度や被疑者国選弁護制度との比較や均衡ではなく，少年法の理念に即して構想されるべきである。

2　弁護士付添人と市民付添人との協働

　第一次改正以降，少年審判の改革は法律家の関与を増強する方向で進められてきた。裁定合議制，検察官の審判関与制度，国選付添人制度の導入，しかりである。少年審判において法律家が重要な役割を担うことはいうまでもない。しかし，市民参加も少年法の大切な持ち味であり，少年司法の社会的基盤の形成に不可欠なものである（☞第 1 章第 1 節 2 - 5）。審判における唯一の市民参加として市民付添人（許可付添人）の制度があるが，しかし，実際には，市民付添人の数は減少してきており，2018年においては保護者以外の市民付添人は50人のみであった[17]。非行事実に争いがあるケースもしくは争いが予想されるケース，または並行して民事や家事の法律問題の解決が求められるケースについては弁護士が付添人になる必要があるが，成長発達に向けた支援のあり方が主要な争点になるケースについては，弁護士以外の市民が付添人として少年にかかわる意義は大きい。また，ケースによっては，弁護士付添人と市民付添人との共同付添が行われてよい[18]。

17　平成30年版司法統計年報少年編52頁「第28表」参照。
18　和歌山家庭少年友の会「和歌山家庭少年友の会の付添人活動―弁護士付添人との協働について」ケ研334号（2018年）78頁。

第8章　被害者への支援

1　はじめに

　犯罪の被害者は，ある日突然に，被害者という立場にたたされる。本人だけでなく被害者の家族に甚大な影響が及ぶことも少なくない。被害者は生活の変化を強いられ，時には，生活そのものが困難になることさえある。

　被害者は，身体を傷つけられる，物を盗まれるといった直接的な被害だけでなく，例えば，事件に遭ったことによる精神的なショック，医療費や修理費等の経済的な負担，捜査や裁判に協力する精神的・時間的な負担，周囲の人々のうわさ話，マスコミの取材・報道によるストレスや不快感など，さまざまな被害を受ける。トラウマやPTSD（心的外傷後ストレス障がい）が生じ，専門的治療が必要になるケースもある。このように，犯罪の被害は，直接的な被害に止まらず，さまざまな形で生じ，さまざまな所に波及する。これらを総じて**二次被害**という。

　犯罪被害者への支援は，ひとつの機関やひとりの専門家でなしうるものではなく，多機関の連携のもとに総合的・継続的に行っていくべきもので，また，専門機関や専門家のみならず社会全体で考えていくべきものである。

2　周囲の人々の理解と配慮

　被害者に対する法的支援のあり方を論じる前に（あるいはそれと並行して），被害者と身近にいる人々との関係に目を向ける必要がある。

　被害者は，被害に遭ったこと自体大変なことなのに，時には，被害者側にも落ち度があったのではないかと陰口を叩かれたり，根も葉もないうわさ話が広がることで苦しんだり，孤立してしまうことがある。また，被害者は，

周りの人の言葉に，それが気遣いからであっても，深く傷つくこともある。例えば，被害者が気丈夫に振舞っていたところ，「○○さんは強いね」などといわれたらどうだろう。「頑張って」という励ましが逆効果になることもある。では，どうしたらよいか。正解はないのが正解ともいえる。大切なことのひとつは，あえて話かけないという選択肢も含め，必要なときには話をし，話を聞くという関係が維持されることであろう。

　いかに法的支援が充実したとしても，周囲の人々の理解と配慮がその前提になければ，被害者支援は成り立たない。

3　犯罪被害者等に対する法的支援制度の発足と拡大

　犯罪被害者等に対する法的支援が講じられるようになったのは，必要的保釈の除外事由（刑訴89条5号）の追加（1953年），自動車損害賠償法の制定（1955年），証人威迫罪（刑105条の2）の新設（1955年）等を除けば，比較的最近のことである。

　三菱重工ビル爆破事件等を契機として，1980年に**犯罪被害者等給付金支給法**（以下，犯給法という）が制定され，殺人や傷害等の人の生命または身体を害する故意の犯罪行為により不慮の死亡または重障害を受けたにもかかわらず公的救済や加害者側からの損害賠償を得られない被害者等に対し，共助の精神に基づき国が一定の給付金（一時金）を支給する犯罪被害給付制度が発足した。同法の制定は画期的なことであったが，その補償の範囲は，重障害は障害等級第1級〜第4級の後遺障害に限られるなど，きわめて狭いものであった。

　その後，地下鉄サリン事件等を契機に，被害者の置かれた悲惨な状況が広く認識されるとともに，被害者に対する支援の拡充を求める声が高まった。こうした背景のもと，2001年，犯罪被害給付制度の拡充とともに，給付金支給以外の被害者等への支援に関する整備を内容とする犯給法の改正が行われ，法律の題名も「犯罪被害者等給付金の支給等に関する法律」とされた。この改正により，①重傷病給付金の創設，②障害給付金の障害等級の拡大，③給付基礎額の引上げがなされたほか，給付金支給以外の被害者等への支援

に関する規定が整備され，④情報提供などの被害者等に対する援助の措置を警察本部長等の努力義務として定めるなど，警察による援助の措置の促進に関する規定や，⑤都道府県公安委員会が被害者等早期援助団体を指定するなど，民間の被害者援助団体の活動を促進するための規定が設けられた[1]。

2004年12月には，**犯罪被害者等基本法**が制定された[2]。同法の目的は，「犯罪被害者等のための施策に関し，基本理念を定め，並びに国，地方公共団体及び国民の責務を明らかにするとともに，犯罪被害者等のための施策の基本となる事項を定めること等により，犯罪被害者等のための施策を総合的かつ計画的に推進し，もって犯罪被害者等の権利利益の保護を図ること」にある。同法の制定を受けて，翌2005年12月には，犯罪被害者等のための施策の総合的かつ計画的な推進を図るため，**犯罪被害者等基本計画**[3]が閣議決定された。その後，2011年3月には第2次犯罪被害者等基本計画が，2016年4月には第3次犯罪被害者等基本計画が策定されている。

2006年4月には，犯罪被害者等給付金の支給等に関する法律施行令および同施行規則が改正され，重傷病給付金の支給範囲の拡大および親族間犯罪の支給制限の緩和がなされた[4]。

2008年4月には，法律の題名を「犯罪被害者等給付金の支給等による犯罪被害者等の支援に関する法律」に改め，目的規定に「犯罪被害者等が再び平穏な生活を営むことができるよう支援すること」を追記するほか，①休業損害を考慮した重傷病給付金の額の加算，②給付金の申請期間の特例，③被害者等に対する支援を行う民間団体の活動の促進，④広報啓発活動の推進に関する規定が設けられた[5]。

1　2001年の犯給法改正の経緯・内容については，警論54巻7号（2001年）特集・「犯給法の改正」と「被害者支援の現状と課題」の各論文を参照。
2　犯罪被害者等基本法の内容については，奥村正雄「犯罪被害者等基本法の成立を受けて」ジュリ1285号（2005年）2頁，牛山敦「犯罪被害者等基本法の概要」ひろば58巻5号（2005年）40頁を参照。
3　犯罪被害者等基本計画策定の経緯と目的については，神村昌通「犯罪被害者等基本計画策定の経緯と目的」ひろば59巻4号（2006年）4頁を参照。
4　廣田耕一「犯罪被害者等給付金の支給等に関する法律施行令及び施行規則の一部改正について」警論59巻6号（2006年）1頁。
5　2008年の改正の経緯・内容等については，警論61巻7号（2008年）特集・改正犯罪被害者支援法の各論文を参照。

2009年10月には，配偶者からの暴力事案等の被害者に係る支給制限の緩和が，2014年11月には，親族間での犯罪に係る減額・不支給事由の見直しが，2018年 4 月には，幼い遺児がいる場合の遺族給付金の増額，重傷病給付金の給付期間の延長，仮給付の柔軟化，親族間での犯罪被害に係る減額・不支給事由の抜本的見直しがそれぞれ実施されるなど，犯罪被害者等基本法および犯罪被害者等基本計画を踏まえた制度の拡充がなされている。

刑事手続との関係では，2000年 5 月に，**犯罪被害者保護関連二法**（「刑事訴訟法及び検察審査会法の一部を改正する法律」および「犯罪被害者等の保護を図るための刑事手続に付随する措置に関する法律」）が成立した。これは，刑事手続における犯罪被害者等の保護を直接のねらいとした，わが国最初の法律であり，前者では，証人の負担軽減措置として，証人への付添い，遮へい措置およびビデオリンク方式による証人尋問の導入のほか，強姦罪等の告訴期間の撤廃，公判廷における犯罪被害者等の心情等の意見陳述制度の導入等が行われた。後者では，被害者等による，公判優先傍聴，公判記録の閲覧・謄写，刑事訴訟手続における強制執行力のある刑事和解制度が創設された。

2007年 6 月には，「犯罪被害者等の権利利益の保護を図るための刑事訴訟法等の一部を改正する法律」が成立し，①犯罪被害者等が刑事裁判に参加する制度，②犯罪被害者等による損害賠償請求について刑事手続の成果を利用する制度，③刑事手続において被害者等の氏名等の情報を保護するための制度が創設されるとともに，④刑事訴訟における訴訟記録の閲覧および謄写の範囲が拡大されたほか，⑤民事訴訟におけるビデオリンク等の措置に関する規定の整備が行われた。

4　警察による被害者支援

法制度のなかで被害者が最初に出会うのは，多くの場合，警察官である。被害を受けるおそれのあるとき，または被害を受けた直後に，警察そして警察官がいかに対応するかは，被害の予防・重大化の回避，被害の早期回復，被害者への早期支援にとり，きわめて重要である。

これまで警察庁は，最も早い段階で被害者に接する機関として被害者支援

をリードしてきた。1996年2月には**被害者対策要綱**を策定し，同年5月には警察庁に犯罪被害者対策室を設置した。現在，**犯罪被害者対策室（支援室）**は，警視庁をはじめとして各警察本部に設けられている。1999年6月には犯罪捜査規範を改正し，被害者等に対する配慮，情報提供等に関する規定の整備が行われた。また，2000年以降，「ストーカー行為等の規制等に関する法律」「児童虐待の防止等に関する法律」「配偶者からの暴力の防止及び被害者の保護等に関する法律」などの施行に伴い，警察の被害者保護の活動はさらに拡がった。また，警察庁は，民間支援団体との協働により，各地における犯罪被害者支援に関するネットワーク作りにおいても重要な役割を担っている[6]。

　最近の動きとしては，第3次犯罪被害者等基本計画（2016年4月1日閣議決定）を受け，警察庁における犯罪被害者支援施策を計画的に推進するため，計画期間（2016年4月1日から2020年3月31日までの5年間）において講ずるべき具体的な取組み内容およびその推進要領を示すことを目的として，**警察庁犯罪被害者支援基本計画**[7]が策定されている。

　同基本計画には，警察庁が自ら実施し，または都道府県警察が実施するよう警察庁が指揮監督することにより推進する施策が示されている。それらの施策は全51項目から成り，（1）相談・捜査の過程における犯罪被害者への配慮および情報提供，（2）精神的被害の回復への支援および経済的負担の軽減に資する支援，（3）犯罪被害者の安全の確保，（4）犯罪被害者支援推進のための基盤整備，（5）国民の理解の増進，の5つに分類されている。そのなかには，犯罪被害者に関する情報の保護（（1）カ），被害児童からの事情聴取における配慮（（1）サ），性犯罪被害者に対する適切な対応（（1）シ・（4）カ），医療費やカウンセリング等心理療法の費用の負担軽減（（2）ア・イ），再被害防止に向けた関係機関との連携の充実（（3）イ），犯罪被害者等早期援助団体等の民間の団体との連携・協力等（（4）ク），被害が潜在化しやすい犯罪被害者に対する理解の促進（（5）ウ）など，各種の重要な施策が含まれている。被害者のニーズが複合的なものであること，警察段階における被害者支

6　髙井＝番＝山本・被害者保護法制148-149頁。
7　https://www.npa.go.jp/higaisya/shiryou/pdf/tsuutatsu/H28kihonkeikaku.pdf

援が迅速かつ多面的に実施される必要のあることが反映されているといえる。

5　検察による被害者支援

　検察官は，起訴・不起訴を決定するとき，公判で冒頭陳述や論告求刑を行うとき等，手続のさまざまな段階において，被害者の被害感情を考慮し，被害の回復措置が図られたかを確認し，時に被害者に問い合わせたり，面談等をしたりする。犯罪被害者保護関連二法の制定によって，検察官は，従来よりもさらに被害者と接することが多くなった。検察官には，被害者に対する配慮を尽くし，二次被害を与えることなく，被害者の心情を尊重し，公正に職務を行うことが求められている[8]。

　以上のような，捜査・公判の遂行上，被害者に対応する場面以外に，検察庁としての被害者保護（支援）制度には以下のものがある。

1　被害者等通知制度

　1999年4月1日，事件処理の結果等を通知する被害者等通知制度実施要領が施行され，全国の検察庁において，被害者に対する通知制度が実施されるようになった。その目的は，被害者その他の刑事事件関係者に対し，事件の処理結果，公判期日，刑事裁判の結果等を通知することにより，被害者を始めとする国民の理解を得るとともに，刑事司法の適正かつ円滑な運営に資することにある。当初は，事件の処理の結果，公判期日，刑事裁判の結果等の通知であったが，その後，2001年3月には，被害者およびその親族等に対し受刑者の出所情報を通知する制度が施行され，さらに同年10月からは，再被害の防止のために受刑者の釈放予定に関する通知制度も導入された[9]。

　通知の対象者は，（1）被害者，その親族もしくはこれに準ずる者または弁護士であるその代理人，（2）目撃者その他の参考人等である。

　通知の内容は，（1）事件の処理結果，（2）公判期日，（3）刑事裁判の結

8　髙井＝番＝山本・前掲155頁。
9　髙井＝番＝山本・前掲155-156頁。

果，（4）公訴事実の要旨，不起訴裁定の主文，不起訴裁定の理由の骨子，勾留および保釈等の身柄の状況ならびに公判経過等（1）から（3）までの事項に準ずる事項，（5）有罪裁判確定後の加害者に関する事項（①懲役または禁錮の刑の執行終了予定時期，受刑中の刑事施設における処遇状況に関する事項，ならびに仮釈放または刑の執行終了による釈放に関する事項，およびこれに準ずる事項，②懲役または禁錮の刑の執行猶予の言渡しの取消しに関する事項等），（6）（5）に準ずる事項，である。

2　被害者支援員制度

　1999年10月以降，被害者・遺族の負担や不安をできるだけ和らげることを目的として，全国の検察庁に**被害者支援員**が配置されている。被害者支援員は，被害者からの相談に対応するほか，法廷への案内・付添い，事件記録の閲覧，証拠品の返還などの各種手続の手助けをする。また，被害者の状況に応じて，精神面，生活面，経済面等の支援を行っている関係機関や団体等を紹介するなどの支援を行う。

3　被害者ホットラインの設置

　被害者が負担を感じることなく被害相談や事件の照会等を行うことができるように2000年4月以降，全国の検察庁に被害者ホットラインという名称で，被害者専用電話が設置されている。夜間や休日の場合でも留守番電話やファックスでの利用が可能である。

4　弁護士会との連携

　検察官が，支援の必要があると判断した被害者について弁護士会に連絡し，弁護士が1回無料でその被害者の相談に乗るという，検察庁と弁護士会との連携も一部の弁護士会で始まっている。

6　少年審判において被害者への配慮を充実させるための制度の創設

　1997年の神戸連続児童殺傷事件やその被害者遺族の手記，少年犯罪被害者

の自助グループの活動などにより，少年事件の被害者にも注目が集まり，少年審判においても何らかの被害者支援が必要であることが認識された。おりしも，法曹三者による「少年審判に関する意見交換会」(1996年11月〜98年 7 月)，そして，「法制審議会（少年法部会）」(1998年 7 月〜1999年 1 月) が開催され，少年審判における事実認定手続のあり方をめぐって改正論議が行われていた。

　1998年 7 月に法務大臣からなされた法制審議会への諮問には，被害者への配慮の充実は盛り込まれていなかったが，法制審議会での議論を経て，1999年 1 月に法務大臣に答申された「少年審判における事実認定手続の一層の適正化を図るための少年法の整備等に関する要綱骨子」には，被害者等に対する少年審判の結果等の通知制度の創設がくわえられた。これを受けて，1999年 3 月に国会に上程された「少年法の一部を改正する法律案」(内閣提案) には，被害者等に対し，①少年およびその法定代理人の氏名および住居，②決定の年月日，主文および理由の要旨を通知する制度の導入が盛り込まれた。

　衆議院の解散により第 1 次法案は廃案となったが，2000年 9 月に「少年法の一部を改正する法律案」(議員提案) が国会に上程された。この第 2 次法案には，2000年 5 月に成立した犯罪被害者保護関連二法を受けて，通知制度のほかに，被害者の申出による被害者の意見聴取，被害者による記録の閲覧・謄写の制度が盛り込まれた。同法案は，2000年11月に可決成立し，2001年 4 月から施行された。

　その後，第三次改正により，記録の閲覧・謄写の対象範囲の拡大や要件の緩和，被害者等による少年審判の傍聴制度，審判状況の説明制度の創設が行われ，現在に至っている。各制度の概要および実施状況は以下の通りである。

1　記録の閲覧・謄写制度

　従来，被害者による事件の記録の閲覧・謄写は，(旧)規則 7 条 1 項に定められた一般的な閲覧・謄写制度の枠内で行われてきた。しかし，とくに審判中に申請があったような場合には，秘密性の要請を重視し，被害者等による記録の閲覧・謄写に慎重になることが多かったようである[10]。

　第一次改正法は，審判継続中の場合も含めて被害者等による記録の閲覧・謄写を法律に明定することにより，被害者等が閲覧・謄写をより希望しやすくするとともに，法の趣旨を踏まえた被害者等に対する配慮の徹底も期待されることから，被害者等による記録の閲覧・謄写制度を設けた（少5条の2）。閲覧・謄写の申出ができるのは，被害者等（被害者またはその法定代理人もしくは被害者が死亡した場合もしくはその心身に重大な故障がある場合におけるその配偶者，直系の親族もしくは兄弟姉妹）または被害者等から依託を受けた弁護士である。ただし，記録の閲覧・謄写は，被害者等の権利とはされておらず，①審判開始決定後であることのほか，裁判所が，②被害者等の損害賠償請求権の行使のために必要があると認める場合その他正当な理由がある場合であって，③少年の健全な育成に対する影響，事件の性質，調査または審判の状況その他の事情を考慮して相当と認めること，が要件とされていた。また，閲覧・謄写の対象となる記録は，犯罪少年および触法少年の保護事件の非行事実（犯行の動機，態様および結果その他の当該犯罪に密接に関連する重要な事実を含む）に係る部分に限定されていた。

　その後，被害者等から，少年の身上・経歴等に関する記録についても閲覧・謄写の対象とすべきであるとの意見もあり，このような心情は犯罪被害者等基本法の趣旨からも尊重すべきものであるので，第三次改正により，記録の対象範囲が拡大されるとともに，閲覧等の要件も緩和された[11]。すなわち，これまで閲覧・謄写の対象とされていた記録のほかに，少年の身上に関する供述調書や審判調書，少年の生活状況に関する保護者の供述調書等も対象にくわえられた。ただし，社会記録は対象から除外されている。また，被害者等から申出があったときは，原則として記録の閲覧・謄写を認めることとし，例外的に，閲覧・謄写を求める理由が正当でないと認める場合，または少年の健全な育成に対する影響，事件の性質，調査もしくは審判の状況その他の事情を考慮して相当でない場合に限り，閲覧・謄写を認めないこととした。これにより，たんに事件の内容を知りたいとの理由で閲覧・謄写を希望する被害者等についても，相当でないと認められる場合を除き，記録の閲

10　甲斐ほか45頁。
11　久木元ほか24-27頁。

覧・謄写が認められることになった。

　第一次改正法施行後の 5 年間の統計によると，審判開始決定がされなかった場合や，法定の申出資格がない者からの申出であった場合を除き，閲覧・謄写が認められている[12]。最近の各制度の実施状況については ☞ 表 8 - 1

　被害者が情報にアクセスできるようにすることは重要である。しかし，少年の供述調書等を読むことが，被害者等の「事実を知りたい」という要求に真に応えることになるかについては慎重な検討が必要であろう。むしろ，少年の供述調書等を読むことで，被害者が憤りを募らせたり，さらに傷ついたりすることもありうる。被害者が記録を閲覧・謄写する際は，調書の法的性格について説明を受けたり，記載内容について尋ねたりできる援助者が必要と思われる。☞ 本章 9　今後の課題

2　意見の聴取制度

　第一次改正により設けられた制度のひとつで，犯罪少年または触法少年に係る事件の被害者等（第一次改正時点では，犯罪少年または触法少年に係る事件の被害者またはその法定代理人もしくは被害者が死亡した場合におけるその配偶者，直系の親族もしくは兄弟姉妹）から，被害に関する心情その他の事件に関する意見の陳述の申出があるとき，家庭裁判所は，自らこれを聴取し，または家庭裁判所調査官に命じてこれを聴取させるものである（少 9 条の 2 ）。ただし，事件の

表 8 - 1　被害者のための各種制度の実施状況（2014〜18年）

年 次	記録の閲覧・謄写		意見聴取		審判結果等の通知		少年審判の傍聴		少年審判の状況説明	
	申出のあった人数	認められた人数	申出のあった人数	認められた人数	申出のあった人数	認められた人数	傍聴の対象となった事件数	傍聴を許可した事件数（人数）	申出のあった人数	認められた人数
2014	1,056	1,042	270	264	1,269	1,266	91	59（79）	553	545
2015	1,137	1,111	315	301	1,100	1,090	74	45（65）	514	505
2016	1,080	1,051	244	226	991	982	74	34（67）	362	340
2017	1,064	1,039	236	223	854	849	78	36（73）	313	302
2018	936	894	214	207	824	817	68	25（47）	301	287

　出典：令和元年版犯罪被害者白書48頁。

12　最高裁判所事務総局家庭局「平成12年改正少年法の運用の概況（平成13年 4 月 1 日〜平成18年 3 月31日）」（2006年）11頁。

性質，調査または審判の状況その他の事情を考慮して，家庭裁判所が相当で
ないと認めるときは，意見聴取は行われない（同但し書）。

　意見聴取の方法には，①裁判所が審判期日において聴取する，②裁判所が
審判期日外で聴取する，③家庭裁判所調査官に命じて聴取する，という方法
がある。第一次改正法施行後5年間の統計によると，①が11%，②が46%，
③が43%を占めている[13]。しかし，最近では，基本的には，被害者の希望に
沿った形態での意見聴取がなされており，被害者が審判期日に意見を述べた
いという希望であれば，よほど問題のあるケースでないかぎりは認められて
いるようである[14]。

　意見聴取の申出ができる者の範囲は，第三次改正により，被害者の心身に
重大な故障がある場合におけるその配偶者，直系の親族または兄弟姉妹にま
で拡大された。

3　審判結果等の通知制度

　従来は，被害者から家庭裁判所に対し審判の結果等に関し問い合わせ等が
あったとしても，審判が非公開とされている趣旨に鑑み，慎重な姿勢がとら
れてきたが，第一次改正により，審判結果等の通知制度が設けられた。これ
は，犯罪少年または触法少年に係る事件を終局させる決定をした場合におい
て，当該事件の被害者等（少5条の2第1項の「被害者等」と同じ範囲）から申出
があるときに，家庭裁判所が，その申出をした者に対し，①少年およびその
法定代理人の氏名および住居，②決定の年月日，主文および理由の要旨を通
知するものである（少31条の2第1項）。ただし，通知をすることが少年の健
全な育成を妨げるおそれがあり相当でないと認められるものについては，通
知は行われない（同但し書）。

4　少年審判の傍聴制度

　第三次改正により，被害者等による少年審判の傍聴制度が導入された。こ
れは，被害者等（少5条の2第1項の「被害者等」と同じ範囲。ただし，事件による

13　最高裁判所事務総局家庭局・前掲12-13頁。
14　川出128頁。

限定がある）から審判の傍聴の申出がある場合に，家庭裁判所が，少年の年齢および心身の状態，事件の性質，審判の状況その他の事情を考慮して，少年の健全な育成を妨げるおそれがなく相当と認めるときは，その申出をした者に対し，審判の傍聴を許可するものである（少22条の 4 ）。

　傍聴制度の対象となる事件は，①故意の犯罪行為により被害者を死傷させた罪，②刑法211条（業務上過失致死傷等）の罪，③自動車運転死傷行為等処罰法 4 条（過失運転致死傷アルコール等影響発覚免脱罪），5 条（過失運転致死傷罪）または 6 条 3 項もしくは 4 項（ 4 条・ 5 条の罪の無免許運転による加重）[15]の死傷事件で，傷害については，それにより生命に重大な危険を生じさせたものに限られる。また，触法少年の事件については，傍聴の許否を判断するにあたり，触法少年が，一般に，精神的に特に未成熟であることを十分考慮することとし，12歳未満の触法少年の事件は除外されている。

　家庭裁判所は，審判の傍聴を許すには，あらかじめ，弁護士である付添人の意見を聴くこととし（少22条の 5 第 1 項），少年に弁護士である付添人がないときは，少年および保護者が付添人を不要とする意思を明示した場合を除き，弁護士である付添人を付さなければならない（少22条の 5 第 2 項・ 3 項）。

　審判を傍聴する被害者等の心理的負担は大きい。そこで，家庭裁判所は，審判を傍聴する者の年齢，心身の状態その他の事情を考慮し，その者が著しく不安または緊張を覚えるおそれがあると認めるときは，その不安または緊張を緩和するのに適当であり，かつ，審判を妨げ，またはこれに不当な影響を与えるおそれがないと認める者を，傍聴する者に付き添わせることができる（少22条の 4 第 3 項）。

5　審判状況の説明制度

　第三次改正により，被害者等（少 5 条の 2 第 1 項の「被害者等」と同じ範囲）に対する説明制度が導入された（少22条の 6 第 1 項）。これは，犯罪少年または触法少年の事件の被害者等から申出がある場合に，家庭裁判所は，その申出をした者に対し，審判期日における審判の状況を説明するものである。対象

15　③の罪は，2013（平25）年の自動車運転死傷行為等処罰法制定に伴い，法22条の 4 第 1 項に追加されたものである。

となる事件に制限はないが，家庭裁判所が，少年の健全な育成を妨げるおそれがなく相当と認めることが必要である。

　なお，記録の閲覧・謄写または審判傍聴を行った者，審判状況の説明または審判結果等の通知を受けた者は，守秘義務を負う（少5条の2第3項，22条の4第5項，22条の6第3項，31条の2第3項）。

7　少年院における被害者等施策

1　被害者等通知制度
　犯罪被害者等基本計画を受けて，2007年12月から，少年院長が，①収容されている少年院の名称等の事項，②少年院における教育状況等に関する事項（おおむね6か月ごとに通知），③出院に関する事項およびこれに準ずる事項を，希望する被害者等に通知する制度が導入されている。

2　少年院における被害者の視点を取り入れた教育
　少年院の矯正教育において，これまで被害者の視点がまったく取り入れられていなかったわけではなく，少年の個別処遇を進めていく過程では，被害者の気持ちを考えたり，謝罪の言葉を綴ったりする取組みが行われていた。しかし，制度として，被害者の視点を取り入れた教育が行われるようになったのは比較的最近のことである。
　法務省矯正局では，2004年6月から延べ4回，「被害者の視点を取り入れた教育」研究会を開催し，そこでの提言を受け，2005年3月矯正局教育課長通知において，「被害者の視点を取り入れた教育のモデル案」が示され，個別的処遇計画の内容に反映させている。また，同研究会の要望を受け，2005年度から被害者等のゲストスピーカーを招聘するために必要な予算措置がとられ，職員研修，講話，グループ指導などに，被害者等の協力を得て，被害者の視点を取り入れた教育が行われている[16]。

16　村尾博司「少年院における被害者の視点を取り入れた教育—運用の実情と課題」犯非153号（2007年）46頁。

　また，2015年に施行された新少年院法に基づき，生活指導のひとつとして，犯罪被害者等の心情等を理解し，罪障感および慰謝の気持ちを涵養することを目的とした指導（被害者心情理解指導）のほか，特定生活指導として，犯罪または刑罰法令に触れる行為により害を被った者およびその家族または遺族の心情を理解しようとする意識が低いことから，改善更生および円滑な社会復帰に支障があると認められる在院者に対して，非行の重大性や被害者の現状や心情を認識するとともに，被害者やその家族等に対する謝罪の気持ちを持ち，誠意を持って対応していくことを目的とした指導（被害者の視点を取り入れた教育）が行われている[17]（少院24条3項1号）。

8　更生保護における被害者等施策

　更生保護は，戦後長らく加害者の処遇に比重を置き，犯罪被害者等への対応は結果的に後手に回ってきた。更生保護にとって，被害者の視点に立つことは，応報的観点を更生保護に持ち込むこととなり，その理念が後退するのではないかという懸念もあった。しかし，近年，更生保護においても被害者等の支援に正面から取り組むべきであり，そのことは，ひいては加害者の処遇の充実にもつながるという思いから，地域社会における更生保護のネットワークを生かして犯罪被害者等を支援すべきではないか等の意見が高まった。このような動きが2005年の犯罪被害者等基本計画に集約され，更生保護における犯罪被害者等施策の骨格が固まり，2007年12月から導入されている[18]。

　更生保護における犯罪被害者等施策は，①仮釈放等審理における意見等聴取制度，②保護観察対象者に対する心情伝達制度，③被害者等通知制度，および④犯罪被害者等に対する相談・支援，の4つから成り立っている。

1　意見等聴取制度
　地方更生保護委員会は，仮釈放の許否に関する審理を行うにあたり，被害

17　矯正研修所・少年矯正法43-45頁。
18　法務総合研究所・更生保護281頁。

者等から，審理対象者の仮釈放に関する意見および被害に関する心情を述べ
たい旨の申出があったときは，その意見等を聴取するものとされている（更
生38条1項）。ただし，事件の性質，審理の状況等を考慮して相当でないと認
めるときは，聴取は行われない（同但し書）。この規定は，少年院からの仮退
院についても準用される（更生42条）。聴取した意見等は，仮釈放等の許否の
判断および特別遵守事項の設定にあたって考慮することとされている。

2　心情等伝達制度

　保護観察所長は，保護観察対象者について，被害者等から，心情等（被害
に関する心情，被害者等の置かれている状況または保護観察対象者の生活もしくは行動に
関する意見）の伝達の申出があったときは，その心情等を聴取し，これを保
護観察対象者に伝達するものとされている（更生65条1項）[19]。ただし，それを
伝達することが当該保護観察対象者の改善更生を妨げるおそれがあり，また
は事件の性質，保護観察の実施状況等を考慮して相当でないと認めるとき
は，聴取・伝達は行われない（同但し書）。

3　被害者等通知制度

　有罪裁判確定後の加害者に関しては，平成13年1月22日付け刑事局長・矯
正局長・保護局長依命通達に基づき，刑事施設からの釈放等について，被害
者等に対し通知が行われていた。この通達は，平成19年11月22日付け同依命
通達により改正され，同年12月1日から，新たに，保護処分を受けた者に関
しても通知を行うほか，その処遇状況等についても通知を行うこととなっ
た。すなわち，

　少年院からの仮退院については，地方更生保護委員会が，①仮退院審理の
開始に関する事項，②仮退院審理の結果に関する事項を通知し，保護観察所
長が，①保護観察の開始に関する事項，②保護観察中の処遇状況に関する事
項，③保護観察の終了に関する事項を，それぞれ希望する被害者等に通知す
ることとされている。

19　被害者等の心情伝達が加害者の処遇にプラスに働いたケースの紹介として，左近司彩子「心情
　等伝達制度と加害者処遇―事例を通じて」更保平成27年10月号40頁がある。

　また，保護観察処分については，保護観察所長が，①保護観察の開始に関する事項，②保護観察中の処遇状況に関する事項，③保護観察の終了に関する事項を，希望する被害者等に通知することとされている。

4　相談・支援

　更生保護の関係機関は，犯罪被害者等基本法に基づく犯罪被害者等基本計画を踏まえ，行政上の運用として，被害者等に対する相談・支援を実施している。

　支援の概要は，①被害者等からの相談に応じ，その悩み，不安等を傾聴し，その軽減または解消を図るとともに，関係機関等の紹介を行い，その連絡等を補助すること，②被害者等からの問い合わせに応じ，更生保護における被害者等施策の内容，その他の被害者等支援に関する諸制度の内容，その他刑事手続の内容等の説明・情報提供を行うこと，③意見等聴取制度における助言，付添い，同席，代筆，心情等伝達制度における助言，同席を行うこと，などである[20]。

9　今後の課題

　犯罪の被害は，その二次被害も含め，長期に及ぶことが少なくない。生涯続く被害もある。被害者への支援は，こうした被害の性格を踏まえて継続的に行われる必要がある。いかにその時点で充実した支援がなされたとしても，手続が移ると支援が途絶えてしまうのでは意味がない。切れ目のない，継続的な支援が必要である[21]。この点，官民協働により被害者と伴走する付添人制度の創設がぜひ必要と思われる。

　被害者も，加害者である少年も，立場は180度異なるが，支援を必要としている点では同じである。被害者に対する施策も，少年に対する施策も，ともに充実したものになることが必要である。しかし，一方の施策が高くなると他方の施策が低くなり，また一方の施策が低くなると他方の施策が高くな

20　法務総合研究所・前掲310-311頁。
21　片山・被害者支援18-19頁。

るという，シーソーゲームのようなかっこうになっていることが少なくない。被害者への施策と加害少年への施策との間には対立があることは事実であるが[22]，できうる限り，それぞれを充実したものにしていく必要がある。

22　守山＝後藤87頁〔後藤弘子〕。

第9章　少年保護手続（4）
審　判

　少年審判は，刑事裁判とは異なる多くの特徴を持つ。本章では，少年審判にはどのような特徴がなぜあるのかを，刑事裁判と比較しながら学ぶ。第1節では審判の原則，第2節では審判の進行，第3節では事実の認定，第4節では試験観察，第5節では終局決定，第6節では一事不再理を取り上げる。

第1節　審判の原則

1　審判開始の決定

　家庭裁判所は，調査の結果，審判を開始するのが相当であると認めるときは，**審判開始決定**をする（少21条）。一方，家庭裁判所は，調査の結果，審判に付することができず，または審判に付するのが相当でないと認めるときは，**審判不開始決定**をする（少19条1項）。実務上，一般保護事件の約4割が審判不開始で終えている。☞ 後掲 図9−5−1

　少年法21条は，調査の結果，審判開始の決定をすると定めているが，身柄事件（少年鑑別所送致）の場合は，調査の開始とほぼ同時に審判開始の決定をし，審判期日の指定などの準備を行う。審判期日は，通常，観護措置終了の数日前に設定される。

　これに対し，在宅事件の場合は，通常，調査の終了を待って審判期日が決められる。事件受理から審判までの期間は3か月前後といわれている。軽微な非行を軽微なまま終わらせるという少年法の目的からは，在宅事件についても（在宅事件についてこそ）迅速性が要請されよう。

2　審判の原則

1　少年審判における**適正手続**

　憲法31条以下の適正手続条項，少なくともその趣旨は，少年審判にも適用ないしは推及されると考えられる。しかし，刑事手続における適正手続条項を機械的に少年審判にあてはめればよいかというと，そうではない。刑事手続における適正手続を参照しつつも，少年法の目的は健全育成にあること，少年は言葉，認知，理解等の能力が低いこと，少年審判は職権主義の構造を採っていること等を踏まえた，少年審判固有の適正手続のあり方が考究される必要がある。

　適正手続のエッセンスは「告知と聴聞」にあるといわれているが，少年期の特性を踏まえれば，少年審判における適正手続の要点は，「わかりやすい説明と少年の言い分をよく聴くこと」にあり，これによって少年が手続に参加できるようにすることにある（☞ 第1章第1節2-3）。審判出席者，とくに裁判官は，審判の運営にあたり，このような姿勢と，それに必要な対話（コミュニケーション）の術を持つ必要がある。

2　**職権主義**

　刑事訴訟では**当事者主義**の構造が採られている。これに対し，少年審判では，裁判所が証拠調べなど審理の遂行について主導権を持つ**職権主義**の構造が採られている。詳しくは ☞ 本節3

3　**審判の教育的機能**

　審判は司法過程であると同時に教育過程でもある。非行のある少年にとっては，審判が，事件を振り返り，自分を見つめ，今後を考える契機となることが少なくない。また，そのような働きを持つものとして審判は運営される必要がある（少22条1項）。少年と同じ椅子に座って審判に臨む保護者にとっても同様である。審判過程における教育的・保護的な働きかけは，調査過程におけるそれと合わせ，**教育的措置**（保護的措置）と呼ばれる。

4　非公開

少年審判は非公開で行われる（少22条2項）。

憲法82条1項は裁判の公開原則を定めるが，少年審判は「対審」ではなく，訴訟事件に属しないから，これに反しない。

非公開とする実質的な理由は，①少年の特定の回避，②少年や家族のプライバシーの保護，③対話の促進（☞ 対話型司法，適正手続の保障）にある。少年審判は，少年が自分の言葉で事件や自分について語ることのできる場である必要がある。一般傍聴人の存在は，少年と裁判官等審判出席者との対話を困難にさせ，ひいては少年の手続参加を困難にさせる。

5　非方式性

少年法は審判の運営に関し22条の一か条を置き，少年審判規則にも若干の規定があるのみである（少審規25条の2，27～32条，35条）。

審判の運営は，基本的に裁判官の裁量にゆだねられている。ただし，非行事実の認定に関する証拠調べの範囲，限度，方法の決定は，家庭裁判所の完全な自由裁量ではなく，その合理的な裁量によらなければならない（最決昭58・10・26刑集37巻8号1260頁）。

少年法が審判について手続の形式を型のごとく規定していない所以は，むしろ形式の拘束を離れて，事案と少年の実質に適合した方式を創造し，それを実践すべき責任を家庭裁判所に託したためである[1]。すなわち，非方式性は，個々の事案と少年の状況に応じ，適正な審判をつくっていくためである。

6　個別審理

審判は，少年ごとに行われる。他の少年との併合審理は原則的に許されない。その理由は，処遇の個別化の要請[2]および少年・関係者の秘密保持の要請[3]にある。なお，前者の要請には，共犯者の上下関係から委縮がおきない

1　団藤＝森田201-202頁。
2　澤登139頁，武内272頁。
3　田宮＝廣瀬253頁。

ようにすることも含まれよう。

7　併合審理

　同一の少年に対するふたつ以上の事件は，なるべく併合して審判しなければならない（少審規25条の2）。要保護性は事件ごとに審理すべき性格のものではないこと，もしも事件ごとに審理すると手続の重複が生じ，少年に無用な負担をかけ，その情操保護にも審判経済にも反すること，要保護性を正確に判断するには，その少年の行ったすべての非行事実を把握する必要があることが，その理由である[4]。そこで，同じ少年の複数の事件が別の裁判所に係属しているときは，移送または回付して併合審理すべきである。もっとも，事件の性質・内容，非行時期等から別個に審理したほうがよい場合もある[5]。

3　審判が職権主義を採る理由とその課題

　刑事訴訟では**当事者主義**の構造が採られている。訴訟の進行は，原則として，当事者である被告人・弁護人と検察官とに任されている。裁判官は，双方の主張・立証を聞いて，判断を下す。裁判官は，白紙の状態で審理に臨むべきであるから，予断排除のため**起訴状一本主義**[6]が採られている（刑訴256条6項）。また，いわゆる伝聞証拠は，当事者の同意がなければ排除されるというルール（**伝聞証拠排除の原則**）が置かれている（刑訴320条1項）。

　これに対し，少年審判は**職権主義**の構造を持つ。捜査機関は，事件を家庭裁判所に送致する際，書類，証拠物その他参考となる資料を，あわせて送付し（少審規8条2項），裁判官は，これらの捜査記録（伝聞証拠を多く含む）のほか，家庭裁判所調査官の作成した少年調査票や身柄事件の場合は鑑別結果通知書等を編綴した少年調査記録（社会記録）に，あらかじめ目を通して審判

4　田宮＝廣瀬252頁。
5　田宮＝廣瀬252頁。
6　検察官は，公訴の提起に際し，裁判所に起訴状だけを提出する。裁判官に予断を抱かせるおそれのある書類等を起訴状に添付し，または引用することは禁じられている。

に臨む。つまり，裁判官は，非行事実ありの蓋然的心証を持って審判に臨んでいることになる。

　少年審判が職権主義を採っている理由は，第一に，少年審判は，少年の要保護性を明らかにし，その要保護性に応じた処遇を（それが必要ない場合も含め）選択するという役割を担っているからである。これに向けた適切な審判運営をするには，少年やその家庭環境に関する幅広い情報を頭に入れておく必要がある。例えば，犯罪歴は起訴状に記載することは許されないが，非行歴は少年の要保護性を把握するうえで重要な一資料である。

　第二に，裁判官は，直接少年に問いかけ，その応えを聴きながら，事件の事実関係を確認するとともに，少年のこれからを少年や家族と共に考えていく必要がある（☞対話型司法）。このような対話を成り立たせ，それを進めていくには職権主義的な構造が適している。当事者主義は，審判に対立的構造を持ち込むことになり，好ましくない。

　第三に，迅速性の要請がある。少年に対し適切な働きかけが速やかに提供されることで，少年は非行を克服することが可能となる。また，非行事実が認められない場合には一刻も早く少年を手続から開放しなければならない。もしも少年審判に当事者主義を持ち込めば，刑事訴訟と同程度の時間がかかることになる。

　しかし，職権主義の審問構造は，捜査の延長となるおそれを内在している。もしも裁判官が捜査からの嫌疑を引き継ぎ，少年を厳しく問い詰めるような姿勢をとれば，少年審判は悪しき糾問主義（必罰主義）に陥り，正確な事実認定から遠のく。そこで，裁判官は，収集された資料を，少年の言い分に耳を傾けながら洗い直し，正確性に疑いのある資料は排除していくという姿勢と思考方法を持つ必要がある。審判が，捜査からの嫌疑の継承ではなく，捜査の結果に対する批判的な判断から出発するという性質を意識することが，糾問的な構造から脱却できる前提条件といえる[7]。

7　守屋・非行と少年審判251頁

4　審判の対象

　かつては，要保護性が審判の対象であるとする説（人格重視説）や，非行事実が審判の対象であるとする説（非行事実対象説）があったが，現在は，非行事実および要保護性が審判の対象であるとするのが通説である（非行事実・要保護性対象説）。

第2節　審判の進行

1　審判の場所

　審判は，家庭裁判所の審判廷で行うのが原則であるが（裁69条1項），裁判所以外の適切と認める場所でも行うことができる（少審規27条）。実務上は，補導委託先（委託中の少年に対する中間・終局審判），少年院（収容少年の余罪審判，収容継続申請事件），少年鑑別所（身柄事件で押送が困難な場合）などで行われている[8]。

2　審判廷の構造

　審判廷は，刑事法廷とは異なるいくつかの特徴を持つ。例えば，適度の狭さ，机や椅子の配置，裁判官と少年の席の近さ・同じ目線の低さ，少年と保護者は同じ椅子に隣り合って座ること，などである。壁に絵画が飾られている審判廷もある。裁判官は法服を着用しない。これらは，少年が心を開いて話すことのできる空間をつくるための配慮・工夫といえる。☞適正手続，手続参加，対話型司法

8　田宮＝廣瀬247-248頁。

3　審判の出席者

　審判の席には，裁判官および裁判所書記官が列席する（少審規28条1項）。少年が審判期日に出頭しないときは，審判を行うことができない（少審規28条3項。直接審理）。つまり，裁判官，書記官および少年が審判に必須のメンバーということになる。

1　少　年

　公判手続では，例外的ながら被告人の出頭が免除される場合がある（刑訴284条，285条）。これに対し，少年審判では，少年の出頭が審判を開く要件となっている。家庭裁判所は，少年の出頭を確保するために必要な場合には同行状を発することもできる（少11条2項）。ただし，裁判官は，審判中，少年の情操を害するものと認める状況が生じたときは，その状況の継続中，少年を退席させることができる（少審規31条2項）。

　直接審理の理由は，裁判官の心証形成の必要性および審判の教育的効果から説明されている[9]。ただし，少年は，審判の席に座らされる客体ではなく，審判に参加する主体であることが確認されなければならない（北京ルールズ14.2）。

2　保護者

　少年法上，保護者とは，少年に対して法律上監護教育の義務ある者および少年を現に監護する者をいう（少2条2項）。保護者は，審判に出席する権利を有し（少審規25条2項），かつ，義務を負う（少11条，13条）。また，保護者には，審判において意見を述べる権利がある（少審規30条）。

　少年事件の背景を考えると，それは少年ひとりの事件ではなく，実態としては家族全体の事件であることが少なくない。保護者が，少年と同じ椅子に座り，少年や他の出席者と，これまでを振り返り，これからを考え合うこと

9　澤登140頁。

は，保護者にとっても重要な意味を持つ。

　保護者は審判の直接の対象ではないが，第一次（2000年）改正により，「家庭裁判所は，必要があると認めるときは，保護者に対し，少年の監護に関する責任を自覚させ，その非行を防止するため，調査又は審判において，自ら訓戒，指導その他の適当な措置をとり，又は家庭裁判所調査官に命じてこれらの措置をとらせることができる」とする規定（少25条の2）が置かれた。これは，実務上行われてきたところを，家庭裁判所の権限として明文化したものである[10]。同時に，保護者への支援も進めていく必要がある。

3　裁判官

　裁判官は，審判の主宰者としての権限と義務を有する。

　第一次改正前は，少年審判は，いかなる事件であっても一人の裁判官が担当してきた（単独制）。その理由は，原則として単独裁判官が審判を行うアメリカの制度にならったものだとも[11]，家庭裁判所の取り扱う事件は，さほど複雑でないものも多いうえ，家庭裁判所には，ケースワーカーとしての家庭裁判所調査官が置かれており，裁判官はその補助を受けることができるからだとも[12]，説明されている。

　しかし，山形事件など非行事実の存否が激しく争われる事件を契機として，少年事件を担当する裁判官等から，非行事実の認定に困難がともなう事件等については，多角的視点を確保する必要から，家庭裁判所においても裁定合議制をとれるようにすべきであるという意見が述べられるようになった[13]。

　第一次改正では少年審判の事実認定手続の適正化が柱のひとつとされ，同改正に伴う裁判所法改正により，単独制を原則としつつ，複雑・困難な事案については多角的視点を確保する必要から，裁判所が必要と認めたときは合議制をとることができることとなった（裁31条の4第2項）。合議体の裁判官

10　甲斐ほか158頁。
11　団藤＝森田202頁。
12　最高裁判所事務総局総務局編『裁判所法逐条解説〔上巻〕』（1968年）262頁。
13　八木正一「少年法改正への提言」判タ884号（1995年）35頁。

は3人とし，そのうち1人が裁判長となる（同第3項）。刑事訴訟では，裁定合議制とならんで一定の重大事件について法定合議制がとられているが（裁26条2項），少年審判については裁定合議制のみとされた。これは，少年保護事件については，合議体で審理しなければならない事案を類型化することが困難だからである[14]。裁定合議制は，複雑・困難な事件の事実認定を契機として導入されたが，処遇選択においても採用する利益があることから，要保護性の審理もその対象となる。過去5年間に合議決定のあった人員は，2014年38人，15年37人，16年39人，17年33人，18年24人である。

　ただし，合議制の審判廷は，少年からみると，大勢の大人に囲まれた威圧的な雰囲気になりやすい。そのため，審判廷の構成（審判廷のスペース，机・椅子の配置）や，少年とのコミュニケーションのとり方について十分な配慮が必要である。ケースによってはラウンド・テーブルの審判廷も有効であろう。

　審判は，法20条の決定（逆送決定）を除き，判事補が一人で行うことができる（少4条）。刑事裁判では，特例判事補制度により，判事補を5年務めると一人で裁判ができることになっているが，少年審判は特例判事補でなくてもよいことになる。少年審判は経験豊富な裁判官が担当すべきところ，このような体制には疑問もある。ただし，少年審判における適正手続の意義からすると，裁判官に求められる重要な能力のひとつは少年とのコミュニケーションの能力であるから，問題は裁判官の養成や研修のあり方にあるともいえよう。ちなみに，ドイツ少年裁判所法37条は，「少年裁判所における裁判官及び少年係検察官は，教育的能力があり，かつ少年の教育について経験を持つべきものとする」と規定している[15]。

　刑事裁判では，裁判官の公正・公平を確保するため，裁判官の除斥・忌避に関する規定が置かれている（刑訴20条，21条）。少年法には裁判官の除斥・忌避に関する規定はなく，少年審判規則に裁判官の回避の規定があるのみである（少審規32条）。判例上，この規定は，除斥，忌避，回避のすべてを含む規定であり，少年側は，裁判官に審判の公平について疑いを生ずべき事由の

14　甲斐ほか239-240頁。
15　武内訳・ドイツ少年刑法改革161頁。

あるときには，除斥や忌避を含んだ意味での回避の措置を求める申立てを行うことができると解されている（東京高決平元・7・18家月41巻10号166頁）。ただし，申立ての効果については見解がわかれており，申立ては裁判官の職権発動を促すものにすぎないとする裁判例もある（東京高決平17・11・2東高時報56巻1〜12号85頁）。

4　書記官

　裁判所書記官は，裁判所の事件に関する記録その他の書類の作成・保管，手続法で定められた事務，および裁判官の行う法令や判例の調査その他必要な事項の調査を補助する仕事をする（裁60条）。書記官は，審判期日の調整・連絡，必要な場合には被害者等への記録閲覧・謄写や審判傍聴制度の説明，審判当日は出頭した少年や保護者への対応，審判調書の作成等を行う。

5　家庭裁判所調査官

　家庭裁判所調査官は，裁判長の許可を得た場合を除き，審判の席に出席しなければならない（少審規28条2項）。少年事件処理要領モデル試案骨子（第2次モデル試案）第一，5（2）は，「審判は，次の……事件については，原則として，事件担当調査官の出席の下に行う」として，ア 観護措置のとられている事件，イ 試験観察相当の意見の付されている事件，ウ 試験観察中の事件の3つをあげている。しかし，調査官は，処遇決定に伴う教育的機能を担っているのであるから[16]，これら3つの事件以外にも，調査官が審判に出席する必要性は高い。とくに，少年に付添人がいないときは，少年が落ち着いて審判に臨み，発言できるよう，必要に応じてアドバイスを与えたり言葉を添えたりする必要があろう。

6　付添人

　付添人については ☞ 第7章

16　佐々木譲「少年審判廷における家庭裁判所調査官の役割」家月44巻4号（1992年）1頁。

7　検察官

　第一次改正前は，検察官は，少年審判に出席することが認められていなかった。検察官を排除した理由は，審判の対立構造を避けるためである。

　しかし，非行事実が激しく争われる事件については，付添人の質問に対して少年が供述した弁解の信用性を判断するため，裁判官自らが，少年の供述内容の矛盾点や他の証拠との不一致を指摘するなど，時には刑事訴訟における検察官的な役割も担わざるをえないことから（一人二役論），一定の条件のもとで少年審判に検察官の関与を求める声が，少年事件を担当する裁判官等からあがっていた[17]。

　検察官の審判関与の是非は改正論議において最も対立の激しかった争点のひとつであったが，第一次改正の結果，家庭裁判所が，非行事実を認定するための審判の手続に検察官が関与する必要があると認めたときは，検察官は審判に出席できることとなった（少22条の2）。検察官審判関与の対象事件は，当初は，①犯罪少年に係る事件で，②故意による被害者死亡事件，または③死刑または無期もしくは短期2年以上の懲役もしくは禁錮にあたる罪の事件であったが，第四次改正により，③は死刑または無期もしくは長期3年を超える懲役もしくは禁錮にあたる罪の事件に拡大された（②は③に含まれるため，とくに示されないことになった）。これは，第四次改正において裁量的国選付添人制度の対象事件の範囲が拡大されたところ，制度の趣旨や国民の納得の点でこれに一致させる必要があるとされたためである[18]。

　審判関与決定があった場合には，検察官は，事件の記録および証拠物の閲覧（少審規30条の5）・謄写（少審規7条1項），審判手続への出席および証拠調べ手続への立会い（少審規30条の6），少年および証人その他の関係人への尋問（少審規30条の8），証拠調べの申出（少審規30条の7），意見陳述（少審規30条の10）の権限を有する。ただし，検察官は，一方当事者としてこれらの権限を有するわけではない。少年審判における検察官の役割は，刑事訴訟における一方当事者としてのそれではなく，公益の代表者としての立場から的確に事実認定が行われるよう審判に協力することにある，と説明されている。過

17　八木・前掲35-36頁。
18　中村＝櫟53頁。

去5年間に検察官審判関与決定のあった人員は，2014年46人，15年40人，16年29人，17年41人，18年43人である。なお，検察官が関与できるのは非行事実を認定するための審判の手続に限られる（少22条の2第1項）。もしも要保護性の審理手続にも関与することになれば社会記録の内容を事実上知ることになるから，要保護性の審理に入れば検察官は退席すべきである（社会記録の目的外利用の禁止。☞第6章第1節7-2，本章第3節2-6）。

8　その他の出席者

　以上のほかに，裁判官は，審判の席に，少年の親族，教員その他相当と認める者の在席を許すことができる（少審規29条）。保護観察官，保護司，法務技官および法務教官も，審判の席において，裁判長の許可を得て，意見を述べることができるとされているから（少審規30条），審判に出席することが可能である。

4　審判の進行

　審判は，通常1回のみ開かれ，終局決定に至る。必要な場合には複数回審判を行うこともある。例えば，①事案が重大・複雑なとき，②非行事実に関する審判を先行させる必要があるとき，③試験観察決定を行った結果，終局決定のための審判を行う必要があるとき，④試験観察の途中で中間審判を行う必要を生じたとき，である。

　審判は，通常，①少年・保護者等の人定質問，②供述を強いられないことの説明（黙秘権の告知），③非行事実（送致事実）の説明，少年および付添人からの意見の聴取，④非行事実の審理，⑤要保護性の審理，⑥調査官および付添人からの処遇意見の聴取，⑦決定の告知，⑧（必要な場合には）抗告権の告知，の順序で進められる。

　外国の法制には，答弁審判（plea hearing），事実認定審判（fact-finding hearing），移送審判（waiver hearing），処分決定審判（dispositional hearing）のように，目的ごとに審判を分離しているところもある[19]。しかし，わが国の審判は，非行事実の審理と要保護性の審理とに大別されているものの，少年が非

行事実を認めており，かつ，非行事実を認定するための十分な証拠が揃っている場合には，両者は明確には区別されず，③の後，法律記録と社会記録に基づいて，少年，保護者，関係者らに事情を聴き，意見を述べさせ，裁判官から適宜，それぞれの問題点を指摘して，⑥以降の手続に至る場合が多い[20]。非行の背景も踏まえて非行事実を捉えることで非行の意味が明らかになることも少なくないので，非行事実の審理と要保護性の審理とが一体となって行われることには意義があるともいえる。もっとも，後述するように，社会記録の記載内容をもとに非行事実を認定することは許されず，両者は機能上分離されるべきことは確認されなければならない（☞ 本章第3節2-6）。

1　少年・保護者等の人定質問

　第1回審判期日の冒頭で，裁判官は，少年に対し，人違いでないことを確かめるため，氏名，生年月日，住居等を確認する。保護者に対しても，「お隣はお父さんとお母さんですね」といった聞き方で確認する。

2　供述を強いられないことの説明（黙秘権の告知）

　刑事訴訟法には黙秘権の保障と告知に関する規定があるが（刑訴311条1項，291条4項），少年法には同種の規定はない。しかし，憲法38条1項は少年審判にも適用されると考えられる（子ども40条2項(b)(iv)も参照）。また，少年は黙秘権について知らなかったり，言葉は知っていても内容を理解していないことが多いから，権利の内容について，わかりやすく説明（告知）してこそ権利告知をしたことになる。くわえて，黙秘権の告知は，少年とのフェアな関係を築きながら審判を進めるうえで重要である[21]。

　黙秘権の意義を自己負罪拒否特権と解すれば，それは犯罪少年の非行事実認定に関する適正手続保障のひとつに位置づけられる。しかし，保護処分も

19　服部・アメリカ少年法121頁参照。

20　田宮＝廣瀬256頁。

21　多田元「少年事件の上訴」平野・講座〔2巻〕334頁，相澤重明「家庭裁判所調査官と少年保護」ジュリ1087号（1996年）69頁。

自由の拘束を伴う不利益な処分であるうえ，黙秘権告知の意義は，少年との
フェアな関係を形成し，少年の意見表明および手続参加の基礎となるもので
あるから，刑事責任を問われる可能性のない触法少年および虞犯少年にも黙
秘権を告知すべきである。

　実務上，少なくとも犯罪少年に対しては黙秘権の告知が行われてきたが，
2001年の少年審判規則改正により，「裁判長は，第一回の審判期日の冒頭に
おいて，少年に対し，供述を強いられることはないことを分かりやすく説明
し」なければならないとの規定が設けられた（少審規29条の2）。本条の趣旨
は，審判の目的や教育効果の観点から，少年が審判において供述を強いられ
ることはないという当然の事理を明らかにしたもので，少年審判において黙
秘権の保障が及ぶかどうかの解釈上の議論を確定させるものではない，と解
説されている[22]。しかし，同規定は，実務上，黙秘権の告知が励行されてき
たこと等を踏まえ，審判を開始したすべての事件について黙秘権を保障し，
そのためのわかりやすい説明を義務づけたものと理解してよいであろう[23]。

　　Q1　あなたが裁判官だとして，少年に対し，黙秘権をどのように告知しま
　　すか。以下は，刑事訴訟の冒頭手続における一般的な黙秘権の告知の仕方で
　　すが，少年審判では，このような告知の仕方は妥当でしょうか。
　　　これから，あなたの被告事件について審理を行いますが，審理に先立ち注
　　意しておきます。あなたには黙秘権があります。したがって，あなたは答え
　　たくない質問に対しては答えを拒むことができるし，また，初めから終わり
　　まで黙っていることもできます。もちろん，質問に答えたいときには答えて
　　も構いませんが，あなたがここで述べたことは，あなたに有利・不利を問わ
　　ず証拠として用いられることがありますので，それを念頭に置いて答えて下
　　さい。

3　非行事実（送致事実）の説明，少年および付添人からの意見の聴取

　裁判官は，黙秘権の告知に続いて，少年に対し，審判に付すべき事由の要
旨を告げ，これについて陳述する機会を与えなければならない（少審規29条の

22　岡ほか361-362頁。
23　田宮＝廣瀬258頁。

2前段）。少年に付添人があるときは，当該付添人に対し，審判に付すべき事由について陳述する機会を与えなければならない（同後段）。

　審判に付すべき事由（非行事実）については「要旨を告げ」とだけ記されており，「分かりやすく説明する」ことへの言及はないが，非行事実の告知は，当該事実の有無について少年が意見を述べる前提となるものであるうえ，非行事実の認否およびそれについての意見はその後の手続を左右するものであるから，少年の年齢，言葉の能力，理解力等に応じて，少年の理解しやすい言葉で，内容的にもわかりやすく説明する必要がある。また，「要旨を告げ」とは，概略で足りるとの意味ではなく，非行事実の細部に争いが潜在しており，それが非行事実全体の存否や意味に大きく影響する可能性もあるから，丁寧に説明したうえで意見を聴く必要がある。

　Q2　あなたが少年Aの事件を担当する裁判官だとして，次のような非行事実を，どのように告げて，意見の聴取をしますか？

　　1．A（13歳，中2）は，B（15歳），C（12歳）と共謀の上，D（被害者）が，Aらを無視したことに憤慨して暴行を加えることを企て，令和○年○月○日午後4時50分頃，○○市○○区○○町○○広場跡地において，同人に対し，Aをして手拳，肘及び右膝でその腹部，背部を殴打，足蹴りにし，Bをして手拳でその左眼を殴打し，Cをしてその頭部を頭突きする暴行を加え，よって，同人に全治1週間程度を要する左眼打撲，左結膜下出血，左結膜炎並びに5日間の休業・通院・加療を要する左顔面打撲，背部打撲挫傷，両上腕挫傷の傷害を与え，

　　2．Cと共謀の上，前記Dが前記暴行により畏怖していることに乗じて，金員を喝取することを企て，同日午後5時10分頃，○○市○○区○○町○○において，同人に対し，「ちょっと財布見せて」「早く見せて」などと申し向け，もしこの要求に応じないときは，更に同人の身体にいかなる危害を加えるかもしれないと危惧の念を抱かせ，現金○○○円在中の財布（時価1000円相当）1個の交付を受け，これを喝取した。

4　非行事実の審理

　前述したとおり，裁判官は，審判に先立ち捜査記録（法律記録）を精読し

ている。刑事訴訟では，裁判官は白紙の状態で審理に臨むのに対し，少年審判では，裁判官は非行事実ありの蓋然的心証を持って審判に臨んでいることになる。そこで，裁判官は，少年の言い分をよく聴きながら，捜査の結果を洗い直していく必要がある。

　非行事実に争いがあるときは，証拠調べを行うことになる。少年審判における事実の認定については ☞ 本章第3節

　審理の結果，裁判官は，非行事実の存在について合理的な疑いを超える心証が得られなかったときは，非行なし不処分を決定する。

　非行事実の存在を確信したときは，要保護性の審理へ進む。

　正確な事実の認定が無辜の少年を早期に手続から解放するために重要であることはいうまでもない。非行のある少年についても，それは審理の出発点となるとともに，要保護性判断の資料にもなるから同様に重要である。

5　要保護性の審理

　少年に対する処分は要保護性の内容に応じて決定されるから，要保護性の審理は少年および裁判所の双方にとり重要である。

　要保護性に関する事実は，少年調査記録（社会記録）に綴られている。裁判官は事前に社会記録にも目を通して審判に臨んでいるが，そこに記載されている多くの事実は伝聞ないし再伝聞である。そこで，裁判官は，要保護性判断の基礎となる事実について，少年にわかりやすく説明し，少年の言い分をよく聴きながら，その存否と内容を丁寧に確認していく必要がある。

6　調査官および付添人からの処遇意見の聴取

　裁判官は，処遇を選択するにあたり，調査官および付添人から，少年の処遇に関する意見を聴く。

　審判に先立ち，調査官は少年調査票を，付添人は意見書を裁判所に提出しているので，通常，裁判官は，調査官および付添人に対し，提出された意見のとおりであることを確認することで処遇意見の聴取としている。もっとも，審判の結果，処遇意見が変わる可能性はあるし，調査官や付添人が少年の面前で処遇意見を述べることが望ましい場合もあろう。

7　決定の告知

　少年に対する処分は，非行事実ではなく要保護性に応じて決定される。もっとも，非行事実は要保護性判断のための重要な資料のひとつである。ただし，非行事実が，直接，処分選択に影響するのではなく，要保護性の判断を介して処分選択につながることが確認されねばならない。

　裁判官は，保護処分の決定を言い渡す場合には，少年および保護者に対し，保護処分の趣旨を懇切に説明し，これを充分に理解させるようにしなければならない（少審規35条1項）。保護処分以外の決定を言い渡す場合にも，この趣旨（決定の趣旨をわかりやすく説明すること）は推及されるべきである。

　Q3　次のような裁判官の決定の言い渡し方は妥当でしょうか。また，それはなぜでしょうか。

　裁判官：では，決定を言い渡します。君を第一種少年院に送致します。
　少　年：なぜ僕は少年院なのですか。
　裁判官：理由は明白。（そう言い残して裁判官は席を立った。）

8　（必要な場合には）抗告権の告知

　裁判官は，保護処分の決定を言い渡す場合には，少年に対し，抗告権のあること，および抗告する場合の期限や方法について説明しなければならない（少32条，少審規35条2項）。付添人の選任者が保護者であるときは，付添人は保護者の明示した意思に反して，抗告をすることができないから（少32条但し書），保護者にも抗告について説明しておく必要がある。抗告については ☞ 第10章第1節

5　被害者等による審判の傍聴

　被害者等による審判の傍聴については ☞ 第8章6-4

第3節　事実の認定

1　はじめに

　事実認定手続に関して、少年法および少年審判規則は、わずかな規定を置くのみである（少14〜16条、少審規12条、19条、19条の2、29条の3〜5）。証拠法則に関する規定は存在しない。これは、個々の事案の性格や少年の問題に応じて、柔軟に手続を進めるほうが望ましく、刑事訴訟のような厳格な証拠調べや証拠法則は少年審判にはなじまないと考えられてきたからである。

　しかし、少年審判においても正確な非行事実の認定が重要なのはいうまでもない。したがって、刑事訴訟を中心に発展してきた証拠法則等が少年審判にも適用されるのか、また、その趣旨が推及されるのかを含め、事実認定のあり方について検討する必要がある。

　ただし、正確な事実の把握は、法と心理学、司法面接、司法ソーシャルワーク、法的対話論等、法とその隣接領域にまたがる課題でもある。証拠調べ・証拠法則は、それ自体独立した課題であるが、こうした研究ないし取組みとの関連をもって検討される必要がある。

2　証拠調べ・証拠法則等

1　自白の証拠能力・補強法則

　刑事訴訟法には、任意性に疑いのある自白の証拠能力を否定する規定がある（刑訴319条1項）。少年法には同種の規定はないが、憲法38条2項の要請は少年審判にも及ぶと考えられる。

　また、補強法則（憲38条3項）は少年審判にも適用されるとするのが、通説および実務の運用である。ただし、補強証拠があれば自白の信用性が担保されるかといえば、必ずしもそうではない。とくに少年の取調べにおいては、言葉、認知、理解等の能力の低さと、その場の雰囲気や取調官への迎合とが

相乗してディスコミュニケーションが起き，取調官がそのズレに気づかない
まま虚偽の供述を録取してしまうおそれがある（☞第4章6−2）。自白の任
意性・信用性は，取調べにおける少年とのコミュニケーションの問題でもあ
ることに注意が必要である。

2 違法収集証拠排除法則

　司法の廉潔性および違法捜査の抑制は少年事件についても要請されるか
ら，違法収集証拠排除法則は少年審判にも適用されることに，ほぼ意見の一
致がある。

3 伝聞法則

　伝聞法則は，当事者主義を前提としたものであるから，職権主義を採る少
年審判には適用されないとするのが一般である。しかし，伝聞証拠は信用性
が担保されていないから，無制限にこれに依拠するのは問題である。そこ
で，伝聞法則の要請には，少年側に原供述者への反対尋問の機会を保障する
ことで応える必要がある[24]。

4 証拠調べ請求権

　刑事被告人については憲法37条2項後段で証人喚問権が認められており，
刑事訴訟法は，当事者である被告人・弁護人および検察官に証拠調べ請求権
を認めている（刑訴298条1項）。
　職権主義を採る少年審判において，少年は証拠調べ請求権を持つか。従
前，この問題については消極説[25]・積極説[26]があったが，2001年の少年審判

24　猪瀬慎一郎「少年審判における『法の適正な手続』」最高裁家庭局・諸問題98-99頁，野間洋之
　　助「少年保護事件と刑事訴訟法の準用」判タ少年法76頁，島田仁郎「少年保護事件と証拠法則」
　　判タ少年法149頁，守屋＝斉藤・コンメンタール293頁〔斉藤豊治〕。

25　野間・前掲77頁，長島孝太郎「少年審判手続と職権証拠調」判タ少年法164頁，田宮・解説149
　　頁〔廣瀬健二〕，内園盛久＝今井俊介＝西岡清一郎『少年審判手続における非行事実認定に関す
　　る実務上の諸問題』司法研究報告書37輯1号（1987年）113-114頁，見目明夫「少年事件への刑
　　訴法の準用」判タ家裁実務321頁。

26　沼辺愛一『少年審判手続の諸問題』司法研究報告書7輯1号（1954年）227-228頁，和田忠義
　　「少年審判の運営について」法時46巻4号（1974年）122頁，鴨良弼「苦悩する制度理念―少年法
　　と証拠法の接点」研修386号（1980年）11-12頁，平場262頁。

規則改正により，「少年，保護者及び付添人は，家庭裁判所に対し，証人尋問，鑑定，検証その他の証拠調べの申出をすることができる」(少審規29条の3) との規定が設けられた。この「証拠調べの申出」とは，家庭裁判所の職権発動を促すものであって，証拠調べの請求権を認めたものではない，と説明されている[27]。しかし，証拠調べを尽くすことは，正確な事実認定および少年の納得を得るために不可欠であるから，少年側からの申出は最大限尊重されるべきである。

5　証人尋問権

　家庭裁判所が職権または申出を受けて取り調べた証人や参考人に対して少年側は尋問を行う権利を持つか。流山事件では，この点が問題となった。

　高校3年であった少年Aは，他の12名と共同して，高校の黒板，校舎壁，ガラス窓等を損壊したという暴力行為等処罰に関する法律違反の事実 (第1事実)，および，他の3名と共謀のうえ，同校の廊下において，ダンボール箱にガソリンをふりかけたうえライターで火を放ち，校舎を焼毀しようとしたが，同校教員らが発見，消火したため，未遂に終わったという現住建造物等放火未遂の事実 (第2事実) により，家庭裁判所の審判に付された。

　審判において，Aは，第1事実については認めたが，第2事実については，身に覚えがないとして否認し，付添人もAの供述を前提として，目撃証人2名を含む合計11名の証人を申請し，また，Aの審判廷の供述に副う多数の関係者の供述書を提出するなどして事実を争った。

　家庭裁判所は，付添人申請の証人のうち，アリバイ証人1名，共犯者である少年3名を証人として取り調べたが，目撃者2名 (同校2年の女子生徒) については，その保護者の要望を入れて，少年・付添人に立会いの機会を与えないまま参考人として取り調べるにとどめ，その他の証人については取り調べないまま，第1・第2の両事実を非行事実として認定したうえ，Aを保護観察処分に付した。

　これに対し，Aの付添人は抗告を申し立てたが，抗告審はこれを棄却し

27　岡ほか379頁。

たため，付添人は，目撃者に対する反対尋問の機会を与えなかった家庭裁判所の措置は憲法31条に違反するものであるとして，最高裁判所に再抗告を申し立てた。

　最高裁判所は，抗告趣意は憲法31条違反をいうがその実質は単なる法令違反の主張であるから，少年法35条1項の抗告理由にあたらないとして再抗告を棄却したが，なお書きで，「少年保護事件における非行事実の認定にあたっては，少年の人権に対する手続上の配慮を欠かせないのであって，非行事実の認定に関する証拠調べの範囲，限度，方法の決定も，家庭裁判所の完全な自由裁量に属するものではなく，少年法及び少年審判規則は，これを家庭裁判所の合理的な裁量に委ねた趣旨と解すべきである」との判示をした（最判昭58・10・26刑集37巻1260頁）。

　本決定には，団藤重光裁判官と中村治朗裁判官の補足意見が付されている。団藤裁判官の補足意見は，「保護処分は少年の健全な育成のための処分であるとはいえ，少年院送致はもちろん，教護院・養護施設への送致や保護観察にしても，多かれすくなかれなんらかの自由の制限を伴うものであって，人権の制限にわたるものであることは否定しがたい。したがって，憲法31条の保障する法の適正手続，すくなくともその趣旨は，少年保護手続において保護処分を言い渡すばあいにも推及されるべきは当然だといわなければならない。……このように考えて来ると，少年保護事件における事実の証明に関して少年法が厳密な規定を置いていないことをもって，すべてを家庭裁判所の自由な裁量にゆだねている趣旨と解することは，とうてい許されないのである。家庭裁判所の裁量は，右に述べたようなことをふまえての覊束された裁量であり，その措置が一定の限度を逸脱するときは，まさしく法令の違反になるものといわなければならない。わたくしは，このような要請は，ひとり適正手続条項からだけのものではなく，実に法1条の宣明する少年法の基本理念から発するものであると信じるのである。少年に対してその人権の保障を考え納得の行くような手続をふんでやることによって，はじめて保護処分が少年に対して所期の改善効果を挙げることができるのである」と指摘する。そのうえで，本件の論点を，①「非行事実の認定上重要な意味を有するものと認められる目撃者について，これを単に参考人として取り調べ

だけで足りるか，証人として尋問しなければならないか」，②「いずれのばあいにおいても，少年または附添人（ことに弁護士たる附添人）に立会いおよび反対尋問の機会をあたえないでよいか」のふたつに整理し，①については，「原則としては，かならずしも証人尋問の方式による必要はない」としつつ，「しかし，保護手続においても，証人尋問の形式によるばあいには，保護事件の性質に反しないかぎり刑事訴訟法の証人尋問の規定が準用されることになり（法14条2項），その結果，本人の出頭・供述が確保され，また，虚偽の供述が抑止されることになるのであって，とくにそのような必要が認められるような事情があるときは，保護事件においても証人尋問の形式によることが法の要請だというべきである」とし，②については，「参考人にせよ証人にせよ，重要な参考人・証人であるかぎり，少年ないし附添人から要求があるときは，すくなくとも実質的に充分にその機会をあたえる必要があるものと解しなければならない。憲法37条2項の趣旨は，適正手続の内容の一部をなすものとして，少年保護事件にも実質的に推及されるべき」であるとした。そして，本件の審理経過および証拠関係を検討し，「目撃者2名の供述こそが本件におけるもっとも重要な証拠であ」り，「少年・附添人による反対尋問によって供述の信用性を争わせる必要は，大きい」として，「原原審が少年・附添人に目撃者に対する立会い・反対尋問の機会をあたえなかったことは，……裁判所の裁量の範囲を逸脱するものであった」と結論づけた。

　学説の多くも，自己に不利益な供述を行った者に対して反対尋問を行い，その供述の信用性を争う権利を与えることは適正手続の基本的要請であり，このことは少年審判にも妥当する，としている[28]。

6　社会記録の利用

　調査官面接の際，非行事実に関し少年が調査官に打ち明けた事実や事情が少年調査票（社会記録に編綴）に記載されている場合に，裁判官は，これを非行事実の認定に利用してよいか。

28　田宮＝廣瀬261頁，平場264頁，守屋＝斉藤・コンメンタール290頁〔斉藤豊治〕，川出160頁。

　少年調査票は，少年の要保護性を把握する目的で，調査官が少年との信頼
関係のもとで聴取した情報により作成されたものであるから，それを非行事
実の認定に利用することは，①収集された情報の目的外利用であり，②少年
との信頼関係を破るものであるから，許されないと考える。非行事実の不存
在に向けての利用も，同じく①収集された情報の目的外利用であるから，許
されないと考える。もっとも，調査の過程で非行事実の存在に疑いが生じた
ときは，調査官は，少年の同意を得たうえで，その旨を裁判官に報告し，非
行事実の存否に関する法的調査を先行させるべきであり，このことが徹底さ
れれば上記のような場面は起きにくいと思われる。

　これと関連して，検察官は，検察官審判関与決定があった事件において，
少年審判規則7条1項の規定にかかわらず，その非行事実の認定に資するた
め必要な限度で，保護事件の記録または証拠物を閲覧することができるとさ
れており（少審規30条の5），この「保護事件の記録」には社会記録が含まれ
る，と説明されている[29]。しかし，検察官に社会記録の閲覧を許せば，その
記載内容が非行事実認定の資料や，抗告受理申立の資料に利用される可能性
があり，それが現実のものとなった場合はもちろんのこと，閲覧すること自
体，社会調査における少年との信頼関係を破るものであるから，「保護事件
の記録」から社会記録は除外されるべきである（社会記録の目的外利用の禁止）。

7　心証の程度

　保護処分の前提となる非行事実の存在については，合理的な疑いを超える
心証が必要である。

　一方，逆送決定の前提となる非行事実の存在については，蓋然的心証で足
りるとの見解が多数を占めている[30]。たしかに，逆送決定は，調査段階でも
行うことができるから，合理的な疑いを超える心証までは必要ないとの見方

29　甲斐ほか144頁，岡ほか389頁。
30　田宮＝廣瀬229頁，川出218頁，団藤＝森田188頁，丸山322頁等。合理的な疑いを超える心証を
　　必要とするものとして，沼辺・前掲215頁，柳瀬隆次『少年保護事件における不開始・不処分決
　　定に関する研究』司法研究報告書8輯11号（1960年）43頁，山本矩夫「否認事件の取扱いについ
　　て」司法研修所報30号（1963年）125頁，佐々木一彦「逆送について」平野・講座〔第2巻〕95
　　頁等がある。

もできよう。しかし，逆送決定は，刑罰の賦課を相当として検察官に事件を送致する重大な決定であるから，審判を開き，慎重な審理を経ることを原則とすべきである。審判を経ない逆送決定は，少年に対し逆送決定がなされた直後に，同じ少年の軽微な余罪が家庭裁判所に送致されてきたような場合に限られるべきである。

　また，逆送の当否が問題となるケースでは，事実関係に争いのあるものも少なくないと思われるが，弁護士付添人が保護処分相当の意見を持ち，非行事実の存在について合理的な疑いを超えるレベルの心証を前提に付添人活動（弁護活動）を行っているのに，裁判官が蓋然的レベルの心証で非行事実の存在を認め，逆送決定を行うのでは，両者の間で実質的に争点が共有されないことになり好ましくない。

8　補充捜査の可否

　調査・審判段階で少年が否認に転じ，アリバイを主張したような場合に，家庭裁判所は，捜査機関に対し，補充捜査を依頼することができるか。

　この問題に対し，従前は，司法機関の公平性を理由とする否定説が主流であった[31]。前述の流山事件最高裁決定は少年に対する適正手続の保障を重視したものであったが，その後は，合理的裁量論をスプリングボードにして，非行事実の不存在のみならず存在に向けての職権証拠調べの範囲が論じられるようになり[32]，捜査機関の補充捜査権限および家庭裁判所の捜査機関に対する補充捜査の依頼を肯定する論文も家庭裁判月報誌上にあらわれた[33]。こ

31　長島・前掲165頁，内園盛久＝西岡清一郎「少年保護事件における非行事実の認定に関する職権証拠調べの範囲，限度及び方法」家月36巻2号（1984年）149頁，三井明「否認事件の審判手続について－一つの試案」最高裁家庭局・諸問題134頁。

32　斉藤・研究16-7頁。このような変化の背景について，守屋＝斉藤・コンメンタール296-297頁〔斉藤豊治〕も参照。

33　小川正持「少年保護事件における職権証拠調べ」家月37巻7号（1985年）1頁以下は，少年審判の目的は少年の健全な育成を期することにあり，それは一人の非行のない者を保護処分に付してはならないのと同様に，一人の非行のある保護を要する者を見逃してはならず，また，家庭裁判所に要求される中立性とは少年の有利にも不利にも偏ることなく職権を行使するという意味での中立性であることを指摘したうえで，家庭裁判所は，証拠の存在が窺われないのに，あてもなく少年に不利な証拠を探すことや，少年本人の取調べや強制捜査の依頼はできない等の制約はあるが，必要な場合には捜査機関に対し補充捜査を依頼することができる旨を述べている。

うした流れのなかで，平成2年10月24日の最高裁決定[34]は，なお書きながら，「捜査機関は，少年の被疑事件を家庭裁判所に送致した後においても補充捜査をすることができ，家庭裁判所は，事実調査のため，捜査機関に対し，右捜査権限の発動を促し，又は少年法16条の規定に基づいて補充捜査を求めることができると解すべきである」と判示した。

　その後，平成10年4月21日の最高裁決定[35]は，少年法16条にもとづく捜査機関への援助協力依頼により得られた証拠の存在を付添人に了知させなかったことの適否が問題となった事案について，「少年が非行事実の存在を争っている保護事件においては，その争点について，援助協力の依頼に応じた捜査機関から送付を受けた証拠は，附添人が選任されている場合には，特段の事情のない限り，その証拠の送付を受けた旨を附添人に通知するのが相当であり，附添人が選任されていない場合には，証拠の重要性に応じて，その内容の要点を少年に告げるなど少年に防御の機会を与えるよう配慮した運用が望ましい」と判示した（しかし，送付を受けた回答は，証拠全体の中で重要な位置を占める性質のものとはいえず，しかも，少年に対しては，審判全体を通じて，証人に対する尋問を含む十分な防御の機会が保障され，上記回答の存在を知らなかったことにより防御上特段の不利益を生じたともいえず，原原審の措置をもっていまだ裁量の範囲を逸脱した違法なものということはできないとして，少年側からの再抗告は棄却された）。本決定には，家庭裁判所の措置は，「審判の公平性に対する信頼や審判そのものの公正感を著しく損なうものであるとともに，少年側に事実認定上の不意打ちを与えるものであり，少年から右回答についての十分な防御の機会を奪ったものといわざるを得ない」として，その措置は「妥当性を欠くというにとどまらず，違法である」との尾崎行信裁判官の意見が付されている。

　このような判例の動きを背景として，2001年の少年審判規則改正により，「家庭裁判所は，法第21条の決定をした後，当該決定をした事件について，検察官，保護観察所長，司法警察員，警察官，都道府県知事又は児童相談所長から書類，証拠物その他参考となる資料の送付を受けたときは，速やかにその旨を付添人に通知しなければならない」との規定（少審規29条の5）が設

34　刑集44巻7号639頁。
35　刑集52巻3号209頁。

けられた。この規定は，家庭裁判所は補充捜査を依頼できることを前提にしているかのように読める。しかし，原則として，家庭裁判所は，自身による証拠調べ（少14条）で対応すべきであり，補充捜査の依頼については抑制的に考えるべきである。依頼をするとしても，探知的な補充捜査の依頼は認められないと考えるべきである[36]。

　なお，家庭裁判所送致により事件は捜査機関の手を離れたというべきであるから，事件送致後に，捜査機関が独自の判断で，当該送致事実につき少年を取り調べることは，特段の事情がある場合を除き，認めるべきではない[37]。

9　非行事実の認定替え

　少年審判においては，刑事訴訟のような訴因制度がとられていない。

　審判の対象としての非行事実は，送致書に記載された事実のみならず，それと同一性を有する事実全体を意味すると解されている[38]。

　送致事実と同一性のない事実を認定することは不告不理の原則に違背するから許されず，送致事実と異なる事実を認定するには別途立件手続が必要となる。

　同一性を有する場合であっても，少年にとって不意打ちにあたる場合には，少年に対し認定替えしようとする事実をわかりやすく説明してその弁解を聴き，必要に応じて反論・反証の機会を与える等の適正手続の要請を満たすに足る措置をとる必要がある[39]。

36　葛野尋之「研究者からみた補充捜査」法時63巻12号（1991年）41頁，武内299頁。

37　田宮＝廣瀬176-177頁，川出176頁。

38　山崎恒「送致事実と異なる事実の認定」判タ少年法158-159頁，平場160頁，田宮＝廣瀬270頁。

39　田宮＝廣瀬271頁。東京高決平25・1・25家月65巻6号121頁は，原裁判所が，恐喝の送致事実について，恐喝幇助の限度で非行事実を認定するに際し，送致事実に記載されておらず，被害者の警察官調書に記載があるのみで，少年自身も述べたことがない事実を少年の幇助行為として認定するのであれば，適正手続の要請に照らし，また，少年審判規則29条の2の趣旨に鑑み，少年および付添人に対して，この事実を告知し，この事実につき陳述する機会を与えたうえで，さらに，必要に応じて反論・反証の機会を与えて，審理を尽くす必要があったというべきところ，そうした措置を講じることなく上記のとおり少年の幇助行為を認定したのは，適正手続の要請に反し，少年審判規則29条の2の趣旨にも反して違法であるといわざるを得ず，この違法は決定に影響を及ぼすものと認められるから，原決定は取消しを免れない，とした。

10　要保護性に関する事実の審理

（1）　事実の検証

　処分は要保護性の有無・内容に応じて決定されるから，要保護性に関する事実の認定は，裁判所および少年の双方にとり重要である。

　しかし，非行事実の認定とは異なり，要保護性判断の基礎となる事実は，少年の生育歴，家庭環境，友人関係など，プライベートでデリケートなものが多分に含まれているから，その性質上，法的テストになじまないものも少なくない。しかし，かといって，少年が社会記録の記載内容の正確性について疑義を抱いているような場合に，裁判官が何ら証拠調べを行わないまま要保護性に関し心証形成をし，それが処分に影響することになれば，少年は納得がいかないであろう。要保護性把握の基礎となる事実の確認にも，適正手続保障の要請が及ぶと考える必要がある。

　もっとも，要保護性に関する事実は多種多様であるから，それを一律の基準で扱おうとするところに，そもそも無理がある。例えば，犯行の動機，共犯者間の関係，犯行の態様など，「犯情」に相当する部分については，非行事実の認定に準じた扱いが可能であり，かつ，それが相当であろう。原供述者を審判に呼び，尋問を行うという方法も選択されることになる。しかし，例えば，学校照会の回答に，少年の交友関係や普段の素行などに関する不正確な記載がある場合に，原回答者（少年の担任等）を審判に呼び，尋問を行うことが，常に，その記載内容の真否を確認するのに有効で，妥当な方法といえるかは疑問である。このような場合には，少年の交友関係や普段の素行に関する他の資料に関する審理を充実させ，あるいは，付添人がいる場合には，付添人が学校訪問を行い，学校の責任者と面談し，そこで聴取した内容を報告書として裁判所に提出するという方法で，実質的に反論の機会をつくるほうが妥当かつ有効であるように思われる。要するに，要保護性に関する事実には多種多様なものがあるため，個々の事実の性格，証拠法則等の法的テストの有効性・妥当性，これに代替する検証方法の有効性・妥当性，少年の利益等を総合的に判断しながら，少年側の疑問や要求に応えていくのがよいように思われる。

（2）心証の程度

　要保護性に関する心証の程度については，ふたつのレベルに分けて考える必要がある。①ひとつは，要保護性そのものに関する心証の程度であり，②もうひとつは要保護性判断の基礎となる事実の存在に関する心証の程度である[40]。①については，要保護性は，将来予測的な要素（再非行可能性）を含む概念であるから，確信の心証までは無理であり，蓋然的心証で足りよう。②については，明白で説得力のある証明[41]等の基準が示されている。しかし，上記(1)とも関係するが，要保護性判断の基礎となる事実は多種多様であるから，一律の基準でまかなおうとするところに，そもそも無理がある。可能な限り高い心証が求められるのは勿論だが，個々の事実の性格や具体的な検証の方法に応じて，心証の程度は異なると考えるのが自然である。一般的には蓋然的心証で足りるであろうが，要保護性の有無・内容の判断にとり，とくに重要な事実については，合理的な疑いを超える心証が必要であろう。

11　余罪考慮の可否

　調査・審判の過程で少年の余罪が発見されたとき，どのように扱うべきであろうか。少年手続にも不告不理の原則が適用されるから，捜査機関からの送致（または，調査官からの報告）を待って，これを審判の対象に追加するという方法も勿論ある。これに対し，余罪を，新たな非行事実としてではなく，要保護性の判断資料として扱うことができるかが問題となる。

　実務上は，量刑判断における余罪考慮との較量から，余罪考慮により処遇が決定的に異なる場合は余罪考慮は許されないこと，換言すれば，余罪考慮により処遇上少年が不利益を受けないことを条件として余罪考慮が許されている。ただし，余罪を要保護性の判断資料とする場合には，非行事実の認定と同様に，合理的な疑いを超える証明が必要である。また，余罪を要保護性の判断資料として考慮した場合には，その旨を決定書に記載し，法46条1項の「審判を経た事件」として扱うべきである。

　なお，非行なしとした事実を要保護性判断において考慮することは許され

40　守屋＝斉藤・コンメンタール299頁〔斉藤豊治〕，川出187-188頁。
41　守屋＝斉藤・コンメンタール300頁〔斉藤豊治〕。

ない（東京高決昭52・2・4家月29巻9号127頁）。

第4節　試験観察

1　試験観察の意義

　家庭裁判所は，保護処分を決定するため必要があると認めるときは，相当の期間，家庭裁判所調査官の観察に付する決定をすることができる（少25条1項）。この観察を**試験観察**という。

　試験観察は，直ちに終局決定を行うのではなく，終局決定を留保し，一定の期間，少年に対し働きかけを行いつつ少年の生活ぶりや少年の変化を観察し，その過程で得られたことも資料にくわえて，最終的な判断（終局決定）を行うのが相当な場合に行われる。試験観察は要保護性の把握を目的とするものであるから，家庭裁判所調査官による社会調査や少年鑑別所における鑑別と共通の性格を持つ。ただし，試験観察は，少年に働きかけを行いつつ，その生活ぶりや少年の変化を観察するという意味で，より能動的な調査の場面だといえる。

　試験観察は，英米で発達したプロベーション（probation）と類似した性格を持つ。プロベーションとは，対象者に対し，刑の宣告自体を猶予し，その猶予の期間中，指導監督を行う制度で，終局処分を留保し，その心理的強制を利用して改善更生の実をあげようとするものである。

　試験観察は，家庭裁判所のケースワーク機能[42]が最もよく発揮される場面だといわれており，試験観察を契機として大きく成長する少年も多い。試験観察は，調査の一部であると同時に，成長発達に向けた働きかけの場面でもある。また，試験観察の期間中に，弁護士付添人を介して，被害者との間で

42　メアリー・E・リッチモンド著，小松源助訳『ソーシャル・ケース・ワークとは何か』（1991年）57頁は，「ソーシャル・ケース・ワークは，人間と社会環境との間を個別に，意識的に調整することを通してパーソナリティを発達させる諸過程から成り立っている」とする。

示談が成立したり，被害者の承諾を得たうえで少年から被害者へ謝罪の手紙を送ったりすることもある。

　とくに虞犯保護事件については，虞犯性は将来予測的なものであり，いきなり処分を課すのでは少年の納得が得られないから，試験観察を行い，そのプロセスのなかで少年と対話を重ね，状況を見極めながら最終的な結論を見出していくことが必要である（☞ 適正手続の保障）。

2　試験観察の要件，期間，実施形態等

1　試験観察の要件

　試験観察を行うには，保護処分に付する蓋然性があること，すなわち，非行事実の存在についての確信，および保護処分相当性についての蓋然性があることが前提となる。

　非行事実に争いがあるときは，法的調査を先行させるべきである。また，不処分が予想されるような要保護性の軽微なケースについて試験観察を行うことは適当ではない。ただし，試験観察の結果，要保護性が解消ないし軽減されて不処分で終了することは差し支えないし，ここに試験観察の妙味があるともいわれている。

2　試験観察の期間

　試験観察の期間は，条文上は「相当の期間」である（少25条1項）。しかし，試験観察とはいえ，少年の自由を制限する性格を持つから（とくに身柄付き補導委託），無限定に行われるのは好ましくない。また，少年からみて，期間が設定されることで目標を持ちやすくなることも重要である。そこで，実際には，ケースごとに，期間を定めたり（少審規40条1項），期間の目安をたてたりして，試験観察を行っている。

　試験観察の実際の期間（2018年）は，1月以内：5％（56人），2月以内：7％（78人），3月以内：11％（130人），4月以内：22％（257人），5月以内：23％（263人），6月以内：16％（181人），9月以内：15％（175人），1年以内：2％（19人），1年を超える：0.2％（2人）である[43]（6月以内の累計は8割

を超える）。3か月から6か月以内というのが一般的な期間といえよう。

3 試験観察とあわせてとりうる措置

　試験観察とあわせて，次の措置をとることができる（少25条2項）。すなわち，（1）遵守事項を定めてその履行を命ずること（同1号），（2）条件を付けて保護者へ引き渡すこと（同2号），（3）適当な施設，団体または個人に補導を委託すること（同3号），である。

　（1）遵守事項を定めてその履行を命ずる場合には，その事項を具体的かつ明瞭に指示し，少年をして自発的にこれを遵守しようとする心構えを持たせるように努めなければならない（少審規40条2項）。

　（2）条件を付ける対象は保護者である。条件をつけて保護者に引き渡す場合には，保護者に対し，少年の保護監督について必要な条件を具体的に指示しなければならない（同3項）。

　（3）補導委託は，適当な個人または団体に補導を委託するもので，①在宅補導委託と②身柄付き補導委託とがある。①**在宅補導委託**は，少年を保護者等のもとに置いたまま，少年の在籍する学校の教員や職場の雇主などに補導を委託するものであり，②**身柄付き補導委託**は，少年の身柄を補導委託先にあずけて補導を委託するものである。**補導委託先**とは，各家庭裁判所と契約を結んで身柄付き補導委託を行う施設，団体，個人のことで，民間の事業主，篤志家，更生保護法人，福祉施設などである。公私を問わないが，制度の趣旨からみて家庭的な雰囲気のところが望ましいとされている。家庭裁判所調査官は，補導を委託した個人や団体と連絡をとるだけでなく，補導委託先を訪問し，補導の状況，少年の生活ぶり等を観察し，適切な助言・指導を与える。☞ 第3章6-3 試験観察の事例

4 試験観察の実施形態

　試験観察は個別に行うのが原則であるが，交通関係事件，毒物及び劇物取締法違反事件などでは，講習，集団討議，課題研究など，グループワークの

43　平成30年版司法統計年報少年編54頁「第31表」による。

形式で観察指導を行うこともある。また，地域清掃活動[44]，福祉施設での奉仕活動[45]，親子合宿[46]のほか，集団行動が難しい少年に対しグループワークの一部を個別に実施するミニワークや，子育てに自信を失っている保護者に対する継続支援[47]なども行われている。

5　試験観察の取消し・変更

　試験観察の決定は，いつでも，取り消し，または変更することができる（少審規40条6項）。家庭裁判所は，終局決定の見通しができた時点で，速やかに試験観察を終了し，終局決定を行う。

3　試験観察の運用状況

　試験観察は，要保護性の変化を見つつ，少年の成長を促すもので，有意義な制度であるが，一般保護事件の終局総人員のうち試験観察を経た人員は5％程度にとどまる。また，身柄付き補導委託の減少が目立つが，最近復調の兆しもみられる[48]。

　身柄付き補導委託が減少傾向にある原因については，（1）社会的要因として，少年人口の減少による新受事件数の減少，社会の厳罰化の風潮，被害者等に対する配慮の重視，（2）少年側の要因として，①終局人員に占める年少少年の割合が比較的高い水準で推移しており，この年代の少年には義務教育中または高校進学希望者が多く，身柄付き補導委託に適さないことが少

44　名古屋家庭裁判所「保護的措置としての社会参加型社会奉仕活動について」家月58巻3号（2006年）165頁，柳下哲矢「京都家庭裁判所における社会参加型教育的措置について」犯非177号（2014年）56頁。

45　前滞智恵子「試験観察の一つの試み―社会奉仕活動の発見」ケ研221号（1989年）99頁，佐藤祐一「少年保護事件における保護的措置について―対人援助型の社会奉仕活動の一例を通じて」家月56巻10号（2004年）91頁。

46　山崎森「秩父寮合宿（短期補導委託）に参加して―中学生合宿を中心に」ケ研214号（1988年）159頁，大島弘樹「福岡家裁における親子合宿について」ケ研285号（2005年）189頁，神戸家庭裁判所「親子合宿を契機に―父が頑張り始めた試験観察事例」ケ研297号（2008年）55頁。

47　岩松珠美＝磯貝和子「東京家庭裁判所における新しい教育的措置の試み―東京少年友の会によるオーダーメイドの個別支援活動について」ケ研334号（2019年）192頁。

48　身柄付き補導委託人員は，1986年700人，1996年370人，2006年187人，2016年107人にまで減少したが，2017年206人，2018年224人と増加に転じている。

なくないこと，②かつては地方から上京し帰る家のない少年に，都会での生
活基盤を持たせることが立直りのためになるとして職業補導型の補導委託が
多く活用されていた時期もあったが，そのような少年が減少していること，
③最近の少年は，他者との濃密な対人関係を築けない，または避ける傾向が
あるといわれ，いわゆる「住み込み型」の身柄付き補導委託に対する動機づ
けが難しい場合があること，（3）受け皿となる補導委託先の要因として，
受託者の高齢化や近年の少年の特性に適合する補導委託先が少なくなってい
ること，（4）家庭裁判所側の要因として，補導委託に関わった経験を有す
る裁判官および調査官が減少しており，そのため，①経験不足から補導委託
の意義，効果等を十分に理解できなかったり，実務上のノウハウの蓄積不足
により，受託者の人柄や補導委託先の具体的な実情を把握できないがゆえ
に，補導委託を躊躇することがあること，②事故（問題の発生）を心配して消
極的になること，③事件処理の長期化を避けようとすること，が指摘されて
いる[49]。

　試験観察を経た事件の最終審判の結果（2018年）は，検察官送致：〈刑事処
分担当〉0％（0人），〈年齢超過〉0.3％（3人），保護観察：74％（864人），児
童自立支援施設または児童養護施設送致：0.2％（2人），少年院送致：11％
（126人），都道府県知事または児童相談所長送致：0.5％（6人），不処分：
13％（151人），審判不開始：0.8％（9人〈所在不明等7名を含む〉）である[50]。施
設収容の可能性のあるケースについて試験観察が行われていることからすれ
ば，試験観察は良好な成果をあげているといえよう。

49　佐藤傑＝河野郁江「身柄付き補導委託の意義と今後の課題について」家月65巻8号（2014年）
　　17-19頁。
50　平成30年版司法統計年報少年編55頁「第32表」による。

第5節　終局決定

1　はじめに

　家庭裁判所の**終局決定**には，大別すると，（1）審判不開始，（2）都道府県知事または児童相談所長送致，（3）検察官送致，（4）不処分，（5）保護処分の各決定がある。

　（1）審判不開始は，審判を開始しない決定であるから，当然に審判を経ずに行われる。（2）都道府県知事または児童相談所長送致，および（3）検察官送致は，審判を開始せずに行うこともできるが，（3）検察官送致のうち逆送決定は，刑事処分（刑罰の賦課）を相当と認めて事件を検察官に送り返す重大な決定であるから，審判を開き慎重な審理を経て行うべきである。（4）不処分および（5）保護処分の決定は，審判の結果，行われる。

　終局決定に対し，観護措置決定（少17条1項），審判開始決定（少21条），試験観察決定（少25条1項）を**中間決定**という。

　移送・回付は，司法統計上，終局決定として扱われることもあるが，移送

図9-5-1　一般保護事件[1]に対する家庭裁判所の終局決定（2018年）

検察官送致 2.1%
刑事処分相当 0.5%
年齢超過 1.6%

保護観察 29%　少年院送致 9%　不処分 21%　審判不開始 37%

知事・児童相談所長送致 0.6%
児童自立支援施設・児童養護施設送致 0.7%

平成30年版司法統計年報少年編28-29頁「第15表」をもとに作成。
　1）簡易送致事件を除く。

は，管轄等の関係で保護事件の扱いを他の家庭裁判所に移す決定，回付は，家庭裁判所の本庁から支部へ，または支部から本庁へ移す決定であり，その性格は中間決定である。

　上記以外の家庭裁判所の決定として，保護処分取消し決定（少27条の2），収容継続決定（少院137〜139条），戻し収容決定（更保72条）のほか，保護観察所長からの施設送致申請（更生67条2項）を受けて家庭裁判所が児童自立支援施設もしくは児童養護施設または少年院送致の決定をする場合がある（少26条の4）。施設送致申請については ☞ 第11章第1節4-7

2　終局決定の種類

1　審判不開始

　家庭裁判所は，調査の結果，審判に付することができず，または審判に付するのが相当でないと認めるときは，審判を開始しない旨の決定をする（少19条1項）。これを**審判不開始**または**不開始**の決定という。審判不開始は不処分とともに「不開始・不処分」のようにまとめられることがあるが，不処分は審判を開始したうえでの決定であるのに対し，不開始は審判を開始しない決定である点で本質的な違いがある。

　審判不開始には，①審判に付することができない場合（形式的審判不開始）と，②審判に付するのが相当でない場合（実質的審判不開始）とがある。①**形式的審判不開始**は，イ　当該少年にわが国の裁判権が及ばないとき，もしくは，送致，通告，報告が手続規定に違反し無効であるときなど，審判条件が存在しないとき，ロ　非行事実の蓋然性が存在しないとき，または，ハ　少年の所在不明など調査・審判が不可能なときに行われる。なお，ロ　非行事実の蓋然性が存在しないときは，少年の納得を得るためにも，速やかに審判を開いたうえで，非行なしの決定を，裁判官が少年に対し明確に言い渡すことが考慮されなければならない。むしろそれを原則とすべきであろう。②**実質的審判不開始**は，審判条件および非行事実の蓋然性は存在するけれども，審判を開いて保護処分の要否を判断するまでの要保護性の蓋然性がないときに行われる。具体的には，イ　少年の性格や環境等に問題がないとき，ロ　調査

過程における調査官の働きかけ（教育的措置）で十分なとき，ハ　別件による
保護処分や児童福祉法上の措置の継続で十分なときなどである。実務上，審
判不開始のうち　ロ教育的措置を理由とするものが8割以上を占めている[51]。

2　都道府県知事または児童相談所長送致

　都道府県知事または児童相談所長送致は，①家庭裁判所が，調査の結果，
児童福祉法の規定（児福26条，27条）による措置（例えば，児童福祉司による在宅
指導，ファミリーホームへの委託，児童心理治療施設（旧情緒障害児短期治療施設）への
措置）を相当と認めたとき（少18条1項），および，②強制的措置許可申請事
件について，これを許可するとき（同2項）に行われる。**強制的措置許可申請
事件**とは，児童福祉法の適用がある事件について，児童の行動の自由を制限
し，または自由を奪うような**強制的措置**を必要として，都道府県知事または
児童相談所長から家庭裁判所に送致された事件のことであり（少6条の7第2
項），家庭裁判所は，この送致を受けた少年については，期限を付して，保
護の方法その他の措置を指示して，事件を都道府県知事または児童相談所長
に送致することができる。

　①・②の決定は，審判を経ずに行うこともできる（少23条1項）。ただし，
②強制的措置許可申請事件については，審判を開いて，本人の意見等を聴い
たうえで行うのを原則とすべきである[52]。①都道府県知事または児童相談所
長送致についても，審判を開くにせよ開かないにせよ，本人の意見をよく聴
いたうえで判断すべきである。

3　検察官送致

　検察官送致は，家庭裁判所から検察官へ事件を送り返す決定のことであ
る。この決定は，①調査・審判の結果，少年が20歳以上であることが判明し
たとき，ならびに，調査・審判の途中で少年が20歳に達したとき（少19条2

51　平成30年版司法統計年報少年編28-29頁「第15表」によると，審判不開始の理由は，保護的措
　置83%，別件保護中14%，事案軽微1%，非行なし0.3%（21人），所在不明等1%，その他0.5%
　である。
52　田宮＝廣瀬215頁。

項，23条3項。形式的検察官送致），および，②家庭裁判所が刑事処分（刑罰の賦課）を相当と認めたときに（少20条。実質的検察官送致）行われる。①を**年超検送**，②を**逆送**と呼ぶ。

　第一次改正前の法20条には，「送致のとき16歳に満たない少年の事件については，これを検察官に送致することはできない」との但し書が付されていた。第一次改正により，この但し書が削除されたため，逆送可能年齢は，刑事責任年齢である行為時14歳にまで引き下げられた。また，第一次改正により，新たに法20条2項として，「前項の規定にかかわらず，家庭裁判所は，故意の犯罪行為により被害者を死亡させた罪の事件であって，その罪を犯すとき16歳以上の少年に係るものについては，同項の決定（検察官送致の決定—*引用者註*）をしなければならない。ただし，調査の結果，犯行の動機及び態様，犯行後の情況，少年の性格，年齢，行状及び環境その他の事情を考慮し，刑事処分以外の措置を相当と認めるときは，この限りでない」との規定が設けられた。本条の法的性格については ☞ 第12章第1節3

4　不処分

　家庭裁判所は，審判の結果，保護処分に付することができず，または保護処分に付する必要がないと認めるときは，その旨の決定をしなければならない（少23条2項）。この決定を**不処分決定**という。不処分には，①保護処分に付することができない場合（形式的不処分）と，②保護処分に付する必要がない場合（実質的不処分）とがある。①**形式的不処分**の理由は，形式的審判不開始のそれとほぼ同じである。異なる点は，非行事実の存在について蓋然的心証はあっても確信の心証に達しないときは不処分となること（**非行なし不処分**），および，少年の所在不明で決定の告知が不能の場合は，審判開始決定を取り消したうえで審判不開始決定をすることである。なお，非行なし不処分は，立法により独立の決定とすべきである。②**実質的不処分**は，審判条件が備わり，非行事実も認められるけれども，保護処分を行うまでの要保護性がない場合である。具体的には，イ　少年の性格や環境等に問題がないとき，ロ　調査・審判過程における少年および保護者への働きかけ（教育的措置）で十分なとき，ハ　別件による保護処分や児童福祉法上の措置の継続で十分

なときなどである。実務上，不処分のうち ロ教育的措置を理由とするもの
が約9割を占めている[53]。手続過程で要保護性が解消された場合などを念頭
に，旧少年法では制度化されていなかった不処分の意義を正面から認めたと
ころに現行法の特色のひとつがある[54]。

5　保護処分

　家庭裁判所が行う保護処分の決定には，（1）保護観察，（2）児童自立支
援施設または児童養護施設送致，（3）少年院送致の3つがある (少24条1項)。

（1）保護観察

　保護観察は，少年を施設に収容せずに，通常の社会生活を送らせながら，
一定の約束ごと（遵守事項）を守るように指導監督を行うとともに，必要な
補導援護を行い，その改善更生を図ることを目的とするものである。

（2）児童自立支援施設または児童養護施設送致

　児童自立支援施設は，「不良行為をなし，又はなすおそれのある児童及び
家庭環境その他の環境上の理由により生活指導等を要する児童を入所させ，
又は保護者の下から通わせて，個々の児童の状況に応じて必要な指導を行
い，その自立を支援し，あわせて退所した者について相談その他の援助を行
うことを目的とする施設」である（児福44条）。

　児童養護施設は，「保護者のない児童（乳児を除く。ただし，安定した生活環境
の確保その他の理由により特に必要のある場合には，乳児を含む。），虐待されている
児童その他環境上養護を要する児童を入所させて，これを養護し，あわせて
退所した者に対する相談その他の自立のための援助を行うことを目的とする
施設」である（児福41条）。

（3）少年院送致

　少年院は，「矯正教育その他の必要な処遇を行う」法務省所管の国の施設
である（少院3条）。少年院には第1種から第4種までの4種類がある（少院
4条）。

53　平成30年版司法統計年報少年編28-29頁「第15表」によると，不処分の理由は，保護的措置
　88%，別件保護中11%，非行なし0.8%（34人），所在不明等0.02%，その他0.07%である。
54　武内263頁。

保護処分について詳しくは ☞ 第11章

　家庭裁判所は，保護観察の決定をするには保護観察を行う保護観察所を，少年院送致の決定をするには送致すべき少年院の種類を指定する（少審規37条1項）。
　保護処分の決定をした家庭裁判所は，必要があると認めるときは，少年の処遇に関し，保護観察所，児童自立支援施設，児童養護施設または少年院に**処遇勧告**をすることができる（少審規38条2項）。
　家庭裁判所は，保護観察の決定および少年院送致の決定をしたときは，保護観察所長をして，家庭その他の環境調整に関する措置を行わせることもできる（少24条2項，少審規39条）。これを**環境調整命令**という。
　家庭裁判所は，犯罪少年および触法少年について，都道府県知事ないしは児童相談所長送致，審判不開始，不処分，または保護処分の決定をする場合には，決定をもって，①刑罰法令に触れる行為を組成した物，②刑罰法令に触れる行為に供し，または供しようとした物，③刑罰法令に触れる行為から生じ，もしくはこれによって得た物または刑罰法令に触れる行為の報酬として得た物，④ ③の対価として得た物を没取することができる（少24条の2第1項）。没取は，その物が本人以外の者に属しないときに限られる。ただし，刑罰法令に触れる行為の後，本人以外の者が情を知ってその物を取得したときは，本人以外の者に属する場合であっても，これを没取することができる（少24条の2第2項）。

第6節　一事不再理

1　はじめに

　法46条は，以下の決定について，刑事訴訟および付審判の遮断効を認めている。

① 犯罪少年に対する保護処分（1項）

② 検察官審判関与決定がされた事件における不処分決定（2項）

③ 保護処分取消し事件において，検察官審判関与決定がされたうえでなされた，非行事実不存在を理由とする保護処分取消し決定（3項但し書）

法46条1項は現行少年法制定当初（1948年）から存在し，同2項・3項は第一次（2000年）改正により創設されものである。なお，同3項本文は，第一次改正前の1項但し書の内容を3項本文に移したうえで，新たに但し書をくわえたものである。

本条については，憲法39条との関係，法46条の遮断効の根拠・性格をいかに考えるか等の課題がある。

2 遮断効の根拠・性格

法46条1項が犯罪少年に対する保護処分について刑事訴訟および付審判の遮断効を認めていることの根拠・性格については，①対象少年に安心感を与えて更生を期するという教育的見地や法的安定性に基づくものと解する独自効説，②既判力や二重の危険を理由とする一事不再理効説（多数説），③双方の要請によるとする立場がある[55]。

3 審判不開始・不処分決定の一事不再理効

審判不開始決定に一事不再理効が認められるかについては，1965（昭40）年の最高裁大法廷判決（最大判昭40・4・28刑集19巻3号240頁）がある。事案の概要および審理の経過は以下のとおりである。

少年A（19歳）は，自動三輪車の運転作業中，後方確認の注意義務を怠り，作業中の被害者に足節捻挫の傷害を負わせ，事故の内容を警察官に報告せず，現場を立ち去ったという業務上過失致傷および道路交通取締法上の報告義務違反の非行事実で旭川家庭裁判所に送致された。

---

55 田宮＝廣瀬476頁。

　同家裁は，業務上過失致傷については逆送決定をしたが，報告義務違反については，それを定めた道路交通取締法施行令の規定は憲法38条1項に反するから罪とならないとして，審判不開始決定をした。その後，Aは，間もなく成人に達したが，検察官は，業務上過失致傷だけでなく報告義務違反もあわせて起訴した。

　これに対し，第1審の旭川地裁は，報告義務違反については，家裁の審判不開始決定に一事不再理効があるとして，免訴の言渡しをした。控訴審である札幌高裁もこれを支持したため，検察官が上告した。

　最高裁は，まず，原々審の審判不開始決定を刑事手続上の無罪と同視できるかについて，以下のように判示した。

　　　この場合になされる事実上又は法律上の判断は，他の少年法上の処分が行なわれる場合と同様に，終局において，少年法の所期する少年審判の目的達成のためになされるものであって，刑事法の所期する刑事裁判の目的達成のためになされるものではない。したがって，同じく事実又は法律に関する判断であっても，刑事訴訟において，対審公開の原則の下に，当事者が攻撃防禦を尽くし，厳格な証拠調を経た上で，刑罰権の存否を決定するためになされる事実認定又は法律判断とは，その手続を異にする。それ故，本件の如く，審判不開始の決定が事案の罪とならないことを理由とするものであっても，これを刑事訴訟における無罪の判決と同視すべきではなく，これに対する不服申立の方法がないからといって，その判断に刑事訴訟におけるいわゆる既判力が生ずることはないものといわなければならない。また，憲法39条前段にいう「無罪とされた行為」とは，刑事訴訟における確定裁判によって無罪の判断を受けた行為を指すものと解すべきであるから，右の解釈が憲法のこの条項に牴触するものでないことも明らかである。

　また，最高裁は，法46条を根拠に，審判不開始決定にも一事不再理効，ないしは，これに準ずる効果が認められるかについて，以下のように判示した。

　　　少年法46条は，罪を犯した少年に対して同法24条1項の保護処分がなされたときは，その審判を経た事件について刑事訴追をし，又は審判に付することができない旨規定しているが，右は，保護処分が身体の自由を制約する場

合がある点において刑罰類似の性質を有することや，対象となった犯罪事実が特定されていること等を考慮して特別に設けられた規定であって，一般に少年法上の終局処分が刑事訴訟における既判力を生ずべきことを当然の前提とし，単に注意的に起訴，付審判の禁止を規定した趣旨のものとは解されない。すなわち，少年法46条は，同法24条1項の保護処分がなされた場合にかぎり適用される規定であって，その他の少年法上の処分にも同様の効力があると解する根拠にはなりえないものというべきである。

　本判決には，実体的判断を伴う審判不開始決定には一事不再理効を認めるべきであるとする3人の裁判官の反対意見が付されている（後述）。

　要するに，昭和40年判決（多数意見）によれば，法46条は，憲法39条とは無関係に，特別に政策的に設けられたもので，犯罪少年に対する保護処分に限って一事不再理効に準ずる効果を認めた規定ということになる。したがって，論理上，「対象者が成人に達した後は，……検察官はその事実につき適法に公訴を提起しうること」になるが，同判決は，「このような場合における起訴については，検察官に対し，家庭裁判所が少年事件についてした要保護性の存否に関する判断を十分考慮したうえ適切妥当な裁量をするよう期待すべきである」ともしていた。しかし，調布駅前事件（☞第10章第1節5）では，この期待は破られることになる。

　その後，最高裁は，非行なし不処分を理由に不処分となった少年からの刑事補償の請求に対し，それを否定する理由のなかで，「不処分決定は，……刑事訴追をし，又は家庭裁判所の審判に付することを妨げる効力を有しない」ことを指摘している[56]（最決平3・3・29刑集45巻3号158頁）。

4　第一次改正

　上記の最高裁判決を背景として，第一次（2000年）改正により，法46条2項・3項が創設された。同2項創設の趣旨は，次のように説明されている。

---

[56]　平成3年判決の翌年に「少年の保護事件に係る補償に関する法律」（少年補償法）が制定された。同法は，非行なし不処分決定だけでなく，非行なし審判不開始決定も含めて，補償の対象としている。

今回の改正により少年審判に検察官が関与できることとしたことに伴い，検察官が，審判の手続に関与した場合においては，検察官も関与した手続で十分な事実認定がなされることとなる上，検察官は事実誤認等を理由とする抗告受理申立てをすることができることも併せ考慮し，制度上，同一事件について検察官が公訴を提起することができることとしておく必要はないと考えられることなどから，当該事件について，改正前の第46条本文に定める保護処分決定がされた場合だけではなく，検察官関与決定がなされた上，実体判断を経て保護処分に付さない旨の決定がなされ，その決定が確定した場合には，改正前の第46条本文と同様の効力を与えることとされたものである[57]。

要するに，検察官の審判関与により，刑事訴訟における事実認定手続との差異が縮まり，家庭裁判所の事実認定に一事不再理効，ないし，これに準ずる効果を認めるだけの実質が具わったという考えが，法46条改正の基底にあるといえよう。

5　検　討

以上に対し，実体的判断を伴う審判不開始決定および不処分決定に一事不再理効を認める学説（積極説）も有力に主張されている[58]。その論拠は，すでに昭和40年判決の反対意見にほぼ集約されている。すなわち，①不開始といえども少年事件の終局処分のひとつで，少年に刑事訴追を受けさせないという裁判所の意思表示にほかならないこと，②不開始決定は公権的な裁判であるから，他の国家機関がその趣旨を没却するような所為をなすことは，公的法律生活の安定という点から許されないこと，③憲法39条は二重の危険の禁止に基づくとする昭和25年の大法廷判決[59]の趣旨からすれば，少年は一度既に刑事上の裁判を受ける危険にさらされているから，同一事件による刑事訴追は許されないこと，④少年審判と刑事裁判とは目的や手続が異なるが，両

57　甲斐ほか213-214頁。

58　斉藤豊治「少年司法と適正手続」法時67巻7号（1995年）10頁，白取祐司「少年審判と一事不再理効」同25頁，荒木伸怡「不処分決定と一事不再理の効力」立教法学42号（1995年）109頁，等。

59　最大判昭25・9・27刑集4巻9号1805頁。

者とも犯罪現象に対する国家の対策のひとつであり，司法機関である裁判所が証拠に基づいて事実および法律に関する判断をしていることに変わりはないこと，⑤保護処分の効果がない場合に処分の変更が可能かという疑問が生じうることから，法46条は，保護処分の決定をした以上，付審判や刑事訴追ができないことを注意的に規定したものと考えられること，⑥触法少年・虞犯少年に対し同条が類推適用されているのも，注意規定であることの現れであること，⑦少年法は，保護優先主義および家庭裁判所先議主義をとり，保護処分か刑事処分かの判断を家庭裁判所の判断に委ねているのであるから，家庭裁判所が刑事処分を不相当と認めて逆送しない場合には検察官は起訴できないはずであり，成人に達した途端に家庭裁判所の判断を無視して起訴できるのでは不条理であること，⑧家庭裁判所がその専門的知識と経験に基づき事件の実体について調査し判断した場合には，その判断に最終性を認めるべきであり，少年を不安定な立場におかないことが少年の教育に適うこと，⑨行政処分についても相手方に権利利益を付与するものについては自由な取消し・変更は許されないのであり，法的安定を保護する法の理想は不開始のような場合にこそ十分に実現されるべきであり，必ずしも明文の根拠を必要としないと考えられること，である。

　しかし，現在，審判不開始決定および不処分決定については，それが実体的な判断を経たものであっても，一事不再理効，ないし，これに準ずる効果は認められないとする上記2つの最高裁判例が存在するうえ，第一次改正により，このことを踏まえて法46条2項・3項が創設されているという事実は重い。しかし，慎重な調査・審理を経て裁判官から非行なし不処分の決定を言い渡された少年が，再度家庭裁判所の審判に付されたり，成人後に起訴される可能性を残しておくことは，決して教育上好ましいことではなく，このこと自体は，消極説をとる論者にも共通の認識になっているものと思われる。このような事態は立法により解消されるべきものと考えられるが，その際の障壁は，少年審判における事実認定機能は刑事訴訟におけるそれと比較すると一段劣るため，その決定には一事不再理効を付与する実質がないということにあろう。しかし，少年事件における一事不再理効，ないし，これに準ずる効果は，いわば「刑事訴訟に追いつけ論」としてではなく，少年の健

全育成という法の目的（この場合は，健全育成を阻害しないこと）や，少年審判では原則として検察官は関与しないが，職権主義の構造のもとで証拠に基づき慎重な事実認定が行われていること等を十分尊重するところから構想されるべきである。

　法46条3項については ☞ 第10章第1節

6　触法少年・虞犯少年への準用

　法46条1項の根拠をいかに考えるかにかかわらず，事件の蒸し返しの禁止という点に関し，犯罪少年が保護処分に付された場合と，触法少年または虞犯少年が保護処分に付された場合とを区別する合理的理由はないから，触法少年または虞犯少年が保護処分に付された場合にも，付審判の遮断効が生じると考えるべきである。

　裁判例にも，虞犯少年に対して法46条（1項）の準用を認めたものがある（仙台家決昭59・7・11家月37巻4号68頁，広島高決平10・2・17家月50巻7号128頁，東京高決平11・9・9家月52巻2号172頁，大阪家決平18・3・6家月58巻10号103頁）。また，触法少年に対して法46条の規定が類推適用されることを述べたものとして，東京高決平14・4・3家月54巻8号54頁がある。

第10章　抗告，保護処分の取消し

第1節　抗　　告

1　はじめに

　抗告とは，裁判所の決定に対する不服申立ての方法である。少年法は，以下のように規定し，少年側に抗告権と再抗告権を与えている。

法32条

　保護処分の決定に対しては，決定に影響を及ぼす法令の違反，重大な事実の誤認又は処分の著しい不当を理由とするときに限り，少年，その法定代理人又は付添人から，2週間以内に，抗告をすることができる。ただし，付添人は，選任者である保護者の明示した意思に反して，抗告をすることができない。

法35条1項

　抗告裁判所のした第33条の決定（少年側の抗告を棄却する決定のほか，検察官の抗告受理申立てを認容し原決定を取り消す決定も含まれる―*引用者註*）に対しては，憲法に違反し，若しくは憲法の解釈に誤りがあること，又は最高裁判所若しくは控訴裁判所である高等裁判所の判例と相反する判断をしたことを理由とする場合に限り，少年，その法定代理人又は付添人から，最高裁判所に対し，2週間以内に，特に抗告をすることができる。ただし，付添人は，選任者である保護者の明示した意思に反して，抗告をすることができない。

　旧法には抗告制度はなかった。現行法（1948年法）が抗告制度を置いたのは，保護主義に立脚しながら，同時に保護処分の不利益性を認めたからであ

り，それは旧法に対する現行法の著しい特徴のひとつである[1]。

　第一次改正の過程では，少年側だけでなく検察官にも抗告権を与えるべき
かが議論されたが，最終的には，抗告受理の申立て制度（少32条の4）が設け
られることになった。

2　抗告権者，抗告の対象，理由，期間等

1　抗告権者

　抗告ができるのは，少年，その法定代理人，および付添人である。少年を
現に監護していても，法定代理権のない継母，兄，姉，叔父，義父等には，
抗告権がない。

　法32条但し書の反面解釈をすれば，付添人は少年の意思に反しても抗告で
きることになるが，少年の意思は最大限尊重されなければならない。

2　抗告の対象

　法32条は「保護処分の決定に対しては」抗告をすることができると規定す
る。①保護観察，②児童自立支援施設または児童養護施設送致，および③少
年院送致の決定（少24条1項）に対して抗告できるのは当然であるが，これ以
外の家庭裁判所の決定に対して抗告できるか否か，その理由は何かが問題に
なる。

（1）抗告が認められている決定

　以下の決定に対して抗告できることに争いはない。

①　収容継続決定（少院138条，139条）・戻し収容決定（更生72条）。

②　施設送致申請を認める決定（少26条の4）。

③　法27条の2第1項・第2項の保護処分取消し申立てに対する不取消し
　　決定（最決昭58・9・5刑集37巻7号901頁）。

　これらの決定は，保護処分を継続，再開または変更するものであって，保
護処分の決定の実質を持つこと，その決定に係る事件の手続は，その性質に

1　団藤＝森田8頁，守屋・非行と教育163-165頁。

反しない限り，保護処分に係る事件の手続の例によるとする規定が存在することが（少院138条5項，139条3項，更生72条5項，少26条の4第3項，27条の2第6項），抗告の認められる根拠とされている。

（2）抗告が認められていない決定

一方，判例上，以下の決定に対しては抗告できないとされている。

①　審判開始決定（少21条）（名古屋高決昭46・10・27家月24巻6号66頁）。

②　不処分決定（少23条2項）（最決昭60・5・14刑集39巻4号205頁，最決平2・10・30家月43巻4号80頁，最決平14・7・19家月54巻12号77頁）。

③　強制的措置を指示して事件を児童相談所長に送致する決定（少18条2項）（最決昭40・6・21刑集19巻4号448頁。なお，強制的措置許可決定に対し特別抗告（刑訴433条）はできないとして，これを棄却したものとして最決平16・11・11集刑286号569頁／家月58巻2号182頁がある）。

④　検察官送致（少20条）（東京高決昭45・8・4家月23巻5号108頁。なお，検察官送致決定に対し特別抗告（刑訴433条）はできないとして，これを棄却したものとして最決平17・8・23刑集59巻6号720頁がある）。

抗告が認められない理由は，法32条の「保護処分の決定に対しては」という文言上の制約にくわえ，②は，結論に着目する限り，少年にとって利益な裁判である，③は許可の性質を持つ決定である，④は少年の実体的権利関係に未だ変動をもたらすものではない，ということにある。しかし，③は自由の制約が強く，④は保護処分よりも一般的，類型的に不利益な処分であるから（☞本節5），抗告を認める必要性・合理性は大きい。

また，②に関し，非行事実の存在を認めたうえでなされた審判不開始および不処分の決定は，非行事実を争っている少年にとっては，その不利益性（名誉の侵害）は，保護処分のそれと比較して決して小さなものではない。「保護処分の決定」に不処分の決定を読み込むことが難しければ，立法的解決を図るべきである[2]。

なお，少年鑑別所送致の観護措置の決定および更新の決定に対しては，第一次改正により，異議申立てができるようになっている（少17条の2）。

2　澤登210頁。

3　抗告の理由

　抗告の理由となるのは，（1）決定に影響を及ぼす法令の違反，（2）重大な事実の誤認，および（3）処分の著しい不当である。「決定に影響を及ぼす」「重大な」「著しい」との表現が用いられているのは，家庭裁判所の裁量を尊重しながらも，合理性を持つ枠組みを超える違法または不当な決定を是正しようとしたものと考えられる[3]。

（1）決定に影響を及ぼす法令の違反

　「法令の違反」には，審判および決定に関する手続法規の違反と，非行事実に関する実体法規の適用の誤りが含まれる。

　「決定に影響を及ぼす」とは，その法令の違反がなかったなら原決定が異なる主文になっていたであろうという意味で，法令違反と主文との間に因果関係があることを意味する[4]。ただし，適正手続保障違反や手続参加権保障の阻害など，決定自体を無効とするような重大な手続上の違法がある場合には，「決定に影響を及ぼす」法令の違反があるというべきである[5]。

（2）重大な事実の誤認

　「事実の誤認」とは，取り調べられた証拠により認定されるべき事実と原決定において現に認定された事実が食い違うことである。「重大な」とは，法令違反の場合と同様，事実誤認が主文に影響を及ぼす場合であると解されている[6]。事実誤認の対象となる事実に，要保護性を基礎づける事実が含まれるかについては，その誤認は事実誤認にはあたらず，処分の著しい不当を判断する際の一要素とする考えが多数を占めている[7]。

（3）処分の著しい不当

　処分は，要保護性に応じて，合理的な裁量の範囲内で選択・決定される。「処分の著しい不当」とは，その裁量の範囲を著しく逸脱したことをいう。

　処分不当の原因には，①要保護性の認定自体の誤り，②要保護性の基礎となる事実の認定の誤り，③認定された要保護性に対応する保護処分の選択の

3　武内380-381頁。

4　田宮＝廣瀬402-403頁，団藤＝森田315頁，平場355頁。

5　武内382頁。

6　平場358頁。

7　田宮＝廣瀬407-408頁。

誤り，がある。また，処分不当の態様には，①保護処分の必要がないのに保
護処分に付した場合，②保護処分の種類の選択を誤った場合，③少年院送致
について少年院の種類を誤った場合がある[8]。

　少年院送致決定に短期処遇勧告が付されなかったことが，「処分の著しい
不当」にあたるか。この点に関する実務の運用は，短期処遇は運用上の処遇
課程にすぎないこと，分類権限は執行機関にあることなどを理由に，「処遇
の著しい不当」にはあたらないとしたうえで，短期処遇の勧告がなされな
かったことを理由とする抗告については，少年院送致自体に対する抗告と解
釈し，それを適法として扱い，審理の結果，短期処遇が相当との判断に達し
た場合には抗告を棄却したうえで，理由中で短期処遇が相当である旨の判断
を示す扱いが多い[9]。

4 抗告の期間・方法・効果

　抗告期間は，抗告対象となる決定の告知のあった日の翌日から起算して2
週間以内である。期間の末日が一般の休日に当たる場合は，これを期間に算
入しない（刑訴55条参照）。

　抗告は，原裁判所（決定をした家庭裁判所）に申立書を差し出して行う（少審
規43条1項）。抗告申立書には抗告の趣意を簡潔に明示しなければならない
（同2項）。抗告審は抗告の趣意に含まれている事項に限り調査するから（少32
条の2第1項），原決定のどの点がどのような理由で誤りであるかを具体的に
記載することが必要である[10]。

　抗告は執行を停止する効力を持たないため（少34条本文），抗告がなされて
も保護処分は執行することができる。ただし，原裁判所または抗告裁判所
は，決定をもって執行を停止することができる（少34条但し書，少審規47条）。

8　田宮＝廣瀬408頁，平場359頁，武内384-385頁。

9　田宮＝廣瀬409-410頁，川出286頁。

10　田宮＝廣瀬413頁。

3　抗告審における審理

1　調査の範囲

　抗告裁判所は，抗告の趣意に含まれている事項に限り，調査をする（少32条の2第1項）。抗告の趣意に含まれていない事項であっても，抗告の理由となる事由に関しては，職権で調査をすることができる（同2項）。

　抗告審の構造は事後審であることを基本としつつも，具体的問題についての合理的解釈こそが探求されるべきであるという観点から，可塑性に富む少年の要保護性は変化しやすく抗告審の裁判時における要保護性に応じた判断を求めることが保護処分の本質に合致すること，法文上資料に制約がないことなどを根拠として，原則的に，抗告審の判断時点を基準時とすべきである[11]。

2　事実の取調べ

　抗告裁判所は，原審から送付された一件記録を調査するだけでなく，決定をするについて必要があるときは，事実の取調べをすることができる（少32条の3第1項）。この取調べは，合議体の構成員にさせ，または家庭裁判所の裁判官に嘱託することができる（同2項）。

　抗告審の審理については，その性質に反しない限り，家庭裁判所の審判に関する規定が準用されるが（少32条の6），その範囲・限度・方法は，少年保護事件の抗告審としての性質を踏まえ，合理的な裁量により行われるべきである（最決平17・3・30刑集59巻2号79頁）。ただし，具体的な事件について「抗告審としての性質」と「合理的な裁量」の中身をどのように理解するかは，なお課題である[12]。

3　抗告審の判断

　抗告裁判所は，抗告の手続がその規定に違反したとき，または抗告が理由

11　田宮＝廣瀬416頁。
12　武内390頁。

のないときは，抗告を棄却する決定を行う（少33条1項）。抗告が理由のあるときは，原決定を取り消して，事件を原裁判所に差し戻し，または他の家庭裁判所に移送する決定を行う（同2項）。

　刑事裁判とは異なり，抗告裁判所は自判することができない。しかし，立法論としては，抗告審において非行事実の存在に合理的な疑いが生じた場合などには，速やかに少年を手続から解放するため，自判制度を置くべきである。

　抗告裁判所が原決定を取り消した場合には，少年が少年院等に収容されているときは，直ちに施設長に対し，事件の差戻し，または移送を受けた家庭裁判所に少年を送致するよう命じなければならない（少審規51条1項）。

4　受差戻審の審理

　抗告裁判所から事件の差戻し，または移送を受けた家庭裁判所（受差戻審）は，その事件についてさらに審理をしなければならない（少審規52条1項）。決定に関与した裁判官は，この審判に関与できない（同2項）。

　受差戻審における審理は，抗告裁判所の取消し，およびその理由となった判断に拘束される（裁4条）。これは上訴制度の本質的な要請といえるが，少年保護手続においては，少年に対する保護・教育，情操保護（少1条，少審規1条）の観点から，少年の地位を早期に安定させる必要があり，抗告審の判断尊重の要請はこの観点からも認められる[13]。

5　不利益変更禁止の原則

　刑事訴訟法402条は，「被告人が控訴をし，又は被告人のため控訴をした事件については，原判決の刑より重い刑を言い渡すことはできない」旨を規定し，刑事手続においては**不利益変更禁止の原則**の適用があることを明示している。

13　田宮＝廣瀬432頁。

　しかし, 少年法には不利益変更禁止の原則を定めた規定はない。そこで, 保護処分決定に対する抗告について, 不利益変更禁止の原則の適用があるか否かが問題になる。調布駅前事件では, この点が問われた。事件の経過は以下のとおりである。

　7 名の少年 A〜G は, 1993 (平 5) 年 3 月 1 日午前 0 時30分ころ, 調布駅前において, 被害者 5 名に対し共同して暴行をくわえ, うち 1 名に傷害を負わせたとして, 傷害, 暴力行為等処罰に関する法律違反の非行事実により東京家裁八王子支部に送致された。同支部は, 犯行を認めていた A については試験観察を経て保護観察とし, 犯行を否認していた残りの 6 名のうち, G については非行なし不処分とし, 他の 5 名 (B〜F) については非行事実を認めたうえで中等少年院送致の決定をした。

　B〜F が抗告したところ, 東京高裁は, 原決定には重大な事実誤認があるとして, これを取り消して, 事件を東京家裁八王子支部に差し戻した。

　差戻しを受けた同支部は, F については, 差戻し時点で成人に達していたため年齢超過による検察官送致とし, C については非行なし不処分とした。そして, 残りの 3 名 B, D, E については, 捜査機関による補充捜査および新たに実施した証人尋問の結果を評価にくわえ, 本件犯行を認定して, 今度は刑事処分相当による検察官送致 (逆送) の決定をした。

　その後, 検察官は, 逆送された B, D, E と, 年齢超過により検察官送致された F だけでなく, 家裁が不処分とした C についても, 前記事実により起訴した。起訴時点で B, C, D は成人に達していたが, E は少年 (19歳) であった。

　E は, 抗告したばかりに差戻し後の家裁の審判で逆送になり, 刑事処分を受ける危険にさらされることになったが, こうした家裁の逆送決定が, 当初の少年院送致決定との関係で不利益変更禁止の原則に反しないかが争点となったのが, 本件である。

　第一審の東京地裁八王子支部は, 不利益変更禁止の原則は, 明文の規定はないが, その趣旨からして少年保護事件においても適用が認められるとしたうえ, 保護処分と比較する限り逆送決定は不利益な処分であるといえるから, 本件の逆送決定は不利益変更禁止の原則に抵触する違法, 無効なもので

あり，これを受けてその起訴強制の効力に従った起訴も違法，無効であるとして，公訴を棄却した（東京地八王子支判平7・6・20家月47巻12号64頁）。

　これに対し，検察官の控訴を受けた東京高裁は，少年保護手続においても不利益変更禁止の原則の適用があるとした第一審の判断は是認しつつも，逆送決定は，事件を家庭裁判所から検察官に送致するという手続上の中間的処分であって，少年の実体的処遇に変動がもたらされるものではないから，検察官送致を中等少年院送致と比較して不利益変更にあたるかどうかについて判断することは相当でないと指摘し，本件検察官送致決定には不利益変更禁止の原則に反する違法はなく，これを受けた起訴も有効であるとして，原判決を破棄し，事件を東京地裁に差し戻した（東京高判平8・7・5高刑集49巻2号344頁／家月48巻9号86頁）。

　そこで，被告人が上告したところ，最高裁は，以下のように述べて，高裁判決を破棄し，控訴を棄却した（最判平9・9・18刑集51巻8号571頁）。①少年法は，保護処分を原則とし，刑罰によって責任を追及するのは，保護処分等の教育的手段によることが不適当な場合に限定しており，その意味で，刑事処分は保護処分よりも一般的，類型的に不利益なものとしていると解され，また，②少年法が少年側にのみ抗告権を認めたのは，専ら少年の権利保護を目的とするものであり，したがって，少年側が抗告し，抗告審において，原保護処分決定が取り消された場合には，差戻しを受けた家庭裁判所において，少年に対し保護処分よりも不利益な処分をすることは許されないものと解される。そして，これらの点を考え合わせると，少年側の抗告により，抗告審で原保護処分決定が取り消された場合には，差戻しを受けた家庭裁判所は，保護処分その他少年法の枠内における処遇をすべきであり，これらの処遇より不利益な刑事処分を相当であるとして，事件を検察官に送致することは許されない。

　本判決には井嶋一友裁判官の反対意見がある。

　本件最高裁判決は，第一審と結論においては一致しているが，少年手続における不利益変更禁止原則の適用の有無については触れていない。これは，刑事手続においては，不利益変更にあたるか否かは，具体的な刑を相対的に

比較して実質的に考察するというのが判例の立場であるところ（最大判昭26・8・1刑集5巻9号1715頁，最判昭55・12・4刑集34巻7号499頁），本件控訴審判決が指摘するとおり検察官送致決定は中間的処分であって，これに刑事手続におけるのと同様の不利益変更禁止原則を適用することは困難であるので，少年手続における不利益変更禁止原則の適用の有無については触れずに，少年法の目的や構造を考慮して，刑事処分は保護処分よりも一般的，類型的に不利益であるとの判断を導いているからだと思われる[14]。

さらに，本件最高裁判決に関連して，以下の点が問題になる。

①　保護処分間の変更の可否。例えば，保護観察処分を受けた少年が抗告したところ，差戻しを受けた家庭裁判所は少年院送致の決定をすることができるか。本件最高裁判決は，刑事処分が保護処分よりも一般的，類型的に不利益なものであることを指摘するにとどまり，保護処分間の変更の許否については明示的な判断をしていない。しかし，少年院送致は，身体的自由の拘束の程度において，保護観察より，一般的，類型的に重い処分であることは明らかであり，保護観察処分を受けた少年が抗告したばかりに少年院送致になったのでは，少年の納得は得られず，そのような可能性があれば抗告権の行使を躊躇することにもなろう。このような事態は，少年側にのみ抗告権を認めている少年法の趣旨，および適正手続保障の趣旨に反するから，保護処分間の不利益な変更は許されないと考えるべきである。

②　差戻し後の年齢超過による検察官送致（少19条2項，23条3項）の可否。抗告審から差戻し・移送を受けた時点で本人が20歳を超えている場合には，年齢超過を理由とする検察官送致の決定をすることになる。しかし，抗告した結果，一般的，類型的に保護処分より重い刑事処分を受ける危険にさらされることになれば本人は納得できないであろうし，そのような可能性があれば抗告権の行使を躊躇することにもなろう。このような事態は，適正手続保障の趣旨に反するといわなければならない。立法論として，抗告に一定の年齢の留保制度を伴わせるか，あるいは，少年法における年齢の基準時を行為時または家裁受理時とする制度の導入を検討すべきであろう。

14　池田修＝中谷雄二郎・最高裁判所判例解説刑事篇〔平成9年度〕152-155頁。

③　保護処分を受けた少年が刑事処分を求めて抗告した場合の取り扱い。例えば，少年院送致となった少年が，執行猶予付き自由刑を求めて抗告することはありうることである。しかし，本件最高裁判決の趣旨に従えば，保護処分と刑事処分との軽重は，最終的に言い渡された具体的な刑と保護処分との比較によってではなく，少年法の目的や構造からする一般的，類型的な比較によって判断されるべきであるから，このような抗告は不適法となろう。最近の裁判例として，抗告申立書において少年が成人として刑事処分を受けたいとの主張をしているように解される点について，検察官送致決定は，保護処分である少年院送致よりも，少年にとって一般的，類型的に不利益な処分であるとしたうえ，非行事実自体が特に重大な被害結果を生じた事案とはいえず，少年の犯罪的傾向が進んでいるとまではいえないのであるから，保護処分こそ相当な処分であるとして，抗告を棄却したものがある（東京高決平29・7・13判タ1451号168頁／家庭の法16号129頁）。

6　検察官による抗告受理の申立て

　第一次改正では検察官による抗告受理申立て制度が設けられた（少32条の4）。この制度は，検察官に権利としての抗告権を認めたものではなく，高等裁判所が，相当と認めたとき，その申立てを受理し，抗告審として審理するものである（少32条の4第3項）。また，抗告受理の申立ては，検察官が審判に関与することを認める原審の決定があった場合に限られている（少32条の4第1項）。

　抗告受理の申立ての対象は，①保護処分に付さない決定（不処分決定）と②保護処分の決定である（少32条の4第1項）。

　抗告受理の申立ての理由となるのは，①決定に影響を及ぼす法令の違反と②重大な事実の誤認に限られ（少32条の4第1項），処分の著しい不当は除外されている。これは，検察官の審判関与が非行事実の認定に限定されているからである（少22条の2第1項）。

　「重大な事実の誤認」の「事実」には，法17条4項但し書の括弧内で「非行事実」を指して，「犯行の動機，態様及び結果その他の当該犯罪に密接に

関連する重要な事実（密接関連重要事実—引用者註）を含む。以下同じ。」と規定されているので，形式的には密接関連重要事実が含まれると解される。しかし，密接関連重要事実は要保護性を基礎づける重要な事実でもあるため，その範囲が問題になる。これについては，①検察官は要保護性の審理には関与できないこと，および②検察官による抗告受理申立ての理由から「処分の著しい不当」は除外されていることから，犯行の動機や態様の悪質性をあげ，実質的には処分の不当をいうものは対象外とすべきである。

　検察官は，抗告受理の申立てを行うときは，家庭裁判所の決定から2週間以内に，抗告受理の申立理由を具体的に記載した申立書を原裁判所に提出しなければならない（少32条の4第1項・第2項，少審規46条の3第1項）。申立てを受けた原裁判所は，速やかに申立書と記録を高等裁判所に送付しなければならない（少32条の4第2項後段，少審規46条の3第2項）。申立書と記録を受けた高等裁判所は，「抗告審として事件を受理するのを相当と認めるとき」に，抗告審として事件を受理する（少32条の4第3項）。この決定は，原裁判所からの申立書の送付を受けた日から2週間以内に行わなければならない（少32条の4第5項）。抗告審として事件を受理しないときも，同様である（少審規46条の3第7項）。事件の受理が決定されれば，抗告があったものとみなされる（少32条の4第6項）。

　抗告受理の申立てを高等裁判所が受理する決定を行った場合に，少年に弁護士付添人がないときは，抗告裁判所は，弁護士付添人を付さなければならない（少32条の5第1項）。

7　再抗告

　再抗告は，少年側が，高等裁判所による抗告審の決定について，最高裁判所に対して行う不服申立てである（少35条1項）。

　申立権者は，少年，その法定代理人または付添人であるが，付添人は，選任者である保護者の明示した意思に反して，再抗告することはできない（少35条1項但書）。申立期間は，抗告と同じく2週間である。

　検察官は，再抗告に関して申立てを行うことはできない。これは，上訴の

受理申立てを二度認める必要性は乏しいと考えられたことによる[15]。

再抗告の対象は，①少年側の抗告を棄却する決定のほか，②検察官による抗告受理申立てを認容し原決定を取り消す決定も含まれる。

再抗告の理由は，①憲法違反，②憲法解釈の誤り，または③最高裁判所もしくは控訴裁判所である高等裁判所の判例と相反する判断をした場合に限られる。「憲法解釈の誤り」とは，原決定が，抗告趣意に対する判断または職権による判断に際し，憲法上の解釈を示した場合に，それが誤りであることをいい，「憲法違反」とは，それ以外の違憲，すなわち，原決定および原審の審理手続の違憲をいう[16]。再抗告の理由が認められない場合でも法32条所定の事由があってこれを取り消さなければ著しく正義に反すると認められるときは，職権により原決定を取り消すことができる（最決昭58・9・5刑集37巻7号901頁，最決昭62・3・24集刑245号1211頁，最決平20・7・11刑集62巻7号1927頁）。

法35条2項により，抗告審の調査の範囲（少32条の2），抗告審の事実の取調べ（少32条の3），国選付添人制度（少32条の5第2項），抗告審の審理についてその性質に反しない限りで準用される家庭裁判所の審判に関する規定（少32条の6），抗告審の裁判（少33条），執行停止（少34条）が，準用される。

最高裁判所は，再抗告の手続が法もしくは規則に違反したとき，または再抗告が理由のないときは，再抗告棄却の決定をしなければならない（少35条2項による少33条1項の準用）。再抗告が理由のあるとき，または職権調査により原決定に取消事由のあることが判明したときは，原決定を取り消さなければならない。この場合には，保護処分決定を取り消して，事件を家庭裁判所に差し戻し，または移送することができる（少35条2項による少33条2項の準用）。

第2節　保護処分の取消し

1　はじめに

　旧法では，保護処分を決定した少年審判所に，その保護処分を取り消し，または変更する権限が与えられていた（旧少5条）。

　しかし，現行法では，決定機関と執行機関とが分離された結果，家庭裁判所は一旦決定した保護処分を，原則として，取り消し，または変更できないことになった（ただし，第二次改正により法26条の4が設けられている）。保護処分の取消しについては，法27条と27条の2に規定がある。法27条は競合する処分の調整のための取消し，法27条の2は違法な保護処分の取消しについて定めたもので，後者には，①年齢詐称等により年齢を誤認した場合と，②非行事実がなかったにもかかわらず保護処分を言い渡した場合とがある。

　法27条の2は，もともとは①の年齢詐称の場合を想定して，少年法の一部を改正する法律（昭和25年4月15日法律第98号）により創設された規定である。しかし，少年法には，再審について直接定めた規定はなかったため，実務上は，早くから，同条に再審的機能を営ませようとする解釈運用がなされてきた。

　柏事件に対する最高裁決定（最決昭58・9・5刑集37巻7号901頁）は，この解釈運用を最高裁として初めて是認したが，法27条の2第1項の「保護処分の継続中」という文言からくる制約もあった。

　2000年の第一次改正により，法27条の2に新たな第2項が設けられ，保護処分終了後においても救済の道が拡げられたが，なお課題もある。

2　競合する処分の調整

　法27条は，競合する処分の調整のための取消しに関する規定である。この取消しには，保護処分の継続中，本人に対して，①有罪判決が確定した場合

（1項）と，②新たな保護処分がなされた場合（2項）とがある。

1 保護処分と刑罰との競合

　保護処分の継続中，本人に対して有罪判決が確定したときは，保護処分をした家庭裁判所は，相当と認めるときは，決定をもって，その保護処分を取り消すことができる（少27条1項）。

　保護処分の継続中，懲役，禁錮または拘留の刑が確定したときは，先に刑を執行することとされているので（少57条），保護処分と刑罰とが両立し得ない場合は，この規定に従うことになる。ただし，例えば少年院入所中に懲役の実刑が確定した場合，懲役刑の執行後に少年院に戻して収容することは処遇の一貫性を欠くなど無意味であるから，少年院送致の保護処分を取り消すのが相当であろう。

　一方，保護処分と執行猶予付きの自由刑とは両立しえないわけではない。保護処分と財産刑についても同様である。この場合，保護処分を取り消すか否かは，保護処分の執行の経過，現在の要保護性の程度・内容，保護処分を継続した場合の順効果と逆効果，処遇の一貫性等を勘案のうえ，判断することになろう。

2 保護処分どうしの競合

　保護処分の継続中，本人に対して新たな保護処分がなされたときは，新たな保護処分をした家庭裁判所は，前の保護処分をした家庭裁判所の意見を聞いて，決定をもって，いずれかの保護処分を取り消すことができる（少27条2項）。

　保護処分の継続中，新たに非行が発見され，それが家庭裁判所に係属しても，当面は先の保護処分の執行に委ね，再び保護処分に付するまでの必要はないと認められる場合には，別件保護中として審判不開始または不処分とされる[17]。

　新たな非行事件について調査・審判が行われた結果，要保護性が見直さ

17　田宮＝廣瀬373頁。

れ，保護処分の種類の変更が必要になることもある。この場合，一般的には，前の保護処分を取り消すのが適当な場合が多いが，保護処分の目的・方法・期間が異なる場合には取り消さずに併存させることも認められる。新たな保護処分を取り消して競合状態を解消することも，相当であれば許される[18]。

3　違法な保護処分の取消し

　法27条の2は，違法な保護処分の取消しについて規定している。この取消しには，（1）年齢詐称等により年齢を誤認した場合（1項）と，（2）非行事実がなかったにもかかわらず保護処分を言い渡した場合とがあり，（2）は，①保護処分の継続中（1項）と②終了後（2項）とに分けられる。

1　年齢誤認による取消し

　法27条の2第1項は，1950（昭25）年の少年法一部改正により設けられた。少年法の対象年齢を旧法の18歳未満から20歳未満に引き上げる移行措置として，1948年法は施行時の年齢を暫定的に18歳未満とし，1951年1月1日から20歳未満の者に（新）少年法を全面適用するという事情もあり，当時，「種々の作為をなして年齢を偽り，家庭裁判所に少年として送致され，さらに審判まで受ける事例が相当多い」ことから，「年齢を偽り保護処分を受けた場合について」は，「家庭裁判所は職権により，その保護処分を取消し，事件を権限を有する都道府県知事もしくは児童相談所長または検察官に送致すること」としたのである[19]。第1項による取消しについては「保護処分の継続中」が要件とされるとともに，同項により保護処分を取り消した事件については一事不再理効が及ばない旨の但し書（現在の法46条3項本文に相当）が法46条に付されたのは，このためである。

　法27条の2第1項の年齢誤認には，①審判当時，本人がすでに成人に達していたことが事後に判明した場合と，②14歳未満の少年について，都道府県

18　田宮＝廣瀬373-374頁。
19　第7回国会衆議院法務委員会議録第12号6頁（牧野寛索政府委員の法律案提案理由説明）。

知事または児童相談所長から送致の手続がなかったことが事後に判明した場合とがある。①の場合は，保護処分を取り消して，事件を管轄地方裁判所に対応する検察庁の検察官に送致することになり（少27条の2第4項，少19条2項），②の場合は，保護処分を取り消して，事件を都道府県知事または児童相談所長に送致することになる（少27条の2第4項，少18条1項）。ただし，家庭裁判所が保護処分を取り消すにあたっては，児童福祉機関との十分な連絡・調整が必要であろう。年齢の基準時は，①の場合については処分時である。②の場合については行為時説と処分時説との対立がある。しかし，②が違法な保護処分とされる理由は，触法少年および14歳未満の虞犯少年については児童福祉機関先議の原則（少3条2項）があるのに必要な手続を経ていないことにあるのだから，家庭裁判所の受理時を基準時とするのが整合的であろう。

2　非行事実の不存在による取消し

（1）柏事件最高裁決定

　前述したとおり，法27条の2第1項は，もともとは年齢詐称による違法な保護処分の取消しのために設けられた規定である。しかし，少年法には，再審（刑訴435条以下）に相応する規定が存在しなかったため，実務では，早くから，同条に再審的機能を営ませようとする解釈運用が行われていた。柏事件に係る最高裁決定（最決昭58・9・5刑集37巻7号901頁）は，この解釈運用を最高裁として初めて是認した。事案の内容と審理の経過は以下のとおりである。

　14歳の少年Aは，1981年6月14日，11歳の少女を所携の果物ナイフで殺害したという殺人の非行事実により，千葉家裁松戸支部の審判に付せられ，同年8月10日，初等少年院送致の決定を受けた。Aは，捜査段階から一貫して非行を認め，少年院送致の決定に対して抗告を申し立てることもなかったので，その決定は確定した。

　ところが，Aは，少年院に送致されて1年近くを経過してから，自分は犯人ではないと主張し，それに沿う事実も認められたため（事件現場に遺留されていた凶器と同型の果物ナイフが少年の部屋の押入れの中から発見された），Aの付

添人は，82年5月31日，Aに対し審判権がなかったことを認め得る明らか
な資料を新たに発見したとして，同支部に対し法27条の2第1項による保護
処分の取消しの申立てをした。

　同支部は，保護処分取消し事件として立件し，審理を行ったうえ，83年1
月20日，凶器とされる果物ナイフと同種のナイフが少年の部屋から発見され
たことは，その余の事実と併せ考慮しても，非行事実の認定について合理的
な疑いを生ぜしめる程のものではないとして，少年院送致決定を取り消さな
い旨の決定をした。

　これに対し付添人が抗告したところ，東京高裁は，同年2月23日，法27条
の2第1項に基づいてした保護処分を取り消さない旨の決定（不取消し決定）
は，同法32条にいう抗告の対象となる「保護処分の決定」にあたらないとし
て，抗告を棄却した。そのため，付添人は最高裁に再抗告した。

　この再抗告については，以下の3つの点が問題になる。すなわち，①法27
条の2第1項にいう「審判権」のなかに非行事実の存在が含まれるか，②仮
にそれが含まれるとして，同項に基づく申立てにつき保護処分を取り消さな
いとした家庭裁判所の決定に対して，法32条に基づく抗告ができるか，③仮
に不取消し決定が抗告の対象となるとして，最高裁が，法35条に定められた
再抗告事由以外の事由により，抗告審の決定を取り消すことができるか，で
ある。

　最高裁は，①について，保護処分が少年の身体の拘束等の不利益をも伴う
ものである以上，非行事実が存在しないにもかかわらず誤って少年を保護処
分に付することは許されないというべきであり，誤って保護処分に付された
少年を救済する手段としては，少年側に保障された抗告権のみでは不十分で
あり，保護処分の決定が確定した後に保護処分の基礎とされた非行事実の不
存在が明らかにされた場合においても，何らかの救済の途が開かれていなけ
ればならないとしたうえで，法27条の2第1項にいう「本人に対し審判権が
なかったこと……を認め得る明らかな資料を新たに発見したとき」とは，少
年の年齢超過等が事後的に明らかにされた場合のみならず，非行事実がな
かったことを認めうる明らかな資料を新たに発見した場合を含むのであり，
同項は，保護処分の決定が確定した後に処分の基礎とされた非行事実の不存

在が明らかにされた少年を将来に向って保護処分から解放する手続をも規定
したものと解されるとした。

　②については，不取消し決定は，保護処分を今後も継続することを内容と
する家庭裁判所の決定であるから，保護処分の決定とその実質を異にするも
のではなく，保護処分取消し事件につき「その性質に反しない限り，少年の
保護事件の例による」との（旧）少年審判規則55条の趣旨をも加味して勘案
すると，法32条の準用により抗告が許されるとした。

　③については，法35条所定の事由が認められない場合であっても，原決定
に法32条所定の事由があって，これを取り消さなければ著しく正義に反する
と認められるときは，最高裁判所は，最終審裁判所としての責務にかんが
み，職権により原決定を取り消すことができると解すべきであるとした。

　このように，最高裁は，①，②および③について肯定的な判断を示し，原
決定を取り消し，事件を東京高裁に差し戻した[20]。

（2）保護処分終了後における取消し

　上記最高裁決定は，法27条の2第1項に再審的機能を付与する解釈運用
を，最高裁として初めて是認したものである。しかし，同決定は，「同項を
保護処分の決定の確定したのちに処分の基礎とされた非行事実の不存在が明
らかにされた少年を将来に向って保護処分から解放する手続をも規定したも
の」（傍点は引用者）としたから，救済に制約を設けることにもなった。

　その翌年の最決昭59・9・18刑集38巻9号2805頁は，「保護処分の取消
は，保護処分が現に継続中である場合に限り許されるのであって，処分の執
行が終了した後はこれを取り消す余地がない」とし，最決平3・5・8家月
43巻9号68頁は，この判断を踏襲したうえで，「保護処分の取消しは，保護

20　その後，差戻審の東京高裁は，証拠調べを行ったうえで，少年の自白は大筋において信用で
　き，これを裏付ける証拠も存在しており，押入れ内の布団包内から果物ナイフが発見されたこと
　など新たな証拠資料を仔細に検討しても，本件保護処分決定の非行事実の認定を覆すには足りな
　いとして，抗告を棄却した（東京高決昭59・1・30家月37巻12号64頁）。これに対して再抗告が
　行われたが，最高裁は，職権で調査を行ったうえで，自白の信用性を認め，再抗告を棄却した
　（最決昭60・4・23家月37巻12号61頁）。その後，少年側は，第二次の保護処分取消しの申立てを
　行ったが，この間に少年は少年院を本退院していたため，家裁，高裁，最高裁はいずれも，保護
　処分の終了後の取消しはできないとして，申立てを棄却した（最決昭61・1・9LEX/
　DB25352411）。

処分が現に継続中である場合に限り許され，少年の名誉の回復を目的とするものではない」(傍点は引用者)旨判示した。

　これに対し，学説上は，保護処分の継続中に限定されないとする積極説[21]も主張され，消極説も立法的解決を望んでいた[22]。

　そこで，2000年の第一次改正により，法27条の2に新たな第2項が挿入され(改正前の第2・3・4項は順次繰り下げられ)，保護処分終了後における取消しに救済の道が拡げられた。

　ただし，法27条の2第2項には，「本人が死亡した場合は，この限りでない」との但し書が付された。この理由は以下のように説明されている。

　　　保護処分終了後の取消しを認める趣旨は，必ずしも刑事訴訟手続における再審のように，本人の名誉回復を図るためではない。すなわち，刑事事件における刑罰と保護処分とを比較すると，①刑罰が，社会正義を実現し，社会秩序を維持するために純然たるサンクションとして科されるものであるのに対し，保護処分は，本人に対する保護・教育的な措置としてなされるものであること，②刑事事件は公開法廷で審理され，本人が犯罪を行ったということが広く知られることとなるのに対し，少年審判は非公開でなされ(22条2項)，少年を特定する事項についての報道制限規定があり(61条)，当該少年が犯罪を行ったことが社会に知られないように配慮されていること，③刑罰は前科として各種法律により資格制限の原因となるのに対し，保護処分にはこのような制限はなく，保護処分が終了すれば法律的には何の効力も残っていないこと，などの違いがあることから，保護処分が誤っていたとしても，刑事処分と同様に本人の名誉回復措置が必要であるとは考えられない。むしろ，少年法における少年の健全育成の趣旨に照らし，誤って保護処分を受け

21　菊池信男「少年保護事件における『再審』(2・完)―少年法第27条の2をめぐる若干の問題」家月14巻4号(1962年)147頁，斉藤豊治「非行事実の不存在と保護処分の取消―執行終了後の保護処分の取消を中心に」刑法32巻2号(1992年)120頁，山口直也「少年保護事件の"再審"に関する一考察―『草加事件』最高裁決定を契機として」一橋研究17巻1号(1992年)115頁，大出良知「少年審判手続における『再審』」法時67巻7号(1995年)37頁，田中輝和「少年保護事件と再審―保護処分終了後の取消の可否を中心に」東北学院大学論集〈法律学〉48号(1996年)75頁，若穂井透「閉ざされた少年再審」法セミ371号(1985年)24頁，津田玄児「少年審判についての一試論」法律実務研究1号(1986年)106頁。
22　浜井ほか・実務上の諸問題359-360頁，廣瀬健二「保護処分の取消―事実誤認を巡る諸問題」中山退官398，412-413頁。

たため傷ついた本人の情操の保護，回復を図ることが適当であることから，
今回の改正により，保護処分終了後においても保護処分取消しを認めること
が適当であると考えられたものである[23]。

しかし，保護処分の不利益性が刑罰のそれと比べ一般に低いからといっ
て，名誉回復の必要性が低いとはいえない。不名誉は，非行事実がないのに
非行事実を認定されたことにあり，この点に関し保護処分と刑罰とを区別す
る理由はない。

4　取消しの効果

1　遡及効

前記昭和58年9月5日の最高裁決定は，「（法27条の2第1項は，）保護処分の
決定の確定したのちに処分の基礎とされた非行事実の不存在が明らかにされ
た少年を将来に向って保護処分から解放する手続をも規定したものである」
としたから，取消し決定の効力は将来に向ってのみ生じ，遡及効は持たない
と理解するのが親和的であった。

しかし，第一次改正により保護処分終了後の取消しが認められることに
なったから，少なくとも同条第2項による取消し決定は遡及効を持つことに
なったことは明らかである。保護処分終了後に取消し決定の効力を将来に
向って失わせても意味がないからである。また，同条第2項は，「保護処分
を取り消」すという表現を指して「前項と同様とする」と記している以上，
第1項の非行事実不存在を理由とする保護処分の取消しについても，同様に
遡及効を持つと理解するのが自然である[24]。

すなわち，取消しの対象は，保護処分の執行ではなく，保護処分の決定と
いうことになる。保護処分の取消しに遡及効が認められれば現事件が復活す
るから，家庭裁判所は非行なし不処分決定を言い渡すことになろう[25]。

23　甲斐ほか168-169頁。
24　武内410頁。

2　一事不再理効

　第一次改正では，法27条の2の改正と関連して，保護処分等の効力に関する法46条に以下のような第3項が追加された。なお，本項本文は，改正前の46条但し書を引き継いだものである。

　　　第1項の規定は，第27条の2第1項の規定による保護処分の取消しの決定が確定した事件については，適用しない。ただし，当該事件につき同条第6項の規定によりその例によることとされる第22条の2第1項の決定がされた場合であって，その取消しの理由が審判に付すべき事由の存在が認められないことであるときは，この限りでない。

　本項は，①保護処分継続中の取消し決定が確定した事件には一事不再理効が認められないこと，②ただし，検察官審判関与の決定がされた場合で，その取消しの理由が非行事実の不存在であるときは一事不再理効が認められること，③同項本文の反対解釈から，保護処分終了後の取消し決定が確定した事件には一事不再理効が認められること，を示している。

　しかし，本項には以下のような疑問がある。①は，年齢詐称を理由とする取消しの場合には妥当するが，非行事実不存在を理由とする取消しの場合には，あらためて審判手続が行われたり，成人後刑事訴追がなされる可能性が生じ，冤罪からの救済という観点では不十分であること[26]，②については，検察官審判関与は対象事件が限定されているので，取消決定の効力については，なお問題が残されていること[27]。③のように，保護処分の継続中と終了後とで一事不再理効に違いがあるのは，保護処分が終了している場合には，取消し決定の効力としてではなく，もとの保護処分決定の効力として，一事不再理類似の効力を認めれば足りると考えられているためである[28]。しかし，非行事実不存在という保護処分とは相いれない事実判断に立ちながら保

---

[25]　千葉家決平26・6・30判タ1410号397頁は，道路交通法違反保護事件により保護観察決定を受けた少年について，身代わり犯人であったことが判明したため，当該決定を取り消すとともに，同事件につき不処分とした。これに対し，保護処分決定の取消しのみをした裁判例として，大阪家決平17・12・16家月59巻7号152頁，那覇家決平19・12・21家月60巻6号71頁がある。

[26]　守屋＝斉藤・コンメンタール547頁〔守屋克彦〕。

[27]　田宮＝廣瀬383頁。

[28]　甲斐ほか217頁。

護処分の効力を維持するのは，執行済み保護処分についてだけでなく，執行途中の保護処分についても妥当ではなく[29]，保護処分の取消し決定の効力として一事不再理効を認めるべきである。

5　残された課題

　第一次改正で法27条の2に新たな第2項が追加されたことで，再審的機能が強化された。しかし，本節3-2(2)および4で述べたような課題が残されている。その原因のひとつは，法27条の2第1項が，①年齢誤認を理由とする保護処分の取消しと，②違法な保護処分の取消しという，本来性格の異なるふたつの場合をひとつの規定でまかなっていること，いわば一人二役を担わされているところにある。立法論として，①と②を場合分けし，非行事実不存在を理由とする保護処分の取消しについては，保護処分の継続中と終了後とを区別せず，「保護処分の確定後」として一本化するのが望ましい。

29　廣瀬・前掲（註22）406頁。

第11章　保　護　処　分

第1節　保護観察

1　はじめに

　現行少年法における保護処分には，①保護観察，②児童自立支援施設または児童養護施設送致，③少年院送致の3種類がある[1]（少24条1項）。本章では，各保護処分の特徴，仕組み，課題について学ぶ[2]。本節では，まず保護観察を取り上げる。

　保護観察は社会内処遇の一形態である。**社会内処遇**とは，通常の社会生活を営ませながら，側面から必要な指導や援助を与え，自発的な改善更生を図ることをいい，**施設内処遇**とは，刑務所や少年院などの施設に収容して専門的・集中的な処遇を行うことをいう。

　保護観察には，対象者により5つの種別がある。本節では，成人の場合を含む保護観察全般について解説していくが，とくに1号観察（家庭裁判所の審判の結果，保護処分のひとつとして行われる保護観察）と2号観察（地方更生保護委員会[3]の決定により，少年院からの仮退院を許された者に対して行われる保護観察）に注目いただきたい。

　保護観察は，通常，国家公務員である**保護観察官**と，法務大臣から委嘱を

1　旧少年法には，訓誡ヲ加フルコト，学校長ノ訓誡ニ委スルコト，書面ヲ以テ改心ノ誓約ヲ為サシムルコト，条件ヲ附シテ保護者ニ引渡スコト，寺院，教会，保護団体又ハ適当ナル者ニ委託スルコト，少年保護司ノ観察ニ付スルコト，感化院ニ送致スルコト，矯正院ニ送致スルコト，病院ニ送致又ハ委託スルコト，の9種類の保護処分が規定されていた（旧少4条1項）。

2　児童養護施設送致は，ごく稀にしか行われていないため，本章では取り上げない。ただし，児童養護施設は，ケースによっては保護処分の，あるいは児童福祉法上の措置（法18条1項，児福27条1項3号）の，重要な選択肢のひとつであることを確認しておきたい。

うけた民間篤志家である**保護司**との協働態勢により行われる。保護観察官の持つ専門性と保護司の持つ地域性・民間性とが組み合うところに，わが国における保護観察の大きな特徴と意義がある。

　本節では，若者のボランティア組織であるBBSにも注目する。

2　更生保護

　「更生保護とは，犯罪や非行をした者が，社会内でふつうに生活しながら改善更生できるよう指導，援助するとともに，犯罪や非行の再発を防止するための国の施策である[4]」と定義されている。

　ここには，（1）改善更生の意味，（2）更生保護と再犯防止との関係，（3）更生保護における官と民との関係を，それぞれいかに捉えるか，という論点が潜在している。

　（1）について，「改善更生」の語は文脈により異なった意味で用いられたり，また曖昧なところもあるが，それが少なくとも再犯や再非行のない状態を指す（含む）ことに異論はないであろう。しかし，問題は，改善更生をいかにして達成するか，である。この点，改善更生のための働きかけを，①その人の資質，人格，性向等の変容といった，その人に直接向けられるものとして捉えるか，それとも，②家庭，学校，職場等における人と人との関係の調整，および，それを通したその人の安定という方向で捉えるかによって，改善更生の意味，少なくともその位置づけには差異が生じよう。この点，後述するように，改善更生のための働きかけ（方法）には，対象者の問題性に応じた各種の専門的処遇プログラムが実施されるなど①の側面もあるが，更生保護が社会内処遇を中心に発展し，かつ実施されていることを注視すれば，その基本は②にあるといえよう。

3　地方更生保護委員会は，①仮釈放の許可またはその処分の取消し，②仮出場の許可，③少年院からの仮退院または退院の許可，④少年院への戻し収容の申請，⑤不定期刑の執行終了処分，⑥刑の執行猶予中および一部執行猶予中の者の保護観察の仮解除またはその処分の取消し，⑦婦人補導院からの仮退院の許可またはその処分の取消し，⑧保護観察所の事務の監督，などをつかさどる法務省の地方支分部局である（更生16条）。全国8か所の高等裁判所の所在地に置かれ，3人以上で政令の定める人数内の委員（最高15人）で組織されている。

4　松本・更生保護1頁。

（2）については，更生保護の目的のニュアンスの変化に注目したい。犯罪者予防更生法（昭和24年法律第142号）1条は，「この法律は，犯罪をした者の改善及び更生を助け，恩赦の適正な運用を図り，仮釈放その他の関係事項の管理について公正妥当な制度を定め，犯罪予防の活動を助成し，もって，社会を保護し，個人及び公共の福祉を増進することを，目的とする」と規定していた。ここでは，犯罪をした者の改善更生が最初に掲げられ，その結果として，社会の安全が守られるという道筋が示されていた。

ところで，2004年から05年にかけて，保護観察中の者による凶悪事件が発生し，更生保護制度に対し社会の厳しい目が向けられるようになった。これを契機として，2005年7月，「更生保護のあり方を考える有識者会議」が法務大臣により設置され，同会議は，2006年6月，「更生保護制度改革の提言—安全・安心の国づくり，地域づくりを目指して」を公表した。

この提言に基づき，2007年6月に，犯罪者予防更生法と執行猶予者保護観察法（昭和29年法律第58号）とを整理・統合して，**更生保護法**が制定され，翌08年6月から施行されることになった。同法1条は，「この法律は，犯罪をした者及び非行のある少年に対し，社会内において適切な処遇を行うことにより，再び犯罪をすることを防ぎ，又はその非行をなくし，これらの者が善良な社会の一員として自立し，改善更生することを助けるとともに，恩赦の適正な運用を図るほか，犯罪予防の活動の促進等を行い，もって，社会を保護し，個人及び公共の福祉を増進することを目的とする」と規定している。ここでは，新たに再犯防止がうたわれ，かつ，改善更生の文言より前に位置づけられていることから，更生保護の理念，目的として再犯防止が強調されている[5]。

もっとも，これによって更生保護のあり方が，がらりと変わったわけではない。しかし，以下（3）に述べるように，国家目的として再犯防止を強調することは，更生保護の本来の持ち味を削ぐことにつながらないかという懸念もある。

（3）については，更生保護の歴史認識と関連する[6]。近代的な更生保護思

---

5 松本・前掲2頁。
6 更生保護の沿革については，更生保護50年史3頁，20頁以下を参照。

想の源流は，1888（明21）年に，実業家**金原明善**と静岡監獄署副典獄**川村矯一郎**が，免囚保護[7]のために**静岡県出獄人保護会社**を設立したことにあるといわれている。

　同会社を初めとする免囚保護事業は，その後も民間篤志家や宗教家による慈善事業として発展し，全国各地に免囚保護施設が設立されるようになった。その対象も最初は出獄人に限られていたが，執行猶予制度の新設（1905（明38）年）により執行猶予者も対象とし，次いで起訴猶予者も対象とするようになると，事業の名称も釈放者保護，猶予者保護と呼ばれるようになり，さらに1922（大12）年に旧少年法が施行されるに伴い，少年保護もくわえ，これらを総称して**司法保護**と呼ぶようになった。

　これらの事業の増大に関連していたのは，明治・大正年間に行われた大規模な恩赦であった。明治30年の英照皇太后（明治天皇の御母）の御大喪による恩赦で出獄した者の数は1万人を超え，免囚保護事業に対する社会一般の関心が高まり，保護施設急設の気運を招来することとなった。次いで明治天皇の御大喪恩赦（大正元年），大正天皇御大礼恩赦（大正4年）が大規模に行われ，このような恩赦が行われるたびに恩赦により釈放された者を保護するために施設が急増していったのである。これらの事業は民間篤志家である宗教家や社会事業家などの人間愛に基づく自発的・慈善的事業で，国はわずかに奨励金を支出するにとどまっていた。しかし，時代の推移とともに保護措置の法制化と国庫補助を求める機運が高まった。

　1937（昭12）年には初めて全日本司法保護事業大会が開催され，同年，保護団体の連絡調整を図る組織として全日本司法保護事業連盟が結成された。1939（昭14）年には司法保護団体を法制化する司法保護事業法が制定され，司法保護団体は司法大臣の認可を受けて設置運営されることとなった。司法保護事業法では，起訴猶予者，執行猶予者，刑執行停止者，仮出獄者，刑終了者，保護処分を受けた者等の保護を行う事業ならびにその指導・連絡または助成をする事業を司法保護事業とした。

　このように始まった日本の更生保護事業は，その後も民間の活力によって

7　刑期を終えた者に対する保護を免囚保護と呼んだ。

拡大する一方，次第に国の刑事政策のなかに取り込まれ，旧少年法の少年保護司による観察，思想犯保護観察法を経て，1939（昭14）年の司法保護事業法，さらに1950（昭25）年の更生緊急保護法によって，国の制度として位置づけられることになった（保護への国家性の付与）。

　しかし，その後も，保護司や更生保護施設をはじめとして民間の人々が営々として取り組み，築いてきたものには誠に大きなものがあり，最近では，更生保護およびそれに関連する分野におけるNPO等の活動も目覚ましく，その成果もあがっている。

　現在，更生保護は，国の責任において遂行されるべき国の施策ではあるが，その実施形態においては，保護観察が保護観察官と保護司との協働態勢で行われることに代表されるように，官と民との協働によるものであること，民間の人々の善意に支えられて成立しているものであること（保護の民間性）を，更生保護の定義に際し，再確認しておく必要があろう。

3　保護観察の概説

1　保護観察の意義

　保護観察は，更生保護の主要な場面である。

　更生保護法49条1項は，「保護観察は，保護観察対象者の改善更生を図ることを目的として，……指導監督並びに……補導援護を行うことにより実施するものとする」として，その目的と方法について定めている。また，同2項は，「保護観察処分少年又は少年院仮退院者に対する保護観察は，保護処分の趣旨を踏まえ，その者の健全な育成を期して実施しなければならない」として，これらの者に対する保護観察は，少年法の目的である健全育成と一貫性をもって行われるべきことを明記している。

2　保護観察の担い手

　保護観察は，通常，保護観察官と保護司との協働態勢により行われる。ただし，複雑な問題を有する対象者については，保護司を指名せず，保護観察官が，その専門性に基づき，直接，指導監督，補導援護を行う。☞ 本節

6-3　直接処遇

　保護観察官は，医学，心理学，教育学，社会学その他の更生保護に関する専門的知識に基づき，保護観察，調査，生活環境の調整その他犯罪をした者および非行のある少年の更生保護ならびに犯罪の予防に関する事務に従事する国家公務員である（更生31条2項）。全国の保護観察所[8]には1240人の保護観察官（2018年度）が配置されている。

　保護司は，人数の少ない保護観察官で十分でないところを補い，地方更生保護委員会または保護観察所の長の指揮監督を受けて，犯罪をした者および非行のある少年の改善更生を助けるとともに，犯罪の予防のため世論の啓発等を行う民間篤志家である（更生32条，保護司1条）。☞ 本節7　保護司

3　保護観察の種類

（1）対象者と期間

　保護観察には5つの種別があり，実務上，1号観察～5号観察と呼ばれている。各保護観察の対象者と期間は表11-1-1のとおりである。

（2）短期保護観察，交通短期保護観察

　保護観察処分少年（1号観察）については，期間を短期と定めた保護観察も行われている。

①　短期保護観察

　交通事件以外の事件により保護観察に付された保護観察処分少年のうち，非行を繰り返すおそれがあるものの，ア 非行性の進度がそれほど深くなく，イ 資質に著しい偏りがなく，ウ 反社会的集団に加入しておらず，かつ，エ 保護環境が著しく不良でない者について，おおむね6か月以上7か月以内を実施期間として，特別遵守事項は定めず，一般遵守事項として，毎月1回以上，保護観察官または担当保護司を訪問して指導を受けること，毎月「生活の記録」を提出させ，生活習慣・学校生活・就労関係・家族関係・

8　保護観察所は，更生保護法および売春防止法の定めるところにより，保護観察の実施，犯罪予防のための世論の啓発等の事務，および，心神喪失等の状態で重大な他害行為を行った者の医療及び観察等に関する法律の定めるところにより対象者の生活環境の調査，生活環境の調整，精神保健観察の実施等の事務をつかさどる法務省の地方支分部局であり（法務省設置法24条，25条），全国50か所の各地方裁判所の管轄区域ごとに置かれている。

表11-1-1 保護観察の対象者と期間

種 別	対 象 者	期 間
1号観察	**保護観察処分少年** 家庭裁判所の決定により，保護観察に付された少年（少24条1項1号）	原則として，20歳に達するまで。ただし，その期間が2年に満たない場合は2年（更生66条本文）。 家庭裁判所に虞犯通告された保護観察処分少年が20歳以上のときは，家庭裁判所が23歳を超えない期間内で保護観察の期間を定める（更生66条但し書，68条3項）。 短期保護観察は，おおむね6か月以上7か月以内の解除を目途に，交通短期保護観察は，原則3か月以上4か月以内の解除を目途に実施される。
2号観察	**少年院仮退院者** 地方更生保護委員会の決定により，少年院からの仮退院を許された者（更生41条）	仮退院の日から仮退院の満了日まで（更生42条，40条）。 原則として，仮退院者が20歳に達するまで。ただし，少年院送致時に19歳を超えている場合には，少年院長の決定により1年間収容を継続することができ，この場合には，その満了日まで。また，家庭裁判所の決定により少年院の収容期間が延長されている場合には，その満了日まで。
3号観察	**仮釈放者** 地方更生保護委員会の決定により，刑事施設からの仮釈放を許された者（刑28条）	仮釈放の期間，すなわち，仮釈放の日から刑期の満了日まで（更生40条）。 無期刑の仮釈放者は，恩赦によらない限り，終身保護観察が継続する。 なお，少年法には，仮釈放期間の終了について特例が設けられている。
4号観察	**保護観察付執行猶予者** 裁判所の判決により，刑の全部または一部の執行を猶予され，保護観察に付された者（刑25条の2第1項，刑27条の3第1項，薬物一部猶予4条1項）	全部猶予者については，判決確定日から猶予期間が満了する日まで（刑25条の2第1項）。 一部猶予者については，実刑部分の刑の執行が終了し，猶予期間が開始する日から猶予期間が満了する日まで（刑27条の3第1項）。
5号観察	**婦人補導院仮退院者**[1] 地方更生保護委員会の決定により，婦人補導院からの仮退院を許された者（売春25条）	補導処分（6か月）の残期間（売春18条，26条1項）。

1）平成元年以降の婦人補導院仮退院者は，24年2人，26年1人，29年1人の計4人である（令和元年版犯罪白書173頁）。

友人関係等の指導領域のなかから，その改善更生のために特に重要なものとして選択した具体的な「課題」を履行させることによって，その改善および更生を図ることを目的とするものである。

　短期保護観察においては，段階別処遇および類型別処遇は行われない（段階別処遇・類型別処遇については ☞ 本節6-1・2）。

　②　交通短期保護観察

　交通短期保護観察は，交通事件により保護観察に付された保護観察処分少年のうち，ア　一般非行性がないか，または，あってもその進度が深くなく，イ　交通関係の非行性が固定化しておらず，ウ　資質に著しい偏りがなく，エ　対人関係に特に問題がなく，オ　集団処遇への参加が期待でき，かつ，カ　保護環境が特に不良でない者について，原則として3か月以上4か月以内を実施期間として，交通安全や運転態度に関する集団処遇を行うとともに，毎月1回自己の生活状況について報告を行わせ，これにより遵法精神の涵養，安全運転に関する知識の向上，および安全運転態度の形成を図ることを目的とするものである。

　交通短期保護観察においては，特別遵守事項は定めず，保護司も指名されない。

4　保護観察の実施方法

1　指導監督・補導援護

　保護観察は指導監督と補導援護とを有機的に組み合わせて実施される。

　指導監督は，①面接その他の適当な方法により保護観察対象者と接触を保ち，その行状を把握すること，②保護観察対象者が一般遵守事項および特別遵守事項を遵守し，ならびに生活行動指針に即して生活し，および行動するよう，必要な指示その他の措置をとること，③特定の犯罪的傾向を改善するための専門的処遇を実施すること，により行われる（更生57条1項，売春26条2項）。

　また，規制薬物等に対する依存がある保護観察対象者に対する指導監督については，上記①〜③のほか，④その依存の改善に資する医療を受けるよ

う，必要な指示その他の措置をとること，⑤その依存を改善するための専門的な援助を受けるよう，必要な指示その他の措置をとること，により行われる（更生65条の3第1項，売春26条2項）。

　補導援護は，保護観察対象者が自立した生活を営むことができるようにするため，その自助の責任を踏まえつつ，①適切な住居その他の宿泊場所を得ること，および当該宿泊場所に帰住することを助けること，②医療および療養を受けることを助けること，③職業を補導し，および就職を助けること，④教養訓練の手段を得ることを助けること，⑤生活環境を改善し，および調整すること，⑥社会生活に適応させるために必要な生活指導を行うこと，⑦そのほか，保護観察対象者が健全な社会生活を営むために必要な助言その他の措置をとること，により行われる（更生58条，売春26条2項）。

　指導監督は保護観察の権力的・監督的側面，補導援護は援助的・福祉的側面といわれている。

2　遵守事項

（1）遵守事項の意義

　保護観察に付された者は，その期間中，一定の約束を守らなければならない。この約束を**遵守事項**という。遵守事項には，一般遵守事項と特別遵守事項とがある。**一般遵守事項**は，すべての対象者が遵守すべきものとして，あらかじめ法律に定められているもので，原則として保護観察期間を通じて遵守しなければならない。**特別遵守事項**は，対象者ごとに，その必要性に応じて具体的に定められるもので，必要がなければ定めなくてもよく，保護観察開始後に設定または変更することもできる。

　遵守事項は，指導監督の中核をなすといわれている。遵守事項は，これに違反すると，不良措置（警告・施設送致申請，戻し収容の申請，仮釈放の取消し，執行猶予の取消し等。☞ 本節4-7）がとられることがあり，強い規範性を有している。ただし，遵守事項は，それを遵守すること自体に意味があるのではなく，保護観察の目的を達成するための手段であることに注意が必要である。そこで，遵守事項は「立ち直りの階段を上るときの手すり[9]」に譬えられたりする。

　遵守事項は，保護観察対象者に対し，書面（遵守事項通知書）により通知することとされ，通知に際しては，遵守事項の重要性について自覚を促すため，これを遵守する旨の誓約を求めることとされている。

（2）一般遵守事項

　一般遵守事項の内容は，以下のとおりである（更生50条1項）。

①　再び犯罪をすることがないよう，または非行をなくすよう健全な生活態度を保持すること。

②　次に掲げる事項を守り，保護観察官および保護司による指導監督を誠実に受けること。

　イ　保護観察官または保護司の呼出し，または訪問を受けたときは，これに応じ，面接を受けること。

　ロ　保護観察官または保護司から，労働または通学の状況，収入または支出の状況，家庭環境，交友関係その他の生活の実態を示す事実であって指導監督を行うため把握すべきものを明らかにするよう求められたときは，これに応じ，その事実を申告し，またはこれに関する資料を提示すること。

③　保護観察に付されたときは，速やかに，住居を定め，その地を管轄する保護観察所の長にその届出をすること。

④　上記③の届出に係る住居に居住すること。

⑤　転居または7日以上の旅行をするときは，あらかじめ，保護観察所の長の許可を受けること。

（3）特別遵守事項

　特別遵守事項は，一般遵守事項と同様，これに違反した場合には不利益な処分の事由となることを踏まえ，次に掲げる事項について，保護観察対象者の改善更生のために特に必要と認められる範囲内において，具体的に定めるものとされている（更生51条2項）。

①　犯罪性のある者との交際，いかがわしい場所への出入り，遊興による浪費，過度の飲酒その他の犯罪または非行に結び付くおそれのある特定

9　鈴木美香子「保護観察処遇の基盤となる遵守事項について」更保平成28年8月号18頁。

の行動をしてはならないこと（例：暴力団関係者との交際を絶ち，一切接触しないこと）。

② 　労働に従事すること，通学することその他の再び犯罪をすることがなく，または非行のない健全な生活態度を保持するために必要と認められる特定の行動を実行し，または継続すること（例：就職活動を行い，または仕事をすること）。

③ 　7日未満の旅行，離職，身分関係の異動その他の指導監督を行うため事前に把握しておくことが特に重要と認められる生活上または身分上の特定の事項について，緊急の場合を除き，あらかじめ，保護観察官または保護司に申告すること（例：3泊以上の旅行をするときは，緊急の場合を除き，あらかじめ，保護観察官または保護司に申告すること）。

④ 　医学，心理学，教育学，社会学その他の専門的知識に基づく特定の犯罪的傾向を改善するための体系化された手順による処遇として法務大臣が定めるものを受けること（現在，性犯罪者処遇プログラム，薬物再乱用防止プログラム，暴力防止プログラム，および飲酒運転防止プログラムがある）。

⑤ 　法務大臣が指定する施設，保護観察対象者を監護すべき者の居宅その他の改善更生のために適当と認められる特定の場所であって，宿泊の用に供されるものに一定の期間宿泊して指導監督を受けること（例：自立更生促進センターに宿泊すること）。

⑥ 　善良な社会の一員としての意識の涵養および規範意識の向上に資する地域社会の利益の増進に寄与する社会的活動を一定の時間行うこと[10]（例：福祉施設での介護補助活動，公共の場所での清掃活動）。

⑦ 　その他指導監督を行うため特に必要な事項。

　特別遵守事項は，必要がなければ定めなくてもよく，保護観察の途中で設定または変更することもできる。保護観察処分少年については，家庭裁判所

10　2011（平23）年度から，成人を含めた保護観察処遇の一環として，保護観察対象者の同意に基づき，社会貢献活動が先行実施されてきたが，2013年6月の更生保護法の改正により，保護観察の特別遵守事項の類型に社会貢献活動が追加され，2015年6月から，特別遵守事項として義務づけられた社会貢献活動が実施されている。令和元年版犯罪白書183頁によると，特別遵守事項としての社会貢献活動は，2018（平30）年度は1343回実施され，延べ2488人が参加した。その内訳は，保護観察処分少年1221人，少年院仮退院者258人，仮釈放者332人，保護観察付全部・一部執行猶予者677人で，保護観察処分少年が全体の50％を占めている。

の意見を聴き，これに基づいて，保護観察所長が設定または変更することができる（更生52条 1 項）。少年院仮退院者については，地方更生保護委員会が保護観察所長の申出により，決定をもって設定または変更することができる（同 2 項）。

　特別遵守事項は，必要がなくなったときは，取り消すものとされている（更生53条）。保護観察処分少年については，保護観察所長がこれを取り消し（同 1 項），少年院仮退院者については，地方更生保護委員会が，保護観察所長の申出により，決定をもってこれを取り消す（同 2 項）。

3　生活行動指針

　保護観察所長は，保護観察対象者について，保護観察における指導監督を適切に行うため必要があると認めるときは，当該保護観察対象者の改善更生に資する生活または行動の指針を定めることができる（更生56条 1 項）。これを**生活行動指針**という。生活指針・努力目標的な事項や，その違反に対し不良措置をとるまでの必要はない事項が，これにあたる（例：規則正しい生活をすること）。

　従来は，保護観察におけるケースワーク的機能に注目し，行為規範的な事項と生活指針的・努力目標的な事項は厳密に区別されず，有機的，一体的に用いられてきた。しかし，更生保護法の施行に伴い，保護観察における法執行的側面が重視されるなどした結果，問責可能な行為規範と問責すべきとは思われないような，単なる生活指針的・努力目標的な事項とが区別され，遵守事項と生活行動指針に二分化された。しかし，その一方において，保護観察が，ある種のケースワークであることもまた否定できない事実である。生活行動指針は，保護観察におけるケースワーク的側面を具体化するものとして，その効果的な運用が期待される[11]。

4　応急の救護

　保護観察所長は，保護観察対象者が，適切な医療，食事，住居その他の健

11　松本・前掲75頁。

全な社会生活を営むために必要な手段を得ることができないため，その改善更生が妨げられるおそれがある場合であって，公共の福祉関係機関等から保護を受けられないときは，次のような応急の救護を行うこととされている（更生62条，犯罪をした者及び非行のある少年に対する社会内における処遇に関する規則65条）。

① 適切な住居その他の宿泊場所がない者に対し，宿泊場所ならびに宿泊に必要な設備および備品を供与すること。

② 適切な食事を得ることができない者に対し，食事を給与すること。

③ 住居その他の宿泊場所への帰住を助けるため，旅費を給与し，または貸与すること。

④ その他就業または当面の生活を助けるために必要な金銭，衣料，器具その他の物品を給与し，または貸与すること。

応急の救護は，その内容においては補導援護の一形態であるが，保護観察対象者が健全な社会生活を営むために必要な手段が得られず，その改善更生が妨げられるおそれがある場合に，応急的な措置としてとられる点が補導援護と異なる[12]。

5 就労支援

補導援護の方法のひとつに「職業を補導し，及び就職を助けること」がある（更生58条3号）。

矯正施設からの社会復帰については，2006（平18）年度から法務省と厚生労働省とが連携して「刑務所出所者等総合的就労支援対策」が実施されるなどしている。少年院でも，ハローワークとの連携や職親プロジェクトなどが実施されている（☞ 本章第3節6-4）。

保護観察処分少年についても就労支援が重要なことはいうまでもない。例えば，2016年に保護観察を終了した保護観察処分少年（交通短期保護観察の対象者を除く）について，再処分率[13]を保護観察終了時の就学・就労状況別にみると，学生・生徒10.6%，有職15.7%，無職56.2%である[14]。比較対照群（再

---

12 法務総合研究所・更生保護128頁。

処分のない保護観察処分終了者）における就学・就労状況の数値が明らかでない
ため正確な比較はできないが，無職者の比率が高く，再非行防止にとり就労
支援が重要なことが窺われる。今後，保護観察処分少年に対しても就労支援
をより充実させていく必要がある。また，1号観察における就労支援が充実
し，それが再非行防止につながれば，社会内処遇の可能性も拡がろう。

　もっとも，現在，担当保護司が就労支援に果たしている役割には大きなも
のがある。例えば，保護司が，自分の体験をもとに就労の意義について話し
たり，履歴書の書き方や面接に向けた指導を行うことで，少年の就労意欲が
高まることも少なくない[15]。今後は，組織的・制度的な就労支援が整えられ
たうえで，担当保護司による個別の取組みが行われる体制がつくられること
が必要と思われる。

　保護観察処分少年に対する修学支援の必要性についても同様である。

6　保護者に対する措置

　保護観察所長は，必要があると認めるときは，保護観察に付されている少
年（20歳未満の者であって，保護観察処分少年または少年院仮退院者に限る）の保護者
に対し，その少年の監護に関する責任を自覚させ，その改善更生に資するた
め，指導，助言その他の適当な措置をとることができる（更生59条）。

　具体的には，保護観察において指示した事項を守らせることについて家庭
における協力を求めたり，保護者に暴力行為や少年の非行を助長するような
問題が認められる場合にこれを改めるよう働きかける，あるいは，保護者が
少年との関係の持ち方などについて不安や悩みを抱えていたり，薬物乱用や
不登校などに関する知識や情報を求めている場合に，保護観察所が開催する
保護者会や他機関が開催する適当な講習会などへの参加を促したりするこ
と，などである。なお，これらの措置をとるにあたっては，少年と保護者が

13　保護観察終了人員のうち，保護観察期間中に再非行・再犯により新たな保護処分または刑事処
　　分（施設送致申請による保護処分および起訴猶予の処分を含む。刑事裁判については，その期間
　　中に確定したものに限る）を受けた者の人員の占める比率をいう。

14　平成29年版犯罪白書230頁「5－2－5－6図」参照。

15　神谷英亮「保護観察対象少年の就労─協力雇用主，地域社会と支える就労支援」家庭の法7号
　　（2016年）110-111頁。

良好な関係を築くことができるよう配意するものとされている[16]。

7 良好措置・不良措置

保護観察の成績が良好であり，保護観察を継続する必要がないと認める者については，期間が満了する前に保護観察を打ち切ったり，仮に解除したりする**良好措置**がとられる。

これに対し，保護観察期間中に再犯や再非行があったり，遵守事項が守られていないなど保護観察の成績が不良である者については，仮釈放や執行猶予の取消しなどの**不良措置**がとられることがある。

保護観察処分少年については，保護観察所長が保護観察を継続する必要がなくなったと認めるときは，保護観察を解除する（更生69条）。しかし，保護観察所長は，保護観察処分少年が遵守事項を守らないときは，これを守るよう警告を発することができ（更生67条1項），なお遵守事項を守らず，その程度が重いときは，家庭裁判所に対し，新たな処分として児童自立支援施設もしくは児童養護施設または少年院送致の決定をするよう申請（施設送致申請）することができる（更生67条2項，少26条の4）。

保護観察所長による警告を受けた後，一回でも同種の遵守事項違反があれ

表11-1-2　良好措置・不良措置

種　別	良　好　措　置	不　良　措　置
1号観察	解除（更生69条），一時解除（更生70条1項）	警告（更生67条1項），施設送致申請（更生67条2項），家庭裁判所への虞犯通告（更生68条1項）
2号観察	退院（更生74条1項）	戻し収容（更生71条，72条）
3号観察	不定期刑の終了（更生78条1項）	保護観察の停止（更生77条1項），仮釈放の取消し（刑29条1項）
4号観察	保護観察の仮解除（刑25条の2第2項，刑27条の3第2項，薬物一部猶予4条2項）	仮解除の取消し（更生81条5項），執行猶予の取消し（刑26条，26条の2，27条の4，27条の5，薬物一部猶予5条1項）
5号観察	（解除，仮解除等の制度はない）	仮退院の取消し（売春27条1項）

16　森・更生保護41頁〔滝田裕士〕。

ば要件を満たすことになるとされているが[17]，実務上は，試験観察を行いその間の様子も考慮するなど慎重な対応がとられているようである[18]。

　少年院仮退院者については，保護観察所長の申出を受け，地方更生保護委員会が，保護観察を継続する必要がなくなったと認めるときは，退院が許可され（更生74条 1 項），保護観察は終了する。しかし，地方更生保護委員会は，保護観察所長の申出により，少年院仮退院者が遵守事項を遵守しなかったと認めるときは，当該少年院仮退院者を少年院に送致した家庭裁判所に対し，これを少年院に戻して収容する旨の決定の申請をすることができる（更生71条）。

5　保護観察の大まかな流れ（1 号観察の場合）

　以上は保護観察制度の概要であるが，次に 1 号観察を例に，保護観察の大まかな流れをみることにする。

　家庭裁判所の審判で保護観察処分となった少年は，指定された保護観察所に行くようにいわれる。保護観察所では，少年の居住地を担当する保護観察官と初回面接を行う。通常，少年の居住地を担当する保護観察官が，その少年の保護観察を担当する。この保護観察官を**主任官**という。

　初回面接では，保護観察官から少年に対し，保護観察の趣旨，保護観察の期間，遵守事項，その他必要な事項の説明が行われる。一般遵守事項は，すべての対象者が遵守すべきものとして，あらかじめ法律で定められている。特別遵守事項は，保護観察の開始にあたり必ず定めなければならないものではない。特別遵守事項を定めるときは，保護観察処分をした家庭裁判所の意見を聴き，これに基づいて，特別遵守事項を定める。これを変更するときも，同様である（更生52条 1 項）。

　保護観察の開始に際し，保護観察事件調査票，および保護観察の実施計画（保護観察対象者について，処遇の目標ならびに指導監督および補導援護の方法ならびに

17　久木元ほか154頁，田宮＝廣瀬367頁。
18　鎌倉正和「施設送致申請事件をめぐる諸問題」家月63巻11号（2011年）46頁，明石史子「施設送致申請の円滑な運用に向けて」家庭の法 3 号（2015年）126頁。裁判例として，大阪家堺支決平30・ 5 ・10判時2397号106頁／家庭の法19号101頁などがある。

とるべき措置の内容を定めたもの）が作成される。そして，担当保護司が指名され，少年に担当保護司の氏名や連絡先について連絡が行く。

交通保護観察[19]，短期保護観察および交通短期保護観察以外の一般の保護観察については，段階別処遇および類型別処遇（☞本節6-1，2）が行われる。

保護観察は，通常，保護観察官と保護司との協働態勢のもとで行われる。少年と直接接するのは主に保護司であるが，保護司を指名せず，保護観察官が直接担当する場合もある。これを直接処遇という（☞本節6-3）。

担当保護司は，往訪（少年が保護司を訪問すること）・来訪（保護司が少年を訪問すること）等によって，毎月2回程，少年と面接し，少年の様子を把握するとともに必要に応じて相談や助言など更生に向けた働きかけを行い，その結果を，毎月，保護観察経過報告書に記載して主任官に提出する。主任官は，この報告書を読み，担当保護司に対して必要な助言指導を行い，また，必要に応じて少年と直接面接を行う。

1号観察の期間は，少年が20歳に達するまでであるが，その期間が2年に満たない場合には2年である（更生66条）。なお，短期保護観察の場合は，おおむね6～7か月を，交通短期保護観察の場合は原則として3～4か月を実施期間としている（☞本節3-3(2)）。

保護観察所長は，保護観察を継続する必要がなくなったと認めるときは，決められた期間よりも早めに保護観察を**解除**する（更生69条）。その具体的な条件は，健全な生活態度を保持している保護観察処分少年について，その性格，年齢，経歴，心身の状況，家庭環境，交友関係，保護観察の実施状況等を考慮し，保護観察を継続しなくとも，当該生活態度を保持し，善良な社会の一員として自立し，確実に改善更生することができると認められることである（犯罪をした者および非行のある少年に対する社会内における処遇に関する規則82条1項）。

また，保護観察所長の判断により，一定期間，指導監督，補導援護を行わ

19　交通保護観察は，交通事件対象者の保護観察として，交通法規，運転技術，車両の構造等に関する指導等の処遇を実施するものである。特別遵守事項として，交通に関する課題の実施を設定し，おおむね6か月を経過したときに，解除するか否かの判断をすることとされている。

ず経過を観察する**一時解除**の措置がとられることもある（更生70条1項）。一時解除の期間は，一時解除をした日から起算して3か月以内であるが，当該期間が満了した場合に，さらに保護観察の一時解除をすることは可能である（犯罪をした者及び非行のある少年に対する社会内における処遇に関する規則83条2項・4項）。

　保護観察処分は，次に掲げる場合に終結する。すなわち，①保護観察を解除したとき，②家庭裁判所から保護観察処分少年に対する保護処分を取り消した旨の通知を受けたとき，③保護観察の期間が満了したとき，④保護観察処分少年が死亡したことを知ったとき，⑤保護観察処分少年を移送したとき，である。

　これに対し，保護観察所長は，少年が遵守事項を遵守しなかったときは，これを遵守するよう警告を発することができ（更生67条1項），なお遵守事項を遵守せず，その程度が重いときは，家庭裁判所に対し，新たな処分として児童自立支援施設もしくは児童養護施設または少年院送致の決定をするよう申請（施設送致申請）することができる（同2項）。また，保護観察所長は，保護観察処分少年について，新たに少年法3条1項3号に掲げる事由（虞犯事由）があると認めるときは，家庭裁判所に通告することができる（更生68条1項）。この場合には，20歳以上であっても少年法上の少年とみなして，少年保護事件の規定が適用される（更生68条2項）。

6　保護観察実施上の諸施策

　保護観察は，対象者一人ひとりの性格，年齢，経歴，心身の状況，家庭環境，交友関係等を十分に考慮して，その者に最もふさわしい方法により行われるが（**個別処遇の原則**），対象者の問題性やその他の特性を，その犯罪・非行の態様等によって類型化したり，処遇の難易により区分した段階を設けるなどして，それに応じた保護観察が行われている。

1　段階別処遇
　段階別処遇は，保護観察対象者（1号観察である短期保護観察および交通短期保

護観察の対象者を除く）について，改善更生の進度や再犯可能性の程度および補導援護の必要性等に応じて，S（特別の態勢および内容による処遇を行う段階），A（処遇が著しく困難であると認められた者に対する処遇を行う段階），B（処遇が困難であると認められた者に対する処遇を行う段階），C（処遇が困難ではないと認められた者に対する処遇を行う段階）の4段階に区分し，各段階に応じて保護観察官の関与の程度や接触頻度等を異にする処遇を実施するものである。

2 類型別処遇

類型別処遇は，保護観察対象者の問題性その他の特性を，その犯罪・非行の態様等によって類型化して把握し，類型ごとに共通する問題性等に焦点をあてた効率的な処遇を実施することにより，保護観察の実効性を高めることを目的とするものである。

処遇の類型は，シンナー等乱用，覚せい剤事犯，問題飲酒，暴力団関係，暴走族，性犯罪等，精神障害者等，中学生，校内暴力，高齢（65歳以上），無職等，家庭内暴力（児童虐待・配偶者暴力），ギャンブル等依存の対象者ごとに設定されている。ひとりの対象者が複数の類型に認定されることもある。

保護観察処分少年のうち，交通短期保護観察および短期保護観察の対象者には類型別処遇は適用されないが，一定期間を超えて保護観察を継続する場合等，一般の例による保護観察処遇へ移行したときは類型別処遇の対象となる。

3 直接処遇

①長期刑仮釈放者，②凶悪重大な事件を起こした少年，③暴力的性向を有するもの等，重点的に保護観察を実施すべき者のうち，処遇に特段の配慮を要する者については，保護司を指名せず，保護観察官がその専門性に基づき，直接，指導監督，補導援護を行うことがある。これを**直接処遇**という。

4 専門的処遇プログラム

更生保護法51条2項4号は，特別遵守事項として定める事項のひとつに，「医学，心理学，教育学，社会学その他の専門的知識に基づく特定の犯罪的

傾向を改善するための体系化された手順による処遇として法務大臣が定める
ものを受けること」をあげている。これに基づき，ある種の犯罪的傾向を有
する保護観察対象者に対しては，指導監督の一環として，その傾向を改善す
るために，心理学等の専門的知識に基づき，認知行動療法（自己の思考（認
知）のゆがみを認識させて行動パターンの変容を促す心理療法）を理論的基盤とし，
体系化された手順による処遇を行う**専門的処遇プログラム**が実施されている。

　専門的処遇プログラムには，性犯罪者処遇プログラム，薬物再乱用防止
プログラム，暴力防止プログラムおよび飲酒運転防止プログラムの４種があ
り，その処遇を受けることを特別遵守事項として義務づけて実施している。

7　保護司

1　保護司の歴史[20]

　保護司の淵源は，明治年間に刑余者を保護する民間保護団体の発達をみた
ことにあるが，制度としては，1922年制定の旧少年法が，少年保護司の観察
に付す処分を設け，官吏である少年保護司と民間人である嘱託保護司の制度
を設けたのが始まりである。1936年制定の思想犯保護観察法により保護司お
よび嘱託保護司の制度が設けられ，1939年制定の司法保護事業法により司法
保護委員が制度化されたが，戦後，1950年制定の保護司法により保護司と改
称された。

2　保護司の役割

　保護司は，保護観察官で十分でないところを補い，地方更生保護委員会ま
たは保護観察所の長の指揮監督を受けて，犯罪をした者および非行のある少
年の改善更生を助けるとともに，犯罪の予防のため世論の啓発等を行う民間
篤志家である（更生32条，保護司１条，８条の２）。

　保護司は非常勤の国家公務員であるが，給与は支給されず，実費の全部ま
たは一部（実費弁償金）が支給されている（保護司11条）。

20　保護司制度の沿革について詳しくは，更生保護50年史80頁を参照。

保護観察は，通常，保護観察官と保護司との協働態勢により行われる。わが国の更生保護制度の最大の特徴は，更生保護の組織のなかに民間の力が存在していることにある。専従として立直りを援助するのではなく，社会における数多くの役割のひとつとして立直りを援助する機能を持つ保護司が，更生保護に公式に組み込まれていることが重要である[21]。

保護司は，犯罪をした人や非行をした少年の立直りの支援という，陽の当たりにくい領域において重要な貢献をしており，その活動は，結果において，再犯や再非行の防止，ひいては社会の安全につながっている。保護司は，目立たないけれども森の主役になっている樹木のような存在である。

3 保護司の選任

保護司は，以下の4つの条件をすべて具備する者のうちから，法務大臣により委嘱される（保護司3条1項）。すなわち，①人格および行動について，社会的信望を有すること，②職務の遂行に必要な熱意および時間的余裕を有すること，③生活が安定していること，④健康で活動力を有すること，である。なお，保護司の欠格事由については保護司法4条を参照。

保護司の任期は2年であるが，再任を妨げない（保護司7条）。なお，初任の場合は，原則66歳以下の者を，再任の場合は，再任時の年齢が76歳未満の者を推薦することが申し合わされている。

保護司の定数は，全国で5万2500人以内とされている（保護司2条2項）。

保護司を委嘱するにあたっては，保護観察所長が，各保護観察所に設けられた**保護司選考会**[22]（保護司5条）の意見を聴いたうえで（保護司3条4項），保護司候補者を選定して法務大臣に推薦し（同3項），法務大臣が保護司を委嘱する（同1項）。この委嘱は，地方更生保護委員会の委員長が，法務大臣名をもって代行することができる（同2項）。

各保護司は，法務大臣の定める区域である**保護区**に配置される（保護司2条

---

21 久保貴「更生保護における保護司の機能に関する一考察」更保平成29年1月号10頁。
22 保護司選考会は，各保護観察所に置かれている附属機関で，その所掌事務は，①保護観察所長の諮問に応じて保護司の委嘱および解嘱に関する意見を述べること，②保護区および保護司の定数，保護司の人材確保その他保護司活動の充実強化に関し，保護観察所長の諮問に応じ意見を述べること，である。13人（東京は15人）以内の委員で組織され，委員は法務大臣が委嘱する。

1 項）。保護司は，その置かれた保護区ごとに保護司会を組織し（保護司13条
1 項），これらの保護司会は，都道府県（北海道にあっては法務大臣の定める区域）
ごとに**保護司会連合会**を組織している（保護司14条 1 項）。さらに，地方更生保
護委員会の管轄区域を単位として**地方保護司連盟**が，全国組織として更生保
護法人**全国保護司連盟**が結成されている。

4　保護司の現状

　各年度の犯罪白書には，保護司の現状に関する統計が載っている。これに
よると，①保護司の実人員は，2004年以降，減少傾向にあること（2019年は
4 万8338人），②保護司の平均年齢は上昇傾向にあること（2018年は65.1歳），③
女性保護司の比率は緩やかにではあるが上昇していること（2018年は26.3％），
④保護司の職業別構成比（2019年）は，無職25.8％，会社員等23.4％，宗教家
11.6％，商業・サービス業8.5％，農林漁業6.9％等であることがわかる[23]。

5　課題への対応
（1）保護司の安定的確保

　近年，保護司の実人員が減少していることから，各保護司会では，2008
（平20）年度から**保護司候補者検討協議会**を設置するなどして，保護司適任者
の確保に努めている[24]。この協議会は，保護司活動に対する地域の理解を深
め，幅広い人材から保護司の候補者を確保するとともに，保護司候補者の推
薦手続の一層の適正化を図ることを目的として，保護観察所長および保護司
会長が共同して設置し，構成員は地方公共団体関係者，自治会関係者，教育
関係者等から選定されている。

　また，2016年度から，保護司活動について地域の人々の理解を深めるとと
もに，地域における幅広い世代，職種等から保護司候補者を確保することを
目的として，保護司活動インターンシップも行われている[25]。

23　令和元年版犯罪白書190-191頁。
24　法務省保護局更生保護振興課「保護司の安定的確保について」更保平成26年 2 月号17頁。
25　法務省保護局更生保護振興課「保護司の安定的確保について」更保平成29年 4 月号 9 頁。

（2）地域での拠点づくりと面接場所の確保

　最近の住宅事情や家族構成等の変化により，保護司が自宅で対象者と面接を行うことが難しくなりつつある。

　このような事情もあり，2008年度から，保護司会が公的機関の施設等の一部を借用し，企画調整保護司が駐在して，個々の保護司の活動に対する支援や犯罪予防活動を行う拠点として，**更生保護サポートセンター**の設置が進められている。サポートセンターに期待される機能として，①面接場所の提供等の保護司活動への支援，②地域の関係機関・団体との連携の推進，③地域に根ざした犯罪・非行予防活動の推進，④更生保護関係団体との連携の推進，⑤地域への更生保護活動に関する情報提供，⑥保護司候補者検討協議会の実施等の保護司会の運営がある[26]。

　ただし，センター設置のニーズはあるものの，自治体から十分な理解が得られないことや，保護区は必ずしも交通網や生活圏を反映していないこともあり，保護区によってはその設置や運営上の課題もある。

（3）保護司の複数担当制

　新任保護司がケースを担当する場合に，先輩保護司と共同で担当することで不安を解消したり，ノウハウや地域情報等を学ぶなどのために，保護司の複数担当が活用されるようになっている。

　保護司の複数担当が考えられるものとして，①ケースを担当したことがなかったり，経験の少ない保護司がケースを担当する場合，②保護観察対象者とその家族等との関係の調整が必要なケース，③学校や福祉機関等との連携が必要なケース，④男女の保護司のかかわりが必要なケース，⑤保護観察対象者や家族等から頻繁に相談があるケース，⑥保護観察中に担当変更が見込まれるケースなどがある[27]。

（4）保護観察における多機関連携

　保護観察は，更生保護法人，更生保護女性会，BBS会，協力雇用主と

26　法務省保護局更生保護振興課地域活動推進係「地域支援ネットワークの拠点―更生保護サポートセンターについて」更保平成27年9月号6頁。

27　法務省保護局観察課「保護観察事件等における保護司の複数担当について」更保平成25年7月号50頁，同「保護観察事件等における保護司の複数担当について―実施状況や留意点」更保平成26年7月号52頁。

いった更生保護関係団体等の協力を得つつ，保護観察官と保護司による協働で行われるが，時には，この枠組だけでは対象者の改善更生が困難な場合がある。例えば，依存症等のある人，高齢者，知的障がいのある人，複合的なニーズを抱える人については，保護観察官や保護司が接触を保ち，生活状況に応じて指導や助言をするだけでは改善更生を図ることが難しい場合もある。そこで，更生保護関係者だけでなく，医療・保健・福祉の専門支援機関や団体等と連携し，保護観察対象者が抱える多様なニーズに対し，多職種が有する専門的知識や経験に基づく支援等を通じて，保護観察を効果的かつ効率的に実施することが重要になる（例えば，更生65条の2を参照）。また，保護観察期間中の多機関連携は，対象者が保護観察期間終了後も地域において支援を受け続ける準備としても大切であり，保護観察期間中から関係機関とのケア会議を開催するなどして，保護観察の終了後を見据えた息の長い地域支援体制を構築しておく必要がある。さらには，個別事例に関する連携のみならず，日頃から定期的に関係機関と勉強会や協議会を開催することで，保護観察所を中心とした更生保護関係者と他の関係機関等とのネットワークが構築され，個別事例に関する連携に役立つことも期待されている[28]。

8　BBS 運動

　BBS は Big Brothers and Sisters Movement の頭文字をとったもので，当初は直訳して「大兄大姉運動」と呼ばれた。BBS は，その名のとおり，同世代の兄や姉のような存在として，少年少女たちと一緒に悩み，学び，楽しむボランティア活動である。その運動の理念は，友愛とボランティア精神を基礎とし，少年と同じ目の高さで共に考え学びあうことである。

1　BBS 運動のはじまり

　BBS 運動は，最初はアメリカのニューヨーク市で起こされた。1904（明

28　法務省保護局観察課「保護観察における多機関連携」更保平成28年9月号6-8頁。多機関連携の実例として，高橋智也「多機関連携による保護観察対象者への処遇について」更保平成28年9月号12頁を参照。

37）年のこと，ニューヨーク市のプレスビテリアン教会の男子会員が牧師宅に集まっている席上，アーネスト・K・クールターという少年裁判所の職員が，不良少年の増加している社会の様子を述べた後，「このことは子どもや家庭だけに責任を負わせておいてよいことではない。また，処遇にしても，施設に収容することだけでは更生は望めない。われわれ自身が社会の一員として何とかしようではないか」と訴えた。そのとき，約40名の会員が奉仕を申し出，方法を協議した結果，会員一人ひとりが少年の兄のようになって，更生を助けていくことになった。これがワンマン・ワンボーイ（一人で一人の少年を）というビッグブラザー運動のモットーとなり，運動はアメリカ各地に波及した。

2　わが国における BBS 運動[29]

　わが国では，1947（昭22）年，京都市の学生が中心となって BBS 運動を起こした。敗戦による物質的な窮乏と道義の混乱が蔓延する社会のなかで急増する非行少年を見て，学生たちは「同世代の少年の不幸を放ってはおけない。彼等を救うのは，われわれ青年の責務である」との自覚から出発した。当初は少年審判所の指導のもとにワンマン・ワンボーイを中心指標とし個人補導活動に従事した。

　少年審判所は，青年たちの熱意と協力に深く賛同し，強い支援を惜しまなかった。1949（昭24）年には少年法が施行され，機構が改革されたため，指導の機関は保護観察所に移ったが，育成指導の姿勢はそのまま受け継がれ，密接な連携のもとに組織は発展した。

　当初，単発的に発生した各地の BBS 運動も，やがて全国各地域の青年たちの共感を呼び起こし，市町村等を単位とした多くの地区 BBS 団体の結成をみることになり，1950年 6 月に「全国 BBS 代表者協議会」（24都府県の代表者が参加）が開催され，同年11月 1 日には「全国 BBS 運動団体連絡協議会」が発足した。1952年11月の「全国 BBS 代表者協議会」（42都府県の代表者が参

29　わが国における BBS の歴史については，BBS 運動発足50周年記念誌編集委員会編『BBS 運動発足50周年記念誌』（1997年）20頁，更生保護50年110頁，特定非営利活動法人日本 BBS 連盟編『BBS 運動発足70周年記念誌』（2019年）200頁等を参照。

加）では，名称が「日本 BBS 連盟」と改められ，連盟規約も制定された。

　1958年 5 月の日本 BBS 連盟の理事会では「BBS 運動—その基本的考え方」が制定され，運動の全国的統一が進められ，1967年 7 月の理事会・代議員会では「BBS 基本原則」が採択された。

　また，1990年のボランティア研修キャンプに参加した学生たちが研修後交流会を持ったことが契機となり，全国の学生・学域 BBS 会員で情報交換・交流を行い視野の拡大を図りたいとの思いが高まり，1991年12月に「日本 BBS 学生ネットワーク委員会」が設けられた。その結果，大学や短大を活動単位とする学域 BBS 会は，組織の数も会員に占める学生の割合も増加した。

　2016年 4 月，日本 BBS 連盟は特定非営利活動法人（NPO 法人）となり，組織の整備・強化および他の諸団体との連携強化が図られている。

3　ともだち活動

　BBS の実践活動には，ともだち活動，非行防止活動，研さん活動の 3 つがある。そのなかでも，ともだち活動は BBS を特色づけてきた重要な活動である。ともだち活動は，非行のある少年等と「ともだち」になることを通して，彼らの自立を支援する活動である。BBS 会員と少年との One to One 活動がその中心であるが，グループワークなどの集団技法を利用した活動も必要に応じて行われている。One to One 活動は，かつてワンマン・ワンボーイ活動と呼ばれていたもので，原則として，一人の会員が一人の少年と関わるという意味で使われている[30]。日本 BBS 連盟編『ひまわりブックス②ともだち』（1984年），同「BBS 活動事例集—Message」（2010年）等には，BBS 活動事例が紹介されている。

30　日本 BBS 連盟「BBS 運動基本原則解説」5 - 6 頁。

第2節　児童自立支援施設

1　はじめに

　児童自立支援施設を，どのように説明したらよいだろう。

　児童福祉法44条には，「児童自立支援施設は，不良行為をなし，又はなすおそれのある児童及び家庭環境その他の環境上の理由により生活指導等を要する児童を入所させ，又は保護者の下から通わせて，個々の児童の状況に応じて必要な指導を行い，その自立を支援し，あわせて退所した者について相談その他の援助を行うことを目的とする施設とする」と規定されている。しかし，これは，法令上の根拠として児童自立支援施の対象と目的を示したものであって，児童自立支援施設について説明したものではない。

　児童自立支援施設を知るには，できれば最寄りの児童自立支援施設を訪ね，その実際の姿に触れてみるのがよい。児童福祉法44条を読むとは，ずいぶん違う印象や感想を持つはずである。わたしは，これまで各地の児童自立支援施設（旧教護院）を訪ね，ときには実習や宿泊見学をしたり，子どもたちとの交流や職員の方々と懇談の機会を持つなどしてきた。こうした体験から児童自立支援施設をわたしなりに説明すると，それは，「家庭の暮らしに恵まれなかったために自立の危機に陥り（自立については ☞ 本節2），それが原因で問題行動をおこしている子どもたちに家庭の暮らしを提供し，その自立を見守るところ」，と説明できるように思われる。

　家庭の暮らしには子どもの発達や自立にとって重要ないくつもの要素，いわば栄養素がたくさん詰まっている。裏返していえば，家庭の暮らしに恵まれなかった子どもは，発達・自立に必要な機会が十分保障されていないことになる。そうした自立の危機は，子どもの内に向かってあらわれることもあるし，逸脱行動となって外にあらわれることもある。このような子どもたちに対し，遅まきではあるが，家庭的な環境を提供し，子ども期を保障し，その自立を見守るところが児童自立支援施設である。

2　自立について

　施設の名前にもなっている「自立」ということを，どのように理解すれば
よいだろうか。広辞苑を引くと，「自立」とは「他の援助や支配を受けず，
自分の力で判断したり，身を立てたりすること。ひとりだち」とある。この
ように，依存のない状態が自立であると，一般には受けとられている。しか
し，「自立」とは，依存の対立概念ではなく，適切な関係の形成のうえに生
まれてくるものと考える必要がある。

　岡宏子は，「自立」について次のように述べている。

　　　愛着と自立を，あたかも一本の線の上の両極のように考え〔るのは〕誤り
　　であると思います。愛着と自立は，こんな単純な一つのレールの上のあっち
　　のサイドとこっちのサイドではないからです。私は，愛着と自立は常に並行
　　し，常に変化しながら，相互にからみ合っていくものだと思っております。
　　……全き自立も，常にある種の愛着に支えられている状態をさしていってお
　　り，言葉をかえればひとの自立はある種の愛着の状況下において達成される
　　……と思っております[31]。

　また，福富護は，「自立」について次のように述べている。

　　　「自立―依存」といった発想そのものを吟味しなおしてみることが有効と思
　　える。……自立と依存を対比させながら，自立とは依存的な関係からの離脱
　　であると考えるのが一般的であった。経済的にはもちろん，日常生活での
　　様々な決断やふるまいが全面的に親に依存していた状態から，自分のことを
　　自分で決断し実行できるようになることが子どもの自立とされてきた。〔しか
　　し，〕……自立を依存関係からの離脱と考える発想の中に留まる限り，依存関
　　係から離脱した後の関係が見えてこない。そもそも依存関係からの完全な離
　　脱などありえないのではなかろうか。……自立と依存とは対極にあるのでは
　　なく，相互依存を前提としながら自立が成り立っていると言えよう。……少
　　なくとも子どもが自立するということは，単におとなへの依存関係から離脱

31　岡宏子「愛着と自立の交錯」小林登ほか『愛着と自立―親と子のあいだ』（1983年）120頁。

しておとなになっていくことだけではないはずである。こうしてみると，子どもの自立を問うことは，どのような依存的な相互作用や人間関係が望ましいのかを問うことに他ならない[32]。

　このほかにも，滝口俊子が「真の自立は，この世への信頼によって育まれる[33]」と述べていること，ゆうび小さな学園代表の内堀照夫が「大人になっても，人それぞれに何らかの形で『心の基地』を設定しそれに寄り添い『慈愛』に包まれ再び挑戦意欲を得て，自己実現の道を歩む。これが人間の自立の姿なのではないだろうか[34]」と述べていること，丹羽洋子が「ひと昔前と比べると確実に子どもが自己実現できる生活の場は少なくなった。小学校時代は友だちと遊んだり自然のなかでたわむれることが重要な体験であるはずだが，いまの子どもは学校から帰っても交代でファミコンにむかう，あるいは塾で過ごすことが生活の大きなウェートを占めている。子ども時代に遊びを通じての友だちとの豊かな人間関係が経験されていないと将来，年齢に応じて社会的に自立した人間となっていくのが困難になってくる[35]」として，子どもの自立にとり豊かな生活体験が必要なことを指摘しているのも示唆に富む。

　このように，自立というものを，依存の対立概念としてではなく，人や社会との適切な関係の形成のうえに生まれてくるものと捉えること，この逆をいえば，適切な関係が形成されなかったがゆえに自立の危機にある子どもたちに対し，彼らと適切な関係を結びなおし，その自立を見守ることは，児童自立支援施設における「自立」およびその「支援」のあり方を考えるうえで重要である。

3　児童自立支援施設の歴史

　児童自立支援施設の前身は**教護院**，その前身は**少年教護院**，さらにその前

32　福富護「自立の心理―子どもの自立を可能にするもの」児心636号（1995年）1頁。
33　滝田俊子「甘えは自立の基本か―信頼が生み出す自立心」児心696号（1998年）29頁。
34　内堀照夫「ひとり立ちできない子をどう支援するか」児心636号（1995年）58頁。
35　丹羽洋子「『自律性』を育てる」児心662号（1996年）76頁。

身は**感化院**である。

　感化院の歴史は古く，1883（明16）年に**池上雪枝**が不良化の道に手を染める保護者なき少年少女たちに教養保護を与えるため，大阪の自宅に感化院を開いたのが嚆矢だといわれている。以降，1885年私立予備感化院（翌年，東京感化院），86年千葉感化院，88年岡山感化院，89年京都感化保護院，98年三重感化院，99年広島感化院等の私立感化院が相次いで設立される。1899（明32）年には**留岡幸助**が東京府北豊島郡巣鴨村に**家庭学校**を開き，不良少年を善良なる家庭の裡に置き，身を以て彼等を率い，互に喜憂を頒ち寝食を倶にする家族的生活を根幹とする感化事業に着手する。そのときはじめた**夫婦小舎制**は，その後の日本の感化事業の基盤となった。さらに留岡が1914（大3）年に北海道遠軽の地に拓いた**北海道家庭学校**は，現在も児童自立支援事業の精神的支柱となっている[36]。これらの民間から興った感化事業を背景として，1900（明33）年に**感化法**が制定される。わが国初の少年法（大正少年法）の制定は1922（大11）年のことであるから，その四半世紀も前に児童福祉における非行問題取組みの法的基盤ができていたことになる。

　1907（明40）年には，旧刑法が廃止され，現行刑法が制定される。これにより，刑事責任年齢が14歳に引き上げられ，**懲治場**[37]留置が廃止される。懲治場が廃止されたことで，その対象であった少年たちの受け皿をどうするかは火急の課題であった。司法省は，14歳未満の者の犯罪に対する処遇としてとりあえず感化院を利用することとする。しかし，感化院の収容力には限界があった。そこで，1908（明41）年に感化法を改正し，感化院の対象児童の拡大，および経費の府県負担ならびに国庫の一部負担を図ることになり，感化院は，公立感化院の代用となる民間感化院（代用感化院）も含め，全国的に拡がる。現在の児童自立支援施設の多くは，この時期に設立されている。

　大正期に入り，司法省は，米欧に倣い，特別法（少年法）の制定にとりかかる。少年法制定の動きに対し，内務省は，1919（大8）年，「児童保護委員

36　北海道家庭学校については，留岡清男『教育農場五十年』（1964年），谷昌恒『ひとむれ』（1974年），同『教育力の原点—家庭学校と少年たち』（1996年），藤井常文『福祉の国を創った男・留岡幸助の生涯』（1992年），二井仁美『留岡幸助と家庭学校—近代日本感化教育史序説』（2010年，改訂普及版2020年）など多くの著作がある。
37　懲治場は，20歳以下の放恣不良の者を矯正帰善する所として，監獄に付設されていた。

法案」を提出し，児童保護に関する事務は市町村の管掌するところとし，市町村長が選任する児童保護委員が，孤児，棄児，遺児，迷児，窮児の保護に関することのほか，不良児，浮浪児，犯罪児の保護教養に関することにも従事することを提案する。司法省は，これに反対し，法案のうち不良児，浮浪児，犯罪児の保護教養に関する規定の削除を求める。一方，感化法の起草者のひとりである**小河滋次郎**は，「非少年法案論」と題する講演のなかで「教育主義と相容れざる少年裁判制度の到底少年保護の目的を全うするに足らざる有害無益の施設である」などと説き，少年法の制定に猛然と反対する。

　少年法制定をめぐる内務省と司法省との確執は，最終的には法案28条 2 項に「十四歳ニ満タサル者ハ地方長官ヨリ送致ヲ受ケタル場合ヲ除クノ外少年審判所ノ審判ニ付セス」という規定を挿入することで両者の妥協が成立し，1922（大11）年，わが国初の少年法（大正少年法）が制定される。同年，矯正院法も制定される。

　この結果，非行少年に対する対策の行政系統は，少年審判所を中心とする司法省と，触法少年を対象とする内務省・感化院との系列に分割されることになる。

　その後，感化院は，1933（昭 8 ）年の少年教護法により**少年教護院へ**，戦後，1947（昭22）年の児童福祉法の制定により他の児童福祉施設とともに同法のなかに規定されて**教護院へ**，そして，1997（平 9 ）年の児童福祉法改正により児童自立支援施設へと名称を変え，現在に至っている。

4　児童自立支援施設と少年院との違い

　児童自立支援施設は，1997年の児童福祉法改正により通所利用も可能となったが基本的には入所型施設である。しかし，少年院とは以下のような重要な違いがある。

① 　少年院は少年院法にもとづく法務省所管の施設であるが，児童自立支援施設は児童福祉法にもとづく厚生労働省所管の施設である。

② 　少年院は全て国立であるが，児童自立支援施設のほとんどは都道府県立であり，地方自治体にその基盤がある（現在全国に58か所の児童自立支

施設があるが，うち国立2か所，都道府県立50か所，指定都市立4か所，民間2か
所である）。

③　法律上，児童自立支援施設への在所は，18歳に達するまで，さらに必
要な場合には20歳に達するまで可能であり（児福4条1項，31条2項），少
年院への収容は，おおむね12歳（第1種・第3種少年院）から，23歳未満
（第1種・第2種少年院）ないし26歳未満（第3種少年）まで可能である（少
院4条1項）。しかし，実際には，児童自立支援施設在所者の多くは中学
生であり，少年院収容者の約半数は18・19歳の年長少年である。

④　少年院の矯正教育という理念に対し，児童自立支援施設は，子どもを
家庭的な雰囲気の寮舎に迎え入れ，職員が子どもと共に暮らすことを通
じ，**育ち直し**をすることを理念としている。そのため，児童自立支援施
設における営みは，「共生」「暮らしの教育」「共に暮らす教育」などと
呼ばれている[38]。

⑤　少年院は少年を大人にするところであり，児童自立支援施設は少年を
子どもに還し，そこから子どもの自立を見守るところである，ともいえ
よう。

⑥　児童自立支援施設は，男女ほぼ半々の職員により担われていること，
職員は制服ではなく私服を着用していること等も，重要な違いである。

5　児童自立支援施設の教育

以下の「教護院の教育」と題する文章[39]は，教護院時代に書かれたもので
あるが，児童自立支援施設の教育理念を的確に語っている。

> 教護院の教育
> 　教護院は……そのいずれもが，ゆたかな自然環境を選んで建てられてい
> る。人は自然の中にゆったりと包まれてあるとき，もっとも安心である。さ
> まざまな精神の緊張も葛藤もここでは癒されて平穏に鎮まってくる。教護院

38　武・児童自立支援施設は，旧教護院および児童自立支援施設の子どもや職員からの豊富な聴き
取り調査をもとに，「教護」という，いわく言い難い実践を言語化した貴重な研究書である。
39　全国教護院協議会『非行克服現場からの報告①―いじめ・いじめられて』（1986年）v‐vii頁。

の教育は，環境が9，人為が1と言われているが，自然のもつ浄化治癒力の
教育にはたす役割，力の大きさは計り知れないものがある。自然の中の教
育，これが教護院教育の基盤といっていいであろう。……

　教護院にやってくる児童たちは，さまざまな問題をかかえている。その原
因は，情緒や自我の障害・未発達，特に超自我の未成熟にあるが，それらを
正しく再形成するには，なによりも家庭的な温かい雰囲気が必要である。小
舎における夫婦の職員は，父母と同様の働きをするわけにはいかないが，父
母に近い働き，いや父母よりは大きな教育性を持つことはできる。正しい生
活習慣や起床から就寝に至る快い生活のリズムを与えたり，適切な助言や指
導を行ったり，それに児童たちに対する最も大きな影響力は，夫婦の職員と
の同一化という作用である。私たちには，自分が尊敬していたり，愛してい
る人に対し，自分をよく見せたい，よく思われたいという欲求があるが，そ
れは同時にその人と同じようになりたいという，同一化の意志につらなって
いるのである。児童たちは，この作用によって，知らず知らずのうちに，教
護・教母（現在は児童自立支援専門員・児童生活支援員と呼ばれる。—*引用
者註*）の人格を自分のものにしていく。だから，教護・教母がすぐれた人物
であれば，即すぐれた人格の影響を受けるし，その反対であればその影響で
ますます貧しくなってしまうということになる。

　教育の3つの柱

　教護院の教育は，生活指導・学習指導・作業指導の3つの柱からなりたっ
ている。

　生活指導というのは……教護・教母が中心になって行う指導のことであ
る。そこでかもし出される家庭的・教育的なよい雰囲気は，個々の児童たち
に対してはもちろん，児童たち相互にあっても，その情緒や自我をより豊か
ですぐれたものに高め，また，高めあう働きをする。児童たちの間にそうし
たよい雰囲気ができ上がると，児童たちはひとりでに成長していく。人間に
は本来，よりよいものになりたい，より美しくなりたいという本能があるの
である。

　学習指導というのは，一般にいう学校教育のことだが，教護院では，それ
が院内で行われている。一般学校では一斉授業が原則であるが，教護院で
は，その児童の学力・能力に応じた個別指導（授業）が中心である。音楽や
社会のように，一斉授業を行うほうがその指導効果が高い場合の他は，一人

の落ちこぼれも出さない授業が原則である。

　学習指導の目的は，将来社会生活を営むに必要な学力や創造力をつけさせることにあるのはもちろんだが，教護院ではそれに加えて，知的な学習を通じて，情性を高め，自我を再形成するという目的がある。学習に対する興味や関心の高まりは，狭いエゴイズムの中にとじこもりがちであった心を開放して，自己を客観的に眺める力，超自我の育成に大きく役立っている。

　作業指導というのは，体に汗して働く喜び，生産の喜びを学習させる指導のことである。教護院によって色々特色があるが，そのほとんどは，農芸を中心に木工・牧畜などの作業をしているところが多い。児童たちは1日の日課のうちでは作業の時間がもっとも生き生きしている。農作業を通して，児童たちは生命の喜び，自然のすばらしさ，体に汗して働くことの喜びを知る。精いっぱい働いたあとの体のほてり，通りぬける風の心地よさ，それは働いた者にしか分からない歓びである。さらにつけ加えると，農作業には教育のロスというものがない。たとえ，言いつけられた仕事をサボリ，ザリガニ取りや木登りなどをしていたとしても，それはそれで大切な学習をしているのである。児童にとって遊びは学習である。いや学習は遊びの範ちゅうであるといってもいいかもしれない。十分な遊びの体験は，感性をゆたかにし，知性を呼びさまさせる力になることを，私たちは体験的に知らされている。

　このように教護院では，生活のすべてが教育の場であるということができる。しかし，それは，けっして堅苦しい生活を意味するのではなく，なにげない日常生活の中，児童たちが気づかないところで，常に教育が用意されているということである。教護院の教育が教育の原点にあると評されるのは，こうした大自然の真理・リズムに沿った教育をかたくなに守っているところにあるのである。そして，職員と児童たちが，共に暮らし，共に学び，共に働く，つまり，"共に"が教育の基盤になっている。このことを，私たちは"with"の精神と呼んでいる。

6　勤務体制と寮舎形態

　児童自立支援施設（旧教護院）は，伝統的には**夫婦小舎制**（夫婦の職員が家庭的な雰囲気の寮舎で子どもたちと暮らしを共にする運営形態）を柱としてきた。しか

し，近年は，**交替制**（数名の職員が交替で子どもたちを指導・援助する運営形態。寮舎は大舎，中舎，小舎がある）の児童自立支援施設が増え，夫婦小舎制の児童自立支援施設は約3分の1になった（2019年現在，夫婦制の児童自立支援施設は58施設中18施設（夫婦制のみ11施設，夫婦制と他の形態との併用7施設）である）[40]。

1　勤務体制[41]

（1）夫婦制

　子どもに家庭的な生活環境を与えるという理想から，夫婦の寮担当者で指導・援助する形態を夫婦制と呼んでいる。これは，伝統的に児童自立支援施設の多くがとってきた形態である。その特徴は，寮担当者が夫婦であることである。

　その長所としては，

① 　家庭的雰囲気の下に指導・援助できる，

② 　指導・援助に一貫性があり互いに相和して無用な遠慮・不信・意見の相違などを避けることができる，

③ 　一貫性がとりやすく保護者との信頼関係を確立しやすい，

④ 　緩急自在に一体的な指導・援助をすすめることができる，

などがあげられる。

　短所としては，

① 　「わが寮」意識が強く出すぎると他寮との調和を欠き，施設の統一性を乱すことがある，

② 　担当の子ども以外の子について指導上の論議が消極的になりやすい，

③ 　職員は休暇がとりにくく労働過重になりやすい，

④ 　夫婦をともに職員としなければならず，両者とも有資格者を確保することに困難性がある，

などがあげられる。

40　武千晴「児童自立支援施設の設備と運営に関する全国実態調査〔2019〕―アフターケア・退所者支援を考える」（2021年）による。

41　夫婦制，併立制，交替制の説明は，全自協・児童自立支援施設運営ハンドブック354-357頁による。

（2）併立制

　寮担当者が夫婦でない形態を併立制と呼んでいる。長所としては，両者が専門職としてその資質を十分にいかし，寮の運営と子どもの自立支援に全力を集中することによって大いに成果をあげることができる。短所としては，運営にあたっては困難も多く，寮担当者間の意見が対立したり互いに遠慮したりすると，指導に一貫性を欠きやすいなどがあげられる。その短所に十分留意して，職務の分担を明確にし客観的な指導をすすめるなどの工夫が必要である。

（3）交替制

　夫婦制・併立制から移行した形態で，全日の勤務を数名の職員で交替して子どもの自立支援にあたるものである。

　その長所としては，

①　個々の職員による指導・援助のかたよりを防ぎ，客観的で公平なかかわりができる。また，職員がおのおの持っている特性をいかし，多面的なかかわりができる，

②　交替勤務のため過重な労働を避けることができる，

などがあげられる。

　短所としては，

①　職員が交替することにより指導・援助の一貫性や継続性を欠きやすい，

②　価値感や人生観の相違から職員間の意見の調整がむずかしい，

③　子どもが職員の交替に対して要領よくふるまったり，指導・援助の不一致につけいるようなことが起こりやすい，

などがあげられる。

2　寮舎形態[42]

（1）小舎制

　小舎制とは，家庭が社会を形成する基本的な生活単位であるのと同様に，

42　小舎制，中舎制，大舎制の説明は，全児協・前掲351-362頁による。

小舎は子どもが社会で有用な一員となることを指導目標としている教護院（現，児童自立支援施設）の小社会のなかで，社会的価値観念・社会的責任の感覚を育成し，内在する問題の解消を目ざす基本的な小集団の生活体である[43]という考え方を基本とした形態である。

この指導・援助目標をより効果的にするため，広い静かな敷地内に数棟の家庭寮を設け，寮担当者，ときには補佐的な職員が子どもと起居をともにし，日常の生活を通して指導・援助するものである。

この制度において，適切な指導・援助をするためには，その集団の構成人員におのずから限界があり，集団の人数は8〜10名が理想的であるとされている。

（2）中舎制・大舎制

小舎制は，1か寮に10名前後の小人数の子どもたちが生活し，数か寮で施設を構成するのに対し，大舎制は，全日の勤務を数名の職員で交替しグループワークの考えに立って，寮舎のなかにいくつかのグループをつくり，子どもを男女ごとに指導・援助するものである。

中舎制は両者の中間で，1か寮に15〜25名の子どもが生活することを想定している。大舎を小さくしたもの，小舎を2つずつペアにしたものもあり，少数の寮で施設を構成している。

中・大舎制の長所は小舎制における短所を補うものであって，

① 　グループワークの効果をあげることができる，

② 　子どもの自立方針を決定するにあたって，多くの職員が指導・援助にあたっているためによりよい意見が集約されやすい，

③ 　子ども側としてはいろいろな職員の考え方を知ることができる，

④ 　子どもの評価が客観的・多角的になされる，

⑤ 　職員の生活上における公私の区別が明確になり，新鮮な気持ちで子どもにかかわることができ，寮運営のマンネリ化を防ぐことができる，

⑥ 　技能や技術，特別な能力を持つ職員を適正配置して指導・援助力を高めることができる，また職員の出張などの場合に交替配置が容易である，

43　森田満「教護院の歴史的推移とその特殊性」非門168号（1973年）17頁。

⑦　暖房や給湯・浴場・衛生関係などの設備は集約して配置できるので，
　管理と運用が省力化される利便がある，

などがあげられる。

短所としては，

①　子どもと個々の職員との接触時間が短く，子どもの不安感を招くこと
　がある。また，児童の小さな行動や心の動きなどの一連の変化が，十分
　に把握されにくい，

②　多くの連絡や会議の場を持っても，記録や言葉で表現しにくいところ
　が生じるために，きめ細かい指導・援助に欠けることがある，

③　職員が自分の指導時間中の問題発生を防ぐことだけを考え，安易な指
　導・援助になりやすい，

④　寮舎の管理・運営が消極的になり職員一人ひとりの責任が薄れやす
　い，

⑤　万一，協調性に乏しい職員がいると意見が統一されず，子どもを混乱
　させることになる，

などがあげられる。

7　児童自立支援施設の子どもたち

　児童自立支援施設の子どもたちについて何も語らぬまま児童自立支援施設
を，また，その役割を説明することはできないように思われる。

　分析的にいえば，①ネグレクト，身体的虐待，性的虐待等の被虐待体験を
持つ子どもが多いこと[44]，②家庭がないか，家庭はあっても家庭として機能
しておらず[45]，不本意な生活を強いられてきた子どもが多いこと，③初発非
行年齢が早いこと[46]，すなわち，彼らの非行は思春期絡みのものではなく，
養育環境に根差した非行であること，④希死念慮を持ったことのある子ども

44　国立武蔵野学院「児童自立支援施設入所児童の被虐待経験に関する研究―アンケート調査を視
　点にして〔第 1 次報告書〕」（2000年）。

45　阿部惠一郎「児童自立支援施設入所児童の特徴」犯非144号（2005年）90-92頁。

46　国立武蔵野学院＝国立きぬ川学院「児童自立支援施設入所児童の自立支援に関する研究―退所
　児童に関するアンケート調査を視点にして〔第 1 次報告書〕」（2003年）12頁。

が少なくないこと[47]等を指摘できる。しかし，これらが児童自立支援施設の子どもたちのすべてではない。「なにもかにもが不如意な生活の中で不思議に明るく伸びつづけている少年たち」というのは北海道家庭学校元寮長の藤田俊二の言葉であるが，成長という子どもの尊厳を，これは何も児童自立支援施設に限ったことではないが，同時にみていく必要がある。

　児童自立支援施設（旧教護院）の実践，そして，自立していく少年の姿を描いた著書に，藤田俊二『もうひとつの少年期』（1979年），全国児童自立支援施設協議会編『非行克服現場からの報告①〜⑩』（1986〜1995年），小林英義『愛と哀しみの少年たち—教護院・ある夫婦寮の記録』（1992年），西野勝久＝山口幸男＝前野育三監修『俺たちの少年期—少年たちと支援者の軌跡』（1995年），小野木義男『きみが必要だ—非幸少年と共に生きて』（1999年），西田達朗『少年たちとの日々　人間は鍛えなければいけない時がある—児童自立支援施設の実践』（2015年）などがある。

8　児童自立支援施設への入所経路

　児童自立支援施設への入所には，大別して，ふたつの経路がある。すなわち，①家庭裁判所が，保護処分のひとつとして，児童自立支援施設に送致する場合（少24条1項2号）と，②都道府県が，児童相談所長から知事に報告のあった児童について，児童自立支援施設入所の措置をとる場合である（児福26条1項1号，27条1項3号）。①は強制処分である。もっとも，強制処分だからといって，強引な送致は不適切で，丁寧な説明と手続を踏むことが必要であることはいうまでもない。これに対し，②は措置である。②の措置をとるには，児童に親権を行う者または未成年後見人があるときは，その同意を得る必要があり（児福27条4項），また，都道府県知事は，都道府県児童福祉審議会の意見を聴かなければならない（児福27条6項）。

　このように児童自立支援施設は少年法と児童福祉法とが重なり合うところに位置しており，このことも児童自立支援施設の大きな特徴である。

47　阿部・前掲92頁。

9 児童福祉法の改正

児童福祉法は，時代の要請を受け，改正を重ねてきている。児童自立支援施設に関する主な改正としては，1997年改正と2004年改正がある。

1 1997年改正

1997年改正では，対象児童の拡大，施設機能の拡張，目的の明示ならびに名称変更（以上，44条関連），および，学校教育の導入（48条関連）が図られた。

（1）44条関連

① 対象児童の拡大

対象児童に，「不良行為をなし，又はなす虞のある児童」のほか，「家庭環境その他の環境上の理由により生活指導等を要する児童」もくわえられた。

② 施設機能の拡張

従来から行われてきた入所のほかに，保護者のもとからの通所も可能とされた。ただし，通所は，少年法の保護処分の決定を受けた児童についてはとれないことになっている（児福27条の2第1項）。

③ 目的の明示

個々の児童の状況に応じて必要な指導を行い，その自立を支援することが，施設の目的として明記された。

④ 名称の変更

教護院から児童自立支援施設に改称された。機能に見合った名前にするとともに，教護院のイメージを刷新しようというものである。

44条改正の背景には，教護院の定員充足率の著しい低下がある。教護界では，これを「定員開差」と呼んできた。教護院の定員充足率は，1960（昭35）年度には89％であったが，1970（昭45）年度には71％，1980（昭55）年度には52％，1990（平2）年度には42％と，長期的な落ち込み傾向にあった。44条改正は，対象児童の拡大等により定員開差を解消したいというねらいを持っていた[48]。

（2）48条関連

97年改正前の旧48条1項は，「養護施設，精神薄弱児施設，盲ろうあ児施設，虚弱児施設及び肢体不自由児施設の長は，学校教育法に規定する保護者に準じて，その施設に入所中の児童を就学させなければならない」と規定し，これらの児童福祉施設の長には就学義務を課していたが，教護院の長は除外されていた。そこで，児童自立支援施設の長にも入所児童を就学させる義務を課すとともに，在所中，小中学校に準ずる教科を修めた児童に対する修了証書の発行に係る規定等を削除し，児童自立支援施設に**学校教育の導入**をすることとしたのである[49]。

（3）その他の改正

このほか，都道府県知事に対し，①児童自立支援施設への入所措置の決定およびその解除等にあたり，都道府県児童福祉審議会の意見を聴くこと（児福27条8項（現6項）），②家庭裁判所から児童自立支援施設送致の決定を受けた児童について，当該決定に従った施設入所措置を採ること（児福27条の2），が義務づけられた。

2　2004年改正

2004年改正では，児童養護施設等の児童福祉施設の目的として，当該施設を退所した者に対する相談その他の援助を行うことが追加された。児童自立支援施設についても，個々の児童の状況に応じて必要な指導を行い，その自立を支援することのほか，退所した者について相談その他の援助を行うことが目的に追加された。

10　少年司法と児童福祉との関係

本節3で述べたように，歴史的には，先に非行問題に取り組んだのは福祉，それも民間の人々であった。1922（大11）年の（旧）少年法の制定をめ

48　服部・司法福祉188-189頁。
49　48条改正の経緯，就学猶予と学籍との関係，48条改正後の運用上の課題につき，服部・前掲199-201頁を参照。

ぐっては司法省と内務省との激しい確執があったが，両者は14歳という年齢
を境界線として，その守備範囲を分かってきた。

　戦後，1947（昭22）年に新たに児童福祉法が制定され，翌1948年には，
(旧)少年法・矯正院法が全面的に改正され，現行少年法・少年院法が制定さ
れたときも，少年司法と児童福祉との関係をどうするかが課題となった。そ
こで，1949年に少年院法，少年法および児童福祉法が改正され，初等少年院
の収容下限年齢を「おおむね14歳以上」としていたところ，「おおむね」を
削除して「14歳以上」とすること（少年院法2条2項の改正），触法少年は児童
福祉機関先議とすること（少年法3条2項の創設），強制的措置制度を導入する
こと（少年法18条2項および児童福祉法27条の2の創設）が決められた。1950年に
は少年院法が改正され，医療少年院の対象年齢を「おおむね14歳以上」とし
ていたところ，「おおむね」を削除して「14歳以上」とした（少年院法2条5
項の改正）。また，1952年には犯罪者予防更生法が改正され，「14歳以上」の
限定がとれ，触法少年も保護観察の対象となった（犯罪者予防更生法2条の改
正）。

　こうして戦後も少年司法と児童福祉との間で14歳という境界線が維持され
ることになった。この境界線の引き方をめぐっては理論的な不整合があると
の指摘もあったが，少年司法と児童福祉のふたつのシステムは，司法省と内
務省との確執を歴史的な背景に持ちつつ，いわば得意技の違う相棒として，
それぞれ発展してきた。非行問題に関する対等な司法と福祉との二元主義が
実現していたのである。

　しかし，こうした対等二元主義に微妙な変化が起き始めた。1997年の児童
福祉法改正により，児童自立支援施設の対象児童が拡大され，「不良行為を
なし，又はなす虞のある児童」のほかに「家庭環境その他の環境上の理由に
より生活指導等を要する児童」も対象に含まれることになった。この改正
は，児童自立支援施設の児童養護施設化，最近は発達障がい等のある児童の
生活治療施設化を推し進めている。また，児童相談所は，窃盗等の軽微な事
件であっても，これを家庭裁判所に送致し，司法にその扱いを委ねる（丸投
げをする）傾向があらわれていた[50]。これらは，「司法と福祉との二極分
化[51]」，すなわち非行問題からの児童福祉の後退の具体的な表れである。

　このような傾向をさらに推し進めたのが2007年の少年法第二次改正といえる。すなわち，長崎事件（2003年7月），佐世保事件（04年6月），高田馬場事件（04年6月）など，触法少年による重大事件が相次いで起きたことから，①触法少年事件における真相解明の重要性がいわれ，また，②当時，少年院の収容年齢の下限が14歳であったところ，重大事件をおこした触法少年を開放施設である児童自立支援施設に収容することに不安と疑問が持たれたのである。これが大きな引き金となって，第二次少年法改正および少年院法の改正が行われた。

　第二次改正の内容は，（1）触法少年の事件についての警察の調査権限の整備，（2）少年院の収容年齢の下限の引下げ，（3）保護観察に付された少年が遵守事項を遵守しない場合の措置，（4）一定の重大事件を対象とした国選付添人制度の導入であるが，このうち（1）と（2）は，少年司法と児童福祉との関係に関わるもので，具体的には以下の規定が創設された。すなわち，

①　触法少年事件についての警察の調査権限を少年法上も明記すること（少6条の2第1項），

②　触法少年事件の調査における警察官の押収，捜索，検証および鑑定の嘱託に関する規定を設けるとともに，その手続について刑事訴訟法中の司法警察職員が行う押収等の規定を準用すること（少6条の5），

③　重大触法少年事件等について，これを警察官から児童相談所長へ送致する手続を創設すること（少6条の6），

④　③の手続により重大触法少年事件の送致を受けた都道府県知事または児童相談所長は，原則として，これを家庭裁判所に送致しなければならないこと（少6条の7第1項）。

⑤　初等少年院および医療少年院の収容年齢の下限を，14歳から，おおむね12歳に引き下げること（旧少年院法2条），である。

　これらの改正の趣旨は，以下のように説明されている。

50　平成17年版犯罪白書207頁「4-2-3-3図　触法少年の家庭裁判所一般保護事件非行名別終局処理人員の推移」を参照。

51　服部・前掲184頁以下。

①〜③については，

　　〔触法少年の〕事件においても，事案の真相を解明することが極めて重要と
　考えられることから，……警察の調査権限に関する規定を整備し……このよ
　うな調査を行った結果，当該少年につき家庭裁判所の審判に付すべきものと
　思料されるときは，引き続き関係諸機関において，少年の健全育成のため，
　調査結果を活かし事案の真相解明を踏まえた適正な措置がとられるようにす
　るべきであると考えられることから，調査した警察において，単に児童福祉
　機関の職権発動を促す通知行為にすぎない「通告」にとどまらず，当然に当
　該事件を児童相談所に係属させるべく，これを同所長に送致する制度を設け
　ることとしたものである[52]。

④については，

　　児童相談所長等が警察官から事件の送致を受けたときは，警察の調査結果
　及び児童相談所における調査等の結果を踏まえて処遇を決定することになる
　が，重大な触法行為をした疑いのある少年については，非行の重大性にかん
　がみ，家庭裁判所の審判を通じて非行事実を認定した上で適切な処遇を決定
　する必要性が高いと考えられる上，被害者保護の観点からも（被害者等のた
　めの記録の閲覧・謄写（少5条の2），意見の聴取（少9条の2），審判結果
　等の通知（少31条の2）の制度の活用—*引用者註*），少年法の手続によって事
　実解明等を行う必要があると考えられる[53]。

　しかし，触法少年など低年齢の少年による事件の正確な事実把握に必要な
ことは何かが根本的に問われなければならない。上記①〜④の改正は，犯罪
捜査的調査を尽くせば，事案の真相は解明されることを前提としている。し
かし，犯罪捜査的調査を尽くせば真相が解明されるかといえば，必ずしもそ
うではない。真相を解明するには，児童福祉的視点から少年の生活全体を捉
え，いわばそれを下敷きにして，事件発生の機序を辿りながら，事案の真相
を解明しようとすることが重要である。もっとも，児童相談所は捜査機関で
はないから，事案の解明に必要な全てを行うことは困難である。しかし，児

52　久木元ほか52頁。
53　久木元ほか58頁。

童相談所のイニシアティヴのもとで，必要に応じ警察等の専門機関と協働して事実把握にあたることは可能である。そのプロセスのなかで，押収，捜索，検証，鑑定嘱託の強制処分が必要となることはあろう。すなわち，触法少年事件の真相解明のためには，少年の生活を総合的に捉えようとするアプローチを基盤とし，その上に司法的なアプローチを重ね，異なる視点や知識・技法から事案の解明という共通目標に向けて協働することが必要と考えられるのである[54]。

　こうして第二次改正では少年司法と児童福祉との関係のあり方が問われたのであるが，そこでは司法か福祉かの二者択一でしか問題が捉えられておらず，両者の協働という視点がまったく欠落していた。

　また，⑤の改正理由については，以下のように説明されている。

　　14歳未満であっても，性格に深刻・複雑な問題がありそれが原因で殺人等の凶悪重大な非行に及んだ少年や，幼少のころから非行を繰り返し，何度も施設に入所してもなお非行に及ぶなど非行性の極めて進んだ少年等，深刻な問題を抱える者に対しては，早期に矯正教育を授けることが，本人の改善更生を図る上で必要かつ相当と認められる場合があると考えられる上，開放処遇を原則として，家庭的な雰囲気の中で生活指導を行う児童福祉施設では，①無断外出を繰り返したり，②暴力的な言動を行ったり，③医療的措置が必要であるなど，対応が困難と考えられる場合もある。そこで，これまでのように年齢によって一律に区別するのではなく，個々の少年が抱える問題に即して最も適切な処遇を選択できる仕組みとするため，14歳未満であっても，「特に必要と認める場合に限り」（少24条1項但し書—引用者註），初等少年院又は医療少年院（現，第1種少年院又は第3種少年院—引用者註）に収容できることとするものである[55]。

　しかし，①児童自立支援施設には，重大事件をおこした触法少年に対する処遇実績があり[56]，②国立の児童自立支援施設である武蔵野学院では，必要があれば拘禁寮の利用も可能で，専属の精神科医も配置されている。③少年院の処遇効果には高いものがあるが，はたして11・12歳の少年（小学5年生〜

54　服部朗「少年司法と児童福祉—職種間協働の可能性」澤登＝高内・理念158-167頁。
55　久木元ほか113-114頁。

中学1年生）に対し，少年院の環境がその成長発達にふさわしいものか，また矯正教育というアプローチが有効か，疑問が残る。

　重大事件をおこした触法少年を児童自立支援施設に収容することに対する漠たる社会不安が先行し，処遇の多様化という理屈の後押しをえて第二次改正が行われたが，しかし，児童自立支援施設の非行問題からのさらなる後退を招いてしまっては，処遇の選択肢はむしろ狭められてしまうことになる。

第3節　少　年　院

1　はじめに

　「少年院」と聞くと，高い塀があり，その中に少年を入れて，厳しい訓練を課し，罰を与える所といった印象を持つ人がいるかもしれない。社会には，少年院は少年用の刑務所といったイメージがあるようである。しかし，少年院は，主として家庭裁判所から送致された少年を収容し，その立直りのための処遇を行う，広い意味での（再）教育機関である。

　少年が非行を克服するには，少年のこれまでの生活やものの考え方に踏み込んだ働きかけや，少年自身による内省が必要である。この過程で，少年は自分の事件と自分自身に向き合うことになる。これは，他律的に罰を与えるより，ある意味では厳しいことである。

　重要なことは，少年の成長発達を促し，もって再非行を防止するために，少年院では，どのような取組みがされているかを知り，そこにはどのような課題があるかを考えることである。少年を大人と同じ監獄に入れることは，少年の改善更生にとり効果がないばかりか逆効果であることに気づき，それ

56　第9回社会保障審議会児童部会社会的養護のあり方に関する専門委員会（2004年10月21日）において，国立児童自立支援施設武蔵野学院院長（当時）の徳地昭男委員は，1977年以降同学院に送致または措置された殺人または傷害致死のケース9例（小学6年から中学3年）について，医療少年院に変更になった1例を除き，すべての事例が自立支援を達成・無事退院し，予後も良いことを報告している。

ゆえ，少年を大人から分離し，少年固有の処遇法を開拓してきた歴史の意味を，わたしたちは今あらためて考えてみる必要がある。

2 新少年院法の制定

1 新法制定の経緯

少年院の前身は**矯正院**である。矯正院の組織と運営を定めた**矯正院法**は，1922（大11）年4月に（旧）少年法とともに公布され，翌23年1月に施行された。戦後，矯正院法は，1948（昭23）年7月に公布された少年院法にとってかわられた。2014（平26）年6月には新少年院法が成立し，翌15年6月に施行されている。新少年院法は，それまでの少年院法を大幅に改正したもので，少年院法の改正というより内容的には新少年院法の制定というのがふさわしい。

新少年院法制定の背景には，①旧少年院法制定から60年以上の年月が経っていたこと，②処遇制度の設計・運用の多くを省令・訓令等によっていたこと，③2005年5月に「刑事施設及び受刑者の処遇等に関する法律」が成立し，約100年ぶりに監獄法が改正されるなどの立法の動きがあったこと，④2009年4月，広島少年院における不適正処遇事案が発覚したことなどがある。④の事件は，広島少年院の複数の法務教官が，在院者50名余りに対し，合計100件余りの暴行等を行っていたもので，4名の法務教官と1名の幹部職員が起訴されて有罪判決を受け，法務教官2名は実刑となった。これを契機として，2009年12月，法務大臣の命により，11名の委員から成る**少年矯正を考える有識者会議**が設置された。同会議は，15回の会議を重ね，翌10年12月，「少年矯正を考える有識者会議提言─社会に開かれ，信頼の輪に支えられる少年院・少年鑑別所へ」を公表した。また，法務省矯正局では，同会議と並行して「少年矯正制度設計検討プロジェクト」が設定されるとともに，専門家会議の提言を踏まえ「少年院法改正要綱素案」が策定されるなど，実務的な検討作業が進められた。これらの検討および協議を経て，少年院法案および少年鑑別所法案が策定され，2012年3月に国会に提出された。同法案は，いったんは政治情勢等により廃案となったが，2014年2月に廃案となっ

た法律案と実質的に同内容の法案が国会に再提出され，同年 6 月に可決成立した[57]。

2　新法の概要

　新少年院法は，再非行防止に向けた処遇の充実，適切な処遇の実施，社会に開かれた施設運営の推進の 3 つを柱としている。その概要は以下のとおりである。

（1）再非行防止に向けた処遇の充実

① 　矯正教育の基本的制度の法定化
- ・年齢区分の撤廃等の少年院の種類の見直し（4 条）
- ・矯正教育の目的・内容・方法等の明確化（23〜29条）
- ・少年の特性に応じた計画的・体系的・組織的な矯正教育の実施（30〜43条）

② 　社会復帰支援の実施
- ・保護観察所との連携による帰住先の確保・就労等の支援の実施（44条）
- ・出院者や保護者等からの相談に応じることのできる制度の導入（146条）

（2）適切な処遇の実施

① 　少年の権利義務・職員の権限の明確化
- ・外部交通（面会・信書・電話）（91〜111条）
- ・規律秩序維持の措置（制止等の措置・手錠の使用・保護室への収容等）（83〜90条）
- ・懲戒の内容・手続（113〜119条）

② 　保健衛生・医療の充実
- ・社会一般の医療水準の確保（48条）
- ・運動の機会の保障（49条）

③ 　不服申立て制度の整備
- ・法務大臣に対する救済の申出等の制度の創設（120〜132条）

57　新少年院法制定の経緯について，柿崎伸二「少年院法・少年鑑別所法の成立の経緯」ひろば67巻 8 号（2014年） 4 頁以下を参照。

（3）社会に開かれた施設運営の推進

① 施設運営の透明性の確保

・視察委員会の設置（8〜11条）

・意見聴取・参観（7・13条）

3 少年院の種類

2020年4月1日現在，全国に49庁の少年院（分院6庁を含む）がある。少年院には4つの種類があり，各少年院には矯正教育課程が指定され，少年院ごとに少年院矯正教育課程が策定されている。☞ 本節5-5（1）・（2）

1 少年院の種類

少年院には第1種から第4種までの種類があり，それぞれ，少年の年齢，犯罪的傾向の程度，心身の状況等に応じて，以下の者を収容することとされている（少院4条1項）。

第1種 保護処分の執行を受ける者であって，心身に著しい障害がないおおむね12歳以上23歳未満のもの。

第2種 保護処分の執行を受ける者であって，心身に著しい障害がない犯罪的傾向が進んだ，おおむね16歳以上23歳未満のもの。

第3種 保護処分の執行を受ける者であって，心身に著しい障害がある，おおむね12歳以上26歳未満のもの。

第4種 少年院において刑の執行を受ける者。

旧少年院法では，少年院は初等・中等・特別・医療の4種類に分けられていた（旧少院2条）。初等少年院と中等少年院との区分は16歳という年齢のみであったが，個々の少年の心身の発達の程度は様々であり，16歳という年齢で一律に区分する合理性に乏しいことから，これらを併せて第1種少年院とし，特別少年院という名称については，出院者にスティグマを負わせることが懸念されたことから，第2種少年院とされた。また，医療少年院は第3種少年院，刑の執行を受ける16歳未満の少年（少56条3項）を収容する少年院は第4種少年院とされた[58]。

2　送致される少年院の指定

　送致される少年院の種類は，家庭裁判所が少年院送致を決定する際に指定する。また，家庭裁判所は，必要なときは，少年院に対し，少年の処遇に関する勧告（処遇勧告），例えば，収容期間に関しては「短期間」「特別短期間」「相当長期間」など，を行うことができる（少審規38条 2 項）。

　実際に送致される少年院は，指定鑑別を行った後，各少年院について指定された矯正教育課程（☞ 本節 5 - 5（1））等を考慮して，少年鑑別所長が指定する（少鑑18条 1 項）。

4　少年院における処遇の基本

1　処遇の原則

　少年院法15条は，処遇の原則について，以下のように規定している。

　　第 1 項　在院者の処遇は，その人権を尊重しつつ，明るく規則正しい環境の下で，その健全な心身の成長を図るとともに，その自覚に訴えて改善更生の意欲を喚起し，並びに自主，自律及び協同の精神を養うことに資するよう行うものとする。

　　第 2 項　在院者の処遇に当たっては，医学，心理学，教育学，社会学その他の専門的知識及び技術を活用するとともに，個々の在院者の性格，年齢，経歴，心身の状況及び発達の程度，非行の状況，家庭環境，交友関係その他の事情を踏まえ，その者の最善の利益を考慮して，その者に対する処遇がその特性に応じたものとなるようにしなければならない。

　ここには，少年矯正の基本原則である教育主義，人権尊重，科学主義，個別処遇の各原則が明示されている。少年法の目的である健全育成と少年院法との関連が明確化されたこと，子どもの権利条約 3 条にいう「子どもの最善の利益」の考慮が入ったことの意義も大きい。

　旧少年院処遇規則（昭24・ 9 ・12法務府令第60号）には，処遇の原則に関し，

58　矯正局・新少年院法／鑑別所法35頁。

以下の規定が置かれていた。

　　第1条　少年院における処遇は，在院者の心身の発達程度を考慮して，明るい環境のもとに，紀律ある生活に親しませ，勤勉の精神を養わせるなど，正常な経験を豊富に体得させ，その社会不適応の原因を除去するとともに長所を助成し，心身ともに健全な少年の育成を期して行わなければならない。
　　第2条　在院者の処遇にあたっては，慈愛を旨とし，併せて医学，心理学，教育学等に基く知識の活用につとめなければならない。

　正常な経験を豊富に体得させる，長所を助成するなどは，現在も処遇の原則にかかわるキーワードであると思われる。

2　処遇の段階

　少年院における基本的処遇制度のひとつに**段階処遇**がある（少院16条）。これは，在院期間中を通して一律に処遇するのではなく，在院者の処遇に段階を設けるとともにそれぞれの段階にふさわしい処遇の目標と内容，方法を用意し，その段階の向上に伴い社会生活により近い処遇環境を設定することにより，他律から自律へ自発的な改善を促していくものである[59]。処遇の段階は，1級，2級および3級に区分される（少院施規8条）。在院者は，まず3級に編入され（少院施規9条1項），その後，改善更生の状況等に応じて，上位の段階に移行し，これに応じて，その在院者にふさわしい処遇が行われる。成績評価は，規則上は少なくとも4か月に1回以上（少院施規20条），実際には1か月に1回程度，個人別矯正教育計画（☞本節5-5（3））において定められた矯正教育の目標の達成の程度，矯正教育への取組みの状況，生活および行動の状況について行われる（少院35条1項・2項）。成績評価は，速やかに，在院者に説明されるほか，保護者その他相当と認める者に通知される（同3項）。進級ごとに胸に付ける名札の色が変わることで，少年は，自分の頑張りが評価されたと感じるとともに，社会復帰への意欲を高めていく。

59　矯正研修所・少年矯正法31頁。

3　保護者

　保護者は，矯正教育のパートナーであるとともに，働きかけの対象でもある[60]。

　そのため，少年院法17条1項は，少年の処遇に関する情報の提供，少年院の行事や活動への参加の依頼をすることにより，保護者に処遇への理解と協力を得るよう努めることを規定し，また，同2項は，「少年院の長は，必要があると認めるときは，在院者の保護者に対し，その在院者の監護に関する責任を自覚させ，その矯正教育の実効を上げるため，指導，助言その他の適当な措置を執ることができる」ことを規定している。

4　他機関との協働

　少年の改善更生および円滑な社会復帰を図るためには，関係機関等の有する情報や専門的な知識・技術を活用することが必要であることから，少年院法には，関係機関等に対する協力の求め等（少院18条）および公務所等への照会（少院19条）に係る規定が置かれている。これらの規定が処遇の原則とともに同じ章（第3章 処遇の原則等）に置かれていることの意味は大きく，少年院と他の専門機関，NPO，民間の篤志家との連携・協働により少年の立直りを支えていく姿勢を尊重するものといえよう。

5　少年院における矯正教育

1　矯正とは何か

　「矯正」とは何かは，刑事政策の一大テーマである。かつて，朝倉京一は，矯正とは，「その典型において，犯罪者の隔離と改善・矯正つまり裁判によって施設に収容・拘禁しておくというばかりでなく，その間にその者の犯罪の原因となったような人格のひずみを矯正することを任務とする」ものであり，「本来裁判の執行というだけのことに尽きるもので」も，「単に犯罪者ないしは非行者を社会から隔離してその間犯罪ないしは非行を防止すれば

60　光岡浩昌「少年院における『保護者への働き掛け』について」犯非153号（2007年）83頁。

足りるといったもので」もなく，「犯罪者ないしは非行者の人格にはたらきかけて，その改善更生を促すというところにその眼目があるのである。これこそが矯正の本質である」とした[61]。また，朝倉は，矯正の本質について，これを，「もっぱら自然科学的に心身の故障または犯罪的傾向ないし犯罪性といったものを疾病のごとくに治療することに尽きるものであるか，それとも，もっと根本的に人格についての人間的改善をもとめるべきものであるか」という問いを立て，少年についてはその可塑性に注目して前者の可能性を指摘し，矯正一般については，「かれにあらたな不正を抑止するまでの十分な認識を与えることが必要」であり，「その反社会的ないしは非社会的な態度を社会的な思考に変えさせることが，その根本なのである」として，人格の矯正を説いている[62]。ただし，朝倉は，同時に，「犯罪をなくすために，人間ないし人間性を殺してしまうというのでは，本末転倒」であり，被収容者を人らしく処遇するとともに，監獄機能の総力をあげて，やがては社会人に復帰させることが矯正の価値であるとして，「これなくしては矯正ということが存在しえないもの」として「矯正の人間性」をあげている[63]。

　このように，人格の矯正，すなわち，人そのものに直接働きかけることで，その改善更生を図るというのが，矯正の伝統的な理解であるといえよう。もっとも，人格にせよ性格にせよ，それは人の素質のみによって決定されるものではなく，環境からも影響を受けているのであるから，そこには関係的要素もかかわっているが，働きかけの力点は人の内面に直接向けられているとみてよい。

　このような矯正の理解に対し，近年，「共生」という指導理念[64]や「立ち直りの自己物語モデル[65]」が，少年院の現場から説かれるようになっている。伝統的な矯正理念が，人そのものに着目していたのに対し，これらの共生ないし立直りモデルは，人と人との関係性に着目し，その調整ないし修復

61　朝倉・矯正法32-33頁。
62　朝倉・前掲34-35頁。
63　朝倉・前掲39-40頁。
64　八田・教育と処遇44-49頁。
65　中島学「『少年矯正』の新たな展開─矯正モデルから立ち直りの自己物語モデルへ」犯社44号（2019年）30頁。

を通して「立直り」を構想しているところに，その特徴と意義がある。これらのモデルは，S・マルナの説く「犯罪からの離脱[66]」とも共通した内容を持ち，少年の立直りが現にどのようなプロセスを辿っているのかを明らかにしながら，矯正教育のあり方を再考するものであるといえよう。

2　矯正教育の目的

　矯正の何たるかを問うことは，矯正教育の具体的展開にとり重要である。このことを確認したうえで，以下，少年院法に沿って，少年院における矯正教育の目的，方法，内容，計画等を概観したい。

　矯正教育の目的は，「在院者の犯罪的傾向を矯正し，並びに在院者に対し，健全な心身を培わせ，社会生活に適応するのに必要な知識及び能力を習得させること」にある（少院23条 1 項）。これは，矯正教育の目的を示すものであって，矯正教育そのものを定義したものではないが，矯正教育を方向づけるものであるから，矯正教育そのものの捉え方とも関係する。本条にいう犯罪的傾向の矯正は性格の矯正とほぼ同義であると思われるが，それが単体としてではなく，少年法の目的である健全育成，および社会性の養成と併せて規定されているところが重要である。

3　矯正教育の方法

　矯正教育の内容には，以下 4 に示すとおり，生活指導，職業指導，教科指導，体育指導および特別活動指導があり，在院者の特性に応じ，これらの指導を適切に組み合わせ，体系的かつ組織的に行うものとされている（少院23条 2 項）。

4　矯正教育の内容

（1）生活指導

　生活指導とは，「善良な社会の一員として自立した生活を営むための基礎となる知識及び生活態度を習得させるため」の指導であり（少院24条 1 項），

66　津富＝河野訳・犯罪からの離脱。

矯正教育の最も柱になるものである。生活指導は，①基本的生活訓練，②問題行動指導，③治療的指導，④被害者心情理解指導，⑤保護関係調整指導，および⑥進路指導について，全体講義，面接指導，作文指導，日記指導，グループワーク等の方法を用いて行われている。また，個々の在院者の抱える特定の事情の改善に資するために，特定生活指導として，①被害者の視点を取り入れた教育，②薬物非行防止指導，③性非行防止指導，④暴力防止指導，⑤家族関係指導，および⑥交友関係指導が行われている[67]。

（2）職業指導

　職業指導は，「勤労意欲を高め，職業上有用な知識及び技能を習得させるため」に行われる（少院25条1項）。職業指導として，①就業に必要な専門的知識および技能の習得を目的とした「職業能力開発指導」，②職業生活における自立を図るための知識および技能の習得ならびに情緒の安定を目的とした「自立援助的職業指導」，③有為な職業人としての一般的な知識および態度ならびに職業選択能力および職場適応能力の習得を目的とした「職業生活設計指導」が実施されている。

（3）教科指導

　教科指導とは，「義務教育を終了しない在院者その他の社会生活の基礎となる学力を欠くことにより改善更生及び円滑な社会復帰に支障があると認められる在院者に対して」，小学校または中学校の学習指導要領に準拠した教科指導を行うものである（少院26条1項）。そのほか，高校への編入もしくは復学，大学等への進学または就労等のために学力の向上を図ることが円滑な社会復帰に特に資すると認められる在院者に対しては，その学力の状況に応じた教科指導を行うことができる（同2項）。

　教科指導の具体的内容には，①義務教育指導，②補習教育指導，③高等学校教育指導がある。個別に，就寝時間後の延長学習も認められている。また，2007年度から，法務省と文部科学省との連携により，少年院内において高等学校卒業程度認定試験が実施され，2018年度には，全国13庁の少年院に高等学校卒業程度認定試験重点指導コースが設置された[68]。

67　矯正研修所・前掲43-45頁。
68　令和元年版犯罪白書234頁。

（4）体育指導

体育指導は,「善良な社会の一員として自立した生活を営むための基礎となる健全な心身を培わせるため」に行われる（少院28条）。陸上競技, 水泳, 剣道, サッカー, 野球, ソフトボール, バレーボール, バスケットボール, スキー等の各種スポーツ, ダンスなど, さまざまな内容・種目がある[69]。

（5）特別活動指導

特別活動指導は,「情操を豊かにし, 自主, 自律及び協同の精神を養う」ために行われる（少院29条）。その内容には, ①自主的活動（生活集団において係を分担して行う役割活動等）, ②クラブ活動, ③情操的活動（文学, 美術, 音楽などの鑑賞や創作活動）, ④行事, ⑤社会貢献活動（公共施設における清掃活動, 福祉用具の整備, 点字への翻訳等）がある[70]。

5　矯正教育の計画

在院者の特性に応じ, 必要な指導を適切に組み合わせ, 体系的かつ組織的に矯正教育を行うために, 少年院法には, 矯正教育課程, 少年院矯正教育課程および個人別矯正教育計画の3つが規定されている。

（1）矯正教育課程の策定と指定

矯正教育課程は, 在院者の年齢, 心身の障害の状況および犯罪的傾向の程度, 在院者が社会生活に適応するために必要な能力その他の事情に照らし, 一定の共通する特性を有する在院者に対して行う矯正教育の重点的な内容および標準的な期間を示すもので, 法務大臣により定められている[71]（少院30条。☞ 表11-3-1）。

そして, 少年院ごとに実施すべき矯正教育課程が, 法務大臣により指定されている（少院31条）。ひとつの少年院に複数の矯正教育課程が指定されることもある。

69　矯正研修所・前掲49頁。
70　矯正研修所・前掲48-49頁。
71　新少年院法制定前における処遇区分・処遇課程の創設と改編については, 服部＝佐々木306-311頁を参照。

表11-3-1　矯正教育課程

少年院の種類	矯正教育課程	符号	在院者の類型	矯正教育の重点的な内容	標準的な期間
第1種	短期義務教育課程	SE	原則として14歳以上で義務教育を終了しない者のうち，その者の持つ問題性が単純又は比較的軽く，早期改善の可能性が大きいもの	中学校の学習指導要領に準拠した，短期間の集中した教科指導	6月以内の期間
	義務教育課程Ⅰ	E1	義務教育を終了しない者のうち，12歳に達する日以後の最初の3月31日までの間にあるもの	小学校の学習指導要領に準拠した教科指導	2年以内の期間
	義務教育課程Ⅱ	E2	義務教育を終了しない者のうち，12歳に達する日以後の最初の3月31日が終了したもの	中学校の学習指導要領に準拠した教科指導	
	短期社会適応課程	SA	義務教育を終了した者のうち，その者の持つ問題性が単純又は比較的軽く，早期改善の可能性が大きいもの	出院後の生活設計を明確化するための，短期間の集中した各種の指導	6月以内の期間
	社会適応課程Ⅰ	A1	義務教育を終了した者のうち，就労上，修学上，生活環境の調整上等，社会適応上の問題がある者であって，他の課程の類型には該当しないもの	社会適応を円滑に進めるための各種の指導	
	社会適応課程Ⅱ	A2	義務教育を終了した者のうち，反社会的な価値観・行動傾向，自己統制力の低さ，認知の偏り等，資質上特に問題となる事情を改善する必要があるもの	自己統制力を高め，健全な価値観を養い，堅実に生活する習慣を身に付けるための各種の指導	
	社会適応課程Ⅲ	A3	外国人等で，日本人と異なる処遇上の配慮を要する者	日本の文化，生活習慣等の理解を深めるとともに，健全な社会人として必要な意識，態度を養うための各種の指導	
	支援教育課程Ⅰ	N1	知的障害又はその疑いのある者及びこれに準じた者で処遇上の配慮を要するもの	社会生活に必要となる基本的な生活習慣・生活技術を身に付けるための各種の指導	
	支援教育課程Ⅱ	N2	情緒障害若しくは発達障害又はこれらの疑いのある者及びこれに準じた者で処遇上の配慮を要するもの	障害等の特性に応じた，社会生活に適応する生活態度・対人関係を身に付けるための各種の指導	2年以内の期間
	支援教育課程Ⅲ	N3	義務教育を終了した者のうち，知的能力の制約，対人関係の持ち方の稚拙さ，非社会的行動傾向等に応じた配慮を要するもの	対人関係技能を養い，適応的に生活する習慣を身に付けるための各種の指導	
第2種	社会適応課程Ⅳ	A4	特に再非行防止に焦点を当てた指導及び心身の訓練を必要とする者	健全な価値観を養い，堅実に生活する習慣を身に付けるための各種の指導	
	社会適応課程Ⅴ	A5	外国人等で，日本人と異なる処遇上の配慮を要する者	日本の文化，生活習慣等の理解を深めるとともに，健全な社会人として必要な意識，態度を養うための各種の指導	
	支援教育課程Ⅵ	N4	知的障害又はその疑いのある者及びこれに準じた者で処遇上の配慮を要するもの	社会生活に必要となる基本的な生活習慣・生活技術を身に付けるための各種の指導	
	支援教育課程Ⅴ	N5	情緒障害若しくは発達障害又はこれらの疑いのある者及びこれに準じた者で処遇上の配慮を要するもの	障害等の特性に応じた，社会生活に適応する生活態度・対人関係を身に付けるための各種の指導	
第3種	医療措置課程	D	身体疾患，身体障害，精神疾患又は精神障害を有する者	心身の疾患，障害の状況に応じた各種の指導	
第4種	受刑在院者課程	J	受刑在院者	個別的事情を特に考慮した各種の指導	―

（2）少年院矯正教育課程の策定

　矯正教育課程を実施するには，少年院ごとに，当該矯正教育課程における矯正教育の目標，具体的な指導内容および方法などの計画を立てる必要がある。これを**少年院矯正教育課程**という。

　少年院長は，その少年院が指定を受けた矯正教育課程ごとに少年院矯正教育課程を定めるものとされ（少院32条1項），少年院矯正教育課程を定めるにあたっては，当該少年院の施設および設備等の状況ならびに当該少年院が所在する地域の特性について考慮するものとされている（少院施規19条1項）。また，少年院矯正教育課程には，処遇の段階（少院16条）ごとに，当該少年院における矯正教育の目標，内容，実施方法および期間その他矯正教育の実施に関し必要な事項を定めるものとされている（少院32条2項）。

　少年が少年院に入所したときは，できるだけ速やかに，家庭裁判所および少年鑑別所長の意見を踏まえ，その少年が履修すべき矯正教育課程が，少年院長から指定される（少院33条1項）。

（3）個人別矯正教育計画の策定

　少年が少年院に入所したときは，できるだけ速やかに，その者が履修すべき矯正教育課程を指定し，その矯正教育課程に対応する少年院矯正教育課程に即して個々の在院者に対する矯正教育計画を策定する（少院34条1項）。これを**個人別矯正教育計画**という。

　個人別矯正教育計画には，少年院矯正教育課程に即して，少年の特性に応じて行うべき矯正教育の目標，内容，実施方法および期間その他矯正教育の実施に関し必要な事項が定められる（少院34条2項）。個人別矯正教育計画は，家庭裁判所または少年鑑別所長の意見があるときはこれらの意見を踏まえるとともに，できるだけ少年およびその保護者その他相当と認める者の意向を参酌しつつ，少年との面接その他の適当な方法による調査の結果に基づき，策定される（同3項）。個人別矯正教育計画を策定したときは，速やかに，その内容を，少年に説明し，その保護者その他相当と認める者に通知する（同4項）。

　個人別矯正教育計画は，必要があるときは，修正変更がくわえられる（少院34条5項・6項）。

（4）矯正教育の期間

　矯正教育の期間は，少年に指定された矯正教育課程の基準期間（☞ 表11-3-1）を踏まえ，個々の少年の教育上の必要性に応じて弾力的に設定するものとされている[72]。

　家庭裁判所から「短期間」（6か月以内）または「特別短期間」（4か月以内）の処遇勧告があるときは，個人別矯正教育計画の矯正教育の期間は，それぞれ6か月以内，4か月以内とされる。また，「相当長期間」の処遇勧告がある場合など，2年を超える矯正教育が必要と認められる少年が入所した場合には，その少年院の所在地を管轄する矯正管区[73]の長に申請し，その認可を得て矯正教育の期間が定められる[74]。

　短期間または特別短期間の処遇勧告が付された少年について，それぞれの矯正教育の期間の上限を超えて矯正教育を行う必要があるときは，6か月以内で矯正教育の期間が定められた者については6か月，4か月以内で矯正教育の期間が定められた者については4か月を限度として，処遇鑑別（少院36条1項，少鑑17条1項）を受けさせた後，その少年を送致した家庭裁判所の意見を聴いたうえで，その少年院の所在地を管轄する矯正管区の長に申請し，その認可を得て，矯正教育の期間を延長する。また，少年院長は，2年または2年を超える矯正教育の期間を定めた場合に，当該期間を超えて矯正教育を行う必要があると認めるときは，処遇鑑別を受けさせた後，その少年院の所在地を管轄する矯正管区の長に申請し，その認可を得て，矯正教育の期間を延長する[75]。ただし，短期間または特別短期間の処遇勧告が付された少年は，要保護性がさほど高くなく，環境上の問題も少ないとの判断のもとに送致されているのであるから，期間の延長には特に慎重であるべきで，急に身元引受人の事情が変わり，更生保護施設も決まらず，帰住先の調整がつかないような特殊な場合に限られよう。

---

[72]　矯正研修所・前掲55頁。
[73]　矯正管区とは，管轄区域内の刑務所，少年刑務所，拘置所，少年院，少年鑑別所および婦人補導院の運営の管理に関する事務を分掌する法務省の地方支部分局である（法務省設置法15条，16条）。
[74]　矯正研修所・前掲55-56頁。
[75]　矯正研修所・前掲56頁。

6　個々の少年院における取組み

　以上は，少年院法に基づく少年院の教育に関する解説であるが，これだけが少年院の教育ではない。個々の少年院では，所在地の歴史，文化，立地条件を活かし，また，職員の創意工夫により，特色ある教育の取組みが行われている。例えば，瀬戸少年院には窯業科が置かれ，少年たちのものづくりの体験と自己表現の場となっている。また，社会貢献活動のひとつとして，地域の社会福祉協議会やNPOから預かった車いすの清掃・修理なども行っている。愛知少年院では，毎年4月に観桜会を開いたり，「詩の教室」を行っている。詩の教室は，少年たちに，これまでの生活を振り返らせ，その中に置き去りにしてきた未整理な感情を思い起こさせ，詩に表現させるものである。有明高原寮では，近くにある温泉を利用し，個別担任との信頼関係をつくることを目的として「温泉カウンセリング」や，親子の絆を強くする教育のひとつとして「親子合宿」などを行っている。北海少年院では，職業指導のひとつとして介護福祉科を置き，介護職員初任者研修の資格取得を行っており，佐世保学園では，体育指導のひとつとして「カッター訓練」が行われている。

6　仮退院・退院──少年院から社会へ

1　収容期間についての考え方

　少年は，いつか少年院から社会へ戻る。そのとき，安定した生活を送れることが，少年院教育の究極目標である。「円滑な社会復帰」と口でいうのは容易いが，社会復帰には種々の困難が伴う。むしろそのことを正面から認めたうえで，少年が，たんに社会に戻るだけでなく，修学・就労の機会を得たり，周囲の人々との関係をつくるなどして，社会に参加していくには何が必要か，また，そのためにはどのような支援が必要かを考えることが大切である。

　自由刑の刑期は行為責任をもとに量定されたもので，裁判所から言い渡された刑期が満了すれば，本人がいかなる状況にあろうと刑期を延長することは許されない。これに対し，少年院の収容期間（矯正教育の期間）は，少年に

指定された矯正教育課程の基準期間を踏まえ，個々の少年の教育上の必要性に応じて設定されており，少年の努力や状況をみながら処遇の段階ごとに判断されていく。また，少年院については，一定の要件および手続に従い，収容を継続したり，仮退院後に少年院に戻して収容することもある。☞本節6-3 収容継続，戻し収容

2　仮退院・退院

（1）仮退院

　仮退院とは，保護処分在院者（保護処分の執行を受けるため少年院に収容されている者）に対し，仮の退院を認めて，社会内での処遇（保護観察等）につなぐための制度である。

　少年院長は，保護処分在院者について，処遇の段階が最高段階に達し，仮に退院を許すのが相当であると認めるときは，地方更生保護委員会に対し，仮退院を許すべき旨の申出をしなければならない（少院135条）。

　地方更生保護委員会は，処遇の段階が最高段階に達し，仮に退院させることが改善更生のために相当であると認めるとき，その他，仮に退院させることが改善更生のために特に必要であると認めるときは，仮退院を許す決定を行う（更生41条）。

　少年院仮退院者は，仮退院の期間中，保護観察（2号観察）に付される（更生48条2号）。その期間は，原則として20歳になるまでであるが，収容期間が延長されている場合はその期間が満了するまでである。保護観察の方法は「本章第1節 保護観察」で述べたのと基本的に同じであるが，2号観察の場合は少年院から社会に復帰するうえでの配慮が必要になる。少年院仮退院者が，遵守事項を守り，仮退院の期間を経過したとき，または，地方更生保護委員会が，保護観察所長の申出を受け，保護観察を継続する必要がなくなったと認めて（本）退院を許す決定をしたときは（更生74条1項），保護観察は終了する。

（2）退　院

　少年院の長は，保護処分在院者について，矯正教育の目的を達したと認めるときは，地方更生保護委員会に対し，**退院**を許すべき旨の申出をしなけれ

ばならない（少院136条1項）。この申出を受けた地方更生保護委員会は，当該保護処分在院者について，その退院を相当と認めるときは，退院を許す決定を行わなければならない（更生46条1項）。

3　収容継続・戻し収容

少年院の収容については，自由刑の刑期とは異なり，一定の要件および手続のもとで，収容を継続したり，少年院に戻して収容することがある。

（1）収容継続

収容継続には，①少年院長の決定によるものと，②少年院長の申請に基づく家庭裁判所の決定によるものとがある。

①　少年院長の決定による収容継続

保護処分在院者の在院期間は20歳までである。ただし，当該保護処分在院者が20歳に達したときであっても，少年院長は，少年院送致の決定があった日から起算して1年を経過していないときは，その決定があった日から起算して1年間に限り，その収容を継続することができる（少院137条1項）。

②　少年院長の申請に基づく，家庭裁判所の決定による収容継続

少年院長は，次の場合には，家庭裁判所に対し，該当する保護処分在院者について収容を継続する旨の決定を申請しなければならない（少院138条1項，139条1項）。

i　20歳に達した保護処分在院者について，その者の心身に著しい障害があり，またはその犯罪的傾向が矯正されていないため，20歳に達した日を超えて収容を継続することが相当であると認めるとき（少院138条1項1号）。

ii　収容期間が定められている保護処分在院者について，その者の心身に著しい障害があり，またはその犯罪的傾向が矯正されていないため，当該収容期間の末日を超えて収容を継続することが相当であると認めるとき（同2号）。

iii　家庭裁判所が定めた収容期間が23歳に達した日に満了する保護処分在院者について，その者の精神に著しい障害があり，医療に関する専門的知識および技術を踏まえて矯正教育を継続して行うことが特に必要であ

るため，23歳に達した日を超えてその収容を継続することが相当である
と認めるとき（少院139条1項1号）。

　iv　収容期間が定められている保護処分在院者について，その者の精神に
　　著しい障害があり，医療に関する専門的知識および技術を踏まえて矯正
　　教育を継続して行うことが特に必要であるため，当該収容期間の末日を
　　超えて収容を継続することが相当であると認めるとき（同2号）。

　家庭裁判所は，上記ⅰ・ⅱの場合において，当該保護処分在院者の収容を
継続する旨の決定の申請に理由があると認めるときは，その収容を継続する
旨の決定をすると同時に，その者が23歳を超えない期間の範囲内で，少年院
に収容する期間を定めなければならない（少院138条2項）。また，上記ⅲ・ⅳ
の場合においては，当該保護処分在院者の収容を継続する旨の決定の申請に
理由があると認めるときは，その収容を継続する旨の決定をすると同時に，
その者が26歳を超えない期間の範囲内で，少年院に収容する期間を定めなけ
ればならない（少院139条2項）。

（2）戻し収容

　仮退院中の成績からみて退院を相当と認めるときは，（本）退院となる。こ
の決定は，保護観察所長の申出にもとづき，地方更生保護委員会が行う（更
生74条1項）。これに対し，仮退院中の者が遵守事項を遵守しなかったとき
は，地方更生保護委員会は，保護観察所長の申出を受け，少年院に送致した
家庭裁判所に対し，その者を少年院に戻して収容する決定の申請をすること
ができる（更生71条）。これを**戻し収容**という。

4　更生を支える人々

　社会復帰には，まず，戻ることのできる場所（帰住地）が必要である。ま
た，生活の経済的基盤が必要である。さらには，修学・就労，他者との関係
づくり等，社会参加の機会も必要である。更生（生き直し）は本人の課題で
はあるが，それを支える人々の存在が不可欠である。

　少年院と社会とをつなぐものとして，伝統的には，保護観察（2号観察），
更生保護事業[76]，協力雇用主などがあるが，近年，さまざまな取組みが行わ
れるようになってきている。それらの活動は，いちおう以下のように区分で

きるが，複数のカテゴリーにまたがるものもあり，そのことが支援のあり方
として重要な意味を持つことも少なくない。一人ひとりの少年のニーズに応
じて，ひとりよりも複数の人の，ひとつの分野よりも複数の分野にまたが
る，多面的な支援の体制をつくっていくことが必要である。

（1）宿泊保護

　更生保護施設　主に保護観察所から委託を受けて，住居がなかったり，頼
るべき人がいないなどの理由で直ちに自律することが難しい保護観察または
更生緊急保護の対象者を宿泊させ，食事を給与するほか，就職活動，生活指
導等を行ってその円滑な社会復帰を支援する施設である。2019年4月1日現
在，全国に103の施設があり，更生保護法人[77]により100施設が運営されてい
るほか，社会福祉法人，特定非営利活動法人および一般社団法人により，そ
れぞれ1施設が運営されている[78]。

　自立準備ホーム　更生保護施設の収容には限界があることなどから，社会
のなかに更に多様な受け皿を確保する方策として，2011年度から，法務省は
「緊急的住居確保・自立支援対策」を実施している。これは，あらかじめ保
護観察所に登録した民間法人・団体等の事業者に，保護観察所が，宿泊場所
の供与と自立のための生活指導（自立準備支援）のほか，必要に応じて食事の
給与を委託するものであり，この宿泊場所を自立準備ホームと呼ぶ。2019年
4月1日現在，411事業者が登録している。

（2）就労支援

　協力雇用主　犯罪や非行歴のある者を，その事情を承知したうえで雇用

76　更生保護事業とは，犯罪者・非行少年の改善更生を助ける各種事業の総称である。更生保護事
　業法上，①継続保護事業，②一時保護事業，および③連絡助成事業の3種類に分類されている。
　①は，現に改善更生のための保護を必要としているものを更生保護施設に収容して，その者に対
　し，宿泊場所を供与し，教養訓練，医療または就職を助け，職業を補導し，社会生活に適応させ
　るために必要な生活指導を行い，生活環境の改善または調整を図る等その改善更生に必要な保護
　を行う事業，②は，宿泊場所への帰住，医療または就職を助け，金品を給与し，または貸与し，
　生活の相談に応ずる等その改善更生に必要な保護（継続保護事業として行うものを除く）を行う
　事業，③は，継続保護事業，一時保護事業，その他保護司会，更生保護女性会，BBS会，協力雇
　用主など犯罪者や非行少年の改善更生を助けることを目的とする事業に関する啓発，連絡，調整
　または助成を行う事業をいう。
77　更生保護法人は，更生保護事業を営むことを目的として，更生保護事業法の定めるところによ
　り設立された法人である。
78　令和元年版犯罪白書195頁。以下，必要に応じ，犯罪白書の説明を引用している。

し，その者の自律および社会復帰に協力しようという民間の事業主で，その人数は全国で約2万2000に及ぶ。

ハローワークとの連携　法務省は，2006年度から，厚生労働省と連携し，刑務所出所者等総合的就労支援対策を実施している。少年院でも，その一環として，在院者に対して，ハローワークの職員による職業相談等を実施している。

職親プロジェクト　2013年2月に，日本財団および関西の企業7社が，少年院出院者や刑務所出所者の更生と社会復帰を目指す「職親プロジェクト」を発足させた。2020年8月現在，170社（関東エリア61社，関西エリア81社，九州エリア28社）が登録している。

（3）修学支援

修学支援デスク　転学または入学が可能な学校，利用可能な学校，利用可能な経済的支援等に係る情報収集と提供を民間の事業者に委託するものである。

（4）障がい等を有する少年を対象とした福祉との連携

地域生活定着支援センター　2009年4月から，法務省は，厚生労働省と連携して，高齢または障がいを有し，かつ，適当な帰住先がない受刑者および少年院在院者について，釈放後速やかに，適切な介護，医療，年金等の福祉サービスを受けることができるようにするための取組みとして，矯正施設と保護観察所において**特別調整**[79]を実施している。この取組みの中心となるのが，厚生労働省の地域生活定着促進事業（2011年度までの名称は地域定着支援事業）により整備が進められた地域生活定着支援センターである。同センターは，各都道府県に設置され，社会福祉士や精神保健福祉士等の専門的知識を持つ職員を含む6人の職員を配置することが基本とされており，①保護観察所からの依頼に基づき，矯正施設の被収容者を対象として，受入先となる社会福祉施設等のあっせんや福祉サービスの申請支援等を行うコーディネイト業務，②そのあっせんにより特別調整対象者を受け入れた社会福祉施設等に

79　特別調整とは，生活環境調整のうち，高齢者，または障がいを抱える者であって，かつ，適切な帰住予定地が確保されていない矯正施設入所者を対象として，福祉施設等を帰住予定地として確保するなど必要な生活環境の整備を行うことをいう。

対して，対象者の支援，福祉サービスの利用等について助言等を行うフォローアップ業務，③刑務所出所者等の福祉サービスの利用等に関して，本人やその家族，更生保護施設，地方公共団体，福祉事務所その他の関係者からの相談に応じて，助言や必要な支援を行う相談支援業務等を実施している。

　社会福祉士等の配置　特別調整を始めとした福祉的支援を必要とする者の増加に対応するため，少年院に社会福祉士または精神保健福祉士の資格を有する非常勤職員を配置している。2015年度からは新たに**福祉専門官**（社会福祉士または精神保健福祉士の資格を有する常勤職員）を配置している。

（5）ボランティア組織

　更生保護女性会　女性として，また，母親としての立場から，地域の犯罪予防，および犯罪をした人および非行のある少年の更生に協力することを目的とする女性ボランティアの団体である。犯罪・非行防止のための世論啓発活動や地域での「ミニ集会」などを行うほか，更生保護施設，刑事施設，少年院を訪問して激励や援助をしたり，保護司活動やBBS運動に対する援助協力を行ったりしている。

　BBS　非行のある少年や悩みを持つ子どもたちに，兄や姉のような立場で接しながら，その立直りや成長を支援する活動等を行う青年のボランティア団体である。☞ 本章第1節8

（6）その他

　よりそい弁護士制度　弁護士が弁護人・付添人として逮捕から裁判・審判終結までの司法手続内での支援にとどまらず，犯罪をした人または非行のある少年もしくは非行のあった少年に対して，手続の各段階（捜査・審判・矯正・保護等）において，定期的な面会，要望の聞き取り，居住手続や就労窓口，医療・福祉等関係機関への引継ぎのほか，被害弁償や債務整理等の法的な問題への対応など，弁護士がこれらの人に寄り添い，継続して関わることで，円滑な社会復帰を促進するものである。

　NPO　少年院とNPOとの連携も始まっている。例えば，東海地区では，高坂朝人らによるNPO法人再非行防止サポートセンター愛知が活動している。

第12章　刑事処分

　旧少年法（大正少年法）では検察官先議主義および刑事処分優先主義が採られていた。そこでは，検察官が，事件を刑事裁判所に起訴するか，保護処分相当として少年審判所に送致するかの選別を行っていた。これに対し，現行少年法は，家庭裁判所先議主義（全件送致主義）および保護処分優先主義を採っている。**保護処分優先主義**とは，少年の健全育成を期すには一般に刑事処分よりも保護処分のほうが有効であるので，保護処分を優先的に適用することをいう。ただし，家庭裁判所は，調査の結果，刑事処分（刑罰の賦課）を相当と認めるときは，事件を検察官に送致する決定をする（少20条）。この決定を**逆送**という。

　法20条は2000年の第一次改正で大きく変わった。すなわち，①逆送可能年齢を逆送時16歳以上から行為時14歳以上に引き下げるとともに（1項），②新たに，行為時16歳以上の少年が故意の犯罪行為により被害者を死亡させた事件（以下，故意致死事件という）については，家庭裁判所は……逆送の「決定をしなければならない」とする規定が設けられたのである（2項本文）。②は一般に「原則逆送」と呼ばれているが，このような呼称が妥当なのかを含め，20条2項の法的性格が問われている。

　検察官は，家庭裁判所から送致を受けた事件について，公訴を提起（起訴）するに足りる犯罪の嫌疑があると思料するときは，家庭裁判所の判断を尊重し，原則として公訴を提起しなければならない（少45条5号本文。起訴強制）。

　起訴後の手続は刑事訴訟法により進められるが，事件は健全育成の理念（少1条）のもとで少年事件として刑事裁判所に係属するのであるから，科学主義に基づく審理を実現すべく，それにふさわしい準備と審理が行われなければならない（少50条）。

　2009年5月からは裁判員裁判が実施されている。裁判員裁判の対象から少年事件は除外されていないため，2項逆送事件のほとんど（自殺関与・同意殺

人（刑202条），同意堕胎致死（刑213条）等の事件は対象から外れる），および，1項逆送事件であっても強盗致傷（刑240条前段）等の事件は裁判員裁判の対象となる。裁判員裁判では「見て聞いて分かる」審理が要請され，直接主義・口頭主義が徹底される。そこで，少年の生育史や家庭の状況等のデリケートな事柄を含む社会記録をどのように取り調べ，それを審理に活かすかが課題となる。

　刑事裁判所は，事実審理の結果，有罪の心証を固めたときは，被告人に対し刑事処分を言い渡すか，あるいは，少年の被告人を保護処分に付するのが相当であると認めて事件を家庭裁判所に移送する決定をするか（法55条。**55条移送**または**家裁移送**という）を判断する。

　少年に対する刑事処分については，少年法に特則が置かれている（少51条以下）。

第1節　少年法20条の法的性格

1　法20条の改正

第一次改正前の20条は以下のように規定されていた。

　　家庭裁判所は，死刑，懲役又は禁錮にあたる罪の事件について，調査の結果，その罪質及び情状に照らして刑事処分を相当と認めるときは，決定をもって，これを管轄地方裁判所に対応する検察庁の検察官に送致しなければならない。但し，送致のとき16歳に満たない少年の事件については，これを検察官に送致することはできない。

第一次改正により，この規定から但し書が削除されるとともに，以下の規定が同条2項に新設された。

　　前項の規定にかかわらず，家庭裁判所は，故意の犯罪行為により被害者を死亡させた罪の事件であって，その罪を犯すとき16歳以上の少年に係るもの

　については，同項の決定をしなければならない。ただし，調査の結果，犯行
　の動機及び態様，犯行後の情況，少年の性格，年齢，行状及び環境その他の
　事情を考慮し，刑事処分以外の措置を相当と認めるときは，この限りでない。

　但し書の削除により，逆送可能年齢は，逆送時16歳以上から，刑事責任年
齢（刑41条）である行為時14歳以上にまで引き下げられた。この改正の理由
は，「近年，年少少年による凶悪重大事件が後を絶たず憂慮すべき状況にあ
ることにかんがみ，この年齢層の少年であっても，罪を犯せば処罰されるこ
とがあることを明示することにより，社会生活における責任を自覚させ，そ
の健全な成長を図る必要がある[1]」ため，と説明されている。また，刑事責
任年齢と逆送可能年齢とが異なっていたことから，ダブル・スタンダードだ
との批判もあった。しかし，20条の立法経緯[2]はともかく，解釈論として
は，14歳未満は責任能力を欠く年齢であり，16歳未満は刑罰適応能力を欠く
年齢であると考えれば，理論上，矛盾はなかったはずである[3]（このような理
解は，16歳未満という基準を行為時ではなく逆送時に置いていたこととも符合する）。

　2項の「故意の犯罪行為により被害者を死亡させた罪」（故意致死事件）と
は，殺人（既遂）のほか，傷害致死，強盗致死，逮捕・監禁致死，危険運転
致死のように，死の結果について故意がないものも含む。ただし，過失致死
のように構成要件に故意の要素を含まないものや，殺人未遂のように死の結
果が発生しなかったものは含まない。

　2項新設の理由は，「故意の犯罪行為によって人を死亡させる行為は，自
己の犯罪を実現するため何物にも代え難い人命を奪うという点で，反社会
性，反倫理性が高い行為である。……このような重大な罪を犯した場合に
は，少年であっても刑事処分の対象となるという原則を明示することが，少
年の規範意識を育て，健全な成長を図る上で重要なことである[4]」ため，と
説明されている。「少年の規範意識」およびその「健全な成長」にいう「少

1　甲斐ほか94頁。
2　戦後，少年法が制定される際，逆送可能年齢を16歳以上とすることは連合国司令部GHQの強
　い意向であった（森田・歴史的展開276頁）。
3　三島聡「刑事責任年齢と刑罰適用年齢の不一致と少年法『改正』」団藤重光＝村井敏邦＝斉藤
　豊治ほか『「改正」少年法を批判する』（2000年）93頁。
4　甲斐ほか97頁。

年」とは，犯罪をした少年本人，少年一般のいずれを指すかは後に触れる。

　20条2項は「原則逆送」と呼ばれることがあるが，このような呼称が妥当かを含め，同項の法的性格をいかに理解するか，また，1項と2項との関係をいかに理解するかについて以下検討する。

2　20条1項の法的性格

1　20条1項の判断過程

　20条1項については，刑事処分相当性の判断方法は改正前と基本的には変わらないと考えてよいであろう。すなわち，家庭裁判所は，保護処分優先主義に立ち，行為時14歳以上の少年による，法定刑が死刑，懲役または禁錮にあたる罪の事件について，科学的調査の結果を踏まえ，その罪質および情状に照らして刑事処分を相当と認めるときは，逆送決定をすることになる。ただし，14・15歳の年少少年については，刑罰適応能力がなく，刑罰の逆効果も強く懸念されるため，保護処分優先主義が一層強く要請されることを確認しておきたい。また，懲役または禁錮の言渡しを受けた16歳未満の少年に対しては，16歳に達するまでの間，少年院において，その刑を執行することができる旨の規定（少56条3項）が第一次改正により設けられたことも，併せて確認しておきたい。

　「罪質」とは行為に関する概念であるから，「罪質…に照らして」とは，犯行の動機，方法および態様，結果の重大性等のいわゆる犯情[5]に照らして，という意味に解せられる。ただし，犯行態様の悪質性や結果の重大性から直ちに刑事処分相当性が導かれるのではなく，後述するように，刑事処分の選択には，処分の有効性，すなわち，保護処分と刑事処分それぞれが有する処遇効果，およびその結果としての当該少年の再犯防止効果を較量し，保護処分よりも刑事処分のそれのほうが優っているとの判断が必要であると考える。

5　犯罪の種類，罪質，犯行の動機，態様・手段の悪質性，被害結果の大小・程度・数量等の犯罪行為自体に関する情状を犯情（狭義の犯情），一般予防・特別予防や損害賠償や示談の成否等の刑事政策的な情状を一般情状（広義の犯情）という。

2　保護不能説と保護不適説

　逆送の基準については，要保護性概念の捉え方と関連して，**保護不能説**と**保護不適説**とが主張されてきた。従前，保護不能説は，保護処分により健全育成が可能であれば保護処分を選択すべきで，これが不可能な場合に限り刑事処分を選択するという見解として，また，保護不適説は，保護処分が可能であっても，社会感情や被害者感情から保護処分が適当でない場合には刑事処分を選択するという見解として説明されてきた。しかし，保護処分の可・不可，適・不適の判断のほかに，以下述べるように処分の有効性の判断もくわえて，その異同を整理しておく必要がある。

　まず，保護不能説に立つとして，保護処分による健全育成が不可能だとしても，そのことで直ちに刑事処分が正当化されるのではなく，刑事処分が当該少年の健全育成に有効であることが必要であろう。なお，保護処分も刑事処分も有効でない場合には，不処分としたうえで，少年司法以外の専門機関や民間組織の提供するサーヴィスを組み合わせたり，ケースによっては精神医療につなぐなどして，当該少年の要保護性に応じた有効な方策を見出すようにすべきである（☞ 第6章第1節4-6）。

　一方，保護不適説に立つとしても，刑事処分が当該少年の健全育成に有効でない場合や，逆効果が強く懸念されるような場合に，事案の重大性・凶悪性を理由に刑事処分を科しうるかが問題になる。これを積極に解する立場（便宜上，保護不適A説と呼ぶ）は，刑事処分の正当化根拠を応報ないし一般予防効果に求め，消極に解する立場（保護不適B説と呼ぶ）は刑事処分の正当化根拠を教育的効果または特別予防効果に求めることになろう。

　このように処分の選択基準には，処分の可・不可，適・不適のほかに処分の有効性の判断も関連するのであり，このことを含めて整理を行えば，保護不能説と保護不適B説との間には結論的にさほど大きな違いはないようにも思われる[6]。いずれの立場にたつにせよ，処分の有効性判断を処分選択の主要な基準に置くことが，健全育成の理念に適い，科学主義の要請に応え，ひいては地域の安全にも寄与することに留意すべきである。

6　丸山雅夫「少年法20条による検察官送致」南山法学39巻3・4号（2016年）75頁参照。

実務上，逆送は，例外的なものとして運用されてきているが，このこと
は，年代を追って保護処分の内容が充実し，その有効性に家庭裁判所が高い
信頼を置いてきていることの証であろう。また，道路交通法違反事件などに
対する罰金見込み逆送[7]も，一定の対象者については，保護処分よりも，金
銭的制裁という形式で非難をくわえるほうが，教育的効果があるとの判断の
もとに行われているとみることができよう[8]。

3　20条2項の法的性格

問題は20条2項の法的性格をいかに捉えるかである。この問題は，要保護
性の概念要素，調査官の役割，社会調査の意義とも絡む，難解な問題のひと
つである。

これに関する見解として，（1）保護不適推定説，（2）特段の事情＝犯情
説，（3）総合考慮説，（4）説明責任説，（5）ガイドライン説，（6）要保護
性調査拡充説がある。便宜上，それぞれ第1説〜第6説と呼ぶことにする。

これらの説の対立点をあらかじめ整理しておくと，

①　第1〜3説は20条2項を原則逆送規定と捉えるのに対し，第4・5説
は原則逆送規定とは捉えない。第6説は，「20条2項は文言上，但書の要件
が欠ける限り，本文に従って逆送することを義務づけている。その意味では
逆送は『原則』である[9]」とはする。

②　第1〜3説は刑事処分の優位を認め，第5説は並行関係にあるとし，
第4・6説は保護処分優位に変更を認めない。

③　刑事処分の効果について，第4〜6説は，これを当該少年に対する教

7　2018年において刑事処分相当との判断に基づき検察官送致された少年保護事件2193人のうち道
路交通保護事件（道路交通法違反保護事件および自動車の保管場所の確保等に関する法律違反保
護事件）が1910人（87％）を占めているが，そのほとんどは罰金見込みで検察官送致されたもの
と推察される。

8　豊田建夫「道路交通事件において罰金を見込んでなされる検察官送致について」家月38巻7号
（1986年）5-7頁は，身体的または精神的能力があり，かつ，運転技能や法令知識も十分あるの
に，自己過信や遵法精神の欠如から違反行為を行う「Won't型」については，罰金刑の教育的効
果が期待できるとしている。

9　本庄・刑事処分158頁。

育的効果として捉えるのに対し，第1説は，応報ないし少年一般に対する一般予防（抑止）効果として捉える。第2・3説は，この点に言及していないが，第1説と同様と思われる。

　以下，各説の内容をみていこう。

（1）保護不適推定説は，20条2項を原則逆送規定として捉え，同項は，故意致死事件について保護不適を推定するものであり，その根拠は応報ないし一般予防に求められる，とする。以下のようにいう。

　　（原則逆送制度は，）少年の改善更生という根拠では説明がつかない。重大な犯罪の場合には，類型的に，刑罰のほうが保護処分よりも改善効果が高いとは到底いえないからである。そうである以上，この制度は，基本的には，応報ないし一般予防を基礎にしたものといわざるを得ないと思われる。刑事処分を科すことによって少年に責任を自覚させ，その規範意識を覚醒させるという意味も，犯罪を行った当の少年よりも，むしろ，少年一般を念頭においたものであると理解するほうが，「少年であっても刑事処分の対象となるという原則を明示する」という改正法の内容からは自然である。その意味では，原則逆送制度は，そこで対象とされた罪については，保護不適であるとの推定が働くことを規定したものであるということもできよう[10]。

　しかし，厳罰化が少年一般に対し一般予防（抑止）効果を持つかは実証的な課題（仮説）というべきである。これに関し，津富宏は，アメリカにおける実証研究の成果をもとに，少年を成人として取り扱うことは少年犯罪の抑止に結びつかないこと，少年に対する厳罰化の効果は期待できないことを指摘している[11]。また，R・E・レディングは，アメリカにおける移送法（Transfer Law，わが国における逆送と類似の制度）の抑止効果に関する実証研究の成果をまとめ，未解明の部分はあるが，移送法は重大な少年犯罪に対する一般予防効果をほとんど，あるいはまったく持たないことを指摘している[12]。さらに，重大少年事件の背景を分析した『重大少年事件の実証的研究―親や家族

10　川出227頁。
11　津富宏「厳罰化の時代に」西村古稀93頁。
12　Richard E. Redding 著，岡邊健訳「少年移送法は非行に対する効果的な抑止力となるのか？」葛野尋之＝武内謙治＝本庄武編『少年法適用年齢引下げ・総批判』（2020年）187頁。

を殺害した事例の分析を通して』によれば，その背景には複雑な家族関係，父母の不和や葛藤，少年の悩みや不安，コミュニケーション能力の不足，孤立，ストレスなどがある[13]。これらの知見によれば，重大事件を犯そうとしている少年の耳もとで，「そんなことをしたら重罰を受けるよ」と囁いたところで犯行は止まない。重大少年事件の防止は重要な課題であることはいうまでもないが，それは厳罰化によって得られるものではなく，個々の重大少年事件がどのような背景のもとに，どのようなプロセスを辿って起きているかを仔細に分析し，それを防止するには誰（少年の周囲にいる人々や専門機関）がどのようなかかわりをする必要があったかを知り，将来に向けその教訓を生かすことが大切である。

（2）**特段の事情＝犯情説**は，20条2項を原則逆送規定として理解する方向へ向けて保護不適推定説をより徹底するものである。この説では，「刑事事件での一般的な量刑事情にあたる各要素のうち，犯罪行為自体に関する情状，すなわち『狭義の犯情』」を中心に考察し，当該「事案内容において，少年についての凶悪性，悪質性を大きく減ずるような『特段の事情』が認められるかを検討し，その様な特段の事情が認められない場合には，その余の事情を考慮するまでもなく検察官送致決定をなし，特段の事情が認められた場合には，「20条1項に定める個々の要素を踏まえて，刑事処分とそれ以外の措置のいずれが相当かを順次検討して結論を導き出す」ことになる。また，「少年の資質面（性格，年齢等）や環境面（生育歴，境遇等）等の『広義の犯情』」は，前記狭義の犯情のうち，犯行動機の形成や犯行態様に深く影響したと認められる範囲で考慮するに止めるべきであって，少年の資質や環境面からの検討を先行させると保護相当と見られるような事案であっても」，特段の事情を判断するレベルにおいては，「これのみを理由として刑事処分以外の措置が許容されると判断することが適当とはいい難い」ともする[14]。

　しかし，①20条2項但し書は，狭義の犯情と広義の犯情とを並列的に掲げていること，②狭義の犯情の悪質さに着目して故意致死事件について検察官

13　裁判所職員総合研修所監修『重大少年事件の実証的研究—親や家族を殺害した事例の分析を通して』（2012年）。
14　北村和「検察官送致決定を巡る諸問題」家月56巻7号（2004年）70-71頁。

送致を原則としたとしても，例外の許容性を狭義の犯情でのみ判断すべき必然性はないこと，③立法者は，個々の事案に応じて，少年の性格，心身の発達状況，犯行の動機，態様，犯行後の状況，環境等を家庭裁判所がきめ細かく検討することの重要性を強調していること[15]から，この説は妥当ではない。

　そこで，登場したのが総合考慮説である。

（3）**総合考慮説**は，「20条2項後段該当性の判断は，同項前段該当事件について，保護不適か否かの判断であ」り，この判断は，「保護処分等が社会的に許容されるか否かの価値的判断であるから，少年の犯した非行事実の犯情のみから判断すべきではなく，犯情とともに少年の性格及び環境を総合的に考慮して判断すべき」であるとする。この説によれば，20条2項の判断構造は，20条2項本文の形式要件が満たされるときは，同項但し書に掲げられた「犯行の動機及び態様，犯行後の情況，少年の性格，年齢，行状及び環境その他の事情を総合考慮し，刑事処分以外の処遇が相当と認められるかどうかを判断し」，刑事処分以外の処遇が相当との結論に至れば，当該決定を行うことになる。「犯情説のように，特段の事情の判断の後に，20条1項に該当するかどうかを判断する必要はない」ことになる[16]。

　ただし，本説は，「20条2項が故意致死事件の犯情の悪質性に着目して原則検察官送致を定めたものであることからすると，犯情の悪質性の有無が大きな意味を持つことは否定できず，また，原則として検察官に送致されなければならないという条文文理に反するような運用は許されない」と付言する[17]。

　以上の第1〜3説は20条2項を原則逆送規定として理解する。これに対し，以下の第4〜6説が主張されている。

（4）**説明責任説**は，20条2項を原則逆送規定としてではなく，家庭裁判所の説明責任規定として理解する。すなわち，「刑事処分相当との判断は，もっぱら教育機能の観点から刑事処分が教育手段として必要・有効な場合に

15　第150国会衆議院法務委員会議事録第2号10・15頁（漆原良夫議員・松浪健四郎議員の答弁），同議事録第5号23頁（松浪健四郎議員の答弁）。
16　加藤学「保護処分相当性と社会記録の取扱い—家裁移送が争われる事案を念頭に」植村退官480-482頁。
17　加藤・前掲482頁。

限られるべきである」としたうえで，「少年法20条2項は，16歳以上の少年の故意犯罪による被害者死亡事件に対する社会感情の厳しさ，とくに刑事処分要求の強さに配慮して，その少年の教育手段として刑事処分こそが必要・有効とは認められない場合において，刑事処分以外の処遇を決定した理由について，被害者を含む市民に対していっそう説得的に説明する責任を負わせた規定として理解すべき[18]」であるとする。

　なお，本説は，家庭裁判所が20条2項の要求する説明責任を果たせなかったとしても，「教育手段として刑事処分こそが必要・有効であると認められたわけではないから，刑事処分・検察官送致の決定が認められることはない」とする[19]。

（5）**ガイドライン説**は，「2000年改正によって，少なくとも2項では保護処分の優先は認められなくなった」として，同項については保護処分優先主義に一定の修正がくわえられたことを認めつつ，「しかし，刑事処分の優位性を肯定することは，少年法のもとでは疑問とせざるを得ない。2項の適用においても，刑事処分の優先を認めることは，少年法の理念である『健全育成』，『成長発達』の支援に反するといわなければならない」として，20条2項を原則逆送規定と捉えることは否定する。そして，「2項では保護処分と刑事処分は並行的な位置関係に置かれることになった。2項の本文と但書は，それぞれガイドラインを示すものである。すなわち，本文を適用して，刑事処分相当性を認める場合には，①故意の犯罪行為により被害者を死亡させた罪の事件であること，②その罪を犯すとき16歳以上の少年であることがガイドラインとなり，但書で保護処分等の非刑罰的な措置を選択する場合は，調査の結果，犯行の動機及び態様，犯行後の情況，少年の性格，年齢，行状及び環境その他の事情を考慮し，刑事処分以外の措置を相当と認めることがガイドラインの内容となる」とする[20]。

　本説の特徴は，20条2項においては保護処分と刑事処分とが並行的な位置関係にあるとすること，同項の判断構造を「ガイドライン」の語をもって説

18　葛野・構築589-591頁，正木祐史「20条2項送致の要件と手続」葛野・検証と展望36-39頁。
19　葛野・構築591頁。
20　斉藤豊治「裁判員裁判と少年の死刑判決」村井古稀803頁。

明していることにある。しかし，問題は，個々の事案において，並行的な位
置関係にあるとされる保護処分と刑事処分のいずれを，具体的にどのような
考慮ないし基準により選択するか，まさにガイドラインの内容ないし基準に
ある。この点につき，本説は，「個別の事例においては，……どちらが少年
の教育・保護にとって有効であるかが，具体的に検討されるべきである」と
して，処分の有効性を基準に置く。

（6）**要保護性調査拡充説**は，説明責任説に共鳴しつつも，「20条2項は文言
上，但書の要件が欠ける限り，本文に従って逆送することを義務づけてい
る。その意味では逆送は『原則』である」として，20条2項の文理を出発点
に据える。「しかし，実態として多くの非行少年が成長発達の余地を大きく
残していること，その抱えている問題性に対処するための最善の方策は多く
の場合，保護処分及び家庭裁判所での保護的措置であることという，これま
での少年司法が経験的に確認してきた社会的現実が，法改正により変わるこ
とはあり得ない。それを前提とする限り，『刑事処分以外の措置が相当と認
めるとき』に該当する場合は少なくない」こと，また，「2項の対象となっ
ている重大犯罪を犯した少年は，より深刻な問題を抱え，より手厚い援助を
必要としている場合が多い」ことを確認する。そのうえで，20条2項の法意
について，「犯罪結果が重大であること，社会的影響が大きいこと，少年が
行為時に年少少年ではないことという要素はいずれも，類型的に対象犯罪に
対して厳しい社会感情が向けられることを示す。そのために，2項は1項よ
りも詳細に考慮要因を列挙することで，問題性をより慎重に調査しかつ少年
のために何が必要かを社会に向けて説明する責任を課したものである」とす
る[21]。

　第4説と第6説は「説明責任」をキーワードとする点では同じである。し
かし，第4説は，家庭裁判所の，被害者を含む市民に対する責任としている
のに対し[22]，第6説は，家庭裁判所の，社会に向けた責任[23]ないしは家庭裁
判所調査官の責任[24]であるとし，20条2項の名宛人を調査官としている点で

21　本庄・前掲157頁以下，武内430-431頁。
22　葛野・前掲591頁。
23　本庄・前掲160-161頁。

違いがある。

　以上，第1～6説の内容を概観してきた。2000年の第一次改正後に法20条
2項の運用を牽引したのは第1説（保護不適推定説）と第2説（特段の事情＝犯
情説），とくに第2説であったといってよかろう。そして，その考えは，
2009年5月の裁判員裁判実施にあたり刊行された『難解な法律概念と裁判員
裁判』（2009年）における，「『特段の事情』の判断要素は，狭義の犯情を中心
とした量刑事情と大差ないものと考えられる[25]」との認識へと継承されてい
る。現在は，第3説（総合考慮説）も実務上有力とされているが，法20条2項
但し書に列挙される諸事情の考慮の仕方（ウェイトの置き方）によっては結果
的に第2説（特段の事情＝犯情説）と近似したものにもなりうる。そのため，
両説の違いは，審判の決定書からは判別しにくいところがある。

4　調査官および社会調査の役割

1　20条2項対象事件における調査の変化

　20条2項の法的性格をいかに捉えるかという問題は，故意致死事件におけ
る社会調査およびそれを担う調査官の役割をいかに捉えるかという問題と不
可分である。

　第一次改正後，故意致死事件に対する調査に変化はあったか。これについ
ては，「社会の関心も高く，家庭裁判所に非行のメカニズムの解明が求めら
れることが多いこともあって，従来にも増して精緻な調査を行っているよう
である[26]」との見方もある。しかし，第一次改正後，調査が後退したとみら
れる幾つかのエヴィデンスがある。すなわち，

　①　傷害致死事件の鑑別判定結果の年次変化をみると，2001年を境とし
　　　て，少年院送致意見の比率が著しく減少し，これに反比例するかたちで
　　　検察官送致意見の比率が著しく増加しており，また，同じく傷害致死事

24　武内428頁。
25　司法研修所編『難解な法律概念と裁判員裁判』司法研究61輯1号（2009年）63頁。
26　下坂節男「原則逆送と社会調査」斉藤＝守屋・課題と展望〔第1巻〕224頁。

件の審判結果の年次変化についても，これと同様の変化が生じていることがわかる[27]。裁判官は，一般には調査官の処遇意見を尊重して処分を決定していると思われるから，審判結果の変化は，調査官の処遇意見の変化を，おおまかには反映していると推察してよかろう。

② また，第一次改正後，指導的な立場にある調査官や，調査官をメンバーとする研究会において以下のような認識が示されていることも，調査実務の変化を裏付けていよう。

ⅰ 「これまでの家裁の処分は保護処分を原則とし，逆送はその例外とする考えが定着してきた」が，20条2項は「その原則と例外を逆転させたもの」である。ただし，20条2項対象事件であっても調査を省略することは許されず，「年齢切迫事件等のような事件以外は，すべて詳細な調査が求められていると解すべきである」が，調査にあたっては「非行事実に関する基礎的な事項を押さえる必要性が高い」こと，および「被害者感情や社会感情等を考慮することも必要であり，この面についての調査が必要になる」ことに留意すべきである[28]。

ⅱ 刑事処分以外の措置の許容性を検討するに当たり考慮すべき事情は，事案の重大性に着目して原則検察官送致と規定した法の趣旨を踏まえると，何よりも事案に関する事情であるということになる。検討の結果，事案の内容において少年の悪質性を大きく減ずるような特段の事情が認められない場合は，検察官送致となる。したがって，少年の資質及び環境に関する面から見れば，刑事処分以外の措置を選択したいと考える事例もあろうが，そのことのみをもって処分を決めることができるものではなく，あくまでも事案に関する面を中心とした検討の結果，特段の事情が認められた場合でなければならないことに留意する必要がある[29]。

ⅲ 少年調査票の記載方法として，「本件の非行」欄においては，「処遇選択に当たっては，まず本件非行の事案を評価することが非常に重要になり，

---

27 武内426頁の「図2 鑑別判定における少年院送致・検察官送致率（傷害致死）」および「図3 審判決定における少年院送致・検察官送致率（傷害致死）」を参照。

28 山崎朋亮「改正少年法の実務上の諸問題―少年法20条2項事件処理上の留意点」調紀74号（2002年）40-42頁。

29 平成15年度少年調査実務研究会「少年法20条2項該当事件の処遇選択における留意点」総研所報1号（2004年）79-80頁。

犯行の動機・経緯，犯行の態様，犯行後の情況等を中心とした事情におい
て，刑事処分以外の措置を相当と認める特段の事情の有無を判断する上で
根拠となる事実を……記載しておく必要がある」，また，「意見欄において
は，まず，『刑事処分以外の措置を相当と認める特段の事情（事案の悪質性
を大きく減ずる特段の事情）』の有無を検討するために，その判断の根拠と
なる本件事案の内容について，非行欄に記載した事実を要約し，その評価
を述べる」必要がある[30]。

③　さらに，岡田行雄が実施した69名の調査官に対するアンケート調査の
結果によると，重大事件に関するものを中心に，社会調査が非行事実を
特に重視するものに変化し，少年調査票の記載も，非行事実を中心とし
た「簡にして要を得た」ものとなっている[31]。また，同じく岡田らが，
裁判員裁判の弁護人であった弁護士に対し2010年から13年にかけて実施
した聴き取り調査では，以下のような結果が得られている。

裁判員裁判の実施と前後して，法20条2項対象事件を中心に，裁判員
裁判の対象となりうる少年事件に関する少年調査票の記載においては，
非行事実を中核とする，保護処分を許容する「特段の事情」の有無の検
討に重点が置かれ，相対的に，非行の要因となりうる生育歴や少年を取
り巻く環境に関する記載が薄くなるとともに，刑事処分相当の処遇意見
がまとめられるケースでは，保護処分による少年の改善・更生の可能性
の検討じたいがなされなくなるという方法に顕著に変化している[32]。

2　包括調査の必要性

特段の事情＝犯情説では，事案の凶悪性，悪質性を大きく減ずるような
「特段の事情」が認められなければ，その余の事情を考慮するまでもなく逆
送決定をすることになるから，本格的な要保護性調査は不要となり，要保護
性調査を行っても処分選択には活かされない。この場合，調査官が担うのは
犯情に関する調査ということになるが，これは，本来，調査官ではなく裁判

30　平成19年度少年実務研究会「原則検察官送致事件の少年調査票の記載の在り方」総研所報5号
　　（2008年）80頁以下。
31　岡田行雄「社会調査実務の変化」武内・裁判員裁判213-214頁。
32　岡田・前掲217-224頁。

官が担うべき法的調査の一部であり，調査官は，いわばその下請けないし補助的な役割を担わされることになる。このような「調査」は調査官の専門性を活かしたものではなく，社会調査の名に値しない。

　調査官は，人間関係諸科学の専門家として，要保護性に関する調査，なかんずく「犯罪的危険性（累非行性）」および「矯正可能性」に関する調査を遂行すべきである。たしかに，実務上，三要素説が通説となっているが（☞第6章第1節6），仮に三要素説に立つとしても，「犯罪的危険性（累非行性）」「矯正可能性」「保護相当性」のすべての評価を調査官が担わなければならない必然性はない。調査官が「犯罪的危険性（累非行性）」「矯正可能性」の**科学的評価**[33]を行い，裁判官がその評価を踏まえ，必要な場合には「保護相当性」の**規範的評価**[34]をくわえ，処分を決定するというスタイルもあり，むしろ裁判官と調査官の専門性を考えれば，このほうが適材適所といえる。

　現在，20条2項に関する問題のひとつは，このような調査官と裁判官との役割分担（協業と分業）が未整理なまま調査と処分決定が行われていることである。そのため，①科学的調査の名のもとに規範的評価が行われることも珍しくなく，②科学的評価と規範的評価とが混在する「調査」の結果を，裁判官がいかに考慮して処分決定をしたのか，その判断の構造・過程がわかりにくく，したがって，③処分決定の正当性について事後検証がしにくい。途中までは保護処分相当という結論になるかのような論述が続くのに，突然，結果の重大性や社会的影響の大きさなどを根拠に論調が急転回し，保護不適であり刑事処分相当とするような調査官意見が，第一次改正後にしばしばみられるようになったとの指摘があるが[35]，このような，いわば「急転回型」の調査官意見は，調査官と裁判官との役割の未整理に起因しているといえよう。

　調査官に調査命令を出すのは，いうまでもなく裁判官である（少8条2

33　処分選択の基礎となる評価のうち，家庭および保護者の関係，境遇，経歴，教育の程度および状況，不良化の経過，性行，事件の関係，心身の状況等（少審規11条1項）に関するものを，人間関係諸科学を活用して行う評価という意味で**科学的評価**と呼ぶことにする。

34　科学的評価に対し，犯行の動機，態様・方法，結果等のいわゆる犯情や社会感情・被害者感情等に関するものを**規範的評価**と呼ぶことにする。ただし，犯行の動機等は両方の評価にまたがる。

35　相川裕「裁判員裁判における社会記録の取扱いの問題点」刑弁57号（2009年）56頁。

項）。20条 2 項をめぐる議論のなかで，これまであまり自覚的に論じられて
こなかったことだが，調査命令の出し方により調査の対象や方法は変わりう
る。例えば，裁判官が，特段の事情＝犯情説に立ち，調査官に対し，事案の
凶悪性，悪質性を大きく減ずるような特段の事情の有無，あるいは，刑事処
分以外の措置を許容する特段の事情の有無について調査せよ，との調査命令
を事実上出したとしよう。この命令を受けた調査官は，特段の事情の有無に
焦点をあてた調査を行い，事案の凶悪性，悪質性を大きく減ずる特段の事情
が認められなければ，その旨を調査票に記載し，刑事処分相当の処遇意見を
書くことになろう。要保護性に関する調査は行う必要がないか，行っても処
分選択には活かされない。故意致死事件の調査を担当した調査官から，「『刑
事処分以外の措置を相当と認める特段の事情』についてだけ調査対象とされ
ていることから，それ以外は『個人的に調査したくてもできない』」という
声も聞かれている[36]。これでは調査官の専門性は活かされず，職責も全うさ
れない。

　調査官は，裁判所の一職員ではあるが，調査の内容については自主性と独
立性を持つべきである[37]。調査官の専門性を尊重すれば，裁判官は，**包括調
査**，すなわち，調査の対象や方法を限定することなく，少年および事件の全
体像に迫る調査を行うことを命じるべきである。20条 2 項但し書は，「犯行
の動機及び態様，犯行後の情況，少年の性格，年齢，行状及び環境その他の
事情」という，20条 1 項よりも幅広い調査項目をあげているのだから，調査
官は，犯情にとどまらず，さらには，情状というような量刑上の概念に縛ら
れることなく，非行の全体像を明らかにし，再非行の可能性と，再非行を防
ぐために必要かつ有効な処分や働きかけについて，調査を尽くすべきであ
る。

5　小　括

　以上のことを踏まえ，20条 1 項ならびに 2 項それぞれの法的性格および両

36　三木憲明「ケーススタディ⑦富田林事件」武内・裁判員裁判148頁。
37　平場（旧版）120頁。

者の関係について整理をしておきたい。

　まず，20条1項については，裁判官は，保護処分優先主義のもと，科学的調査の結果を踏まえ，罪質および情状に照らし，刑事処分のほうが当該少年の健全育成に有効と判断したときは，刑事処分を選択することになる。すなわち，20条1項の判断過程は，保護処分優先主義のもと，科学的評価を踏まえ，これに規範的評価をくわえ，総合評価を行って，処分選択を行うというものになる。

　これに対し，20条2項は，故意致死事件については，但し書の要件が欠ける限り逆送を義務付けており，この意味で規範的評価が起点となる。ただし，この規範的評価が，刑事処分に直結するわけではなく，処分を決めるには，多くの論者が指摘するとおり，重大事件であればあるほどその背景には重大かつ複雑な問題が潜んでいることが多く，したがって，事件の背景や少年の抱えている問題を明らかにしたうえでその問題を解消・軽減するには，いかなる処分や働きかけが必要かつ有効かについて，詳細な調査が行われる必要がある[38]。そして，裁判官は，この科学的調査の結果を踏まえ，同項但し書に掲げられている諸事情（犯行の動機及び態様，犯行後の情況，少年の性格，年齢，行状及び環境その他の事情）を総合的に評価し，処分を選択することになる。すなわち，その判断は，①規範的評価→②科学的評価→③総合評価というプロセスを辿ることになる。このプロセスには，②科学的評価による①規範的評価の修正という段階が組み込まれており，このことは③総合評価においても十分尊重されなければならない。①から直ちに処分決定をすることは許されず，もしも②科学的評価を変更するときは，裁判官の責任において，その理由が明確に示される必要がある（ちなみに，特段の事情＝犯情説の判断過程は，①規範的な評価を出発点とし，②それを修正する個別具体的な規範的事情の有無を調査し，その結果をもとに，③①の評価を確認ないし例外的に修正するというプロセスを辿ることになる）。

　説明責任説および要保護性調査拡充説のいう「説明責任」については，い

38　岡田行雄「社会調査と『原則』逆送」葛野・改正少年法118頁，岡田行雄「改正少年法における社会調査―少年調査票の刑事裁判での扱いを踏まえて」葛野・検証と展望56頁，本庄・前掲158頁，田宮＝廣瀬232頁，等。

かに考えるべきであろうか。20条2項を原則逆送規定と捉え，犯情を中心的な判断要素として同規定を運用すべきであるとする考えが学説・実務ともに支配的になろうとしていたなかで，説明責任説が登場したことの意義は大きい。だが，問題は，保護処分にせよ刑事処分にせよ，その処分の正当性・相当性を，実際にいかにして説明するかである。故意致死事件について刑事処分以外の措置が相当であることを，「被害者を含む市民に対し」説明し，納得を得るのは容易なことではない。もっとも，説明責任説においては，家庭裁判所が20条2項の要求する説明責任を果たせなかったとしても，「教育手段として刑事処分こそが必要・有効であると認められたわけではないから，刑事処分・検察官送致の決定が認められることはない」として，説明の成否は問題とされていない。しかし，説明の成否以前に，問題は説明という行為それ自体にあるのではなかろうか。というのは，とりわけ故意致死事件について，なぜ当該処分が正当であるかを説明するには，少年の性格，生育歴，家庭環境，交友関係等々，ケースの細部や深部に踏み込んだ説明が不可欠であるが，このようなプライバシーに触れる説明は，守秘義務および少年や関係者との信頼との関係で，そもそも許されないからである。もっとも，説明責任説にいう説明とは，調査内容の正当性の保障というほどの意味であって，もしも説明を求められた場合には説明が可能なものでなければならないことを意味しているのかもしれない。

　思うに，必要なのは調査内容および処分選択の正当性を事後検証できるシステムの構築であり，説明という行為もそうした要請の一環として意義づけられるものではなかろうか。だとすれば，必要なのは，調査官と裁判官それぞれの役割（分業と協業）を明確化したうえで，処分選択の判断構造・過程がわかる（事後検証可能な）決定書の作成，および逆送決定の正当性を検証しうるシステムの構築であろう。調査官の説明責任，逆送決定に対する抗告制度の創設，処遇効果（社会復帰後における再犯の有無）の科学的検証も，このシステムの一環をなすものといえよう。

第2節　逆送後の手続

1　起訴強制

　検察官は，起訴・不起訴（起訴猶予）の決定について幅広い裁量を持っている（刑訴248条。起訴便宜主義）。少年法は，この例外として，逆送された事件については，検察官に起訴を義務づけている（少45条5号本文。起訴強制）。これは，起訴・不起訴の決定についても，検察官の刑事政策的な判断よりも専門的・科学的な調査を経る家庭裁判所の裁判官の判断に委ねるほうが少年の健全育成の実現に資すると考えられているからである[39]。

　ただし，①送致を受けた事件の一部について公訴を提起するに足りる犯罪の嫌疑がないとき，②犯罪の情状等に影響を及ぼすべき新たな事情を発見したため，訴追を相当でないと思料するとき，③送致後の情況により訴追を相当でないと思料するときは，検察官は，事件を家庭裁判所に再送致しなければならない（少45条5号但し書）。再送致を受けた家庭裁判所は，再度の検察官送致をすることも可能であるが，迅速性の要請（☞第1章第1節2-4）にしたがい，特別の事情がある場合を除いて再度の逆送は避けるべきである[40]。

　公訴事実は，家庭裁判所の検察官送致決定書に記載された「罪となるべき事実」と同一性を持たなければならない。捜査の結果，同一性のないことが判明したときは，検察官は事件を家庭裁判所に送致しなければならない。同一性があっても，当該事件を罰金以下の罪にあたる事件として公訴を提起することは，法20条1項の趣旨に照らし，許されない（最判平26・1・20刑集68巻

39　田宮＝廣瀬468頁。
40　裁判例として，検察官から再送致された業務上過失傷害保護事件について，検察官の主張する再送致の理由は認められないので少年法45条5号但し書の再送致の要件を欠くが，本件は非行の日からすでに2年近く経過しており，これ以上手続を遅延させることは好ましくないとして，再度の検察官送致をせずに，少年を保護観察（交通一般処遇勧告付き）に付したものがある（浦和家決平4・6・30家月45巻4号132頁）。

1号79頁)。また，家庭裁判所が A 罪と認定した事件を検察官が B 罪で起訴することは，もしも家庭裁判所で B 罪の認定がされていれば刑事処分相当性の判断が変わった可能性がある場合には許されないものと考える。このような場合には，検察官は，法45条5号但し書を準用し，事件を家庭裁判所に再送致すべきである。

2　観護措置の扱い

　逆送の決定があると，収容観護は，裁判官のした勾留とみなされる（少45条4号。みなし勾留）。観護措置と刑事訴訟法上の起訴前勾留とでは目的・機能が異なり，その要件となる理由・必要性も異なるから（☞ 第5章5-1（2）），観護措置がとられていた事件が検察官に送致された場合，当然に勾留が認められるわけではない。そこで，逆送決定をする場合には，裁判官は，勾留の理由・必要性（刑訴60条）を判断し，その要件がないと認められるときは観護措置を取り消しておく必要がある[41]。

　みなし勾留に対する準抗告（刑訴429条）は，少年が刑事手続の成人被疑者よりも不利益に扱われる合理性はないことなどから積極に解されている。この場合の準抗告裁判所は家庭裁判所になる。不服申立ての対象については，①観護措置を取り消さなかった不作為，②勾留の要件が存在するという潜在的判断，③その潜在的判断を前提としてなされたみなし勾留そのもの，の3つが考えられると整理されている[42]。

　収容観護が勾留とみなされるのは少年に逆送決定を告知した時であるが，みなし勾留の期間は，検察官が事件の送致を受けた日から起算される（少45条4号前段）。

　家庭裁判所送致前に勾留状の発せられた事件であるときは，勾留期間の延長はできない（少45条4号後段）。これは，家庭裁判所送致前の勾留は延長が認められており，検察官への逆送決定後にも期間延長を認めると，身柄の拘束期間は最大合計40日間になり，成人事件に比して不当に長くなるため，延

41　田宮＝廣瀬464頁。
42　田宮＝廣瀬465頁。

長を制限したものである[43]。

在宅観護の扱いについては，法45条１〜３号を参照いただきたい。

3　起訴後の勾留場所

健全育成の理念は逆送後の措置にも及ぶ（少１条）。起訴後の勾留場所についても，成長発達途上にある者への十分な配慮が必要である。この配慮は20歳に達した後も不要になるものではない。

しかし，起訴後の勾留場所は，通常，成人と同じ刑事施設（拘置所）である。拘置所では，成長発達途上の者であることに十分配慮した処遇は行われていない。準備手続，公判手続，上訴手続のために年単位の期間を要する場合もあり，成長発達に相応しい物理的・精神的環境をいかにして確保するかは現在大きな課題である。

法48条２項・３項は，本人が20歳に達した後であっても，引き続き少年鑑別所に勾留することができる旨を規定し，少年鑑別所法も未決在所者を観護処遇の対象として規定しており（少鑑２条４号，21条），少年鑑別所を勾留場所とすることが積極的に検討されてよい。ただし，少年鑑別所は長期の収容を想定して設けられた施設ではないため課題もある。この点，立法論ではあるが，健全育成の観点から，少年院のなかに特に分界を設け，その場所を起訴後の勾留場所とすることも，地理的に弁護人の接見がしにくくなるというマイナス面はあるが，起訴後の勾留場所の選択肢のひとつとして検討されてよいと思われる。

43　田宮＝廣瀬468頁。

第3節　少年事件の裁判員裁判

1　社会記録の取扱い

　裁判員裁判の対象は，①死刑または無期の懲役もしくは禁錮にあたる罪に係る事件，および，②法定合議事件（裁26条2項2号）であって，故意の犯罪行為により被害者を死亡させた罪に係るものであり（裁判員2条），少年事件は除外されていない。そこで，20条2項逆送事件のほとんど（自殺関与・同意殺人（刑202条），同意堕胎致死（刑213条）等の事件は対象から外れる），および，20条1項逆送事件であっても強盗致傷（刑240前段）等の事件は裁判員裁判の対象となる。

　少年事件の裁判員裁判については，審理の公開原則，匿名性の確保，少年の手続参加権の保障，被害者参加制度との関連など数多くの課題があるが，本書では，法と人間関係諸科学との協働の観点から，法50条の法意，および，それとの関連で社会記録，とくに調査官の作成した少年調査票（以下，調査票ともいう）の取扱い，および情状鑑定の活用を中心に検討する。

　法50条は，少年に対する刑事事件の審理は法9条の趣旨に従って行われること，すなわち，少年，保護者または関係人の行状，経歴，素質，環境等について，医学，心理学，教育学，社会学，社会福祉学などの人間関係諸科学を活用して行われることを求めている。これを受けて，刑事訴訟規則277条は，「少年事件の審理については，懇切を旨とし，且つ事案の真相を明らかにするため，家庭裁判所の取り調べた証拠は，つとめてこれを取り調べるようにしなければならない」と規定している。

　最高裁昭和24年12月8日判決[44]は，法50条および法9条を「一種の訓示規定」と解している。その論拠は，法9条の「なるべく」「努めなければならない」という文言にあると思われる[45]。しかし，この文言は，科学の内在的

44　刑集3巻12号1918頁。
45　最判昭24・8・18刑集3巻9号1490頁。

制約を表すものと解すべきである（☞第1章第1節2-2）。また，訓示規定だとしても，少年調査記録（社会記録）の取調べについて全くの自由裁量として処理するのは相当ではなく，その必要がないことが明らかな場合を除き，少年調査記録の取調べに向けて積極的に努力し，職権を適切に行使して法の要請を満たす必要がある[46]。重大な事件であればあるほど，その背景には複雑な問題のあることが多く，どのような処遇が有効かについて慎重な検討が必要である。そのため，科学的審理を尽くす必要性は，より一層高い。

　問題は，「見て聞いて分かる審理」が要請される裁判員裁判において，法50条および刑事訴訟規則277条の趣旨に沿う審理をいかにして実現するかである。この問題は，少年やその関係者に関するデリケートな情報を内包する社会記録，とりわけ調査官の作成した少年調査票を，いかに取り調べるかという局面で現れる。これに関し，『難解な法律概念と裁判員裁判』は以下のように述べている。

　　刑訴規則277条は，少年が被告人である事件の特質を踏まえ，「事案の真相を明らかにするため，家庭裁判所の取り調べた証拠は，つとめてこれを取り調べるようにしなければならない」と規定している。しかし，公判前整理手続における証拠の厳選の要請は，当然社会記録についても及ぶはずである。そして，少年その他の関係者のプライバシーに配慮しなければならない点は，少年事件の特質上強く要請されるところである。証拠開示を十分に行い，弁護人において事案の全容に関する十分な情報を得ることは必要としても，少年法55条の判断のために公判に顕出する証拠については，その判断に必要不可欠なものに厳選されるよう，公判前整理手続における法曹三者の議論が必要と考える。

　　原則検察官送致事件について，少年法55条の判断の際に「特段の事情」の有無を問題とする考え方を前提とした場合，もとより事案によって様々であるが，前記のとおり，「特段の事情」の審理に必要な証拠としては，通常は一般の刑事裁判と同様の証拠で十分に判断し得るのではないかと思われる。社会記録が必要になる場合でも，基本的に少年調査票の「調査官の意見」欄で証拠としては足りるものと考える。証拠調べの方法としては，少年調査票の

46　仲家暢彦「若年被告人の刑事裁判における量刑手続—少年調査記録の取扱いを中心として」中山退官333頁。

重要性や量刑資料との類似性に着目して厳格な証明説・自由な証明説双方があるが，「目で見て耳で聞いて分かる」審理という要請に対応するには，公判期日における朗読以外の方法はないであろう

このため，前記意見欄には，「特段の事情」の有無を中心とした調査官意見の内容及びその判断の根拠が当事者に，ひいては裁判員にも，十分に伝わるような，かつ少年その他のプライバシーに配慮した，簡にして要を得た具体的な記載を行うことが求められよう[47]。

このような調査票の取調べ方には以下のような疑問がある。すなわち，犯罪事実についての立証であれば，それに必要な範囲を限定することは可能かもしれず，必要な部分を抜粋して合意書面化するとか弁護人の意見書とするといった方法をとることは合理的かもしれない。しかし，要保護性の立証については，少年の生い立ちやその心身の状態，少年をとりまく人間関係や更生に役立つ可能性のある社会資源等々，さまざまな事情を総合的に考慮する必要があり，調査官意見の結論部分よりも，むしろその前提となる種々の事実を総体として捉えることが重要である。社会記録の必要な部分を抜粋して合意書面化するとか弁護人の意見書とするという方式は，社会記録の重要な構成部分を削り落とし，裁判員および裁判官がそのような事実を吟味する機会をなくしてしまうことになる[48]。調査票の意見欄で証拠としては足りるというような，いわば調査票のつまみ食いは調査票の基本的性格をわきまえないもので，むしろ弊害が大きい。

しかし，公判廷で調査票を全文朗読することは望ましくない。調査票は，少年，保護者，その関係者が，その内容を口外されないことを暗黙の前提として調査官に打ち明けた事柄を踏まえて作成されている。そこには，少年の生い立ち，家庭の秘密，人に対する評価など，デリケートなものが多く含まれている。かかる調査票を公判廷で全文朗読することは，少年，保護者，関係者の調査官さらには司法制度に対する信頼を破るものであり，許されない。

審理の公開を制限したり[49]，被告人を一時退廷させたうえで，調査票を取

47　司法研修所編・前掲64-65頁。
48　相川裕「裁判員裁判における社会記録の取扱いの問題点」刑弁57号（2009年）58-59頁。

り調べるという方法も考えられなくはない。しかし，この場合にも少年および関係者との信頼の問題は残る。また，退席措置は，被告人の目には必要な保護的配慮としてよりも，自分の利害にかかわる重要な手続からの排除として映る可能性がある。退席措置は被告人の手続参加を阻み，司法制度に対する不信を増幅させるおそれもある。

　そこで，現実的に可能かつ妥当なのは，調査票の要旨の告知をしたうえで，必要に応じて休憩をとるなどして，裁判員および裁判官が調査票を評議室で読み込む時間を確保するという方法であろう[50]。これは，「見て聞いて分かる裁判」の例外ということになるが，条文上は刑事訴訟規則203条の2により可能であり，少年および関係者のプライバシー保護および将来の社会調査充実のため必要性もあるのだから，例外として許容すべきである[51]。

　非行の背景，とくに重大事件の背景は，見て聞いただけでは分からないものである。だからこそ，人間関係諸科学の知見に照らして，その背景を掘り下げ，そこにある問題を浮かび上がらせることが要請されているのである。もちろん，分かりやすさは重要であるが，それが表面的な分かりやすさに堕してしまうのなら百害あって一利なしである。

　このような方法に対しては，「社会調査記録は専門用語を多用して書かれている」ため，「書面を読み込むだけで，裁判員裁判の精神鑑定において実践されているような，書面作成者によるプレゼンテーションによる解説と尋問を通じたさらなる内容の明確化を図る措置を伴わなければ，無作為に抽出された裁判員の理解・内容の咀嚼を得るには大きな限界を伴う[52]」との指摘もある。たしかに，書面作成者（家庭裁判所調査官）による解説とそれに対する尋問は，それ自体としては望ましいものであるが，やはり少年や関係者との信頼の問題が残る。一般的に，調査票は，精神鑑定書とは異なり，専門用

49　笹倉香奈「裁判員裁判と少年のプライバシー・情操保護―刑事裁判の公開原則の問題点を中心に」刑弁57号（2009年）51頁は，成長発達権や健全育成などの利益にも裏打ちされる少年のプライバシーの権利の保護も憲法82条2項にいう「公の秩序」にあたるので，それが害されるおそれがある場合には審理の公開停止が可能であるとする。

50　加藤・前掲492頁，相川・前掲59頁。

51　加藤・前掲492頁。

52　本庄武「情状鑑定の活用―発達障害を抱えるケースをてがかりに」武内・裁判員裁判325-326頁。

語を多用して書かれているとまではいえず，基本的には，具体的な事実やエピソードを挙げながら，それらを総体として捉え，分析をくわえているものであるから，法廷でその一部を聞いただけでは理解しにくいとしても，評議室である程度時間をかけて読み込めば理解は格段に進むものと思われる。また，そうした調査票の記述が心掛けられるべきであろう。

2　情状鑑定の活用

　少年の刑事事件については，情状鑑定を積極的に活用すべきである。調査票の内容が充実していないときは，その必要性は，より一層高い[53]。

　情状鑑定とは，「訴因事実以外の情状を対象とし，裁判所が刑の量定，すなわち被告人に対する処遇方法を決定するために必要な智識の提供を目的とする鑑定である[54]」と説明されている。

　鑑定事項は，おおむね以下の5項目，すなわち，①人格調査（被告人の知能，性格，行動傾向等），②環境調査（被告人の家庭環境，生育歴等の被告人の人格形成ないし本件犯行に影響を及ぼしたと思われる諸要因），③犯行動機（犯行の動機・原因等の心理学的・社会学的解明），④再犯予測ないし予後判定（被告人の社会的予後，再犯危険性，更生意欲，受入れ環境，保護観察への適応性等），⑤処遇意見（処遇上留意すべき事項。施設内処遇を相当とするか，社会内処遇を相当とするか，その場合の処遇のあり方についての勧告の内容等），に分類されるが，実際には，①被告人の知能・性格などの資質，②犯行の動機，原因に関する心理学的あるいは社会学的な分析，③処遇上参考とすべき事項が，鑑定事項の3本柱であり，その組み合わせによることが多いといわれている[55]。

　情状鑑定の種類には，裁判所からの命令に基づいて行われる本鑑定（正式鑑定ともいう。刑訴165条）と，当事者（主に弁護人）からの依頼に基づいて行われる私的鑑定（当事者鑑定ともいう）とがある[56]。本鑑定であれば，拘置所での

53　情状鑑定の必要性はなかなか裁判所に認められない現状にある（本庄武「情状鑑定とは何か」須藤ほか・人間行動科学22頁）。

54　兼頭吉市「刑の量定と鑑定―情状鑑定の法理」上野＝兼頭＝庭山・情状鑑定114-115頁。

55　守屋克彦「情状鑑定について」刑弁30号（2002年）42頁。

被告人との面接の際に，部屋，時間，無立会などの便宜が図られているようである。私的鑑定であっても，その精度を確保できなければ裁判にとり損失であるから，同様の配慮が必要である（アクリル板越しではロールシャッハ，TAT（絵画統覚検査）などの投影法のテストの実施は困難である）。

　情状鑑定を行うのは，元家庭裁判所調査官，臨床心理士，ソーシャルワーカーなどである。情状鑑定の受け皿としては，公益社団法人「家庭問題情報センター（FPIC）[57]」や，藤原正範が2009年に立ち上げた「裁判員裁判のための対人援助専門職ネットワーク[58]」がある。

　情状鑑定と社会調査とは，刑事司法と少年司法の目的の違いはあるものの，いずれも事件の背景や全体像を科学的に解明し，裁判所が適正な判断を行うための基礎となるという点では共通の性格を持つ。だからこそ，社会調査が充実していないとき，これに代替するものとして情状鑑定の活用が求められるのである。もっとも，充実した社会調査が行われていれば情状鑑定は不要かといえばそうではなく，ケース理解の必要に応じ，例えば障がいが犯行に与えた影響，犯行に至る心理過程，処遇上の留意点などに的を絞って鑑定を実施し，その結果と社会調査の結果とを総合するという方法も有効である。

　情状鑑定のほかに**犯罪心理鑑定**という用語もある。両者の違いについては，以下のような説明がなされている。

　　犯罪心理鑑定は，心理学的立場から動機と犯意の形成過程に焦点を当て犯

56　本鑑定・私的鑑定それぞれの特質，プロセス，課題等については，岡本吉生「本鑑定（裁判所依頼の鑑定）の事例」・須藤明「私的鑑定（弁護人依頼の鑑定）の事例」須藤ほか・人間行動科学54頁・65頁参照。

57　家庭問題情報センター（Family Problems Information Center：FPIC）は，元家庭裁判所調査官たちが，その豊富な経験と人間関係の専門知識，技法を広く活用し，健全な家庭生活の実現に貢献することを目的として設立された公益法人である。全国各地に相談室が設置され，夫婦関係の調整や離婚などの問題，離婚後の子をめぐる問題，いじめなど子育ての悩み，ひきこもりなど成人した子の悩み，老親をめぐる兄弟間の悩み，職場の人間関係や男女関係のトラブルあるいは生き方や性格の悩みなど，人間関係，子育てやこころの問題についての相談に応じているほか，裁判所からの依頼を受け，刑事事件での情状鑑定や民事事件での子の監護に関する鑑定をする鑑定人候補者を推薦したり，家庭問題に関する調査研究を行っている（FPIC の HP より）。

58　藤原正範「対人援助専門職による法廷証言―裁判員が適切な刑罰を選択するために」武内・裁判員裁判378頁参照。

　罪の真相に迫ることを目的とする。情状鑑定と同義で用いられることもある
が，情状鑑定は通常はもう少し広義に，情状全般の鑑定の意味に用いられ
る。どちらも心理学的知見が活用されるので，両者は重なる部分があるが，
犯罪心理鑑定は量刑事情のうち，とくに犯情の面に作用するのである。

　　情状鑑定は……情状全般の鑑定の意味に用いられる。情状事実は罪体（構
　成要件事実）をとりまくあらゆる事実を含むから，必然的に情状鑑定はその
　すべてを対象とする。家庭環境や教育環境，さらに被虐待体験などの生育歴
　は主として情状鑑定の問題となる……。

　　鑑定の方法としては，心理学によることが多いが，犯罪心理鑑定よりも広
　く，……社会学，社会福祉学，教育学，事案によっては遺伝学，脳科学等の
　知見も援用される[59]。

　この説明では，犯罪心理鑑定よりも情状鑑定のほうが対象も方法も広いこ
とになる。しかし，犯罪心理鑑定は必ずしも情状鑑定に包摂されるものでは
ない。犯罪心理鑑定を手掛けてきた加藤幸雄は，犯罪の背景および犯行の過
程を，一連の「心理・社会的事実」と捉えたうえで，事件の背景としての被
告人の生育史ならびに家族の生活史，および，比較的最近の出来事としての
学校ないし職場での生活ぶり，交友関係，異性関係ならびにキーパーソンに
なる人物などの人間関係や行動の特徴など，一見バラバラにみえる事実と事
実，出来事と出来事とを関連づけることで犯罪および犯行過程の全体像を明
らかにすることを，犯罪心理鑑定という用語に込めたのではなかろうか[60]。
そうだとすると，それは，故意・過失の有無，共犯関係など，犯罪事実にも
関係しうる鑑定内容を持つことになり，この点では情状鑑定よりも広い射程
を持つ。

　鑑定結果は，後日，公判廷で説明することになるから，情状鑑定を行うに
あたり，鑑定人は，被告人に面接の目的や趣旨，得られた情報の扱われ方等
を説明し，被告人の同意と納得を得たうえで（むしろ鑑定の結果を本人に知らせ
ることを前提に），面接に入っていくことが必要である[61]。このことは，被告人
のインフォームドコンセントを得るのみならず，鑑定の精度を高めるために

59　北潟谷仁「精神鑑定・情状鑑定・犯罪心理鑑定（下）」刑弁91号（2017年）110-111頁。
60　加藤・非行臨床7‐8，183-184頁。
61　橋本和明「犯罪心理鑑定の意義と技術」橋本・犯罪心理鑑定35頁。

も必要であるほか，鑑定の付随的効果として被告人自身の内面理解にもつながることになる[62]。このような前提が整っていれば，調査票の取調べとは異なり，少なくとも被告人との関係では，情状鑑定書ないし犯罪心理鑑定書を公判廷で取り調べることに基本的には問題はないと思われる。また，裁判員および裁判官が鑑定書の内容をよりよく理解できるよう，鑑定人に説明を求める機会が保障され，裁判員と裁判官が鑑定書を読み込む時間が確保される必要がある[63]。

　とくに重大事件については，動機・犯行態様の特異性や結果の重大性の持つインパクトがきわめて大きく，それに引き摺られる形で事件の「本質」が捉えられてしまいがちである。しかし，その特異性や重大性の陰に事件の本質が隠れていることも少なくない。人は，分からないものには恐怖や嫌悪の気持ちを抱き，それを拒否したり，表面的な「分かりやすさ」へ無理やり押し込んでしまったりする。しかし，事件の背景等を含む真相の解明は刑事裁判の使命であり，その解明がなければ正当な非難も保護も行いえない。

3　市民参加の課題

　2009年5月，裁判員裁判は，市民が裁判に参加することによる司法に対する理解・信頼の増進，集中審理の実現，直接主義・口頭主義の実質化などの目的を持って導入された[64]。しかし，裁判員裁判の導入過程で，少年事件がその対象に適しているか否かについて十分な検討が行われた形跡はない。おそらく，少年事件であっても刑事事件にほかならないから，その対象となるといった考えによるのであろう。しかし，少年事件が裁判員裁判に適しているか否かについては，少年の特性，少年事件の特性，適正な審理のあり方，市民参加のあり方等を踏まえた慎重な検討が必要である。

62　橋本・犯罪心理鑑定所収の次の論文を参照。橋本和明「犯罪心理鑑定の意義と技術」34-37，54-56頁，須藤明「心理鑑定における臨床面接の意義」147-150頁，山田麻紗子「被告人の変容と更生に資する情状鑑定の意義」162-184頁。

63　澤井俊穂「専門家証人からみた裁判員裁判の課題」武内・裁判員裁判418頁。澤井は，情状鑑定を，裁判員の責務を支える必要措置として位置づける。

64　池田修＝合田悦三＝安東章『解説裁判員法〔第3版〕―立法の経緯と課題』（2016年）4頁。

　人々が司法手続に参加することにより，司法に対する人々の理解の増進とその信頼の向上が図られることは重要である。それは少年司法についても当てはまる。第一次改正の社会背景に目を向けると，犯罪少年 3 名と触法少年 3 名とで審判結果が大きく分かれた山形事件（1993年 1 月）では，家庭裁判所の事実認定機能に対し人々の不信が向けられた。また，神戸連続児童殺傷事件（1997年 5 月）等の重大少年事件を契機とする厳罰化要求は，「甘い」少年法に対する人々の不信の声でもあった。少年司法に対する人々の信頼をいかにして回復・確保するかは，当時きわめて重要な課題であったし，現在もそうである。

　1980年代から90年代にかけて，アメリカは，わが国より一足先に，少年司法に対する人々の信頼の危機（confidence crisis）を迎えた。その危機を，アメリカは，少年法対象年齢の引下げ，成人裁判所移送事件の範囲拡大等の厳罰化，および少年審判公開事件の範囲拡大等で乗り切ろうとした[65]。しかし，その結果，若年成人の再犯率の上昇や刑務所運営費の高騰が起き，現在アメリカはその失敗からの脱却という新たな課題にあえいでいる。

　一方，英米の調査結果からは，司法に対する人々の信頼を確保するには，人々が直接裁判所や司法手続に触れ，法制度の仕組みや運用を「知る」ことが有効であるとの知見が得られている。頭から入った知識（knowledge）ではなく，裁判所や司法制度を身近なものとして「知る」こと（familiarity）が重要ということである[66]。

　もともと，少年法は市民との協働を大切にしている法律のひとつである。例えば，①少年法は，非行少年を発見したときの家庭裁判所への通告義務を市民にも課し（少 6 条 1 項），②付添人に関する規定に，弁護士以外の市民が付添人になることが予め想定されており（少10条 1 項），③家庭裁判所は，その職務を行うについて，公務所，公私の団体，学校，病院その他に対して必要な協力を求めることができ（少16条 2 項），④試験観察の重要な一形態として補導委託があり（少25条 2 項 3 号），⑤保護観察は，民間篤志家である保護司によって担われている。このほかにも，更生保護法人，協力雇用主，更生

65　服部・司法福祉321-323頁，同・アメリカ少年法48-63頁。
66　服部・司法福祉323-333頁。

保護女性会，BBS などの活動もある。しかし，少年審判については，弁護士以外の市民付添人（許可付添人）の関与を除けば，市民参加の場面はない。むしろ，2000年以降の少年法改正の結果，裁定合議制の導入，検察官審判関与制度の創設・拡大，国選付添人制度の創設・拡大など，法律専門家の関与する範囲（換言すれば，法律専門家に依存する範囲）が拡大している。

　こうしたなかで，2009年 9 月，裁判員裁判の実施により，少年事件の審理手続への市民参加が実現した。だが，その市民参加は最も重大かつ複雑な事件から始まったことになる。喩えていえば，登山経験のない人が，いきなり難易度の高い山に登るようなものである。少年司法への市民参加が重要だとしても，そのためには広い裾野（社会的基盤）が必要である。この点，まずは家庭裁判所の審判手続において，子どもの教育や養育の能力および経験を有する市民の代表が，一定の任期のもと，参審員として審判手続に関与し，裁判官と協議しながら，社会内処遇か施設内処遇かが争点となるケースや，試験観察を実施したうえで最終的な処分を検討するのが相当なケース等について，経験と知恵を積みあげることが，まず必要であろう。このような裾野がないところで，籤により選ばれた市民が，重大かつ複雑な少年事件を審理するという制度設計には，そもそも無理があるといわねばならない。少年事件を裁判員裁判の対象とすることについては懐疑論[67]や一部適用排除論[68]が示されているところである。

　外国に目を向けると，フランスでは，少年裁判所（tribunal pour enfants）の審理に参審制が採用されている。少年裁判所が管轄するのは，少年が犯した軽罪および第 5 級違警罪と13〜15歳の少年が犯した重罪事件である。少年裁判所は，少年係判事である裁判長と市民の陪席裁判官（参審員） 2 名とで構成される。 2 名の参審員は，少年問題に対する関心および能力を持つ者のなかから選出され，職業でいえば医師，大学教授，宗教家，教師，弁護士，エデュカトゥール[69]，ソーシャルワーカー等が参審員に選ばれている。任期は

67　丸山雅夫「少年刑事事件と裁判員裁判」社会と倫理25号（2011年）187頁。
68　18歳未満の少年の刑事事件を裁判員裁判の対象から除外することを提案するものとして，八木正一「少年の刑事処分に関する立法論的覚書―裁判員裁判に備えて」判タ1191号（2005年）70頁，角田正紀「裁判員裁判の対象事件について」鈴木古稀716-717頁等がある。
69　エデュカトゥールについては☞第 7 章の註 1 。

4年（再任可能）で男女同数任命され，資格は30歳以上の仏国民で青少年の育成に関与していることである[70]。また，ドイツでは，少年参審裁判所（Jugendschöffengericht）については，裁判長としての少年係裁判官と男女各1名の参審員の計3名，少年裁判部（Jugendkammer）については，裁判長を含む3名の少年係裁判官と男女各1名の参審員の計5名で構成されている。少年参審裁判所が，他の裁判所が扱う以外の少年事件全体を管轄し，少年裁判部は，特定の重罪と少年参審裁判所から移送された事件などを扱う[71]。参審員は，教育的能力があり，かつ少年の教育に経験を有する市民として手続に参加し，任期は5年とされている。このような仕組みを持つ少年参審制は，ドイツにおいて多くの肯定的な評価を受けているようである[72]。外国における，このような制度や経験は，今後わが国における少年事件の審理手続への市民参加のあり方を考えるうえで参考となろう。

第4節　刑事処分に関する特則

　少年法は，刑事処分に関する特則として，死刑と無期刑の緩和（少51条），不定期刑（少52条），換刑処分の禁止（少54条），懲役・禁錮の執行場所（少56条），仮釈放（少58条），仮釈放期間の早期終了（少59条），人の資格に関する法令の適用（少60条）に関する規定を置いている。これらの規定には第一次（2000年）改正および第四次（2014年）改正により変更または新設されたものが少なくない。本書では，制度の概要と主要論点を中心に解説し，改正理由の説明は最少限にとどめることとしたい。読者には，必要に応じ，甲斐行夫

70　廣瀬健二「海外少年司法制度―英，米，独，仏を中心に」家月48巻10号（1996年）70-71頁，浜井ほか・実務上の諸問題87頁，中山博之「少年審判・『裁定合議制』より『参審制』を―フランス・オーストリア少年司法制度視察を踏まえて」自正50巻5号（1999年）16頁，日本弁護士連合会司法改革推進センター＋東京三弁護士会陪審制度委員会編『少年審判に参審制を―フランス・オーストリアの少年司法調査報告』（2000年）159頁以下参照。

71　澤登＝斉藤・適正手続204頁，廣瀬・前掲48-49頁，浜井ほか・前掲68頁。

72　ドイツにおける少年参審制度につき，大塚英理子「ドイツにおける少年参審制度の創設（1）・（2・完）一橋法学14巻3号（2015年）1085頁，15巻1号（2016年）309頁，同「ドイツ少年係裁判官及び少年参審員から見た少年参審制度―少年係裁判官と少年参審員経験者へのインタビュー調査の結果から」愛知教育大学研究報告〔人文・社会科学編〕69輯（2020年）113頁を参照。

ほか『少年法等の一部を改正する法律及び少年審判規則等の一部を改正する
規則の解説』(2002年)，中村功一＝櫛清隆「少年法の一部を改正する法律に
ついて」法曹時報66巻8号（2014年）39頁以下等を参照願いたい。

1　死刑と無期刑の緩和

　行為時18歳未満の者に対しては，死刑を科すことはできない。処断刑[73]が
死刑のときは無期刑が科される（少51条1項。以下，「死刑の緩和刑としての無期
刑」という）。行為時18・19歳の者に対しては死刑の選択もありえ，現に死刑
が言い渡された事例[74]もある。

　行為時18歳未満の者に対しては，処断刑が無期刑の場合であっても，有期
刑を科すことができる。この場合の有期刑は10年以上20年以下の間で定期刑
として言い渡される（少51条2項。以下，「無期刑の緩和刑としての有期刑」という）。

　第一次改正前は，処断刑が無期刑の場合は必要的に10年以上15年以下の間
で定期刑を科すこととされていた。しかし，本来，無期刑を相当とした事案
について必ず有期刑に減軽しなければならないとすることは適当ではないと
の理由から，無期刑を科すか有期刑を科すかを裁判所が選択できることに
なった[75]。また，第四次改正により不定期刑の長期の上限が10年から15年に
引き上げられたこととの均衡をとること，および無期刑と無期刑の緩和刑と

73　処断刑とは，各刑罰法規に定められた刑（法定刑）を出発点として，刑の加重・減軽事由のあるときはそれにより上下に修正された刑のことをいう。宣告刑（被告人に対し言い渡される懲役3年とか罰金50万円とかの具体的な刑）は，処断刑の幅のなかで決められる。

74　少年に対する死刑適用の是非が問われたものに永山事件がある。事案は，犯行時19歳の少年が，米軍の基地から拳銃と実弾を窃取したうえ，それを用いて約1か月間に4人を殺害し，さらにその後，強盗殺人未遂を犯したというものである。第一審の東京地裁は死刑を言い渡したが，控訴審は，これを破棄して無期懲役を言い渡した（東京高判昭56・8・21刑集37巻6号733頁）。これに対し，最高裁は，刑の量定の甚しい不当を理由として原判決を破棄した（最判昭58・7・8刑集37巻6号609頁）。差戻し後の控訴審においては，第一審判決が維持され（東京高判昭62・3・18判時1226号142頁／判タ634号105頁），差戻上告審は被告人からの上告を棄却した（最判平2・4・17集刑254号357頁／判時1348号15頁／判タ727号212頁（永山事件第二次上告審））。本件以降，死刑判決が言い渡されたのは5件あり，このうち死刑判決が確定しているのは以下の4件である。最判平13・12・3集刑280号713頁（市川事件），最判平23・3・10刑集303号133頁（木曽川長良川事件），最判平24・2・20刑集307号155頁／判時2167号118頁／判タ1383号167頁（光市事件第二次上告審），最判平28・6・16集刑320号99頁（石巻事件，裁判員裁判）。

75　甲斐ほか219頁。

しての有期刑との差を縮め，裁判所が事案に応じて適正な量刑をできるように
する必要があるとの理由から，有期刑の範囲が10年以上20年以下に引き上
げられた[76]。

2　不定期刑

　少年に対しては，例えば長期10年短期5年の懲役のように，刑期に幅をも
たせて言い渡す**不定期刑**の制度が置かれている（少52条）。これは，少年は人
格が発達途上で可塑性に富み教育による改善更生がより多く期待されること
から，刑期に幅を認め，処遇に弾力性を持たせるためである[77]。

1　不定期刑制度の改正
　不定期刑については廃止論[78]も主張されたが，第四次改正では，不定期刑
制度そのものは維持しつつ以下の改正が行われた。
（1）不定期刑の適用要件の変更
　改正前は，不定期刑の適用は「長期3年以上の有期の懲役又は禁錮をもっ
て処断すべきとき」とされていたが，「長期3年以上」という限定が取り除
かれ，有期の懲役または禁錮が処断刑となるすべての場合に不定期刑が言い
渡されることになった（少52条1項前段）。
（2）長期と短期の上限の引上げ
　改正前は，長期と短期の上限は10年と5年であったが，それぞれ5年引き
上げられ，15年と10年となった（少52条1項後段）。これにより，現在最も重
い不定期刑は，長期15年短期10年の懲役である。
　無期刑と5年以上10年以下の不定期刑という有期刑の上限との間には大き
な乖離があること，主犯者たる少年と従属的立場の成人との共犯事件におい
て，両者に対する刑に不均衡があるなどの指摘があり，実際の裁判例におい

76　中村＝欄59-60頁。
77　田宮＝廣瀬497頁。
78　八木正一「少年の刑事処分に関する立法論的覚書」判タ1191号（2005年）67-68頁，植村・実
　　務と法理362頁。

ても，不本意な量刑にせざるをえなかった旨を指摘するもの[79]も存在することから，長期と短期の上限を引き上げたものである[80]。

（3）長期と短期との幅の制限

改正前は，長期と短期との幅について，とくに制限は設けられていなかったが，短期は，「長期の2分の1（長期が10年を下回るときは，長期から5年を減じた期間）を下回らない範囲内において」定められるようになった（少52条1項前段）。

（4）短期についての特則

改正前は，短期も処断刑の範囲内において定めなければならないとされていたが，少年の改善更生の可能性その他の事情を考慮し特に必要があるときは，処断すべき刑の短期の2分の1を下回らず，かつ，長期の2分の1を下回らない範囲内において，短期を定めることができるようになった（少52条2項）。これにより，現在は，処断刑の下限を下回って短期を定めることが可能である。

> 「改善更生の可能性」の要素には，少年の反省，更生意欲，改善更生のための環境，特則の適用による更生意欲の喚起・社会復帰の促進効果，行為責任（応報）の観点からの許容性等が，「その他の事情」には，被害者の意向，行為責任の上限が処断刑の下限に近いこと等があげられている[81]。

2　責任主義との関係

長期と短期の意味を責任刑[82]との関係でいかに考えるかについて，以下の5つの説がある。

（1）短期説[83]は，短期が責任刑であり，短期を超える部分は一種の保護処分

79　大阪地堺支判平23・2・10 LEX/DB25470389等。

80　中村＝欄63頁。

81　中村＝欄68-69頁。

82　責任刑とは，行為者の責任に応じた刑のことである。ただし，責任の意義および責任と予防との関係をいかに捉えるかにより，幾通りかの理解の仕方がある。

83　柏木千秋「少年」日本刑法學會編『刑事法講座〔第3巻 刑法（Ⅲ）〕』（1952年）644頁，森下忠「不定期刑運用上の諸問題」刑法3巻4号（1953年）116-117頁，柳原嘉藤「不定期刑運用についての実務上の諸問題」司研研修所報（1958年）71-72頁。

であるとする。

（2）**長期説**[84]は，長期が責任刑であり，短期は，①少年の可塑性から一般に短期間の矯正効果が期待されること，②少年に対する人道的，温情的な立場からできるだけ刑罰を緩和化すること，にその意義を認める。なお，長期説の論者のうち，小林は，①にウェイトを置き，「行刑の持つ教育的機能が短期間に成果をあげうるという点に着目して，責任刑の経過以前に刑終了の途を開いたもの」とし，城下は，②には触れず，「特別予防的考慮から矯正効果が期待される最短期間」が短期だとする。

（3）**中間位説**[85]は，短期と長期の中間が責任刑であり，予防的考慮から上下両方向に一定の幅を認めたものが不定期刑であるとする。

（4）**全体基準説**[86]は，短期から長期にわたる期間全体が責任刑（幅のある責任刑）であるとする。

（5）**展望的責任説**[87]は，責任概念を被告人の成長発達という要素を入れた展望的なものに再構成したうえで，長期は行為責任により形成され，短期は成長発達を遂げることにより自律的に犯罪を克服することにより責任が履行される見込みに基づいて形成されるとする。

　刑は責任を超えてはならないから，短期説と中間位説は妥当ではない。全体基準説については，責任には幅があるとしても5～10年というような大きな幅があるかは疑問である。伝統的な責任概念を前提とすれば，長期説が妥当であろう。

3　年齢の基準時

　法52条1項は「少年に対して」と定めている。そこで，通説・判例は，不定期刑の適用には，判決の言渡し時に少年であることが必要であるとしてい

84　松本一郎『戦後の量刑傾向と行刑の実際』司法研究報告書14輯6号（1964年）110頁，坂井智「少年に対する刑事裁判における若干の問題」中野還暦286-287頁，小林充「少年に対する不定期刑の言渡基準について」家月25巻12号（1973年）5頁，城下・量刑理論204頁，川出331頁。

85　判例は，不利益変更禁止の原則との関係では中間位説に立つ（最大判昭29・1・20刑集8巻1号41頁，最判昭32・9・20刑集11巻9号2353頁）。

86　永井登志彦『自動車による業務上過失致死傷事件の量刑の研究』司法研究報告書21輯1号（1969年）234-235頁，山崎学「不定期刑と定期刑の軽重」判タ少年法252頁。

87　本庄・刑事処分251頁。

る[88]。成人に達していれば定期刑が言い渡される。

　そのため，犯罪事実の一部を争ったり刑の減軽事由の存在を主張すると時間がかかり判決言渡し時には20歳に達してしまう場合には，こうした主張をあきらめ，不定期刑を選択することがありうる。また，第一審判決時に少年であった者が控訴審の判決時には成人に達しており，控訴審が破棄自判する場合は，自判時が基準時になるから[89]，もはや不定期刑は科せないことになる。しかし，これでは意見表明の機会が奪われ，被告人の納得は得られないであろう。不定期刑の前提となる可塑性や教育可能性は20歳になった途端に薄れるものではないから，立法論として，行為時を年齢の基準時とすることが検討されるべきである。

4　執行猶予との関係

　刑の執行猶予の言渡しをする場合には，不定期刑は適用されない（少52条3項）。これは，不定期刑はもっぱら行刑上の効果をねらったもので，執行猶予の場合に適用するのは無意味であり，また，執行猶予の言渡しは，その言渡しが取り消されずに猶予期間を過ごし，刑の執行がなされないことを期待してこれを行うべきものであるから，不定期刑を言い渡す必要性が乏しいと考えられているからである[90]。しかし，執行猶予が取り消された場合を考えると，疑問の余地がある[91]。

3　換刑処分の禁止

　罰金または科料を言い渡された者が，それを完納できないときは，刑事施設に付置された労役場に留置され，その支払いに代えて作業を行わされる（刑18条）。これに対し，少年法は，少年に対しては労役場留置の言渡しをすることを禁じている（少54条）。労役場に留置して労役に服させることは，教

88　最判昭24・9・29刑集3巻10号1620頁。
89　最判昭26・8・17刑集5巻9号1799頁。
90　団藤＝森田413頁。
91　団藤＝森田413頁，植村・前掲361頁。

育を目的としない短期の自由拘束であり，少年の情操に与える悪影響を考慮したためである[92]。

4　懲役・禁錮の執行場所

1　少年刑務所

　懲役または禁錮の言渡しを受けた少年に対しては，特に設けた刑事施設または刑事施設もしくは留置施設内の特に分界を設けた場所において，その刑を執行することとされている（少56条1項）。

　特に設けた刑事施設として全国に6か所の**少年刑務所**が設置されている（函館，盛岡，川越，松本，姫路，佐賀）。ただし，女子の少年刑務所はない。少年刑務所の被収容者中，少年の受刑者はごくわずかである。収容者のほとんどは行為時成人で懲役または禁錮の実刑を受けた者であり，その実質は青年刑務所である。

　本人が満20歳に達した後でも満26歳に達するまでは，少年刑務所において刑の執行を継続することができる（少56条2項）。少年が20歳に達したからといって，直ちに成人の刑務所に移すことは，それまでなされてきた少年に対する特別の行刑の効果を損なうおそれがあるので，満26歳に達するまでは，少年刑務所における処遇を継続できるようにしたものである[93]。しかし，法56条2項は「継続することができる」としか規定しておらず，無期刑を言い渡された少年が20歳に達した時点で成人刑務所に移送された例もある。成長発達に向けての処遇は，本人が20歳に達した後も，さらには26歳以降も一貫して行われる必要があり，単純な年齢による線引きは望ましくない。

2　少年院における刑の執行

　第一次改正により，逆送可能年齢が行為時14歳以上にまで引き下げられたことに伴い，16歳未満の者が懲役または禁錮を言い渡されたときは，16歳に達するまでの間，少年院において，その刑を執行できるものとし，この場

92　田宮＝廣瀬504頁。
93　田宮＝廣瀬512頁。

合，その少年には，刑務作業を課すのではなく矯正教育を授けるとする規定
が置かれた（少56条3項）。

　　この理由は，16歳未満の少年受刑者については，その年齢や心身の発達の
　度合いを考慮し，刑の執行にあたって教育的側面を重視すべき場合が多く，
　特に，義務教育年齢の者については教科教育を重視しなければならないこと
　から，この年齢層の少年については，少年院に収容して教育に重点を置いた
　処遇を行うのが相当である場合があるため，と説明されている[94]。

　このように懲役・禁錮の刑を言い渡された少年を少年院に収容して必要な
処遇を行うという考え方を，少年の受刑者一般にまで拡大する規定を置くこ
とが検討されてよい[95]。外国に目を向けると，例えば米国ウィスコンシン州
では，少年裁判所から刑事裁判所へ移送された少年が，刑事裁判所で拘禁刑
を言い渡された場合に，いったんは成人矯正施設のレセプション・ユニット
に送られるが，そこで成人矯正施設に収容するには精神的または身体的にき
わめて未熟であると判断されたときは，矯正省の少年矯正局と成人矯正局と
の合意のもとに，少年を少年矯正施設に移送して収容することが運用上認め
られている[96]。

5　仮釈放の特則

　仮釈放とは，懲役または禁錮の刑の執行のため刑事施設に収容されている
者を，収容期間の満了する前に，一定の条件のもとで釈放する制度である。
その目的は，受刑者の社会復帰に向けた意欲を促し，刑の個別化を図るとと
もに，仮釈放期間中は保護観察（3号観察 ☞ 第11章第1節3-3(1)）を行うこ
とにより，社会復帰を助けることにある。
　刑法上，仮釈放が可能になるまでの期間（以下，「仮釈放可能期間」という）
は，有期刑については刑期の3分の1，無期刑については10年である[97]（刑
28条）。これに対し，少年法は，少年のとき懲役または禁錮の言渡しを受け

94　甲斐ほか224頁。
95　川出339頁。
96　服部・アメリカ少年法137頁。

た者については，仮釈放可能期間に関する特則を置いている。すなわち，

（1）無期刑については，原則として7年（少58条1項1号）[98]。

（2）犯行時18歳未満の者に対し，死刑の緩和刑として言い渡された無期刑（少51条1項）については，10年（少58条2項）。

　　　第一次改正前は，この場合にも仮釈放可能期間は7年であったが，刑法の原則通り10年とされた。死刑を緩和して無期刑としたうえで，さらに仮釈放可能期間についても緩和することとすると，いわば二重に刑の緩和をすることになり，罪刑の均衡という観点からも，被害者感情，国民感情の点からも，適当ではないと考えられたためである[99]。

（3）犯行時18歳未満の者に対し，無期刑の緩和刑として言い渡された有期刑（少51条2項）については，その刑期の3分の1（少58条1項2号）。

　　　第四次改正前は，この場合の仮釈放可能期間は3年であった。しかし，第四次改正で不定期刑の短期の上限が10年に引き上げられたことにより，短期を10年とする不定期刑が言い渡された場合，仮釈放は，その3分の1である3年4月経過後に可能になる。仮に，無期刑の緩和刑について3年経過後に仮釈放を可能とする改正前の規定を維持したとすると，無期刑の緩和刑の方が早く仮釈放が可能となってしまうが，これは相当ではないことから，無期刑の緩和刑について仮釈放可能期間を改める必要があると考えられたことが，理由のひとつである。また，第四次改正により，無期刑の緩和刑として科し得る有期刑の幅が5年（「10年以上15年以下」）から10年（「10年以上20年以下」）に拡大されたことから，例えば，「5年を経過したとき」，「7年を経過したとき」などという特定の年数をもって仮釈放をすることができるまでの期間を定めることは相当でないと考えられたことが，もうひとつの理由で

97　実際には，刑務所出所者のうち，仮釈放によるものは6割弱で，4割強は満期釈放による。定期刑の仮釈放者の刑の執行率（執行すべき刑期に対する出所までの執行刑期の比率）は80％以上が約8割を占めている。無期刑受刑者については，平成19年以降，執行刑期25年以下で仮釈放を許可された者はいない。

98　平21・3・6保観第134号保護局長通達「無期刑受刑者に係る仮釈放審理に関する事務の運用について」は，刑事施設長の申出によらない無期刑受刑者の仮釈放審理については，刑の執行開始日から30年経過後1年以内に開始し，この審理の結果仮釈放が許されなかった無期刑受刑者については，その者に係る最後の仮釈放審査終結日から10年経過後1年以内に審理を開始するものとしている。

99　甲斐ほか233頁。

ある[100]。

（4）不定期刑については，短期の3分の1（少58条1項3号）。

　このような特則を置いた趣旨は，少年に対する刑の減軽の一環として，少年の可塑性・教育可能性に着目したからである[101]。仮釈放可能期間を短縮することで社会内処遇に必要な期間を十分確保することも，その趣旨に含めてよいであろう。

6　仮釈放期間の早期終了

　仮釈放の期間は，刑法の原則によれば残刑期間と同一の期間である。これに対し，少年法は，刑の言渡し時に少年であった者については以下の特則を置いている。

（1）無期刑の言渡しを受けた者が，仮釈放後，その処分を取り消されないで10年を経過したときは，刑の執行を受け終わったものとする（少59条1項）。

（2）無期刑の緩和刑としての有期刑を科された場合には（少51条2項），仮釈放後，その処分を取り消されないで仮釈放前に刑の執行を受けた期間と同一の期間と，科された有期刑の残刑期間と同一の期間とを比べ，いずれか早い時期において刑の執行を受け終わったものとする（少59条2項）。

（3）不定期刑の言渡しを受けた場合には，仮釈放後，その処分を取り消されないで仮釈放前に刑の執行を受けた期間と同一の期間と，不定期刑の長期を基準とした残刑期間と同一の期間とを比べ，いずれか早い時期において刑の執行を受け終わったものとする（少59条2項）。

　　なお，更生保護法には，不定期刑の終了に関する以下の特則が置かれている。
　①　刑事施設の長または少年院の長は，不定期刑の執行のため収容している者について，その刑の短期が経過し，かつ，刑の執行を終了するのを相当と認めるときは，地方更生保護委員会に対し，刑の執行を受け終わったも

100　中村＝欅75-76頁。
101　田宮＝廣瀬515頁。

のとすべき旨の申出をしなければならず（更生43条），同委員会は，この申出があった場合に，刑の執行を終了するのを相当と認めるときは，決定をもって，刑の執行を受け終わったものとしなければならない（更生44条 1 項）。

② 　地方更生保護委員会は，不定期刑に処せられ，仮釈放を許されている者であって，仮釈放前または仮釈放中にその刑の短期が経過したものについて，保護観察所の長の申出により，刑の執行を終了するのを相当と認めるときは，少年法59条 2 項の規定にかかわらず，決定をもって，刑の執行を受け終わったものとしなければならない（更生78条 1 項）。

これらの規定は，少年に対する刑の軽減の趣旨を仮釈放期間についても及ぼすものである。刑の執行終了を早期化することで人の資格に関する法令の適用に関する特則（☞本節 8 ）の適用が可能になる。

7　不定期刑受刑者に対する仮釈放の運用状況

しかし，仮釈放の実際の運用をみると，2000年前後から実務は長期を基準とする運用で固まってきており，短期を基準とする仮釈放はほとんど行われていない[102]。

また，2003〜12年の10年間における仮釈放の運用状況をみると，以下のことがわかる[103]。すなわち，

（ 1 ）刑の執行率が高いこと（10年間における不定期刑仮釈放許可人員407人中，長期を基準とした刑の執行率が80％以上のものは72％（292人）を占め，短期経過前の仮釈放許可人員は 6 ％（17人）にすぎない），

（ 2 ）短期の 3 分の 1 経過後における早期の仮釈放の許可人数が少ないこと（10年間で 0 人），

（ 3 ）更生保護法上の不定期刑終了に関する特則の適用例が少ないこと。（①短期経過後における刑の執行の終了（更生43条・44条 1 項）を受けた者は10年間で 0 人，1961年以降約50年間で 6 人のみである。②仮釈放を許されている者が仮釈放前また

102　武内475頁。

103　小西暁和「少年に対する不定期刑についての刑事政策論的考察（ 2 ・完）」早稲田法学90巻 4 号（2015年）14-17頁。

は仮釈放中に短期を経過した場合における刑の執行の終了（更生78条１項）は10年間で
２人にすぎない）。

　このように，裁判で不定期を言い渡されても，矯正施設に入ると，不定期
刑と定期刑との区別は薄れてしまっているのが現状である。不定期刑受刑者
の刑の執行率のほうが，かえって定期刑の仮釈放者のそれよりも高くなって
いるとの指摘さえある[104]。この理由として，①不定期刑制度が予定している
ほど少年受刑者の改善・更生が早期には進まないこと，②受刑者の贖罪の観
点からは，想定される責任刑を大きく離れて行刑をすることはできず，不定
期刑の長期を一応の責任刑とみて，贖罪と更生・改善の両面を見据えなが
ら，行刑を運営した結果とみられること[105]，③　②と重複するが，責任に応
じた定期刑の要請が強く働いていることから，不定期刑についても長期を基
準にした定期刑に近い運用になっていること[106]，が指摘されている。

　少年法上は短期の３分の１での仮釈放も可能とされながら，しかし実際に
は，長期の８割以上の経過を要する場合が多数で，書かれた法と実際の運用
との間には大きなギャップがある。こうした事態を受刑者の側からながめる
と，がんばっても結局は長期が基準になるのであれば，社会復帰の意欲は沸
きにくいのではないだろうか。すでに述べたとおり，仮釈放の目的のひとつ
は，受刑者の社会復帰に向けた意欲を喚起することにある。しかし，とりわ
け不定期刑制度については理念倒れになっているといわざるをえない。不定
期刑の執行および仮釈放のあり方について，根本的な検討が必要であろう。
上記①の理由も，受刑者本人の問題とみるか，矯正施設における若年成人に
対する処遇のあり方の問題とみるかにより，ニュアンスは異なろう。

　このような不定期刑の現状に鑑み，不定期刑制度を廃止したうえで，仮釈
放の柔軟な運用を求める提案も出されている[107]。

104　小西・前掲14頁。

105　①・②の理由につき，八木・前掲68頁。

106　小西・前掲17頁。

107　八木・前掲68-69頁は，有期刑についてはその刑期の５分の１の経過を要件とすることなどが
　　考えられる，とする。また，小西・前掲22-23頁は，不定期刑の廃止，仮釈放の弾力的運用とと
　　もに，年齢の基準時を行為時とすることを提案する。

8　人の資格に関する法令の適用

　刑の言渡しを受けたことを理由として，公職その他の業務に関する資格の制限を受けたり，選挙権等の公民権の喪失・停止を受けることがある。これに対し，少年のとき犯した罪により刑に処せられてその執行を受け終わった者，または，執行の免除を受けた者は，人の資格に関する法令の適用については，将来に向かって刑の言渡しを受けなかったものとみなされる（少60条1項）。また，刑の執行猶予の言渡しを受けた者は，その猶予期間中，刑の執行を受け終わったものとみなされる（少60条2項）。これは，再起の機縁を失わせないためである[108]。本条が，推知報道を禁じた法61条と並んで置かれていることの意味も大きく，少年の将来を開くことにその意義があるといえよう。

---

[108]　団藤＝森田430頁。

索　　引

- ・→は「を見よ参照」，⇒は「をも見よ参照」を示す。
- ・数字の後の「図」「表」「註」は該当頁が図，表，註であることを，また，註の後の数字は註番号を示す。
- ・イタリック体の数字は，用語の定義ないし辞書的な説明のある頁を示す。

あ　行

意見聴取制度（被害者からの）
　　　　　　　　　56, 156-7, 160-1
意見表明権　　　　　　5, 13, 178
移　送
　55条──；家裁──　　　302
　管轄裁判所への──　91註1, 103, 198-9
一事不再理　　　203-9, 232-3
一時保護　　　　　　　　　77
一般遵守事項　→遵守事項
意図的行動観察　　　　　132-3
違法収集証拠排除法則　　　183
入口支援　　　　　　　　　93
医療観察法　　　　　　　　39
インテイク　　*51*-52, 92, 102-3
with の精神　　　　　　　268
エデュカトゥール　*135*註1, 331
冤　罪　　　　　　　　55, 79
応急の救護　　　　　　　246-7

か　行

改善更生　　　　　　　　236-7
蓋然的心証　*104*, 108, 169, 180, 187, 192
回　避（裁判官の）　　　173-4

回　付（事件の）　　　　168, 199
科学主義　　　　　　3-4, 284
科学的調査　107-8, 110, 304, 317
学習理論　　　　　　18, 25-27
柏事件　　　　　　　　227-9
学校照会　→照会
家庭裁判所
　──の社会的性格　　　7-8
　──の民主的性格　　　7-8
家庭裁判所先議主義　94, 208, 301
家庭裁判所調査官　58-60, 108-11, 174, 193
家庭裁判所調査官による観護　52, 103
家庭問題情報センター（FPIC）
　　　　　　　　　　*327*註57
仮釈放　　　　　　　　　*339*
　──の特則　　　　　339-41
　──期間の早期終了　341-2
　不定期刑に対する──の運用　342-3
仮退院　　　　　　　　　*295*
簡易送致　　　　　51, *96*-99
簡易面接事件　　　　52, *102*
感化院　　　　　　　　　264
環境調整命令　　　　　　203
環境犯罪学　　　　　30-31
換刑処分の禁止　　　　337-8

観護状 ……………………………… 70

観護処遇 …………………………… 128-34

観護措置 ………… 52-53, *103*, 120図

　　——決定手続 …… 92, 104, 120図

　　——決定に対する異議申立て …… 106

　　——の期間 ………………… 105

　　——の更新 ……… 105　⇒特別更新

　　——の単位 ……………… 105-6

　　——の取消し・変更 ……… 106

　　——の要件 ……………… 103-4

　　逆送決定があったときの——の扱い

　　………………………………… 320-1

鑑　別 ……………………… *53, 121-3*

　　在宅審判—— ……………… *122*

　　指定—— ………………… 122, 284

　　収容処遇—— ……………… *122*

　　収容審判—— …… *122*, 124-5, 124図

　　処遇—— ………………… *122*, 293

　　審判—— …………………… *122*

鑑別技官　→法務技官（心理）

鑑別結果通知書 …… 53, 124図, 125

起訴強制 …………………… 301, 319

起訴状一本主義 ………………… 168

起訴便宜主義 …………………… 319

起訴猶予処分 … 50, *51*註4, 92, 93図, 94, 319

逆　送 …………………… *201*, 301

　　⇒少年法20条の法的性格

　　——可能年齢 …… 201, 301, 303

　　罰金見込み—— ……………… 306

逆送後の手続 ………………… 319-21

凶悪化言説 …………………… 15-16

教育的措置　*54-55*, 60, 110, 166, 200, 201

教護院 …………………… 263, 265

供述弱者 ……………………… 87

供述特性 …………………… 72, 73

矯　正 ………………………… 286-8

共　生 ………………… 266, 287

矯正医官 ……………………… 123

矯正院 ………………………… 281

矯正院法 ……………………… 281

矯正教育

　　——課程 …………… 290, 291図

　　個人別——計画 …………… 292

　　少年院——課程 …………… 292

強制的措置 …………………… 200

　　——許可申請事件 …………… *200*

協　働

　　6-9, 45, 46, 101, 146, 151, 162, 236

　　市民との—— ………… 7-8, 330

　　司法と医療との—— ………… 39

　　司法と福祉との—— …… 78, 278-9

　　他機関との—— … 7-8, 112, 258, 286

共同調査 …………………… *108*

協力雇用主 ………………… *298-9*

記録調査事件 …………… 52, *102*

記録閲覧権

　　付添人の—— …………… 140-1

　　付添人の——の制限 ………… 141

記録の閲覧・謄写制度（被害者による）

　　……………… 56, 115, 154-6

緊張理論 ………………… 18, 24-25

虞犯規定の存廃 …………… 40, 44-45

虞犯事由 …………………… 39-40

虞犯少年 ………………… 36, 39-46

　　——に対する警察の調査 ……… 78

　　——の実態 ………………… 40-44

虞犯性 ………………… 39, 194

警察庁犯罪被害者支援基本計画 …… 151

軽微な非行

　　ii, 51, 46-47, 46図, 113, 115, 165

ケースワーク ………………… *193*註42

検察官 ………………… 66, 175-6

——の審判関与 58, 137, 175, 207, 232

——の権限 175

少年審判における——の役割 175

検察官先議主義 94, 301

検察官送致 61, 200-201

刑事処分相当による—— →逆送

年齢超過による—— →年超検送

健全育成
  1, 65, 68, 114, 133-4, 239, 284, 288

原則家庭裁判所送致 68, 77, 277

原則逆送 301, 304, 306-9, 318

  ⇒少年法20条の法的性格

厳罰化 8, 14, 330

抗 告 62, *211-5*

——の期間 215

——の対象 212-3

——の理由 214-5

抗告権者 181, 212

抗告受理の申立て 63, 137, 221-2

抗告審における審理 216-7

更生保護 *236-9*

更生保護サポートセンター 257

更生保護事業 *298*註76

更生保護施設 *298*

更生保護女性会 *300*

更生保護のあり方を考える有識者会議
  237

更生保護法 237

更生保護法人 *298*註77

交替制 269, 270

交通短期保護観察 242

交通反則通告制度 51, *51*註6, 92, 93図

交通保護観察 *251*註19

行動観察 123, 125, 134

合理的な疑いを超える心証
  180, 187, 192

合理的な裁量 57, 167, 185, 188, 216

勾 留 70-71

みなし—— 320

起訴後の——場所 321

勾留に代わる観護措置 *70*

国選付添人 58, 137-8, 141-5

裁量的—— 58, 137-8

必要的—— 58, 137

個人別矯正教育計画 →矯正教育

個別審理 167-8

さ 行

再抗告 62-63, *222-3*

再 審 227-31

最善の利益 284

在宅観護 →家庭裁判所調査官による観護

在宅事件 102, 104, 115, 165

在宅審判鑑別 →鑑別

裁定合議制 58, 172-3

裁判員裁判 301-2, 322-32

——における社会記録の取扱い
  322-6

裁判員裁判のための対人援助専門職ネット
  ワーク 327

裁判官（家庭裁判所） 172-4

参 加 6-8, 35

市民—— 136, 146, 329-32

少年の社会—— 35, 294, 297

三要素説 112-3, 315

死 刑 333, 333註74

——の緩和刑としての無期刑 333,
  340

試験観察 6, 58-60, *193-7*

——の期間 194-5

——の取消し・変更 196

——の要件 194-5

視察委員会
　少年院 —— ……………………… 283
　少年鑑別所 —— …………………… 128
施設送致申請 …………… 249-50, 252
施設内処遇 ………………………… *235*
自庁認知 ……………………………… 91
指導監督 …………………………… 242-3
児童自立支援施設 ……………… 261-80
　—— と少年院との違い ……… 265-6
　—— の歴史 ……………………… 263-5
　—— への学校教育の導入 ……… 275
児童相談所 …………………………… 67
　⇒送致（家庭裁判所への）；送致（児童
　　相談所長への）；通告（児童相談所
　　への）；都道府県知事または児童相
　　談所長送致
児童福祉機関先議主義 …… 36, 37, 67, 276
児童福祉司 …………… 67, 112, 136
児童福祉法上の措置 ………………… 77
児童福祉法の改正 ………………… 274-5
児童養護施設 ……………………… 202
自白の証拠能力 …………………… 182
自　判 ……………………………… 217
司法機能 ……………………………… 9
司法警察員 ………………… *50*註2, 96
司法福祉 …………………………… 10-11
司法保護 …………………………… 238
司法面接 ………………………… *84-85*
社会解体論 ………………………… 24
社会記録　→少年調査記録
社会貢献活動 …………………… 245註10
社会資源 …………………… 101-2, 112
社会調査 …………… 53-55, 107-19
　—— の進め方 ………………… 115-9
　—— の対象 ……………………… 111

　—— の目的 ………… 53-54, 109-10
　—— の目的関連性 ……………… 114-5
20条2項対象事件における —— の変化
　……………………………… 312-6
社会的絆の理論 …………………… 28-29
社会的基盤（少年司法の）… 8, 101-2, 146,
　331
社会内処遇 ………………………… *235*
修学支援 ………………… 248, 289, 299
終局決定（家庭裁判所の）……… 60-62,
　198-203
収容観護　→少年鑑別所送致
収容継続 …………………………… 296-7
収容審判鑑別　→鑑別
就労支援 ………………… 247-8, 298-9
受　理（事件の）……… 50-51, 50図, 91-99
遵守事項 …………………………… *243-6*
　一般 —— ……………………… *243-4*
　特別 —— ………………… *243*, 244-6
準少年保護事件 ………………… 91註1
照　会 ……………………………… 116
　学校 —— ………………… *116*, 191
　職業 —— ………………………… *116*
　被害者 —— ……………………… 116
　保護者 —— ……………………… *116*
証拠調べ …………………………… 182-90
　—— 請求権 …………………… 183-4
　—— の申出 …………………… 184
証拠法則 …………………………… 182-3
情状鑑定 …………………………… *326-9*
情動障害理論 ……………………… 22-23
証人喚問権 ………………………… 183
証人尋問権 ………………………… 184-6
少年院 …………………………… 280-300
　—— における矯正教育 ……… 286-90

——における矯正教育の期間
　　　　　　　　293, 294-5
——における刑の執行
　　　　291図〔第4種〕, 304, 338-9
——における処遇の基本 …… 284-6
——の種類 ……………… 283
送致される——の指定 …… 284
少年院矯正教育課程　→矯正教育
少年院法
　新——の制定 …………… 281-3
少年鑑別所 …… 52, 119-20, 120図
少年鑑別所送致 ………… 52, 103
少年鑑別所法 ……… 120, 126-8
　——の制定 …………… 125-6
少年教護院 …………… 263, 265
少年矯正を考える有識者会議 …… 126, 281
少年警察活動 …… 36, 66, 69-70, 71-75, 78
少年刑務所 ………………… 338
少年事件処理要領 ……… 52, 174
少年司法と児童福祉との関係
　　　　36-37, 264-5, 275-80
少年審判　→審判
少年審判所 …………… 37, 265
少年調査記録（社会記録）
　　　118-9, 119註17, 168, 180, 191
　——の目的外利用 …… 176, 187
少年調査票 …… 118-9, 180, 313-4, 322-6
少年年齢 ………………… 33-35
少年法
　——の原理 ……………… 2-9
　——の目的 ………………… 1
少年法20条の法的性格 …… 302-12
少年保護手続 ………………… 49
少年補償法 ………… 206註56
書記官 ……………………… 174
処遇意見 ……………… 72, 180

処遇勧告 …… 203, 215, 284, 293
職親プロジェクト …………… 299
職業照会　→照会
触法少年 …………………… 36
　——に対する質問 ……… 71-72
　——に対する質問への立会い … 74-75
　——に対する警察の調査 … 76-77, 277
　重大——事件の送致（警察から児童相談所長への） …… 77, 277
職権主義 ………… 166, 168-9
職権証拠調べ ……………… 188
書面照会事件 ………… 52, 102
自立準備ホーム …………… 298
心情等伝達制度（被害者等の） … 161
迅速性の要請
　　　5-6, 72, 106, 115, 165, 169, 319
審　判 …………… 57-62, 165-209
　——の教育的機能 ……… 166
　——の原則 …………… 166-8
　——の出席者 ……… 58, 171-6
　——の進行 …………… 176-81
　——の対象 …………… 170
審判開始（決定） …………… 165
審判結果等の通知制度 …… 56, 157
審判状況の説明制度 …… 56, 158-9
審判条件 …………………… 103
審判廷 ……………… 170, 173
審判の傍聴（被害者等による）
　　　56, 137, 157-8
審判不開始（決定）
　　　54, 165, 199-200, 204
　形式的—— …………… 199
　実質的—— ………… 199-200
信　頼
　少年との—— …… 73, 114, 139, 187, 318, 325

　司法への── …… 8, 324, 325, 329-30
信頼関係（ラポール） …… 114, 187
生活行動指針 …………………… 246
成人との分離 …………… 70-71, 321
成長発達；成長発達権
　…… 1, 2, 5-6, 35, 45, 112-3, 132, 193, 321
責任能力 …………… 36, 38, 73-74
全件送致主義 …………… 51, 92-96
全件調査主義 ……………… 53, 108
全件付添人制度 ………………… 142-3
専門的処遇プログラム …… 245, 253-4
捜　査 …………………… 69-76
総体的事実の把握 …… 56, 78, 278-9
送　致 …………………………… *91*
送　致（家庭裁判所への）
　捜査機関による── …… 50-51, 66
　都道府県知事または児童相談所長による
　── ………………… 50, 67, 91
　　　⇒原則家庭裁判所送致
送　致（児童相談所長への）
　警察官による── …… 68, 77, 277
育ち直し …………………………… 266

た　　行

退　院（少年院からの） …… 295-6
逮　捕 …………………………… 70
対　話 …… 12, 13, 55, 61, 166, 167, 194
対話型司法 …………… 11-13, 169
立会い（取調べへの） …… 74-76, 85-88
　触法少年に対する質問への──
　…………………………… 74-75
段階処遇（少年院における） …… 285
段階別処遇（保護観察における） …… 252-3
短期保護観察 …………………… 240-2
探索処遇 …………………………… 131-2
地域生活定着支援センター …… *299-300*

地方更生保護委員会 …… 236註3, 250, 297
中間決定 …………………………… 198-9
調　査　→社会調査；法的調査
調査官　→家庭裁判所調査官
調査前置主義 …………… 53, 108
調査命令 …………………………… 104
　包括── ……………………… 314-6
懲治場 …………………… *264*註37
調布駅前事件 …………… 79, 218
直接処遇 …………………… 239-40, 253
直接審理 …………………………… 171
直送事件 …………… 51, 93図, 96
治療的司法 ……………………… 11
通　告 …………………………… *91*
通　告（家庭裁判所への）
　保護観察所長による（虞犯）──
　………………………… 50, 68, 252
　市民による── …… 8, 50, 68
通　告（児童相談所への）
　警察官による── ……………… 77
通常調査事件 …………… 52, *102*
付添援助事業（少年保護事件） …… 144-5
付添人 …………………………… 135-46
　──の権限 …………………… 140-1
　──の選任 …………………… 136-8
　──の選任率 ………………… 145
　──の役割 …………… 135, 138-40
　市民──；許可── …… 136, 146, 331
　触法調査── …………… 76, 136-7
　　⇒国選付添人
付添扶助制度 …………………… 142
ディヴァージョン
　……… *51*註5, 92-93, 100-102
　──の促進 ……………… 100-102
　単純型 ……………… *92-93*, 101

　付託型—— ……………………… *93*, 101-2
ディスコミュニケーション
　…………………… *79*-83, 87-89, 183
適正手続の保障
　… 4-5, 12, 85-88, 114, 135, 166, 185
適切な大人（Appropriate Adult）制度
　………………………………… 75-76
手続参加（権） …… 4，5，12, 135, 166, 167,
　171, 178, 214, 325
伝聞法則（伝聞証拠排除の原則）…… 168,
　183
当事者主義 …………………… 166, 168
当番付添人制度 ………………… 142-3
特別更新（観護措置の）……… 53, 105
特別遵守事項　→遵守事項
特別調整 …………………… *299*註79
都道府県知事または児童相談所長送致
　…………………………………… 61, 200
ドラッグ・コート ………………… 11
取調べ ……………………………… *71*-76
　——の可視化 ……………… 85, 86, 87

な　行

永山事件 ……………………… 333註74
流山事件 ……………………… 184-6
二次被害 …………………… 116, 147
二重の危険 ………………… 204, 207
二面性論 …………………… 138-9
人間関係諸科学 ……………… i, 108
年超検送 …………………… 201, 220
年齢誤認 …………………………… 226-7

は　行

パターナリズム …………………… 34-35
発見活動（非行少年の） ……… 65-69
発達障がい ………… 45-46, 82, 85, 86

パートナー論 ……………… 138, 139-40
パレンス・パトリエ（国親思想）…… *34*
犯罪少年 ……………………………… 36
犯罪心理鑑定 …………………… 327-8
犯罪被害給付制度 ……………… 148-50
犯罪被害者対策室（支援室）…… 151
犯罪被害者等基本計画 ……… 149, 160
犯罪被害者等基本法 ………… 149, 155
犯罪被害者保護関連二法 …… 150, 152, 154
判事補 ………………………………… 173
犯　情 ……………………………… 304
　狭義の—— …… *304*註5, 308-9, 312
　広義の—— ……………… *304*註5
反対尋問権 …………………… 183, 185-6
被暗示性；迎合性
　…… 55, 72, 73, 79, 81, 84, 87, 88, 182
被害者支援員制度 ……………… 153
被害者調査 ………………………… 116
被害者等通知制度 … 152-3, 159, 161-2
被害者の視点を取り入れた教育 … 159-60,
　289
被害者への支援 ………………… 147-63
被害者ホットライン ……………… 153
非公開（審判の）……………… 57, 167
非行事実
　——の審理 ……………… 57, 179-80
　——の認定 …………………… 182-90
　——の認定替え …………………… 190
非行少年（非行のある少年）……… 35-36
非行なし（不処分）…… 57, 180, 201, 206
非行の背景；原因 …………………… 20-31
微罪処分 ……… 50, *51*註3, 92, 93図
人の資格に関する法令の適用 …… 342, 344
BBS 運動 …………………… *258*-60, *300*
非方式性（少年審判の）…………… 167
漂流理論 ……………………………… 27-28

比例原則 ……………………………… 95

夫婦小舎制 ………………… 264, 268-9

福祉機能 ………………………………… 9

福祉専門官 …………………………… 300

不告不理の原則 … 91, 92註2, 190, 192

不処分（決定） ……………… 61, 201-2

　　形式的―― …………………… 201

　　実質的―― ………………… 201-2

不送致処分 …………………………… 94

不定期刑 ………………… 334-7, 341

　　――廃止論 …………… 334, 343

不利益変更禁止の原則 ………… 217-21

不良行為少年 ………………………… 36

不良措置 ………………………… 249-50

プロベーション …………………… 193

併合審理 ……………………………… 168

別件保護中 ………… 200, 201, 225

包括調査　→調査命令

報　告 ………………………………… 91

報　告（家庭裁判所への）

　　家庭裁判所調査官による―― … 50, 68

法的調査 ……………………… 53, 108

法務技官（心理）… 123, 123註23

法務教官 ………… 123, 123註24

法律記録 …………………………… 115-6

法律扶助協会 ………………… 142註10

補強法則 …………………………… 182

保護観察 ……………………… 239-54

　　――の解除 ……………… 249, 251

　　――の期間 …………………… 241図

　　――の種類・種別 … 240-2, 241図

　　――の方法 …………………… 242-3

保護観察官 ………………………… 240

保護観察所 ………………… 240註8

保護司 ……………… 240, 254-8

保護者 ……………………………… 171

――照会　→照会

――に対する支援 ……… 172, 196

――に対する措置 … 172, 248-9, 286

――面接 …………………………… 117

保護主義 ……………………………… 2-3

保護処分 ………… 61, 202, 235-300

　　――の種類 ……………… 202, 235

　　旧少年法における―― …… 235註1

保護処分の取消し ……………… 224-31

　　――の効果 …………………… 231-3

保護処分優先主義 …………… 301, 304

保護的措置　→教育的措置

保護のメカニズム ……………………… 2

保護不適 …………………………… 305

保護不能 …………………………… 305

補充捜査 ……………………… 188-90

没　取 ………………………………… 203

補導委託 ………………… 59, 195

　　在宅―― ………………… 59, 195

　　身柄付き―― ……… 59, 195, 196

補導委託先 …………… 59, 195, 197

補導援護 …………………………… 243

ま　行

身柄事件 ………………… 92, 104, 115

身柄付送致 … 52, 92, 104, 120図

無期刑 ………………… 333, 340, 341

　　――の緩和刑としての有期刑

　　………………… 333-4, 340, 341

黙秘権 ………………………… 4, 177-8

戻し収容 ………………… 250, 297

問題解決型司法 ……………………… 11

や　行

山形事件 ………………… 172, 330

要保護児童 …………………… 67, 77

要保護性 ……………………………… 111-4
　　──に関する事実の審理 ……… 191-2
　　──の審理 ………… 57, 176-7, 180
抑止のメカニズム ……………………… 2
余罪考慮 …………………………… 192
よりそい弁護士制度 ………………… *300*

ら　行

ライフコース論 …………………… 30-31

ラベリング論 …………………… 29-30
良好措置 ………………………… 249-50
類型別処遇（保護観察における）……… 253
労役場留置の禁止　→換刑処分の禁止

わ　行

わかりやすい説明 ……… 4, 55, 104, 114,
　　177-8, 179, 180, 181, 190

著者紹介

服部 朗（はっとり あきら）

愛知学院大学法学部教授，博士（法学）

主要著書

『少年法における司法福祉の展開』（2006年，成文堂）

『アメリカ少年法の動態』（2014年，成文堂）

『ハンドブック少年法』（共編著，2000年，明石書店）

『世界諸国の少年法制』（共著，1994年，成文堂）

『少年司法と適正手続』（共著，1998年，成文堂）

『少年法の理念』（共著，2010年，現代人文社）

『改訂新版 司法福祉』（共著，2017年，生活書院）

少年法、融合分野としての

2021年4月20日　初版第1刷発行

著　者　服　部　　　朗

発行者　阿　部　成　一

〒162-0041　東京都新宿区早稲田鶴巻町514番地

発行所　株式会社　成　文　堂

電話 03（3203）9201（代）　Fax 03（3203）9206

http://www.seibundoh.co.jp

製版・印刷　藤原印刷　　　　　　　　製本　弘伸製本

☆乱丁・落丁本はお取り替えいたします☆　検印省略

©2021 A. Hattori　Printed in Japan

ISBN978-4-7923-5331-5　C3032

定価（本体3,000円＋税）